Die geheimen
Schriften zur Bibel,

Alfred Läpple

Die geheimen Schriften zur Bibel

Apokryphe Texte des Alten und Neuen Testaments

Bassermann

Inhalt

Faszinierende Funde in den Höhlen von Qumran am Toten Meer.

Die unterschiedlichsten Literatugattungen gehören zu den Apokryphen.

Vorwort 11

Apokryphen – Goldadern im nichtbiblischen Gestein . . 12
Die Apokryphen in neuem Licht 14
Sensationelle Handschriftenfunde 14
Gefahr für den christlichen Glauben? 15
Ein seltener Glücksfall 15
Millionenpoker 17
Kriegsbeute im Sechstagekrieg 18
Chefsache und Gelehrtenungeduld 19
Qumran – Verschlusssache des Vatikans? 20
Was sind Apokryphen? 21
Ein langwieriger Ausgrenzungsprozess 21
Ausfüllendes und erklärendes Erzählen 22
Religionspädagogische Correctness 22
Zeitung des kleinen Mannes 22
Spuren Jesu in China 23
»Apokryphen« oder »Pseudepigraphen«? 24
Apokryphen zum Alten Testament 24
Apokryphen der Qumranhandschriften 24
Apokryphen zum Neuen Testament 26
Apokryphe Apostelgeschichten 26
Apokryphe Evangelien auf einen Blick 27
Apokryphe Briefliteratur 27
Apokryphe Apokalypsen 28
Apokryphen des Korans 29
Moderne Apokryphen 29
Die Sprachen der Bibel 30
Die Sprache des Alten Testaments 30
Die Sprache des Neuen Testaments 31

Apokryphen zum Alten Testament 32
Urgeschichte 34
Das Schöpfungsalphabet 34
    Textquelle: Kabbala 36
Die Erschaffung der Engel am ersten Schöpfungstag 36
    Textquelle: Jubiläenbuch 37
Die Erschaffung des Menschen 38
    Textquelle: Koran 38
Die Zwei-Geister-Lehre 39
    Textquelle: 1 Q S (Gemeinderegel) 40

Inhalt

Der Sündenfall im Paradies	42
Textquelle: Koran	43
Verheißung der Auferstehung an Adam und Eva	43
Textquelle: Apokalypse des Mose	44
Henoch: Gestalt, Botschaft, Himmelfahrt	45
Textquelle: Henochbuch (griechische Fassung)	45
Der Mythos von den Riesen	46
Textquelle: 4 Q 530 und 531 (Buch der Riesen)	47
Noach und der Opferkult	48
Textquelle: Jubiläenbuch	49

Patriarchen — 50

Der Lebensraum des Abra(ha)m	50
Textquelle: 1 Q apGen (Genesisapokryphon)	52
Ibrahim, der erste Muslim	54
Textquelle: Koran	55
Ein frivoles Gebet Abrams	55
Textquelle: 1 Q apGen (Genesisapokryphon)	56
Melchisedek – Wegbereiter des Messias	57
Textquelle: 11 Q 13 (Kommen des Melchisedek)	59
Isaaks Tod	60
Textquelle: Jubiläenbuch	61
Die Tempelvision Jakobs	61
Textquelle: 4 Q 537 (Loblieder)	63
Die Hochzeit Josefs mit Asenat	63
Textquelle: Josef und Asenat	65

Bei den Patriarchen spielen Familiengeschichten und Stammbäume eine besondere Rolle.

Mose und Josua — 66

Der brennende Dornbusch	66
Textquelle: Targum des Ephraem	68
Gottes Gebote und Mose	68
Textquelle: 4 Q 158 (Überarbeitung von Exodus)	68
Das Gebet des Josua	69
Textquelle: 4 Q 378 und 379 (Damaskus-Schrift)	71

Könige — 72

Psalmen Davids	72
Textquelle: 11 Q 5 und 6 (Apokryphe Psalmen Davids)	73
1. Psalm Salomos	73
Textquelle: Psalmen Salomos	75
Der Tempel der Ewigkeit	75
Textquelle: 11 Q T (Tempelrolle)	76
Engel und Volk Gottes in gemeinsamer Liturgie	77
Textquelle: 4 Q 403 (Lieder zum Sabbatopfer)	78
Psalmen der Essener	79
Textquelle: 1 Q H 35 (Hymnenrolle)	80

Die Zerstörung des Tempels von Jerusalem hatte weitreichende Folgen.

Lehrweisheit — 82

Unterweisung über die zwei Wege	82
Textquelle: 4 Q 473 (Loblieder)	83

Propheten können trösten, aber auch drohen. Sie sind Sprachrohr Gottes.

Seligpreisung der Armen 83
   Textquellen: 1 Q S (Gemeinderegel); 84
        4 Q 416 (Geheimnis des Ursprungs aller Dinge) 85

Propheten 86

Ijobs Tod 86
   Textquelle: Testament des Ijob 87
Jesajas Verheißung: Der Messiasspross Davids 87
   Textquelle: 4 Q 161 (Jesajakommentare) 88
Himmelvision und Martyrium des Jesaja 89
   Textquelle: Himmelfahrt des Jesaja 91

Erwartung des Messias 92

Lebensweisheit für unterwegs 92
   Textquelle: Sprüche der Väter 93
Der Lehrer der Gerechtigkeit 93
   Textquelle: 4 Q 171 (Psalmenkommentare) 95
Loblied auf Jerusalem (Jonathan?) 96
   Textquelle: 4 Q 448 97
Die Heiligung des Sabbats 96
   Textquelle: Damaskus-Schrift 98
Die vier Engel 99
   Textquelle: Henochbuch (aramäischer Qumrantext) 100
Die Asche einer roten Kuh 101
   Textquelle: 4 Q 276 und 277 (Asche einer roten Kuh) 102
Die Gemeinschaftsregel der Essener 102
   Textquelle: 1 Q S (Gemeinderegel) 104
Schmerzhafte Geburt des Erstgeborenen 106
   Textquelle: 1 Q H (Hymnenrolle) 107
Politischer Messianismus 107
   Textquelle: Psalmen Salomos 108
Das messianische Festmahl 109
   Textquelle: 1 Q S (Gemeinderegel) 110
Auferstehung der Toten 112
   Textquelle: 4 Q 521 (Erlösung und Auferstehung) 113

Apokryphen zum Neuen Testament 114

Die Vorgeschichte Jesu 116

Mit dem Titel »Sohn Davids« wird Jesus nicht nur in der Bibel ausgezeichnet.

Die Geburt Marias 116
   Textquelle: Jakobusevangelium 116
Maria als Tempeljungfrau 117
   Textquelle: Jakobusevangelium 117
Maria und Josef unter dem Zeichen Gottes 117
   Textquelle: Jakobusevangelium 118
Gesegnet unter den Frauen 119
   Textquelle: Jakobusevangelium 120
Das Wort Gottes ging durch Marias Ohr 120
   Textquelle: Armenisches Kindheitsevangelium 121
Maria, die Mutter Jesu 121
   Textquelle: Bartholomäusevangelium 122

Inhalt

Geburt und Kindheit Jesu 124
Dann kommt der Gesandte des Herrn 124
   Textquelle: 3. Sibyllenbuch 124
Eine gewaltige Kraft kam vom Himmel 124
   Textquelle: Hebräerevangelium 125
Die Geburt Jesu 125
   Textquelle: Jakobusevangelium 125
Jesus, Ibn Maryam 127
   Textquelle: Koran 128
Jesus (Isa), der Sohn der Maria 128
   Textquelle: Koran 129
Ochs und Esel an der Krippe 129
   Textquelle: Pseudo-Matthäusevangelium 130
Das Wunderkind in der Krippe 130
   Textquelle: Koran 130
Eine verleumderische Klatschgeschichte 131
   Textquelle: Kelsos (nach Origines »Contra Celsum«) 132
Hymnus auf den Mensch gewordenen Sohn Gottes 132
   Textquelle: Adventhymnus/Ambrosius von Mailand 133
Magier aus Persien, Indien und Arabien 134
   Textquelle: Pseudo-Matthäusevangelium 134
Ein Geschenk an die drei Könige 134
   Textquelle: Arabisches Kindheitsevangelium 135
Auf der Flucht nach Ägypten –
Begegnung mit den späteren Schächern 136
   Textquelle: Arabisches Kindheitsevangelium 137
Geheimnisvolle Erlebnisse in Ägypten 137
   Textquelle: Pseudo-Matthäusevangelium 138
Jesus und sein Verwandter Johannes 141
   Textquelle: Leben Johannes' des Täufers 141
Der jugendliche Jesus als Wundertäter 143
   Textquelle: Kindheitserzählung des Thomas 143
Der Jesusknabe – Seltsames und Komisches 144
   Textquelle: Arabisches Kindheitsevangelium 145
Der Tod Josefs 147
   Textquelle: Geschichte Josefs des Zimmermanns 148
Der Mensch Jesus – Liebe und Sexualität 150
   Textquelle: Panarion (Epiphanius von Salamis) 151

Das öffentliche Wirken Jesu 152
Das Kommen der zwei Messiasse 152
   Textquelle: 1 Q S (Gemeinderegel) 153
Die Herrschaft des Gesalbten 155
   Textquelle: 1. Henochbuch 155
Ein Heilungswunder durch Maria 155
   Textquelle: Arabisches Kindheitsevangelium 156
Versprengte Herrenworte 156
   Textquelle: Agraphon von Fathpur-Sikri/Indien 157
Herrenworte des Thomasevangeliums 157
   Textquelle: Thomasevangelium 159
Gesegnet und selig bist du 161
   Textquelle: 4 Q 525 (Weisheitslehre der Segnungen) 161

Auch der Koran weiß über Maria und die Geburt Jesu einiges zu berichten.

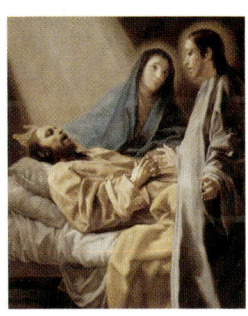

Jesus, Maria und Josef – jeder hat eine Geschichte, die in den Apokryphen erzählt wird.

Inhalt

Die Apokryphen berichten detailliert über die letzten Tage Jesu.

Was zwischen Tod und Auferstehung Jesu geschah, berichten apokryphe Evangelien.

Herrenworte der Johannesakten 162
    Textquelle: Johannesakten 163
Gottes Fügung: Ein Mann – eine Frau 163
    Textquelle: Rabbi Juda ben Bathyra 163
Ehebruch mit den Augen 163
    Textquelle: Altrabbinischer Kommentar 164
Was dem Cäsar gebührt, gebührt dem Cäsar 164
    Textquelle: Thomasevangelium 164
Das Leben der Seele und der Schöpfung 164
    Textquelle: Evangelium der zwölf Apostel 166
Jesus, Wegbereiter des Mohammed 166
    Textquelle: Koran 167

Die letzten Tage Jesu 168

Um Einheit zu werden 168
    Textquelle: Didache 168
Rätselhafte erste Begegnung 169
    Textquelle: Arabisches Kindheitsevangelium 169
Die Ketzer sollen untergehen 170
    Textquelle: Damaskus-Schrift 170
Angeklagt wegen Zauberei und Verführung Israels 170
    Textquelle: Babylonischer Talmud 172
Die Rolle des Pontius Pilatus 172
    Textquelle: Brief des Pilatus an Kaiser Claudius; Paradosis Pilati . . . 174
Sie haben ihn nicht getötet 177
    Textquelle: Koran 177
Tod und Grablegung Jesu 177
    Textquelle: Petrusevangelium 178
Totenerweckungen in Jerusalem 178
    Textquelle: Nikodemusevangelium 179
Die Höllenfahrt Jesu 181
    Textquelle: Nikodemusevangelium 181
Abgestiegen in das Reich der Toten 185
    Textquelle: Petrusevangelium 185
Jesus in der Unterwelt 186
    Textquelle: Bartholomäusevangelium 186

Die Auferstehung Jesu 188

Die Auferstehungsbotschaft an die Frauen 188
    Textquelle: Petrusevangelium 189
Begegnung des Auferstandenen mit seiner Mutter Maria . . . 191
    Textquelle: Vita Christi/Ludolf von Sachsen 192
Die Betastbarkeit des Auferstandenen 192
    Textquelle: Epistula Apostolorum 192
Das Mysterium des Auferstandenen 194
    Textquelle: Johannesakten 194
Maria von Magdala als Zeugin der Auferstehung 194
    Textquelle: Evangelium nach Maria von Magdala 195
Der Auftrag des Auferstandenen an Maria von Magdala 196
    Textquelle: Evangelium des Mani 196

Die Apostel: Missionsreisen und Martyrien 198

Das große Staunen 198
    Textquelle: Evangelium nach Matthias 199

Inhalt

Das Apostolische Glaubensbekenntnis	199
Textquelle: Pseudo-Augustinus	201
Sendung der Apostel bis an die Grenzen der Erde	202
Textquelle: Pistis Sophia	203
Tod und Himmelfahrt Marias	204
Textquelle: Transitus Mariae (Buch vom Heimgang der allerseligsten Jungfrau, der Mutter Gottes)	205
Die Abwesenheit des Apostels Thomas beim Begräbnis Marias	208
Textquelle: Transitus Mariae (Buch vom Heimgang der allerseligsten Jungfrau, der Mutter Gottes)	208
Brief des Petrus an Jakobus	210
Textquelle: Epistula Petri (Petrusbrief)	210
Brief des Jakobus an einen Unbekannten	211
Textquelle: Apokryphon des Jakobus	212
Offenbarungen an Paulus im dritten Himmel	212
Textquelle: Apokalypse des Paulus	213
Apostolische Unterweisung	216
Textquelle: Didache	216
Der fiktive Laodicenerbrief	217
Textquelle: Laodicenerbrief	218
Abgrenzung vom Alten Bund	218
Textquelle: Barnabasbrief	219
Die geheimen Worte Jesu an Thomas	220
Textquelle: Thomasevangelium	221
Der Apostel Thomas in Indien	221
Textquelle: Thomasakten	221
Hymnus auf den dreifaltigen Gott	223
Textquelle: Johannesakten	224
Der Tod des Apostels Johannes	224
Textquelle: Johannesakten	225
Endzeit	226
Der Satan – ein Feind	226
Textquelle: Koran	226
Die Macht Belials in der Endzeit	226
Textquelle: 1 Q H (Hymnenrolle)	227
Der Zeitpunkt des Weltgerichts	228
Textquelle: 4. Buch Esra	228
Höllenstrafen für Abtreibungen	228
Textquelle: Offenbarung des Petrus	229
Die letzte Station: Ewiges Paradies – ewige Hölle?	229
Textquelle: Koran	231
Die Apokryphen in Zitaten	232
Glossar	233
Zeichenerklärung	243
Die zitierten Quellen im Überblick	244
Die biblischen Schriften und ihre Abkürzungen	248
Geschichtstafel	249
Literaturhinweise	250
Literaturverzeichnis	259
Personen- und Sachregister	266
Impressum	272

Die Aufnahme Marias in den Himmel bewegte die Christenheit sehr.

Durch die Macht Gottes wird Satan (Belial) endgültig besiegt und vernichtet.

Vorwort

Dieses Buch ist eine Kostbarkeit. Dieser erste Satz des Vorworts mag selbstsicher, vielleicht sogar etwas arrogant klingen. Autor und Verlag haben ihn aber mit Absicht und Freude formuliert. Es ist kein Buch, das man einmal liest und dann beiseite legt. Es ist ein Buch der Überraschungen – ein Buch zum Nachschlagen, das man in seinem alttestamentlichen wie in seinem neutestamentlichen Teil liest und immer wieder liest, nachliest, vertieft liest.

Mit Fachkompetenz und jahrzehntelangem Gelehrtenfleiß sind in Staats-, Kirchen- und Klosterbibliotheken und -archiven weit verstreute, in unterschiedlichen Sprachen abgefasste Dokumente eingesehen und übersetzt worden. Es handelt sich dabei um so genannte Apokryphen, versteckte, geheim gehaltene Schriften. Diese sind zwar von Christen für Christen verfasst worden, durften aber in den liturgischen Feiern und Katechesen der christlichen Kirche nicht gebraucht werden. Sie waren verboten und wurden, wenn entdeckt, meist verbrannt. »Ein geheimnisvoller Nimbus umgibt diese Texte«, wie der Gelehrte Henri Daniel-Rops schreibt.

Soll man apokryphe Schriften ablehnen, weil sie nicht in der Bibel stehen? Ohne Zweifel bezeugen die Apokryphen das gewaltige Interesse früherer Generationen an vertiefenden und erklärenden Texten über allzu knappe Bibeltexte hinaus.

Bibeltexte und Apokryphen sollte man in »Augenhöhe« lesen. Sie sind ein wichtiger, gegenseitiger Kommentar. Mit Recht wird gesagt: »Im Gestein der Apokryphen können sich Goldadern echter Jesusworte, echter Jesuswunder vorfinden«. Man sollte sie daher in »Augenhöhe« gemeinsam lesen – zum richtungweisenden Verständnis der allzu bekannten und doch unbekannten Bibel. Viele werden überrascht sein, welch tiefe Spuren gerade die Apokryphen in der christlichen Glaubensgeschichte wie in der europäischen Kunstgeschichte, in der Frömmigkeit und im Brauchtum der abendländischen Völker hinterlassen haben.

Die Gestaltung dieses Werkes eröffnet sowohl dem Akademiker wie auch jedem interessierten Leser einzigartige Zugänge in die Tiefendimension der Texte. Aus dem breiten Fundus der Apokryphen werden herausgefilterte Glanzstücke dargeboten, und zwar – zum besseren Vergleich – im Raster der biblischen Reihenfolge.

Autor und Verlag wünschen den Leserinnen und Lesern eine spannende und bereichernde Lektüre.

München, Frühjahr 2002 *Alfred Läpple*

In den Höhlen von Qumran versteckten die Mitglieder der Qumrangemeinschaft im 1. Jahrhundert v. Chr. ihre Bibliothek und andere Schätze vor den Römern. Durch Zufall kamen die Handschriftenrollen nach fast 2000 Jahren wieder ans Tageslicht.

Apokryphen – Goldadern im nichtbiblischen Gestein

Apokryphen, die nicht zur offiziellen Bibel gehörenden, weil nicht mit den christlichen Glaubenslehren in Einklang stehenden Schriften des Alten und Neuen Testaments, waren früher häufig ein Stein des Anstoßes: Damit Christen nicht ihren Glauben gefährden, hatte Papst Gelasius (492–496) in seinem Decretum Gelasiani ein Verzeichnis der im Umlauf befindlichen Apokryphen erstellt und verlangt: »Apokryphen dürfen keineswegs gelesen werden.« Heute geht man gelassener mit ihnen um. Nicht zuletzt die Veröffentlichung der Handschriftenfunde aus dem jordanischen Qumran hat gezeigt, dass sich unter den Apokryphen manche »Perle« findet, die das traditionelle biblische Verständnis bereichert.

- 14 Die Apokryphen in neuem Licht
- 14 Sensationelle Handschriftenfunde
- 21 Was sind Apokryphen?
- 24 Apokryphen zum Alten Testament
- 24 Apokryphen der Qumranhandschriften
- 26 Apokryphen zum Neuen Testament
- 29 Apokryphen des Korans
- 29 Moderne Apokryphen

Der Eingang zu Höhle 4, die der Siedlung von Qumran am nächsten liegt, ist im Vordergrund zu erkennen. Hier wurden Hunderte von Rollen gefunden, die meisten waren zu Fragmenten zerfallen. Berühmtester Fund: die älteste Abschrift der »Tempelrolle« aus dem 2. Jahrhundert v. Chr.

Die Apokryphen in neuem Licht

Über Apokryphen zu reden, geschweige denn sie zu lesen, galt lange als Zeitvergeudung. Der Inhalt dieser 2000 Jahre alten außerbiblischen Schriften schien für den heutigen Leser bedeutungslos zu sein: Es handle sich um eine recht seltsame Mischung aus Wahrheit und Fiktion, Geschichtsschreibung und Roman, Fakten und Vermutungen, gemütvollen Erzählungen und Anekdoten – Lektüre für Unbedarfte, keineswegs für den aufgeklärten, faktenorientierten Menschen der Gegenwart. Kein Wunder also, dass man sogar in früheren, streng gläubigen Jahrhunderten erwog, derartige Schriften zu verbrennen oder sonstwie zu vernichten. Mit dem gewachsenen Interesse vieler Menschen an archäologischen Funden aus Ausgrabungen, Papyri und anderen Zeugnissen, die uns Denken und Leben, Glauben und Sterben längst vergangener Generationen erschließen können, sind jedoch auch die Apokryphen in den letzten Jahren wieder in den Kreis des Interesses gerückt.

Sensationelle Handschriftenfunde

Unmittelbar nach dem Zweiten Weltkrieg wurden in zwei Ländern sensationelle Handschriftenfunde gemacht: In Nag Hammadi in Ägypten entdeckte man 1945 unter anderen Schriften die vollständige koptische Übersetzung des apokryphen Thomasevangeliums.

1947 wurden im jordanischen Qumran Schriftrollen aus Leder mit ältesten Texten aus dem Alten Testament gefunden, dazu eine Vielzahl von Kommentaren zum Alten Testament und bemerkenswerte Schriften der Essenergemeinde von Qumran.

Der Qumranfund und die damit verbundene Forschungsarbeit der Konservierung, Entzifferung und Publizierung gerieten unglücklicherweise in den Strudel des Nahostkonflikts: Nachdem am 14. Mai 1948 der Staat Israel durch David ben Gurion ausgerufen worden war, kam es zu kriegerischen Auseinandersetzungen zwischen Israelis und Palästinensern, und nicht nur auf dem Kriegsschauplatz, son-

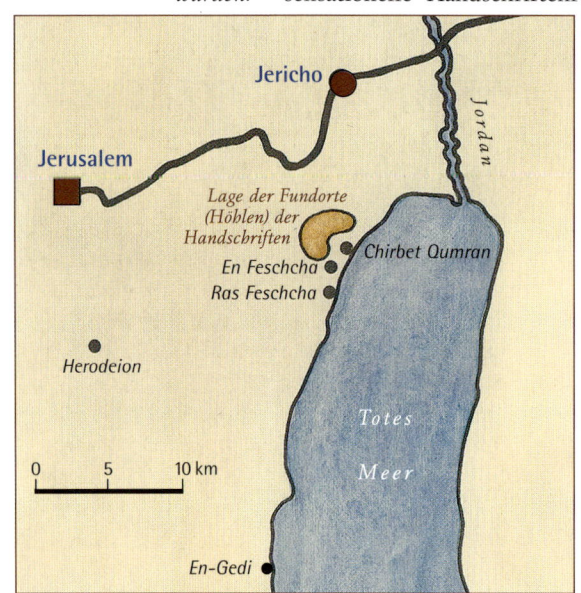

Die Lageskizze zeigt die Höhlen am Toten Meer, in denen seit 1947 aufregende Handschriften gefunden wurden.

dern auch zwischen Intellektuellen, Archäologen und Papyrologen wurden heftige Kämpfe ausgetragen. Hier sei nur ein Name genannt: In der Person Yigael Yadins (1917–1984) verbinden sich beide Kriegsfronten, denn er war sowohl Professor der Archäologie an der Hebräischen Universität in Jerusalem als auch Generalstabschef der israelischen Streitkräfte. Er war der genaue Kenner und geschickte Eroberer einzigartiger Handschriften.

Gefahr für den christlichen Glauben?

In der bewegten Zeit nach dem Zweiten Weltkrieg wurde die mühselige Leistung der Handschriftenentzifferung anfangs kaum beachtet. Wenn aber Ergebnisse an die Öffentlichkeit drangen, lösten sie Fragen über Fragen aus und erschütterten die Fundamente der theologischen Wissenschaft wie des Volksglaubens. Werden durch die Funde von Nag Hammadi und Qumran die bisherigen Auffassungen über die Entstehung und den geschichtlichen Wert der Bibel samt und sonders aus den Angeln gehoben? Ist das Christentum nur ein müder Abklatsch der Religion von Qumran? Hat Jesus von Nazaret in seiner Botschaft Schriften und Kenntnisse von Qumran übernommen? War Johannes der Täufer, der nur wenige Kilometer von Qumran entfernt am Jordan taufte, vielleicht dort Novize, da ja die Essener tägliche Taufbäder vorschrieben?

Die außerbiblisch-apokryphen Texte von Nag Hammadi und Qumran haben die theologische Grundlagenforschung aufgewühlt und deutlich gemacht: Der Inhalt dieser Aufsehen erregenden Handschriften hat mehr mit dem Glauben, der Glaubwürdigkeit des christlichen Glaubens zu tun, als den meisten Christen bekannt und lieb ist. Doch sie haben nicht nur Verunsicherung ausgelöst.

Nach 50 Jahren Qumranforschung kann bilanziert werden: Diese Handschriftenfunde sind ein Geschenk der Geschichte. Sie haben auf unterschiedlichen Ebenen heilsame Anstöße gegeben, für die wir dankbar sein sollten.

Ein seltener Glücksfall

Es erscheint wie ein Wunder, dass in einem unruhigen Land wie Palästina, in dem blutige Kriege mit den Mohammedanern, Kreuzrittern, Türken ausgetragen wurden, einige Höhlen und Gebiete am Westufer des Toten Meeres die Stürme der Geschichte unbeschadet überstanden haben. Sie gaben einen Schatz an Handschriften, Münzen und Keramiken frei, mit deren Hilfe die Lebens-, Glaubens- und Kulturverhältnisse einer Gemeinschaft erforscht werden können, die vor 2000 Jahren hier lebte. Die ausgegrabene Klostersiedlung von Qumran, zwölf Kilometer südlich von Jericho in der Nähe der alten Ruine Chirbet Qumran, wurde um 100 v. Chr. neu besiedelt und zum Mittelpunkt einer rührigen reli-

Dem israelischen Archäologen, Generalstabschef und Politiker Yigael Yadin (1917–1984) fiel eine entscheidende Rolle beim Ankauf der Textrollen aus der Qumranhöhle 1 für das Israel-Museum in Jerusalem und bei der Erforschung der Tempelrolle zu. Als Ausgräber in Hazor, Masada und in den Höhlen des Bar Kochba wurde er weltberühmt.

Auf der Karte sind die elf Höhlen des Gebiets um Qumran eingezeichnet, in denen bislang verborgene Schätze gefunden wurden.

Vor der Zerstörung Qumrans durch die Römer 68 v. Chr. gelang es den Essenern, ihre Schriften in den nahe gelegenen Höhlen zu verbergen.

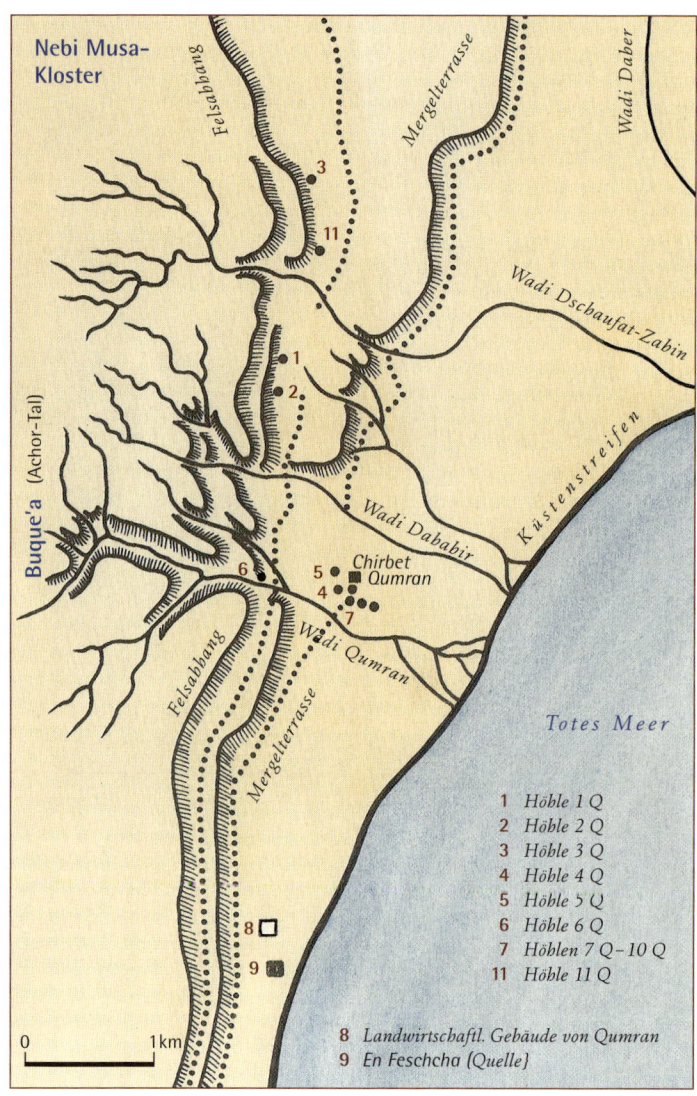

giösen Gemeinschaft ausgebaut, die im scharfen Gegensatz zum verrotteten und daher abgelehnten Dienst der Hohenpriester und Leviten des Tempels von Jerusalem stand. Da auch der Umfang des Alten Testaments noch nicht festgelegt war – er sollte erst 90 n. Chr. auf der jüdisch-rabbinischen Synode von Jamnia beschlossen werden –, lebte die Essenergemeinde in der immer noch wirksamen und sich offenbarenden Inspiration des Bundesgottes und noch nicht in der Zeit der Interpretation.

So wie auf dieser Konstruktionszeichnung dürfte die Siedlung von Qumran um 50 v. Chr. ausgesehen haben. Qumran bildete das Zentrum der nach den Pharisäern zweitgrößten organisierten Bewegung des Judentums, der Essener. Wasserbecken für rituelle Waschungen und Reinigungen sind deutlich zu erkennen, es gab Bibliotheksräume und Skriptorien.

Im Jahre 68 n. Chr. zerstörten die Römer das Kloster und zwei Jahre später den Tempel von Jerusalem. Für den schlimmsten Fall – die Eroberung beziehungsweise Zerstörung – hatten die Bewohner von Qumran vorgesorgt, indem sie ihre Kostbarkeiten, vor allem ihre Handschriften, in Höhlen an der zum Toten Meer hin abfallenden Steilküste versteckten. Jede dieser elf Höhlen hat eine eigene Bedeutung. In Höhle 4, in unmittelbarer Nähe zur Siedlung, wurde zum Beispiel die kostbare Bibliothek der Essener versteckt; sie heißt deshalb in Fachkreisen auch Bibliothekshöhle. In Notzeiten wurden die Höhlen anderen Glaubensgemeinschaften als Versteck zur Verfügung gestellt. Christen, die nach Beginn des römisch-jüdischen Krieges (68 n. Chr.) Palästina verließen und über den Jordan nach Pella flüchteten, verwahrten Schriften und Kultgerätschaften in Höhle 7. Eusebius von Cäsarea (um 260–339) berichtet interessanterweise in seiner Kirchengeschichte (III, 5,2f.), dass Pella Zufluchtsstätte der Urgemeinde von Jerusalem um 70 n. Chr. gewesen sei.

Millionenpoker

Doch zurück zur Geschichte der Entdeckung und insbesondere des Verkaufs der Handschriften von Qumran – sie ist spannend wie ein Abenteuerroman! Die ersten Handschriften wurden vermutlich im November oder Dezember 1946 von Muhammad adh-Dhib, Juma Muhammad und Khalil Musa, drei Beduinen des Taamireh-Stammes, in der Höhle 1 Q aufgespürt. Die Entdeckung drang erst 1947 an die Öffentlichkeit, denn die Beduinen waren sich über deren Wert nicht im Klaren und fürchteten, bei einem Verkauf eventuell gegen Ausfuhrgesetze des Königreichs Jordanien zu verstoßen. Niemand hatte genaue Kenntnis darüber, wie viele Handschriften im Besitz der Beduinen waren, die durch deren Zerstückelung und Zurückhalten vielleicht bloß die Preise hochtreiben wollten. Bei

Der Beduine Muhammad adh-Dhib entdeckte 1947 die erste Qumran-Höhle. Mit diesem Fund begann das abenteuerliche Tauziehen um den Besitz der manchmal winzigen Textfragmente.

Apokryphen – Goldadern im nichtbiblischen Gestein

Nur elf von bislang 90 gefundenen Textrollen sind nahezu vollständig erhalten. Alle anderen Textfragmente ergaben ein gigantisches Puzzle mit über 80.000 Teilen, das erst zusammengesetzt werden musste. Aus konservatorischen Gründen werden sie nicht mehr im »Rollensaal« des Rockefeller-Museums in Jerusalem, sondern in lichtgeschützten Kellerräumen aufbewahrt.

Der Rollensaal im Rockefeller-Museum 1956 (links).

geheimen Verhandlungen mit möglichen Käufern wurden Handschriften versprochen – dann wusste man plötzlich von nichts mehr. An drei Schauplätzen lief der Handel: in Ost- und Alt-Jerusalem in Jordanien, in West-Jerusalem in Israel und in New York. Zu den ersten Käufern zählten Athanasius Samuel, der Metropolit der syrisch-orthodoxen Kirche, sowie Elazar L. Sukenik und dessen Sohn, der unter dem Pseudonym Yigael Yadin bekannt geworden ist, beide Professoren der Archäologie an der Hebräischen Universität in Jerusalem.

Metropolit Samuel bot vier Qumranrollen für mehrere Millionen Dollar in den USA an, doch schließlich gelang es Yigael Yadin 1954 nach mühsamen Geheimverhandlungen und dank einer gewaltigen Spende des amerikanischen Mäzens Samuel Gottesman, die Rollen wesentlich günstiger für den Staat Israel anzukaufen. Es bedurfte noch vieler weiterer langwieriger und quälender Verhandlungen, bis alle Handschriftenfunde von Qumran unter dem schützenden Dach des Israel-Museums in Neu-Jerusalem geborgen waren.

Wie wichtig der Ankauf der Handschriften von Qumran für Israel war, das in ihnen das Fundament seiner Geschichte sieht, geht daraus hervor, dass 1961 für 20 bis 25 Schriftrollen 15 Millionen Dollar gezahlt wurden.

Die Öffnung der Kupferrolle, ein auf Kupfer eingraviertes Schatzverzeichnis, stellte die Wissenschafler vor besondere Probleme (rechts). Siehe auch Seite 26.

Kriegsbeute im Sechstagekrieg

Die spannende Geschichte der Qumranhandschriften hat seit 1947 noch mehrere verwunderliche Fortsetzungen. Im Sechstagekrieg (6. bis 10. Juni 1967) wurden sie zur Kriegsbeute. Nach vielen harten Kämpfen wurde das Rockefeller-Museum im jordanischen Stadtteil Alt-Jerusalem schließlich von israelischen Soldaten unter Yigael Yadin gestürmt. Unter ihnen waren auch die Handschriftenexperten Nahman Avigad und Avraham Biran, die die Schriftrollen und

John M. Allegro war ein umstrittenes Mitglied im internationalen Team der Qumranforscher. Er bearbeitete die Bibelkommentare und veröffentlichte populäre Bücher darüber. Für seine fehlerhafte Textedition erntete er in Fachkreisen harsche Kritik.

Tausende von Fragmenten in einem Safe entdeckten und ins Israel-Museum brachten. Zum ersten Mal sahen israelische Fachleute die Qumranrollen, zuvor hatte kein Israeli Zugang zum Rockefeller-Museum erhalten. Gleichzeitig stellte der israelische Oberstleutnant Goren in Betlehem weitere Schriftrollen sicher, die ein Händler in einem Schuhkarton verwahrte. Darunter war der Klumpen Y, die Tempelrolle aus Leder, die später rekonstruiert und entziffert werden konnte und mit 8,5 Metern die längste Rolle ist. ((1))

Chefsache und Gelehrtenungeduld

Dass die Entzifferung der Qumranhandschriften ein schwieriges, kostspieliges und Zeit raubendes Unternehmen sein würde, wussten die Experten von Anfang an. Jahrelang mussten Geldgeber und Sponsoren auf Veröffentlichungen des Israel-Museums warten, denn die Forschung war Chefsache eines kleinen, exklusiven, aber restlos überforderten Teams. Der französische Dominikanerpater Roland de Vaux, der von Anfang an engagiert an der Qumranforschung mitwirkte, starb 1971. Aus Sicherheitsgründen wurden 1980 Mikrofilme erstellt und in Museen der ganzen Welt deponiert; sie unterlagen einem strikten Veröffentlichungsverbot.
1988 erschien eine Konkordanz sämtlicher Fragmente, bis hin zum kleinsten Schnipsel; die sprachlichen Zusammenhänge waren noch immer ungeklärt. Professor John Strugnell, der bisherige Herausgeber des israelischen Qumranmaterials, wurde 1990 abgesetzt, nachdem bereits Emanuel Tov Mitherausgeber geworden war. Dann änderte sich die Forschung mit einem Schlag: Durch eine Indiskretion der Huntington Library bei Los Angeles gelangte ein Expertenteam des amerikanischen Judentums, bestehend aus Martin Abegg, Ben-Zion Wacholder und William Moffett, an Mikrofilme und die Konkordanz, und am 23. September 1991 bot William Moffett allen

Die Geschichte um die Entzifferung der Qumranhandschriften mutet in Teilen wie ein Kriminalroman an: Auf verschlungenen, teils sehr mysteriösen Wegen gelangten die Texte und ihre Übersetzung schließlich erst nach beinahe 50 Jahren an die Öffentlichkeit.

Interessierten den Zugang zu den Filmen der unveröffentlichten Qumranhandschriften an. Fast gleichzeitig erschien Hershel Shanus' zweibändige Faksimileausgabe im niederländischen Verlag E. J. Brill in Leiden. Über das Copyright und Veröffentlichungsrecht der Qumranhandschriften entbrannte ein fast zehnjähriger Rechtsstreit beim Obersten Gerichtshof des Staates Israel. Mit der Offenlegung der Texte öffnete sich allen ungeduldigen Experten ein reiches Arbeitsfeld; allerdings ermöglichte sie auch eine ideologische Auslegung des Qumranschrifttums. ((2))

Bald nach der ersten Veröffentlichung der Handschriften entbrannte ein heftiger Streit, bei dem es sowohl um die Veröffentlichungsrechte, vor allem aber um die Auslegung der Texte ging.

Qumran – Verschlusssache des Vatikans?

1991 nahm die abenteuerliche Geschichte der Qumranrollen eine weitere Wendung. An Stelle des Handschriftenstreits trat der Krieg der Ideologen. Mit propagandistischem Aufwand überschwemmten Bücher, wie »Verschlusssache Jesus« von M. Baignet und R. Leigh ((3)), den Markt, in denen leichtfertig und werbewirksam behauptet wird, dass alles, was bisher in der christlichen Verkündigung über Jesus und die Evangelien, das Ur- und Frühchristentum verbreitet wurde, schlichtweg Lüge sei. Damit die christlichen Kirchen auch weiterhin ihre »Märchen« über Jesus, seine Botschaft und Kirchengründung verbreiten können, hätten sie unter Rückgriff auf die Erfahrungen früherer Inquisitionen einen raffinierten Plan ausgeheckt: Eine Galionsfigur sei dabei der Direktor der berühmten École Biblique de Jérusalem, der Dominikanerpater Roland de Vaux, gewesen,

Im »Schrein des Buches« im Israel-Museum von Jerusalem finden die Qumranrollen seit 1965 einen würdigen Aufbewahrungsort. Die Kuppel des Bauwerks ist den Deckeln der Tonkrüge nachempfunden, in denen die Rollen die Zeiten überdauerten.

der alles darangesetzt habe, Veröffentlichung zu verzögern und dem Christentum gefährliche Texte der wissenschaftlichen Forschung zu entziehen. Sie postulierten, dass das palästinensische Urchristentum aus der Essenergemeinde von Qumran erwachsen sei und Jesus der »Lehrer der Gerechtigkeit« gewesen sei, den die Qumrantexte erwähnen. Hierzu darf festgestellt werden: Jeder Interessierte kann heute Wahrheit oder Lüge über Qumran nachprüfen. Seit Juni 1993 liegt eine offizielle Mikroficheausgabe sämtlicher Texte und Fragmente vor, herausgegeben von Emanuel Tov im Auftrag der israelischen Altertumsbehörden. Es gibt kein Monopol mehr, weder in Israel noch in Jordanien, im Vatikan oder an einer der hebräischen Universitäten. Wie sehr die katholische Kirche an den Qumrantexten interessiert ist, belegt die Jerusalem-Bibel, an der eine Kommission von Historikern, Archäologen und Exegeten mitarbeitet hat. Besonders im Kommentar und in den Fußnoten sind die Erkenntnisse der wissenschaftlichen Qumranforschung eingearbeitet. Einen hervorragenden, kritischen Einblick in die Thematik bieten zudem die beiden Bücher von O. Betz/R. Riesner, »Jesus, Qumran und der Vatikan. Klarstellungen« (Gießen–Basel–Wien 5. Aufl. 1994) und H. Stegemann, »Die Essener, Qumran, Johannes der Täufer und Jesus. Ein Sachbuch« (Freiburg–Basel–Wien 5. Aufl. 1996).

Was sind Apokryphen?

Von Apokryphen war bereits allgemein die Rede. Was aber ist darunter genauer zu verstehen? Das aus dem Griechischen kommende Wort bedeutet »verborgen«; es meint in der Verborgenheit aufbewahrte und gelesene Handschriften. Sie mussten versteckt werden, weil ihr Besitz und ihr Gebrauch durch eine politische oder religiöse Instanz verboten waren. Was Entscheidungsinstanzen als staatsgefährdend erschien, war jedoch für manche religiöse Randgruppen eine wichtige, manchmal sogar heilige Botschaft, die von Gott kam.

Irenäus von Lyon (um 140–um 202) wirkte als Bischof. Als Verfasser bedeutender Schriften gegen die Gnostiker trug er zur Abgrenzung kanonischer christlicher Schriften von häretischem Gedankengut bei.

Ein langwieriger Ausgrenzungsprozess

Als Jesus von Nazaret lebte und die Urkirche die Bühne der Geschichte betrat, war noch keine Entscheidung über den endgültigen Umfang des Alten Testaments getroffen worden; sie erfolgte erst im Jahr 90 n. Chr. durch die rabbinische Synode von Jamnia südlich von Jaffa. Im Christentum war es ähnlich: Von Angaben im Muratorischen Fragment (um 180) über die Überlieferungen des Irenäus von Lyon (um 185), Klemens von Alexandrien (um 200) und Athanasius (um 307) verlief der Weg, bis der neutestamentliche Kanon durch die römische Synode 382 festgelegt wurde.

Dieser Abgrenzungsprozess war ein Ausgrenzungsprozess, der streng unterschied zwischen biblischen Schriften des Alten und Neuen Testaments und nichtbiblischen Schriften, so genannten Apokryphen. Er stellt jedoch nur die zweite Etappe dar. Ihr voraus ging die Entstehung der Apokryphen selbst, und hier stellt sich die Frage »Warum sind Apokryphen überhaupt geschrieben worden?«. Die Antwort ist für ihren Inhalt und ihre Auslegung von entscheidender Bedeutung.

Einen entscheidenden Markstein des Klärungsprozesses hat Papst Gelasius (492–496) in einem Dekret (Decretum Gelasiani) gesetzt, in dem die damals bekannten, apokryphen Schriften namentlich aufgeführt werden. Diese Aufstellung ist nachzulesen bei Hennecke/Schneemelcher, Neutestamentliche Apokryphen in deutscher Übersetzung. ((4))

Ausfüllendes und erklärendes Erzählen

Das Alte und das Neue Testament sind (in ihren »geschichtlichen« Büchern) Erzählungen, denen über manche Jahrhunderte hinweg vorausgegangen ist, was im Kreis der Familie, des Clans gesprochen und berichtet wurde: Sie sind keine Schreibtischprodukte; den mündlichen Erzählstil kann man sogar noch in ihrer Schriftwerdung erkennen. Doch auch nach ihrer schriftlichen Fixierung haben die Erzählungen weitere ausgelöst. Hatte nicht gerade die erste Generation, die den Prozess der Verschriftung erlebte, eine längere, detailliertere Version in fest gepägter Erinnerung?

In diesem Zusammenhang wurde bisher zu wenig beachtet, dass der Prozess des Erzählens nicht allgemein und ohne Schwierigkeiten vom Sprachverständnis der Judenchristen, der ersten Christengeneration, hinüber zu den Heidenchristen vor sich ging. Vielmehr waren alle Nöte und Probleme damit verbunden, die sich beim Überschritt von einem Kulturkreis zu einem deutlich anderen auftürmen. Deshalb sollten die biblischen Erzählungen über die Vergangenheit den Menschen anderer Epochen – vor allem anderer Kulturkreise und Sprachen – verständlich gemacht werden. Und hier stoßen wir auf das entscheidende Motiv, das »Vermittler« veranlasst hat, ihrer Verkündigung in Form von Apokryphen schriftlichen Ausdruck zu geben: So »füllen die Apokryphen«, schreibt Wolfgang Kemp, »mit Details aus, wo die Schrift sich auf wenige Angaben beschränkt, sie liefern Gründe, wo die Schrift Handlungen referiert, sie nennen Namen, wo die Schrift mit anonymen Akteuren auskommt, sie vermehren und spezifizieren das Personal, wo die Schrift wenige gegen unbestimmte Kollektive setzt, sie schaffen ein sicheres (geschichtliches und geographisches) Umfeld«.

Der unschätzbare Wert von Apokryphen zeigt sich vor allem darin, dass sie die Texte der biblischen Erzählungen um eine Fülle von Details, Namen und Ereignissen bereichern, sie auf diese Weise noch anschaulicher, lebendiger werden lassen.

Religionspädagogische Correctness

Die pädagogische Kleinarbeit macht für heutige Leser die Apokryphen häufig langatmig, umständlich. Apokryphen wollen religionspädagogische Correctness. Sie bemühen sich in oft epischer Breite, mit gekonnten Erzählstrategien und -techniken, eindringlich und einprägsam alles mitzuteilen und erschöpfend zu erklären. Alles will bedacht und beantwortet werden, wonach Leser fragen und zukünftige fragen könnten: was war, was ist, was sein wird.

Zeitung des kleinen Mannes

Vielen Christen der damaligen Zeit galt deswegen, was von meist amtlicher Seite verurteilt wurde, als von Gott geschenkt und wichtig für den Glauben und wurde eifrig gelesen. Die Apokryphen gaben schließlich auf nicht wenige Fragen eine Antwort, die in der kirchenoffiziellen Bibel offen blieben. Die im Neuen Testament nur detailliert berichtete Kindheit Jesu und sein Leben bis ins 30. Jahr erhielten einen erzählerischen Rahmen. Apokryphen wollten und wollen Antworten geben, als »heilige Schriften« respektiert werden. Sie wollten dem kleinen Mann eine Art damalige Zeitung sein, in der er mit offenem Herzen Informationen über Jesus, Maria und Josef, die Apostel erhält. Obwohl viele Handschriften mit apokryphen Texten im Kampf gegen »Ketzer« verbrannt oder auf andere Weise vernichtet wurden, haben erstaunlich viele Originale trotz schwierigster Lagerungsbedingungen in Höhlen, feuchtem Gelände oder im Wüstensand fast 2000 Jahre überstanden. Bei allem »Glaubenseifer« darf nicht übersehen werden, dass im Gestein der vielen erhaltenen, entzifferten Apokryphen durchaus da und dort Goldadern echter Gottesworte, echter Jesus- und Marienworte eingelagert sein können. Niemand kann eine solche Möglichkeit ausschließen.

Die Schriftrollen der Essener wurden in etwa 65 Zentimeter hohen Tonkrügen mit Deckeln in den Höhlen nahe der Gemeinde von Qumran verwahrt. So überdauerten sie fast 2000 Jahre.

Dem israelischen Archäologen Yigael Yadin gelang die Entzifferung der Tempelrolle, in der der Bau eines idealen Tempels der Essener beschrieben wird. Diese Schrift zeigt, wie sehr sich die Gemeinde von anderen jüdischen Richtungen abgrenzte.

Spuren Jesu in China

Das große Interesse an Jesus-Geschichten und -Biografien beschränkte sich nicht auf den Vorderen Orient und Europa. Bereits 640 entstanden auf Anregung des chinesischen Kaisers Tai-Tsung (626–649) zwei chinesische »Leben Jesu«, die auf syrischer Tradition fußen und Jesus-Informationen enthalten, »die höchstwahrscheinlich aus außerchristlichen Quellen stammen«, wie Ethelbert Stauffer in seinem Werk »Jesus. Gestalt und Geschichte« zu berichten weiß. Ergänzend weist Stauffer darauf hin, dass die chinesischen Jesus-Viten aus jüdischen Tholedoth Jeschu Anregungen empfangen haben.

Das Interesse an Jesus-Geschichten gerade unter Kaiser Tai-Tsung ist sicherlich ausgelöst worden durch die Macht und Ausdehnung

Chinas nach Westen, die unter seiner Regierung ihren Höhepunkt erreichte. Er ist dabei auch der nach dem Fernen Osten strebenden nestorianischen Mission und ihrer Jesus-Verkündigung begegnet, die schon im 4./5. Jahrhundert zur See die westindische Malabarküste erreicht hatte. ((5))

Auch wenn in der Literatur gelegentlich noch Bezeichnungen wie Pseudepigraphen, Agrapha und andere auftauchen – heute sollte man sich darauf geeinigt haben, biblische und apokryphe Texte, die nicht in den offiziellen Bibeltexten vorkommen, als Apokryphen zu benennen.

»Apokryphen« oder »Pseudepigraphen«?

Die vielen im 19. und 20. Jahrhundert entdeckten Papyri und Handschriften mit biblischen und apokryphen Texten haben den bisherigen Begriff »Apokryphen« zur Disposition gestellt. Es gab nämlich in der konventionellen Definition auch die Bezeichnungen »Pseudepigraphen«, »Agrapha« usw. Es ist jedoch an der Zeit, für die Klassifikation außerbiblischer Texte den umfassenden Sammelbegriff »Apokryphen« zu verwenden und sie unter dieser Bezeichnung in Aufarbeitung, Weiterführung und Vertiefung biblischer Schriften neu zu ordnen und wissenschaftlich zu beheimaten.

Apokryphen zum Alten Testament

Die wichtigsten Apokryphen zum Alten Testament werden nach den Schriften und der Geschichte der alttestamentarischen Zeit geordnet. Im Einzelnen sind dies:

Zur Sprache und Schrift des Alten Testaments siehe auch die Schrifttafel auf Seite 30.

- *Leben Adam und Evas*
- *Testament des Adam*
- *1. und 2. Buch Henoch*
- *Testament des Abram*
- *Apokalypse des Abram*
- *Testament der zwölf Patriarchen*
- *Himmelfahrt des Mose*
- *Apokalypse des Mose*
- *Apokalypse des Elija*
- *Apokalypse des Esra*
- *3. bis 6. Buch Esra*
- *Himmelfahrt des Jesaja*
- *Apokalypse des Baruch*
- *Testament der zwölf Propheten*
- *3. und 4. Buch Makkabäer*
- *Buch der Jubiläen*
- *Orakel der Sibyllinen*
- *Aristeasbrief*
- *Oden (Psalmen) Salomos*

Apokryphen der Qumranhandschriften

Fast in allen Qumranhandschriften finden sich Hinweise oder Anspielungen auf Personen und Ereignisse des Alten Testaments. Außerdem sind sie angereichert mit einer Zitatenfülle aus dem Alten Testament. Zur besseren Übersicht finden Sie auf der folgenden Seite eine Tabelle der wichtigsten Qumranhandschriften mit den offiziellen Abkürzungen. Die über 800 Schriftrollen und Fragmente von Qumran sind weltweit einheitlich nach dem jeweiligen Fundort gekennzeichnet (siehe Seite 26):

Die wichtigsten Qumranrollen auf einen Blick

1 Q H	=	Hymnenrolle (Hôdajót)
1 Q pHab	=	Habakukkommentar (Pescher Habakuk)
1 Q Jesa	=	1. Jesajarolle
1 Q Jesb	=	2. Jesajarolle
1 Q M	=	Kriegsrolle (Milhamat benê or bibene hosek)
1 Q S	=	Gemeinderegel (Serek hajjahad)
1 Q 14	=	Michakommentar
1 Q 22	=	Worte des Mose
1 Q 27	=	Buch der Geheimnisse
1 Q 28a (= 1 Q Sa)	=	Entwurf für das Jerusalem der Endzeit (Klosterregel)
1 Q 28b (= 1 Q Sb)	=	Segensformeln (Segensrolle)
2 Q 21	=	Exodusgeschichte
2 Q 22	=	Geschichten über die Stämme Israels
2 Q 24	=	Vision des Neuen Jerusalems
2 Q 26	=	Buch der Riesen
3 Q 7	=	Letzte Worte des Juda
3 Q 15	=	Verzeichnis der Schatzverstecke (Kupferrolle)
4 Q pNah	=	Nahumkommentar (Pescher Nahum)
4 Q pPs 37	=	Kommentar zu Psalm 37
4 Q patr	=	Patriarchensegen
4 Q test	=	Testimonia (Buch der Zeugnisse)
4 Q pGen	=	Genesiskommentar
4 Q MMT	=	Weisung des Lehrers der Gerechtigkeit an König Jonathan (Miksat Ma'aseh ha-Tora); auch als »Sektierermanifest« bezeichnet
4 Q 174	=	Die Letzten Tage
4 Q 175	=	Sammlung messianischer Texte
4 Q pJesa	=	1. Jesajakommentar
4 Q pJesb	=	2. Jesajakommentar
4 Q pJesc	=	3. Jesajakommentar
4 Q pJesd	=	4. Jesajakommentar
4 Q pHosa	=	1. Hoseakommentar
4 Q pHosb	=	2. Hoseakommentar
4 Q 275	=	Aufnahmeregel
4 Q 285	=	Krieg des Messias
4 Q 369	=	Erbe des Erstgeborenen, des Messias aus dem Hause Davids
4 Q 395–399	=	Sektierermanifest
4 Q 440	=	Meditation über den vierten Schöpfungstag
4 Q 464	=	Leben der Patriarchen
4 Q 525	=	Weisheitslehre der Segnungen (Makarismen)
4 Q 529	=	Worte des Erzengels Michael
5 Q 13	=	Sektenregel
5 Q 559	=	Versuch einer biblischen Chronologie
7 Q 4	=	Kleines Papyrusfragment (mit 18 griechischen Buchstaben)
7 Q 5	=	Kleines Papyrusfragment (mit 20 Buchstaben 33 x 23 mm)
11 Q 5–6	=	Apokryphe Psalmen Davids (Psalmenrolle = 11 Q P)
11 Q 11	=	Beschwörungsformeln zur Dämonenaustreibung
11 Q 13	=	Kommen des Melchisedek
11 Q 19–20	=	Tempelrolle

1952 machte man einen ganz besonderen Fund: eine Schriftrolle aus reinem Kupfer, in die ein ausführliches Schatzverzeichnis eingraviert war. Erst 1955 konnte die »Kupferrolle« mit einer speziellen Schneidevorrichtung geöffnet werden. Ob es sich bei den aufgeführten Schätzen um einen imaginären oder echten Schatz handelt, ist bis heute nicht geklärt.

erste (1 Q), vierte (4 Q), siebte (7 Q) und elfte (11 Q) Höhle. Der folgende Buchstabe dient der inhaltlichen Kennzeichnung, zum Beispiel 1 Q H = Hymnenrolle, gefunden in der ersten Höhle, oder 11 Q Ps = Psalmenrolle aus der elften Höhle. Das kleine p bedeutet Kommentar (= Pescher), zum Beispiel 4 Q pNah = Nahumkommentar (Pescher Nahum) aus der vierten Höhle. Bei einigen, meist äußerst kleinen Fragmenten mit nur wenigen Buchstaben ist nach dem Q lediglich eine Zahl angegeben, und zwar in der Reihung der aufgefundenen Fragmente, zum Beispiel 7 Q 4 = viertes Fragment aus der siebten Höhle. ((6))

Apokryphen zum Neuen Testament

Zur Sprache und Schrift des Neuen Testaments siehe auch die Schrifttafel auf Seite 31.

Die unterschiedlichen Literaturgattungen des Neuen Testaments – Evangelien, Apostelgeschichte, Apostelbriefe und Apokalypse (Geheime Offenbarung des Johannes) – finden sich auch in der üppigen Literatur der Apokryphen mit neutestamentlicher Thematik. Im Folgenden werden diese Apokryphen in Anlehnung an die neutestamentliche Reihenfolge genannt. Zunächst eine Übersicht der apokryphen Evangelien (siehe Seite 27).

Apokryphe Apostelgeschichten

An die Seite der apokryphen Evangelien treten die apokryphen Apostelgeschichten – dem Vorbild des Schriftstellers Lukas folgend, der mit seiner neutestamentlichen Apostelgeschichte, die streng genommen nur zentrale Lebensabschnitte der Apostel Petrus und Paulus aufzeichnet, der Niederschrift apokrypher Apostelgeschichten den Weg als eigene Literaturgattung geebnet hat. Mit Recht

Apokryphe Evangelien auf einen Blick

Name	Entstehungszeit	Ort bzw. Gegend der Entstehung
Nazaräerevangelium (syrisch bzw. aramäisch?)	1. Hälfte des 2. Jahrhunderts	Syrien
Ebionäerevangelium (griechisch)	1. Hälfte des 2. Jahrhunderts	Ostjordanland
Hebräerevangelium (griechisch)	1. Hälfte des 2. Jahrhunderts	Ägypten
Ägypterevangelium (griechisch)	1. Hälfte des 2. Jahrhunderts	Ägypten
Jakobusevangelium	Mitte des 2. Jahrhunderts	Außerhalb Palästinas
Das Evangelium der Wahrheit (griechisch)	Mitte des 2. Jahrhunderts	Rom
Petrusevangelium (griechisch)	2. Jahrhundert	Syrien
Thomasevangelium (griechisch)	2. Jahrhundert	Ägypten
Philippusevangelium (griechisch)	2. Jahrhundert	Ägypten
Kindheitsgeschichte des Herrn von Thomas, dem Israeliten (griechisch)	Ende des 2. Jahrhunderts	
Geschichte Josefs des Zimmermanns (griechische Urschrift)	4./5. Jahrhundert	Ägypten
Nikodemusevangelium oder Pilatusakten (griechisch)	5. Jahrhundert	
Arabisches Kindheitsevangelium (syrische Urschrift)	6. Jahrhundert	Syrien
Armenisches Kindheitsevangelium (syrische Urschrift)	6. Jahrhundert	Syrien
Pseudo-Matthäusevangelium (griechisch)	8./9. Jahrhundert	

wurden die apokryphen Apostelgeschichten, in denen Wunder, Reisen und Predigten die Hauptthemen sind, »Volksliteratur« oder »volkstümliche Unterhaltungsliteratur« genannt. Sie entstanden im 2. und 3. Jahrhundert. Erhalten sind die:
- Petrusakten
- Johannesakten
- Thomasakten
- Paulusakten
- Andreasakten

Apokryphe Briefliteratur

Waren die apokryphen Evangelien und Apostelgeschichten Volksliteratur, so steht hinter der apokryphen Briefliteratur ein anderes Motiv. Sie mutet eher wie »Akademikerschrifttum« für literarisch und philosophisch aufgeschlossene Juden- und Heidenchristen an. Gerade bedeutende Persönlichkeiten als Schreiber oder Empfänger fiktiver Briefe, wie König Abgar V. von Edessa (9–46) als Briefpartner Jesu und der stoische Philosoph Lucius Annäus Seneca d. J. († 65) als Partner des Apostels Paulus († 64 oder 67 in Rom), sollten die Kulturfähigkeit des Christentums belegen. Geachtete Personen sollten bezeugen, dass der christliche Glaube keine »Kleineleutereligion« war. Hinter der außerkanonisch-apokryphen Briefliteratur

stehen der Anspruch, als neue Religion ernst genommen zu werden, und die Dialogbereitschaft des Christentums mit dem antiken hellenistischen Bildungsgut. Die wichtigsten Texte der apokryphen Briefliteratur sind:
- *3. Korintherbrief: Briefwechsel zwischen den Korinthern und Paulus (um 185 bis 195)*
- *Epistula Apostolorum (2. Jahrhundert)*
- *Briefwechsel zwischen Abgar V. und Jesus (3. Jahrhundert)*
- *Laodicenerbrief (zwischen 2. und 4. Jahrhundert)*
- *Briefwechsel zwischen Paulus und Seneca (3. Jahrhundert)*
- *Pseudo-Titusbrief (5. Jahrhundert)*

In der links abgebildeten »Naturalis Historia«-Handschrift aus dem 13. Jahrhundert überreicht der Autor Plinius dem römischen Kaiser Titus eine Widmung. Unter Titus wurden im 1. Jüdischen Krieg (66-70 n. Chr.) Jerusalem und Qumran zerstört. In der apokryphen Briefliteratur gibt es einen Pseudo-Titusbrief und einen Briefwechsel des Apostels Paulus mit Seneca, dessen Tod Rubens dargestellt hat. (rechts, München, Alte Pinakothek).

 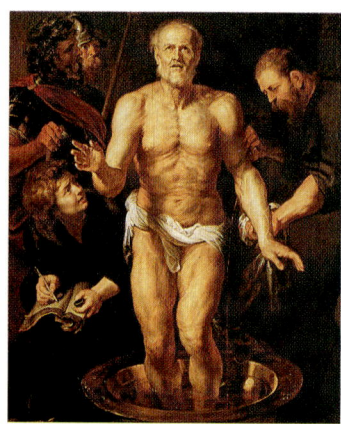

Apokryphe Apokalypsen

Die Bibel schließt mit einer Apokalypse als letztem Buch. Bereits das Markusevangelium (Mk 13,5–37) weist eine eindrucksvolle apokalyptische Passage auf. Die Literaturgattung der Apokalypse – das aus dem Griechischen kommende Wort heißt »Enthüllung« – wurde von den Urchristen aus dem Judentum übernommen.

Die Apokalypse des Johannes im Neuen Testament will Geheimnis und Heraufkunft der Endzeit als »Tag des Herrn« enthüllen: »... und was bald geschehen muss ... Selig, wer diese prophetischen Worte vorliest und wer sie hört und wer sich an das hält, was geschrieben ist; denn die Zeit ist nahe« (Offb 1,1.3). Aus der Fülle apokrypher und verwandter Literatur eine kleine Auswahl:
- *Didache (Anfang des 2. Jahrhunderts)*
- *Der Hirte des Hermas (2. Jahrhundert)*
- *Die Oden Salomos (2. Jahrhundert)*
- *Apokalypse des Petrus (2. Jahrhundert)*
- *Apokalypse des Paulus (Ende des 4. Jahrhunderts)*
- *Apokalypse des Thomas (vor dem 5. Jahrhundert)* ((7))

Apokryphen des Korans

Das heilige Buch des Islams ist der Koran mit seinen 114 unterschiedlich langen Suren. Sein Religionsstifter Mohammed, der »Gepriesene« (570/80–623), lebte in Arabien, das wie der gesamte Vordere Orient seit Jahrhunderten von Handels- und Wallfahrtsstraßen durchzogen war, auf denen nicht nur Waren, sondern auch Kulturgüter transportiert wurden.

Im Koran gibt es verstreut Hinweise auf Personen und Ereignisse des Alten und Neuen Testaments. Seine Zitatenfülle, vor allem die sichere Zitierung aus der Bibel, lässt ein vorislamisches Begegnungsfeld erkennen – Beduinenfrömmigkeit verschmolz mit jüdischem, hellenistischem (griechischem) und christlichem Gedankengut. Die Betonung biblischer Themen im Koran lässt den Schluss zu, dass schon die Vorfahren Mohammeds biblische Kenntnisse von jüdischen und christlichen Randgruppen übernommen hatten, etwa Leben und Botschaft Jesu aus apokrypher Tradition. Nicht nur auf alttestamentliche Gestalten wie Adam und Eva, Abraham und Mose wird wiederholt eingegangen. Noach (Nuh) wird 33-mal genannt, Abraham (Ibrahim) 69-mal, Mose (Musa) 136-mal, Maria (Maryam) 34-mal. Ein Schwerpunktthema ist Jesus, der in 15 Suren erwähnt wird, das Wort »Messias« (al Masih) wird 11-mal verwendet. Mit großem Respekt sprechen die Suren 3 und 19 von Maria (Maryam), der Dienenden. Sie wird gegen jüdische Verdächtigungen und Verleumdungen in Schutz genommen. Hier einige lesenswerte Stellen:

- *Adam und Eva:* Sure 2,33–35; 7,18–23.120.172.189; 20,115–119
- *Maria (Maryam):* Sure 3,40–48.52–55; 4,157–158; 19; 21,90–92
- *Jesus (Isa):* Sure 3,40–43.52–56; 4,156–159.169–170; 5,17–21.110–121; 58,22
- *Johannes der Täufer:* Sure 3,39–41 ((8))

Moderne Apokryphen

Die Frage »Gibt es moderne Apokryphen?« drängt sich zum Abschluss dieser Einführung auf. Sie muss bejaht werden. Wer denkt nicht an Rainer Maria Rilkes »Das Marienleben« aus dem Jahr 1912, das von Paul Hindemith 1948 vertont wurde! Weitere moderne Apokryphen sind Ludwig Thomas »Heilige Nacht« (1916), Joseph Wittigs »Herrgottswissen an Wegrain und Straße« (1920) und »Leben Jesu in Palästina, Schlesien und anderswo« (1925/26) sowie Heinrich Waggerls »Das Jahr des Herrn« (1934) oder Manfred Bielers »Mein kleines Evangelium«. ((9))

Die Frage, ob moderne Apokryphen sich mit antiken Apokryphen messen können, muss jeder selbst beantworten. Zur Urteilsfindung tragen die beiden Bücher des Autors »Außerbiblische Jesusgeschichten. Ein Plädoyer für die Apokryphen« (München 1983) und »Kindheitsgeschichte Jesu. Kanonische und außerkanonische Überlieferungen« (Schwerte 1993) bei.

Die Sprache des Alten Testaments

Hebräische Schrifttafel (Alefbet)

Quadratschrift	Name	Aussprache
א	Alef	'a
ב	Bet	b
ג	Gimel	g
ד	Dalet	d
ה	He	h
ו	Vav	w
ז	Zayin	z
ח	Chet	ch
ט	Tet	t
י	Yod	j
כ	Kaf	k
ך	Khaf	l
ל	Lamed	m
מ ם	Mem	n
נ ן	Nun	s
ס	Samech	'a
ע	Ayin	p
פ ף	Pe/Fe	s
צ ץ	Tzade	q
ק	Qof	r
ר	Resh	s
ש	Shin	sch
ת	Tav	t

Der größte Teil des Alten Testaments ist in hebräischer Sprache abgefasst. Die hebräische Schrift, die wie die phönizische ein Alphabet von 22 Konsonanten aufweist, hat mehrere Entwicklungsstufen durchlaufen. Erst nach dem babylonischen Exil (586–538 v. Chr.) wurde die auch heute noch gebräuchliche hebräische Quadratschrift verwendet.

Die Sprache des Neuen Testaments

Griechische Schrifttafel

Kleine Buchstaben	Große Buchstaben	Name	Aussprache
α	A	Álpha	a
β	B	Béta	b
γ	Γ	Gámma	g
δ	Δ	Délta	d
ε	E	Épsilon	e
ζ	Z	Zéta	ds
η	H	Éta	ē
ϑ	Θ	Théta	th
ι	I	Jóta	i
κ	K	Káppa	k
λ	Λ	Lámda	l
μ	M	My	m
ν	N	Ny	n
ξ	Ξ	Xi	ks
o	O	Ómikron	o
π	Π	Pi	p
ρ	P	Rho	r
σ	Σ	Sígma	s
τ	T	Tau	t
υ	Υ	Ypsilon	y
φ	Φ	Phi	ph
χ	X	Chi	ch
ψ	Ψ	Psi	ps
π	Ω	Ómega	ō

Alle Schriften des Neuen Testaments sind in griechischer Sprache abgefasst. Es handelt sich dabei nicht um das so genannte klassische Griechisch, sondern um eine spätere Entwicklungsform der griechischen Sprache, die etwa seit der Mitte des 4. vorchristlichen Jahrhunderts im östlichen Mittelmeerraum gesprochen und geschrieben wurde, die so genannte Koiné. Nicht selten schimmert jedoch durch den griechischen Text die aramäisch-hebräische Grundlage durch.

Apokryphen zum Alten Testament

Das Alte Testament ist der wohl kühnste Versuch der Weltliteratur, einen viele Milliarden Jahre umfassenden Zeitraum darzustellen — vom Beginn des Universums bis zur Geburt des Jesus von Nazaret.
Es gibt keine authentische Urkunde über die Weltentstehung. Adam und Eva haben keine einzige Zeile über das Paradies hinterlassen. Erst Jahrtausende später wurde rückblickend aufgeschrieben, was »am Anfang« passiert ist. Neben dem Buch (richtiger: der »Schriftrolle«) des Alten Testaments gab es mündliche Erzählungen, die ergänzen und erklären wollten — außerbiblische Schriften, die »Apokryphen« genannt wurden.

    34 Urgeschichte

    50 Patriarchen

    66 Mose und Josua

    72 Könige

    82 Lehrweisheit

    86 Propheten

    92 Erwartung des Messias

Von der »Vertreibung Adams und Evas aus dem Paradies« machten sich Künstler wie Giovanni di Paolo ein Bild. Außerbiblische Schriften zum Alten Testament befriedigten ebenfalls die Lust des Publikums nach Details jenseits der kanonischen biblischen Berichte und inspirierten die Kunst.

Urgeschichte

Die Fragen nach dem Woher des Göttlichen, der Welt und des Menschen, nach ihrem Weg und ihrem Ziel – nach dem Wesen und dem Sinn der Schöpfung – bestimmen den Inhalt der biblischen und apokryphen Texte zur Urgeschichte.

Der geläufige Ausdruck »Urgeschichte« begünstigt die Vorstellung, hier liege ein authentischer, geschichtlicher Bericht vor. Doch handelt es sich nicht um Dokumente aus der Vergangenheit, als vielmehr um eine rückblickende Schau und die Auseinandersetzung mit dem Götterglauben anderer Völker im Nahen Orient.
Auch damalige Beduinen versuchten, drängende Fragen zu beantworten: Gibt es nur einen Gott oder eine Vielzahl von Göttern? Wie sind die Welt und der Mensch entstanden? Wohin geht der Mensch? Wie kommt das Böse in die Welt, wenn Gott ein guter Gott ist?
Auf viele dieser Fragen geben die ersten Kapitel der »Urgeschichte« (Gen 1,1–11,19) Antwort: Schöpfung der Welt durch Gott (Gen 1,1–2,4), der glückliche Anfang im Paradies (Gen 2,4–25), das Nein zu Gott und die Vertreibung aus dem Paradies (Gen 3,1—7), der Brudermord Kains (Gen 4,1–16), Noach und die Sintflut (Gen 6,1—9,29), der Turmbau zu Babel (Gen 11,1—9).

Das Schöpfungsalphabet

Eine hochinteressante Darstellung und Deutung der Schöpfung bietet die Kabbala (→ Glossar). Im iberischen Raum, also in Spanien und Portugal, wurde sie von Mose ben Schem Tov von León (1240–1305) veröffentlicht und als Werk von Rabbi Schimon bar Jochai aus dem 2. Jahrhundert präsentiert. Dieses Werk erhielt den Namen »Zohar« (Glanz).

Warum schuf Gott die Welt?

Die im mittelalterlichen Aramäisch verfasste Kabbala hat ihren besonderen Reiz, zunächst wegen ihres (angeblich) hohen Alters, sodann wegen ihrer schwer deutbaren Symbolik. Der Zoharprolog, aus dem die nachfolgende Textpassage stammt, umkreist in völlig ungewohnter Weise die Schöpfung. Er möchte jenen stimulierenden Prozess im Denken, im Herzen, in der Existenz Gottes zu ergründen versuchen, der dem Schöpfungsvorgang aus dem Unsichtbar-Göttlichen in das Sichtbar-Materielle vorausging: Warum und wie hat Gott die Welt erschaffen?

Schöpferisches Ordnen der Buchstaben

Ungewöhnlich, kaum bekannt und aufschlussreich ist dabei ein Zweifaches. Erstens: Erst nach mehreren Schöpfungsversuchen, deren Ergebnis Gott nicht gefallen hat, gelingt, glückt die endgültige Schöpfung, von der es heißt: »Gott sah alles an, was er gemacht hatte: Es war sehr gut« (Gen 1,2). Diese These der Schöpfungsversuche findet sich im Midrasch (Bereschit Rabba zu Gen 1,5 und

Gen 1,31 → Glossar). Zweitens: Die Kabbala gibt einen bemerkenswerten Kommentar zum »Tohuwabóhu« (Gen 1,31). Das Tohuwabóhu ist der wirre Haufen der 22 Buchstaben des hebräisch-aramäischen Alphabets: ein ungeordnetes Buchstabenspiel, ein Buchstabenwirrwarr. Nach der Kabbala ist Schöpfung das göttliche Ordnen der Buchstaben, das Zusammenfügen der ungeordneten Buchstaben zu sinnvollen Worten, Bezeichnungen, Namen. Erst mit der Namensnennung (vgl. Gen 2, 19–20) erhält ein Baum, ein Stern, ein Mensch seine konkrete, unverwechselbare Existenz. Sündenfall dagegen (vgl. die babylonische Sprachverwirrung: Gen 11,1–9) ist Preisgabe der gottgeschenkten Ursprache, ist menschlicher Sprachversuch als Sprachkatastrophe.

Ins 2. Jahrhundert n. Chr. zurückdatiert ist die im Mittelalter auf der iberischen Halbinsel entstandene Kabbala, die sich den Schöpfungsorgang als Ordnen von Buchstaben zu Worten und Namen zu erklären versucht.
(Seite aus einer Kabbala-Handschrift um 1300, Lissabon, Biblioteca Nacional).

Mehr als das Nichts

Das Tohuwabóhu (Gen 1,1), aus dem die Welt ins Dasein gerufen wurde, ist also mehr als das Nichts. Aus dem ungeordneten Tohuwabóhu ist durch Gottes planvolles Tun ebenso das vielgestaltete, »sehr gute« (Gen 1,31) Universum entstanden, wie durch das sinnvolle Zusammenfügen der Einzelbuchstaben ein Wort, eine geistige Wirklichkeit werden kann.

Ohne auf die schwierigen wissenschaftlichen Einzelheiten einzugehen, sei an dieser Stelle lediglich auf die zehn Schöpfungsworte Gottes, die zehn Sefirot, hingewiesen. Einen Impuls kann die kabbalistische Mystik (→ Glossar) der 22 Buchstaben des hebräischen Alphabets geben, die wahrscheinlich aus dem Nach- und Weiterdenken eines Satzes aus dem alttestamentlichen Schöpfungsbericht inspiriert wurde: »... alle Tiere des Feldes und alle Vögel des Himmel führte Gott dem Menschen zu, um zu sehen, wie er sie benennen würde. Und wie der Mensch jedes lebendige Wesen benannte, so sollte es heißen« (Gen 2,19). Erst durch das Wort erhielten die Lebewesen ihr reales Dasein.

Die Kabbala vergleicht den göttlichen Schöpfungsakt mit dem Ordnen einer wirren Menge von Buchstaben erst zu einem Alphabet und schließlich zu sinnvollen Wörtern. Dieses Bild beschreibt auf eindrucksvolle Weise Einfachheit und Größe der Schöpfung zugleich.

Bedeutung stiftende Reihenfolge

Kaum bekannt ist auch die mystische Meditation über das Schöpfungsalphabet der Kabbala. Vor Beginn der Schöpfung waren die einzelnen Buchstaben unbestimmt, weil ihre Reihenfolge noch nicht festgelegt war. Erst im Vollzug der Schöpfung erhalten die Buchstaben ihre bestimmte Reihenfolge und dadurch auch ihre bestimmte Bedeutung. Erst durch die gottgewollte Ordnung und Reihenfolge der Buchstaben erhält der Satz seine allererste und »buchstäbliche« Gültigkeit: »Die Schrift sagt.« ((10))

Textquelle: Kabbala

Kabbala
(13. Jahrhundert)

Als der Heilige, er sei gesegnet, die Welt erschaffen wollte, waren alle Buchstaben unbestimmt – zweitausend Jahre lang. Ehe er die Welt erschuf, betrachtete der Heilige, er sei gesegnet, die Buchstaben und spielte mit ihnen.

(Der letzte Buchstabe TAV, *das hebräische T, sprach:)*
Herrscher der Welt, möge es dir gefallen, die Welt durch mich zu erschaffen, denn ich bin das Siegel deines Ringes, das ist emet, die Wahrheit.

(Zum Buchstaben MAVET, *= Tod, sprach der Herr:)*
Du bist das Siegel des Todes, mavet. Weil du so bist, bist du nicht dazu ausersehen, dass durch dich die Welt erschaffen werde.

(Zum Buchstaben KAF, *= Ehre, Ehre Gottes, sprach der Herr:)*
Als der Buchstabe kaf vom Thron seiner Ehre herabstieg, erbebten zweitausend Welten, und der Thron zitterte. Die ganze Welt bebte bis zum Bersten. Was machst du hier? Durch dich ist die Vernichtung. In dir hört man das Wort – Ende und Endgültigkeit.

Das erste Wort der hebräischen Bibel beginnt mit b: bereschit.

(Zum zweiten Buchstaben BET, *= Segnen, sprach der Herr:)*
Durch dich will ich die Welt erschaffen. Du bist der Anfang, in dem die Welt erschaffen wird.

(Zum ersten Buchstaben ALEPH *sprach der Herr:)*
Alle Werke der Menschen werden durch dich beginnen, und jede Voraussetzung soll auf nichts als auf dem Buchstaben aleph beruhen. (Zoharprolog)

Die Erschaffung der Engel am ersten Schöpfungstag

Aus der religiösen Spätsicht des jüdischen Glaubens, der den unnahbaren Gott immer weiter von den Menschen distanzierte, ist der alttestamentliche Glaube an die Existenz der Engel erwachsen: der eine Gott und die himmlischen Heerscharen. Engel überbrücken als Boten Gottes den Abstand zwischen Gott und den Menschen. Etwa 120 Stellen über Engel finden sich im Alten Testament (Maleách, angelus = Bote Gottes).

Eine kleine Genesis

Das Jubiläenbuch, abgefasst im 3. vorchristlichen Jahrhundert, bietet in seinem zweiten Kapitel einen Schöpfungsbericht mit 33 Versen und erhielt daher die Bezeichnung »Kleine Genesis«. Es enthält eine klare Theologie und Apologie (Rechtfertigung) der Engel, die als Geschöpfe des einen Gottes geschildert werden. Damit ist eine klare Abgrenzung zu Mythen von Götterboten anderer Religionen und Völker gegeben. Der allein Ewige ist Jahwe. Die Engel zählen zu den bevorzugten Geschöpfen Gottes, die bereits am ersten Schöpfungstag erschaffen wurden.

Die sieben Schöpfungswerke (2,3): Himmel, Erde, Wasser, Engel, Abgründe, Finsternis und Licht.

Geistwesen im Kosmos

Der theologische Akzent des Jubiläenbuches ist deutlich: Alle von Gott erschaffenen Engel beten in erster Linie seine Größe und Herrlichkeit an. Auffallend ist allerdings im Schöpfungsbericht des Jubiläenbuches, dass den Engeln fast ausschließlich kosmische Aufgaben der Kälte und der Hitze, der Morgenröte und des Abends aufgetragen sind. Nach jüdischem Glauben ist das Universum also nicht leer, keine Maschine, die nach ewigen Gesetzen abläuft. Vielmehr ist der gesamte Kosmos belebt, durchströmt und bewohnt von unzähligen guten (und bösen) Geistwesen (vgl. Ex 23,20; 2 Kor 11,14; Hebr 13,23; 1 Petr 5,8). Der Engel als Begleiter der Menschen (»Schutzengel«) wird nur im Hintergrund gesehen. Für die Qumrangemeinde war das Jubiläenbuch eines der wichtigsten Werke der jüdischen Tradition, das in ihrer Bibliothek interessierten Lesern in 16 Exemplaren zur Verfügung stand. ((11))

Textquelle: Jubiläenbuch

Der Angesichtsengel sprach nach dem Wort des Herrn zu Mose: Schreibe auf die ganze Geschichte der Schöpfung, wie Gott, der Herr, am sechsten Tag alle seine Werke und Schöpfungen vollendete, – wie er selbst den Sabbat hielt, ihn für alle Ewigkeit heiligte und ihn zum (Vollendungs-)Zeichen aller seiner Werke machte. Am ERSTEN Tag schuf er die Himmel oben, die Erde und die Wasser und alle Geister, die vor ihm dienen.
Die Engel des Angesichts und die Engel der Heiligung, ferner die Engel des Feuergeistes und die Engel des Windgeistes, die Engel des Wolkengeistes, der Finsternis, des Schnees und des Reifs, die Engel der Stimmen, des Donners und des Blitzes, die Engel der Geister der Kälte und der Hitze, des Winters, des Frühlings, der

Jubiläenbuch (3. vorchristliches Jahrhundert)

Erntezeit und des Sommers, und aller Geister seiner Werke in den Himmeln und auf Erden, in den Abgründen und der Finsternis, des Abends, des Lichtes, der Morgenröte und des Morgens – alles, was er (Gott) mit dem Wissen seines Herzens bereitet hat.
Damals sahen wir seine Werke, wir priesen und lobsangen vor ihm wegen aller seiner Taten, denn SIEBEN große Werke schuf er am ERSTEN Tag. (2,1–3)

Die Erschaffung des Menschen

Adam zählt im Koran zu den bedeutendsten Propheten, denn Allah hat ihn »vor den Menschen in aller Welt« (3,33) auserwählt, als seinen Stellvertreter und Verwalter der Schöpfung wie als Stammvater der gesamten Menschheit.

Altes Testament und Koran verbindet eine ähnliche Schilderung der Erschaffung Adams aus Lehm und Evas aus der Seite Adams, wie diese Glockenkasel vom Ende des 12. Jahrhunderts aus dem Bemediktinerstift St. Paul im Lavanttal in Kärnten zeigt.

Wie in der Bibel findet sich im Koran ein Rückblick auf den Beginn der Menschheit, jedoch nicht in deren geschlossener und konzentrierter Form. Während Bibel und Koran den Namen Adam kennen, wird der Name der ersten Frau, Eva, im Koran nicht genannt. Adams Erschaffung wird dort ähnlich wie im Alten Testament (Gen 2,7) beschrieben. Erst die Ausleger und Deuter des Korans haben die Frau »Hawa« genannt und sie wie in der Bibel (Gen 2,18. 21–25) aus der Seite des schlafenden Adam entstehen lassen ((12))

Koran
(um 650 n. Chr.)

Auf die Frage nach dem Ursprung des Menschen gibt es im Alten Testament zwei Antworten: Gen 1,26–28 (priesterschriftliche Überlieferung) und Gen 2,7.21–24 (jahwistische Tradition).

Textquelle: Koran

Den Menschen erschufen wir aus trockenem Lehm und schwarzem geformten Schlamm. Vor ihm wurden bereits die Dämonen aus dem Feuer des Samums (= Giftwind) geschaffen. Dann sprach dein Herr zu den Engeln: »...Wenn ich den Menschen vollkommen gestaltet und ihm meinen Geist eingehaucht habe, dann fallet alle ehrfürchtig vor ihm nieder.« Alle Engel fielen ehrfurchtsvoll vor dem Menschen nieder. Nur Iblis, der Satan, weigerte sich, ihn (den Menschen) zu verehren. (15,27–32)

Allah ist es, der alles auf der Erde für euch schuf. Er weitete den Himmel und bildete sieben Himmel: er, der Allwissende. Dann sprach dein Herr zu den Engeln: »Ich will auf der Erde einen

Stellvertreter (Menschen) einsetzen.« Sie (die Engel) antworteten: »Du wirst jemanden einsetzen, der wütet, zerstört und Blut vergießt? Wir aber singen dir Lob zu deiner Ehre!« Er aber antwortete: »Ich weiß, was euch verborgen ist.« Dann nannte er die Namen aller geschaffenen Dinge, zeigte sie den Engeln und sprach: »Nennt mir die Namen dieser Dinge, damit ihr zu eurem Recht kommt.« Sie aber antworteten: »Dir sei Lob! Wir wissen nur das, was du uns gelehrt hast; denn du allein bist der Allwissende und der Allweise!« ... Darauf sagten wir zu den Engeln: »Fallet vor Adam nieder!« Sie taten es. Nur Iblis, der stolze Teufel, weigerte sich. Er war einer der Ungläubigen. (2,30–33.35)

Die Zwei-Geister-Lehre

Der Glaube an den guten und allmächtigen Gott hat mit der aufregenden und bedrängenden Frage »Woher kommen Leid, Krankheit, Tod, das Böse?« zu ringen. In der so genannten Gemeinderegel von Qumran (1 Q S), auch »Sektenkanon« genannt, wird darauf eine sehr einfache Antwort gegeben: Gott selbst hat zwei Geister, den Geist der Wahrheit und den Geist der Lüge, bestimmt, um die Menschen zu begleiten. Offen geblieben ist die Frage, ob die Menschen sich für den Weg des Guten oder für den Weg des Bösen frei entscheiden können oder ob sie unter massivem Druck der beiden Geister stehen.

Dem Bösen hilflos ausgeliefert?

Dieses die Menschen seit jeher bewegende Thema haben auch Schriftsteller des Alten Testaments aufgegriffen. Im Buch Ijob heißt es in einem Gespräch zwischen Gott und dem Satan: »Da sprach der Herr zum Satan: ›Gut, er (Ijob) ist in deiner Hand. Nur schone sein Leben‹« (Ijob 2,6). Wie kaum ein anderer hat Peter Lippert (1879-1936) in seinem Buch »Der Mensch Job redet mit Gott« treffende Worte über die Verführungskunst des Satans gefunden: »Ein großer Dämon hält die Menschen in seinen Krallen und wirft sie hierhin und dorthin, um unersättlich sein jahrtausendelanges Spiel mit Menschen zu treiben.« ((13))

Da im 6. bis 16. Kapitel des apokryphen 1. Henochbuchs wie auch im Jubiläenbuch über den durch eigene Entscheidung der Engel ausgelösten Fall berichtet wird, darf auch für den Sektenkanon – eine Art Verfassungsurkunde der Qumrangemeinde – angenommen werden, dass die Menschen in ihren Entscheidungen nicht unter einer Vorherbestimmung (Prädestination) standen, sondern gegenüber den beiden Geistern des Guten wie des Bösen frei gewesen sind. Die Zwei-Geister-Lehre ist ein wichtiges Beispiel für die Qumrandeutung der Weltgeschichte wie für den Gottesauftrag der Mitglieder. ((14))

> Der Geist der Wahrheit und der Geist der Lüge begleiten die Menschen auf ihrem Lebensweg. Ihre Freiheit und zugleich ihre Qual besteht darin, sich bewusst für einen der Geister zu entscheiden – den Weg des Lichts oder den der Finsternis zu gehen.

Textquelle: 1 Q S (Gemeinderegel)
Die Herrschaftsbereiche der beiden Geister

1 Q S
(um 100 v. Chr.)

Er (Gott) schuf das Menschengeschlecht, damit es über die Welt regieren möge, und bestimmte ihm zwei Geister, deren Wege sie gehen sollen bis zur Zeit, die Er für Seine Prüfung festgelegt hat. Es sind die Geister der Wahrheit und der Lüge. Aufrechter Charakter und Schicksal haben ihren Ursprung in der Wohnung des Lichts; umgekehrt, im Brunnen der Finsternis. Die Macht des Fürsten des Lichts erstreckt sich auf die Herrschaft über alle rechtschaffenen Menschen; daher gehen sie die Wege des Lichts. Entsprechend umfasst die Macht des Engels der Finsternis die Herrschaft über alle gottlosen Menschen; daher beschreiten sie die Wege der Finsternis.

Die »Gemeinderegel« aus Höhle 1 (1 Q S) regelte das Leben der Essenergemeinde von Qumran nach strengen Richtlinien. Die Essener sahen sich selbst als »Söhne des Lichts«, die im Kampf mit den »Söhnen der Finsternis« standen.

Der Engel der Finsternis

Die Macht des Engels der Finsternis erstreckt sich weiterhin auf die Verderbnis aller Rechtschaffenen. All ihre Sünden, Frevel, schimpflichen und widerspenstigen Taten geschehen durch seine Eingebung, eine Lage, von der Gott in seinem Geheimnis zulässt, dass sie fortbesteht, bis Sein Zeitalter heraufdämmert. Darüber hinaus geschehen all die Kümmernisse der Rechtschaffenen und jede Prüfung in ihrer Zeit wegen der teuflischen Herrschaft dieses Engels. All die Geister, die mit ihm verbündet sind, haben nur einen Vorsatz gemeinsam: die Söhne des Lichts straucheln zu lassen.

Die Geister als Eckpfeiler des Handelns

Doch der Gott Israels (und der Engel seiner Wahrheit) stehen bei all den Söhnen des Lichts. Es ist in Wirklichkeit Er, der die Geister des Lichts und der Finsternis schuf und sie zum Eckpfeiler jeder Tat machte, ihre Eingebungen die Voraussetzungen jeder Handlung. Gottes Liebe für einen Geist (Kolumne 3, Zeile 17–26) …

dauert ewig. Er wird von seinen Taten stets erfreut sein. Den Rat des anderen verabscheut er jedoch, und er hasst ihn in jeder seiner Regung für alle Zeiten. (Kolumne 4, Zeile 1)

Die Früchte des Geistes der Wahrheit

Auf der Erde handeln sie folgendermaßen: Der eine erleuchtet den Verstand eines Mannes und ebnet ihm die Wege der wahren Rechtschaffenheit und legt in sein Herz die Furcht vor den Gesetzen Gottes. Dieser Geist erzeugt Demut, Geduld, Fülle an Mitleid, dauerhafte Güte, Einsicht, Verständnis und mächtige Weisheit, die widerhallen in jeder von Gottes Taten, getragen von Seiner steten Treue. Er bringt einen Geist hervor, erkennbar in jedem Handlungsplan, eifernd nach den Gesetzen der Gerechtigkeit, heilig in seinen Gedanken und standfest in der Absicht. Dieser Geist begünstigt reichlich Erbarmen für alle, die an der Wahrheit festhalten, und wunderbare Reinheit mit instinktivem Hass von Unreinheit in jeder Gestalt. Er bringt demütiges Verhalten hervor, verbunden mit einer allgemeinen Einsicht, was Wahrheit betrifft, das heißt, das Geheimnis der Erkenntnis. Dahin führt der irdische Ratschluss des Geistes jene, deren Natur sich nach Wahrheit sehnt. Durch einen gnädigen Beistand werden alle, die in diesem Geist gehen, Heilung erfahren, gesegneten Frieden, langes Leben und zahlreiche Nachkommen, gefolgt von ewigem Segen und ewiger Freude im ewigen Leben. Sie werden die Krone des Ruhms erhalten mit einem Kleid der Ehre, prächtig für immer und ewig.

Gott selbst schuf die Geister der Wahrheit (des Lichts) und der Lüge (der Finsternis). Die »Gemeinderegel« beschreibt sehr bildhaft und einprägsam, welchen »Lohn« derjenige zu erwarten hat, wenn er sich dem einen oder dem anderen Geist verbündet.

Die Früchte des Geistes der Lüge

Die Unternehmungen des Geistes der Lüge führen zu Habgier, Versäumnis der rechtschaffenen Werke, Gottlosigkeit, Unwahrheit, Stolz und Hochmut, schrecklicher Täuschung und Betrug, großer Scheinheiligkeit, einem Mangel an Selbstkontrolle und grenzenloser Dummheit, Streben nach Überheblichkeit, verabscheuungswürdigen Taten, getrieben von lüsternen Begierden, Lüsternheit in ihrer schmutzigen Gestalt, einer Schmähzunge, blinden Augen, tauben Ohren, steifem Hals und hartem Herz – bis sie schließlich auf allen Wegen der Finsternis und bösen Gerissenheit gehen.

Das Urteil über alle, die auf solchen Wegen gehen, werden zahlreiche Kümmernisse durch die Hände all der Engel der Hölle sein, ewige Verdammnis im Zorn von Gottes wütender Rache, Schrecken ohne Ende und Schande in alle Ewigkeit mit schmachvoller Auslöschung im Feuer der äußersten Finsternis der Hölle. Denn all ihre Epochen, Generation für Generation, werden sie schweren Kummer, bitteres Leid und dunklen Zufall kennen lernen, bis zu ihrer gänzlichen Vernichtung ohne Rest und Rettung. (Kolumne 4, Zeile 1–14)

Der Sündenfall im Paradies

Ein grundsätzlicher Unterschied zwischen dem Islam einerseits und dem Judentum (Gen 3,1–24) wie dem Christentum andererseits wird sichtbar bei einem Vergleich der Berichte über den Sündenfall der ersten Menschen und seine Folgen. Wiederholt finden sich im Koran Hinweise auf den Sündenfall (2,36-38; 7,21-37; 10,121-123).

Islam, Judentum und Christentum machen sich unterschiedliche Vorstellungen vom Sündenfall Adams und Evas. Während der Koran von einer Schuld der ersten Menschen gegen sich selbst spricht, kommt laut der Deutung der Bibel damit die Erbsünde in die Welt.

Das Vergehen, vom verbotenen Baum gegessen zu haben, verstehen – nach dem Koran – die ersten Menschen als Sünde gegen sich selbst: »... wir haben gegen uns selbst gesündigt« (7,21). Die »Ursünde« im Paradies ist und bleibt nach diesem Verständnis ausschließlich Schuld der ersten Menschen. Sie wird an keiner Stelle des Korans als belastende Hypothek der ganzen Menschheit bezeichnet. ((15))

Über die Ursünde berichtet wird in der Bibel in Gen 3,1–24 (jahwistischer Bericht), gedeutet wird sie von Paulus in Röm 5,12–21.

Die Ursünde als Erbsünde

Folgerichtig ist nach islamischer Glaubenslehre kein Messias, kein Mensch gewordener, gekreuzigter Sohn Gottes erforderlich, um die Sünde der Menschheit zu sühnen, wie der Apostel Paulus es seiner Christengemeinde darlegt (Röm 5,12-21). Bemerkenswert ist in diesem Zusammenhang auch die klare Aussage über die Erbschuld aller

Menschen im apokryphen Testament des Adam: »... durch die Sünde der Mutter Eva sind sie (die Menschen) als Sünder zur Welt gekommen« (3,16). Neueste Forschungen haben fünf Urfassungen der Adam-Eva-Vita (griechisch, armenisch, georgisch, lateinisch und kirchenslavisch) erarbeitet. Die vermutete Adamgrundschrift dürfte im christlichen Milieu zwischen 100 und 600 entstanden sein.

Textquelle: Koran

Wir (Allah) sprachen: »Du, Adam, und deine Frau, bewohnt den Garten des Paradieses. Ihr könnt essen, was ihr wollt. Nur diesem einzigen Baum sollt ihr euch nicht nahen, sonst werdet ihr Sünder.« Doch der Satan verführte ihn (Adam)... Wir sprachen: »Hinweg von hier! Einer sei des anderen Feind. Euer Wohnsitz sei nur noch die Erde. Dort findet ihr Unterhalt für eine gewisse Zeit.« Dann lernte Adam von Allah Worte des Gebetes. Allah versöhnte sich in Gnade mit ihm. Denn Allah ist der oft und oft Verzeihende und Barmherzige (2,36–38).
Der Satan flüsterte dem Adam zu und sprach: »Soll ich dir, Adam, den Baum der Ewigkeit und jenes Reiches zeigen, das nie endet?« Da aßen Adam und seine Frau davon. Jetzt erkannten sie ihre Nacktheit und begannen sich mit Blättern zu bedecken. So wurde Adam gegenüber seinem Herrn ungehorsam, und er verfiel in Sünde. Später aber nahm sich der Herr (Allah) seiner wieder an. Er wandte sich ihm gnädig zu und leitete ihn recht. (20,121–123)

Koran
(um 650 n. Chr.)

Verheißung der Auferstehung an Adam und Eva

Die Fragen »Woher kommt der Mensch?« und »Wohin geht der Mensch?« wurden bereits sehr früh aufgeworfen. Der Anblick eines Grabes zum Beispiel regte zum Nachdenken über die Zukunft des Menschen an. Die Bibel gibt über Geburt und Tod eine einfache Antwort: Des Menschen Ursprung und Ziel ist – Gott.

Spätjudentum begegnet Hellenismus

Da Mose im alttestamentlichen Judentum als Verfasser der Thora (→ Glossar) angesehen wurde, war er auch der gottbegabte Schriftsteller, der über Leben und Tod Adams und Evas in der literarischen Form einer Apokalypse (→ Glossar: Apokalyptik); eine glaubwürdige Antwort geben konnte. Dem Spätjudentum stellte sich im Anschluss an das Wort Gottes »... Staub bist du, zum Staub musst du zurück« (Gen 3,20) vor allem die Frage »Nimmt nur die Geistseele des Menschen oder auch sein materieller Leib (gestaltet als adamá = lehmige, modellierbare Erde; Gen 2,7) an der Ewigkeit teil?« Bemerkenswert an der Apokalypse des Mose ist dabei zweierlei: Es wird zum einen in Kapitel 25 von der »Fleischessünde« der

In vielen apokryphen Texten wird die Frage nach der Unsterblichkeit der Seele unter Bezug auf den Sündenfall Adams und Evas im Paradies diskutiert. In diesem Kontext gibt es auch höchst interessante Auslegungen über den Zusammenhang von Geburt, Tod und Auferstehung – Fragen, die auch heute viele Menschen bewegen.

Ehe gesprochen, zum anderen wird in Kapitel 37 der See Acheron genannt. Das Thema »Fleischessünde« verweist auf Denken und Glauben der Essener (→ Glossar); die Erwähnung des Acheron, in dem der Leichnam Adams dreimal gewaschen wird, erinnert an Platon (427–347), der in seinem Dialog »Phädon« (§ 113A/173a) im Zusammenhang mit der Unsterblichkeit ebenfalls von der Waschung und Reinigung der Seelen der Verstorbenen im Acheron spricht – ein Indiz für den Einfluss hellenistischen Denkens, welcher – zusammen mit dem Essenismus – den Ursprung des Dokuments in die Zeitenwende (20 v. Chr. bis 70 n. Chr.) verweist.

Aus apokryphen Quellen stammt der Bericht von Adams Tod, wie ihn Piero della Francesca in seinem Freskenzyklus der Kreuzlegende in Arezzo von 1452 bis 1459 gemalt hat.

Apokalypse des Mose
(20 v. Chr.–70 n. Chr.)

Textquelle:
Apokalypse des Mose
Verheißung der Auferstehung

Gott rief: »Adam! Adam!«. Da rief der Leichnam (des toten Adam) aus dem Erdgrab: »Hier bin ich, Herr.« Da sprach der Herr zu ihm: »Aus Erde bist du, und zur Erde kehrst du zurück. Doch jetzt verheiße ich dir die Auferstehung. Ich will dich am Jüngsten Tag auferwecken, und zwar mit allen Menschen, die aus dir hervorgegangen sind«. (Kapitel 41)

Evas Tod

Leben und Zeit nach dem Tod gleichen dem Sechstagewerk der Schöpfung. Der siebte Tag (der Auferstehung) ist der ewige Tag der Freude in und mit Gott.

Nach diesen Worten versiegelte Gott das Grab... Nach sechs Tagen starb auch Eva. Beim Tod Adams hatte sie noch bitterlich geweint... In ihrer letzten Stunde bat Eva, man möge sie bei ihrem Mann Adam begraben. Sie betete: »Mein Herr und Herrscher!... Halte mich für würdig, mit ihm zusammen im Grab zu ruhen. Ich war im Paradies und nach der Sünde (nach der Vertreibung aus dem Paradies) bei ihm...« Dann gab sie ihren Geist auf. (Kapitel 42)

Erzengel Michaels Gebot

Bei ihrem Tod war Michael, der Erzengel, anwesend. Drei Engel kamen und nahmen den Leichnam Evas. Sie begruben ihn bei Adam und Abel. Dann sprach Michael, der Erzengel: »So sollt ihr in Zukunft alle Menschen begraben bis zum Tag der Auferstehung!... Mehr als SECHS TAGE sollt ihr nicht trauern. Am SIEBTEN TAG aber sollt ihr in Freude feiern!...« *So sprach der Erzengel Michael. Dann ging er wieder in den Himmel zurück – mit Lobpreis und Hallelujagesang.* (Kapitel 43)

Henoch: Gestalt, Botschaft, Himmelfahrt

Von Henoch, dem siebten Urvater nach Adam (Jud 14), wird berichtet, er sei 365 Jahre alt geworden (Gen 5,18–24) und habe eine Himmelfahrt erlebt (Gen 5,24). Dass Henoch noch in den letzten Jahrzehnten des 1. Jahrhunderts die Menschen faszinierte und vielen Christen Palästinas bekannt war, ergibt sich aus der Tatsache, dass im kanonisch-neutestamentlichen Judasbrief zweimal aus dem apokryphen Henochbuch zitiert wird (Jud 7 = Henochbuch 6,7; 10,4-6; Jud 14 = Henochbuch 1,9). Auch im kanonisch-neutestamentlichen (→ Glossar: Kanon) Hebräerbrief wird der Glaube des Henoch gerühmt (Hebr 11,5).

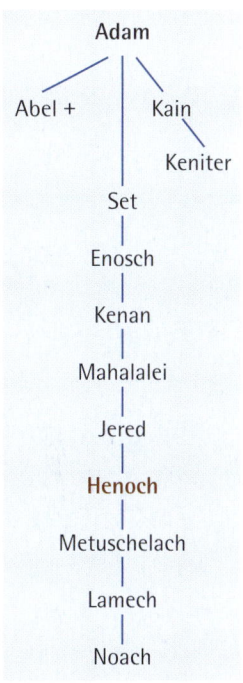

Stammbaum Henoch

Einblicke in die jüdische Apokalyptik

Seit den Qumranfunden stehen neben der bisherigen äthiopischen Textfassung des Henochbuchs vier Handschriften in aramäischer Sprache zur Verfügung. Die älteste Henochhandschrift dürfte um 200 v. Chr. stammen. Sie vermittelt wichtige Einblicke in die Anfänge der jüdischen Apokalyptik (→ Glossar). »Die Qumranfunde haben hier völlig neue Maßstäbe gesetzt und eröffnen der Forschung weitaus größere Horizonte ... Erst die Qumranfunde haben die Brisanz der Sachlage voll bewusst gemacht«, schreibt Hartmut Stegemann. Nach der Zeitenwende schwand das Interesse an Henoch; bei der Verklärung Jesu (Mt 17,1-9; Mk 9,2-10; Lk 9,28- 36) treten nur Mose und Elija, nicht aber Henoch als Zeugen des Jenseits und der Auferstehung in Erscheinung. ((16))

Textquelle: Henochbuch (griechische Fassung)
Seligpreisungen und Verfluchungen

Selig, wer seinen Mund öffnet
zum Lobe des Herrn!
Verflucht, wer seinen Mund öffnet
zur Schmähung seines Nächsten!
Selig, wer alle Werke des Herrn preist!
Verflucht, wer ein Geschöpf des Herrn verächtlich macht!
Selig, wer auf seiner Hände Arbeit schaut!
Verflucht, wer darauf schaut,
die Arbeit anderer zu vernichten!
Selig, wer die Grundlagen seiner Väter wahrt!
Verflucht, wer die Befehle und Bestimmungen
seiner Väter verzerrt!

Henoch-Miniatur aus dem 9. Jahrhundert, in: Gregor von Nazianz, (Mailand, Biblioteca Ambrosiana, Ms. Ambrosiano E 49-50).

Henochbuch
(vor 70 n. Chr.)

Selig, wer in Frieden wandelt!
Verflucht, wer den Frieden stört!
Selig, wer von Frieden spricht
und Frieden hat!

All dies wird in die Waagschalen gelegt
und In Bücher geschrieben
auf den großen Gerichtstag.
Jetzt, meine Kinder!
Bewahrt eure Herzen vor aller Unaufrichtigkeit,
damit ihr des Lichtes Waagschale
in Ewigkeit erbet! (52,1-16)

Henochs Himmelfahrt

»Henoch war seinen Weg gegangen, dann war er nicht mehr da, denn Gott hatte ihn aufgenommen« (Gen 5,24). Die in Qumran gefundenen Henochtexte erweiterten die Überlieferungslage enorm und berichten viele Details über seine Himmelfahrt.

So sprach Henoch zu dem Volke;
da sandte der Herr Dunkel auf die Erde,
und es ward eine Finsternis.
Sie hüllte alle Männer bei Henoch ein.
Da nahmen die Engel eilends Henoch
und trugen ihn in den obersten Himmel.
Und Er (Gott) nahm ihn auf
und stellte ihn vor sein Angesicht in Ewigkeit.
Dann wich die Finsternis von der Erde,
und es ward Licht.
Und alles Volk sah,
wusste aber nicht, wie Henoch hinweggenommen ward,
und pries Gott.
Sie gingen heim,
sie, die solches gesehen hatten.
Ehre sei unserm Gott in Ewigkeit! Amen. (67,1-3)

Der Mythos von den Riesen

Wie ein erratischer Block aus uralten, immer wieder interessierenden, erzählten und weitererzählten Mythen nehmen sich im kanonischen (→ Glossar: Kanon) Alten Testament die Henochgeschichte (Gen 5,21-24) und der sich anschließende Bericht über die Riesen (Gen 6,1-8) aus. Henoch, einer der zehn Urväter (siehe Tabelle Seite 45), erreichte, wie schon erwähnt, ein Alter von 365 Jahren und wurde ohne zu sterben von Gott in den Himmel aufgenommen (Gen 5,23-24). Die uns zugänglichen apokryphen Henochbücher belegen, dass diese Gestalt das Volk Israel nach der Rückkehr aus der Babylonischen Gefangenschaft (586-538) und besonders im letzten vorchristlichen Jahrhundert reizte und aufwühlte. In ihnen wird das in Gen 6,1-8 nur kurz behandelte Thema der Riesen und der seltsamen Ehe von Engeln mit Menschenfrauen aufgegriffen und dem wissbegierigen Volk in ausschmückenden Legenden erzählt.

Buch der Riesen in Qumran

Unter den Qumranhandschriften befinden sich einige fast vollständige Abschriften des Buches Henoch in aramäischer Sprache. Nicht oder bisher kaum bekannt sind jedoch weiterführende und erklärende Texte über Henoch, die in Qumran entdeckt wurden und sich als »Buch der Riesen« (1 Q 23, 2 Q 26; 4 Q 203; 4 Q 530–532; 6 Q 8) zusammenfassen lassen.

Zur großen Überraschung nennt sich darin einer der Riesen Gilgamesch (4 Q 531, Fragment 1). Dieser Name ist uns aus dem Gilgameschepos, einer der größten babylonischen Dichtungen (um 1700 v. Chr.), eingeritzt in Keilschrift auf zwölf Tontafeln, bekannt. Auf der ersten Tontafel wird Gilgamesch genannt: der »siegreiche Held«, der »in der Zeit vor der großen Sturmflut« lebte.

*Berichte von Riesen im Alten Testament regten die Phantasie der Menschen an: »In jenen Tagen gab es auf der Erde Riesen, und auch später noch, nachdem sich die Gottessöhne mit den Menschen eingelassen hatten und diese ihnen Kinder gezeugt hatten. Das sind die Helden der Vorzeit, die berühmten Männer« (Gen 6,4).
In den apokryphen Henochbüchern aus Qumran taucht ein Riese namens Gilgamesch auf. Erst die Sintflut löschte das Riesengeschlecht aus. (Arche Noah und Sintflut, Miniatur aus dem Ashburnham Pentateuch, 7. Jahrhundert, Paris, Bibliothèque nationale, Ms. nouv. acq. lat. 2334).*

Textquelle: 4 Q 530 (Buch der Riesen)

Der Schriftgelehrte [Henoch ...] eine Abschrift der zweiten Tafel, die [Henoch] sa[ndte ...] in der Handschrift Henochs, des berühmten Schriftgelehrten [... im Namen Gottes, des großen] und heiligen, ... [...] ihr sollt erfahren, dass nicht [...] und die Dinge, die ihr

*4 Q 530
(1. vorchristliches Jahrhundert)*

getan habt, und dass eure Frauen [...] sie und ihre Söhne und die Frauen [ihrer Söhne...] durch eure Zügellosigkeit auf der Erde, und es ist über euch gewesen [... und das Land schreit hinaus] und klagt über euch und die Taten eurer Kinder [...] der Schaden, den ihr über es gebracht habt. [...] ... Zerstörung [kommt, eine große Flut, und sie wird alles Lebendige zerstören] und was immer in den Wüsten und den Meeren ist. Und die Bedeutung der Angelegenheit [...] auf euch für euer Böses.
Doch nun, befreit euch von den Fesseln, die [euch] bi[nden an das Böse ...] und betet. (Fragment 2)

Textquelle: 4 Q 531 (Buch der Riesen)

4 Q 531
(1. vorchristliches Jahrhundert)

[... Ich bin ein] Riese, und bei der mächtigen Kraft meines Armes und meiner großen Stärke [... je]mand Sterbliches, und ich habe gegen sie Krieg geführt; doch ich bin nicht [...] in der Lage, ihnen Widerstand zu leisten, denn meine Gegner [...] residieren im [Himm]el, und sie wohnen an den heiligen Stätten. Und nicht [... sie] sind stärker als ich [...] des wilden Tieres ist gekommen, und den wilden Mann nennen sie [mich]. [...]
Dann sagte Ohaja (= Sohn des Schemichaza) zu ihm: »Ich wurde zu einem Traum gezwungen [...] der Schlaf meiner Augen [verschwand,] um mich eine Vision sehen zu lassen. Nun weiß ich, dass [...] Gilgamesch«. (Fragment 1)

Noach und der Opferkult

Das Jubiläenbuch, dem die folgende Textquelle entnommen ist, dürfte bereits im 3. vorchristlichen Jahrhundert aufgezeichnet worden sein. Es lässt sich wie ein roter Faden durch die Qumranbibliothek der unterschiedlichen Etappen verfolgen. Die Tatsache, dass unter den Qumranhandschriften 16 Exemplare des Jubiläenbuches vorliegen, veranlasste Experten wie Hartmut Stegemann zu der Feststellung, »dass die Qumransiedler das Jubiläenbuch bis zuletzt als eines der wichtigsten Werke der Traditionsliteratur betrachtet haben«. ((17))

Wo landete die Arche?

Das apokryphe Jubiläenbuch (6,1) vermittelt nur eine vage Ortsangabe über die Gegend, in der die Arche Noachs aufsetzte: »... auf jenem Berg«.
Etwas genauer ist hier die geografische Angabe des Alten Testaments: »... im Gebirge Ararat« (Gen 8,4; vgl. Tob 1,21). Ob aber damit der in Armenien liegende, etwa 5160 Meter hohe Berg Ararat (persisch: Koh-i-Nuh = Berg des Noach) gemeint ist, ist keineswegs sicher.

Noach als Priester

Ein Nachklang der priesterlichen Tradition (→ Glossar: Priesterschrift) ist zu spüren, wenn Noach priesterliche Aufgaben zu erfüllen hat: Er errichtet den Opferaltar, bringt das Versöhnungs- und Dankopfer dar und empfängt das Geschenk des Gottesbundes.

Nach der Sintflut ist Noach »ein zweiter Adam«, mit dem Gott die Geschichte des Lebens nochmals aufgreift. Noach soll mit seinen Nachkommen »zum Segen« (6,6) für die ganze Schöpfung werden. Mit ihm will der Bundesgott seine Führungs- und Gesprächsgeschichte mit den Menschen fortführen, und zwar in eine bessere Zukunft, als sie Adams Nachkommenschaft erreicht hat (Gen 6,1–9,17).

Auffallend im Sintflutbericht des Jubiläenbuches ist die detaillierte Aufzählung der Opfergaben, die Noach auf den Altar legt (6,3). Die Besonderheit einzelner Gaben (unter anderem Salz, Wein, Weihrauch) lässt auf die Spätform der rituell vorgeschriebenen Opfergaben schließen.

Bemerkenswert ist dabei vor allem das anthropomorphe Gottesbild (→ Glossar): »Und der Herr roch den aufsteigenden Duft« (6,4); dies erinnert an ähnliche Formulierungen in Homers Ilias beziehungsweise Odyssee. ((18))

In der priesterlichen Funktion Noachs erblickten die Qumran-Essener eine Bestärkung ihrer Sendung gegenüber der Priesterschaft und dem Opferkult im Tempel von Jerusalem, den sie ablehnten.

Textquelle: Jubiläenbuch

Am Neumond des dritten Monats ging er (Noach) aus der Arche; dann baute er auf jenem Berg einen Altar.

Er wollte die Erde sühnen, und so nahm er einen Ziegenbock und sühnte mit dessen Blut alle Schuld der Erde; denn alles, was darauf gewesen, war vernichtet, außer denen, die mit Noach in der Arche waren.

Er brachte dessen Fett auf den Altar, nahm ein Rind, einen Widder, ein Lamm, ferner Ziegen, Salz, eine Turteltaube und eine andere junge Taube. So brachte er ein Ganzopfer (= holocaustum) auf den Altar.

Dann goss er darüber eine mit Öl vermischte Spende, sprengte Wein, streute über alles Weihrauch und ließ so einen herrlichen, dem Herrn angenehmen Duft aufsteigen.

Und der Herr roch den herrlichen Duft und schloss mit ihm einen Bund, dass es keine, die Erde verderbende Sintflut mehr geben sollte, dass Aussaat und Ernte an keinem Tag der Erde aufhören, Kälte und Hitze, Sommer und Winter, Tag und Nacht ihre Ordnung nicht ändern und in Ewigkeit nicht aufhören sollten.

Ihr aber wachset und mehret euch auf Erden! Seid zahlreich darauf und seid zum Segen auf ihr! (6,1–5)

Jubiläenbuch
(3. vorchristliches Jahrhundert)

Das Alte Testament berichtet über die Sintflut in Gen 6,5–9,29, über das Dankopfer und die Bundesschließung in Gen 8,20–9,17.

Apokryphen zum Alten Testament

Patriarchen

Ein Jahrtausend spannender Geschichte begegnet uns in den biblischen Erzählungen um Abraham, Isaak und Jakob – den Patriarchen.

Mit der alttestamentlichen Patriarchengeschichte (Gen 12,1–50,26) betreten wir geschichtlichen Boden: die Wanderbewegungen semitischer Stämme in der Mittleren Bronzezeit (um 2300—1500). In literarisch gekonnter, überschaubarer Familiengeschichte, zugespitzt und personalisiert in drei Clanhauptlingen, den drei Patriarchen Abraham, Isaak und Jakob, werden etwa 1000 Jahre einprägsam zusammengefasst: Abraham (Gen 12,1–25,18), Isaak (Gen 25, 19–36, 43) und Jakob (Gen 37,1–50,26).

Das literarische »Kunststück« besteht darin, dass durchaus verstreute Überlieferungen zu einer einzigen, fortlaufenden Geschichte verwoben wurden: In einigen Clans weisen Erinnerungen nach Osten, das heißt nach Mesopotamien, während in anderen Clans Erinnerungen bewahrt wurden, die nach Westen, das heißt nach Ägypten, deuten. Die Herkunft aus dem mesopotamischen Osten geht mit Reisen und Aufenthalten im ägyptischen Westen eine fast nahtlose Verbindung ein.

Geschickt wurden die Erinnerungen der verschiedenen Clans zu einer gemeinsamen und fortlaufenden Geschichte verwoben, die die Ereignisse in dem Gebiet zwischen Nil, Euphrat und Tigris vereint.

Der Lebensraum des Abra(ha)m

In »einer ausgefallenen Schrift, die bestimmt nicht von Qumranmönchen geschrieben wurde« (Hans Burgmann), wird Einblick gegeben in die Einwanderung Abra(ha)ms in das Land östlich des Euphrats. Abra(ha)m, der aus dem Land zwischen Euphrat und Tigris (Ur, Haran) stammte, erhielt den Auftrag Gottes: »Zieh weg aus deinem Land, von deiner Verwandtschaft und aus deinem Vaterhaus in das Land, das ich dir zeigen werde« (Gen 12,1).

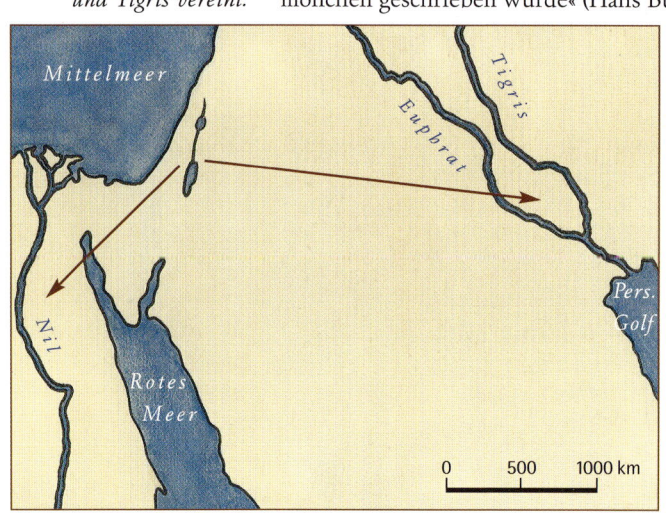

Dieses Land war für Abra(ha)m und seine Nachkommen ein Gottesgeschenk »für alle Zeiten«.

Als Berichterstatter in der Ichform erzählt Abra(ha)m von der so genannten Landnahme im nachfolgend zitierten Genesisapokryphon (1 Q apGen), das aus dem 3. vorchristlichen Jahrhundert stammt. Der Fundort der Handschrift, die Höhle 1 von Qumran, lässt darauf schließen, dass ihr Inhalt den Essenern (→ Glossar) als Leitfaden diente. ((19))

Der Lebensraum des Abra(ha)m

Der gegenwärtige erbitterte Kampf um das Heilige Land zwischen Israelis und Palästinensern hat seine Wurzeln in der Verheißung an Abram. Während das Alte Testament nur kurz auf das von Gott versprochene Territorium eingeht, wird im Genesisapokryphon ein bestimmtes Gebiet umrissen. (»Verheißung an Abram«, aus: Wiener Genesis, einer spätantiken byzantinischen Handschrift aus dem 6. Jahrhundert, Wien, Nationalbibliothek, Cod. theol. gr. 31).

Eine weltgeschichtliche Dimension

Dieses Genesisapokryphon hat seine politische Aktualität und Brisanz bis zum heutigen Tag nicht eingebüßt – es reflektiert den geistigen Nährboden jener blutigen Auseinandersetzungen zwischen Israelis und Palästinensern (die beide semitische Stämme sind), deren Fernsehzeugen wir fast täglich werden. Was im kanonischen (→ Glossar: Kanon) Alten Testament (Gen 12,6-9) als Besichtigungsreise Abra(ha)ms nur kurz skizziert wurde, ist im Qumranapokryphon in eine weltgeschichtliche Dimension ausgeweitet,

Das Alte Testament nennt zwei Namen: Abram – Abraham. Die Umbenennung des kinderlosen Abram in Abraham, den Vater vieler Kinder und Völker, ist in Gen 17,5 festgehalten.

Im Genesisapokryphon umfasst das verheißene Land ein Terrain zwischen dem Mittelmeer und dem Roten Meer, dem Nil und dem Euphrat, einschließlich der Arabischen Wüste.

wenn man sich die genannten Orte und Gegenden vor Augen führt: Ramat-Hazor, Bet-El, Ägypten, Libanon, Senir, Mittelmeer, Hauran, Gebal, Kadesch, Große Wüste, Euphrat, Fluss Gihon, Berg des Stiers, Salzwassersee, Rotes Meer, Mamre/Hebron. Ferner fällt auf, dass unterschieden wird zwischen einem »Brandopfer« und einem »Getreideopfer«, das »dem höchsten Gott« dargebracht wird. Erwähnung findet auch Abra(ha)ms Freundschaft (Waffenbrüderschaft) mit den drei Amoriterbrüdern Mamre, Aner und Eschkol (vgl. Gen 14,13.24).

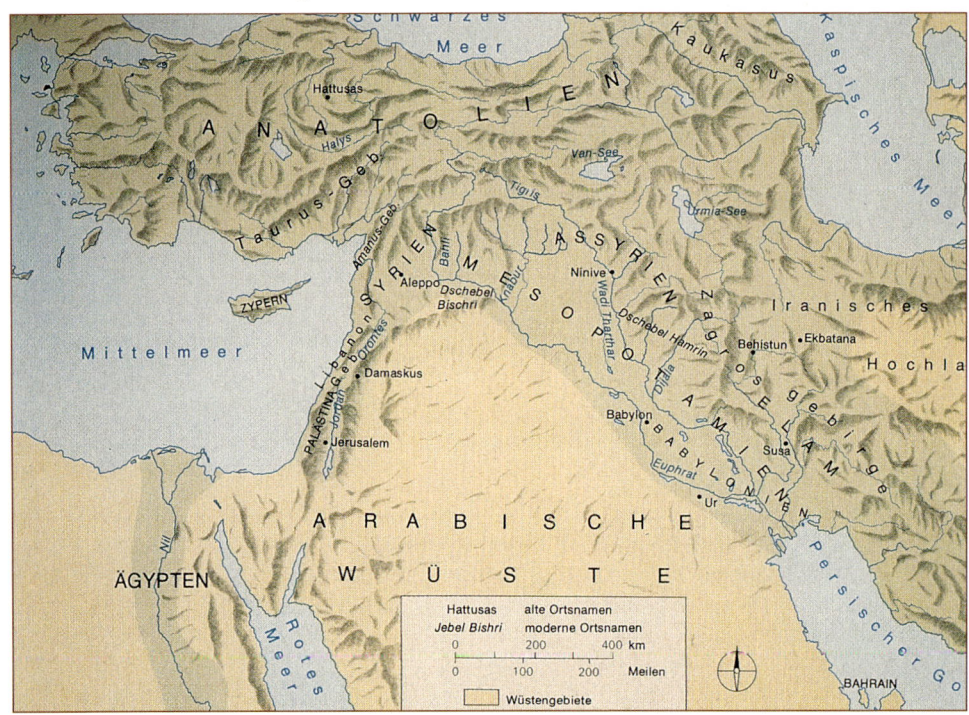

Textquelle: 1 Q apGen (Genesisapokryphon)
Abrams Auserwählung

1 Q apGen
(3. vorchristliches Jahrhundert)

Gott erschien mir in einer nächtlichen Vision und sagte zu mir: »Geh hinauf nach Ramat-Hazor, das im Norden von Bet-El, wo du jetzt wohnst, liegt, und blicke auf. Schau nach Osten, Westen, Süden und Norden. Sieh dir all dieses Land an, das ich dir und deinen Nachkommen geben will für alle Zeiten.« Also ging ich am nächsten Tag hinauf nach Ramat-Hazor und sah mir das Land von jener Anhöhe aus an, vom Fluss Ägyptens bis zum Libanon und dem Senir und vom Mittelmeer bis zum Hauran und das ganze Land von Gebal bis nach Kadesch und die ganze Grosse Wüste bis zum Ostrand von Hauran und Senir bis zum EUFRAT. Und Er sprach zu mir: »Ich will das ganze Land deinen Nachkommen geben; sie werden es für immer erben. Darüber hinaus will ich deine Nachkommen zahlreich machen wie den Staub der Erde, den keiner zählen kann. Deine Nachkommen werden zahllos sein. Steh auf, mach dich auf den Weg, geh und siehe, wie lang und wie breit es ist, denn ich will es dir und deinen Nachkommen für alle Zeiten geben.«

Das Genesisapokryphon, hier im Bild die Schriftrolle, trägt die Signatur 1 Q ap Gen. Es wurde in aramäscher Sprache abgefasst und stammt aus dem 3. Jahrhundert v. Chr.

Abrams Rundreise

Dann ging ich, Abram, und machte eine Rundreise, um mir das Land anzusehen. Ich trat die Rundreise am FLUSS GIHON an, zog am MITTELMEER entlang, bis ich den BERG DES STIERS erreichte, bewegte mich im Kreis von der Küste des großen SALZWASSERSEES, streifte den Fuss des Bergs des Stiers und ging weiter nach Osten durch die ganze Breite des Landes, bis ich zum FLUSS EUFRAT gelangte. Ich zog entlang des Eufrats, bis ich das ROTE MEER im Osten erreichte, von wo ich der Küste des Roten Meeres folgte, bis ich zu dem Golf kam, der vom Roten Meer ausgeht. Von dort aus beendete ich die Rundreise und wanderte nach Süden zum Fluss Gihon. Anschließend kehrte ich wohlbehalten nach Hause zurück und fand all meine Leute wohlauf vor. Kurz darauf machte ich mich auf, um mich bei den Eichen vom MAMRE IN HEBRON niederzulassen, eigentlich ein wenig im Nordosten Hebrons. Dort baute ich einen Altar und brachte dem HÖCHSTEN GOTT ein BRANDOPFER dar und ein GETREIDEOPFER. Ich aß und trank dort, ich und alle Männer meines Haushalts, und lud MAMRE, ANER und ESCHKOL, drei Amoriterbrüder und Freunde von mir, dazu ein. Sie aßen und tranken zusammen mit mir. (Kolumne 22, Zeile 8–22)

Parallelen zum Alten Testament: Berg des Stiers (Stätte eines alten Kultsymbols) in 1 Kön 12,28–30; Hos 8,4–6; 13,2; Offb 4,7; die drei Amoriterbrüder mit den gleichen Namen in Gen 14,13.24.

Ibrahim, der erste Muslim

Ibrahim (= Abraham) nimmt in den drei »abrahamitischen« Weltreligionen Judentum, Christentum und Islam einen einzigartig hohen Rang ein. Nach dem Neuen Testament sind alle Glaubenden »Abrahams Söhne« (Gal 3,7; vgl. Hebr 11,8–19). Die im Alten Testament angeführte fiktive Genealogie der Menschheit ist nebenstehend mit ihren wichtigsten Vertretern skizziert, um die Positionen Abrahams und Ismaels zu verdeutlichen. Hierbei braucht nicht näher darauf eingegangen zu werden, dass die biblische Genealogie keine exakte historische Dokumentation ist: In ihr haben sich geschichtlich-geografische Realitäten der Siedlungsgeschichte wie politisch-militärische Machtverhältnisse im Nahen Osten (aus der Sicht des 3./2. vorchristlichen Jahrtausends) niedergeschlagen.

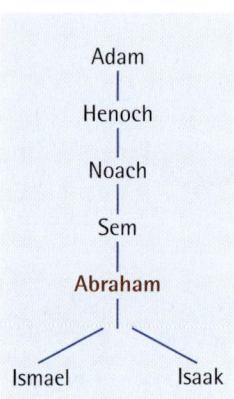

Stammbaum Abraham

Von Ibrahim zu Ismael

Bemerkenswert an dem nachfolgend zitierten Korantext (2,126–129) ist, dass neben Ibrahim nur Ismael, Abrahams Sohn mit der ägyptischen Sklavin Hagar (Gen 16,1–16; 21,9–21; 25,12–18), nicht aber Isaak erwähnt wird. Offensichtlich sollte damit jene Verheißungslinie gestärkt werden, die durch Allah nach Ibrahim auf seinen Sohn Ismael (der hebräische Name bedeutet »Gott hört«, »Gott erhört«; vgl. Gen 16,11) überging. Das Siedlungsgebiet der Nachkommen Ismaels nämlich »reichte von Hawila bis Schur, das Ägypten gegenüber an der Straße nach Assur liegt« (Gen 25,18). Es handelt sich genau um jene Gebiete der Steppe des Ostjordanlandes und des nördlichen Arabien, aus dem Mohammed stammte und wo die wichtigen Stätten des Islams, Mekka und Medina, der Sterbe- und Begräbnisort Mohammeds liegen. Was Ismael betrifft, hält auch das Alte Testament ausdrücklich fest: Als Abraham mit 175 Jahren »lebenssatt« (Gen 25,8) starb, erschien zum Begräbnis auch Ismael: »Seine Söhne Isaak und Ismael begruben ihn« (Gen 25,9).

Die Sonderrolle Ismaels

Wie stark in Sure 2,126–129 die Verheißungslinie von Ibrahim über Ismael zu Mohammed und dem Zentralheiligtum der Kaaba in Mekka betont wird, ergibt sich aus den Feststellungen des Korans: Ibrahim und sein Sohn Ismael sind die ersten, beispielhaften und nachahmenswerten Muslims. Sie sind die Erbauer der Kaaba in Mekka und gleichzeitig auch die Stifter des jährlichen Pilgerfestes sowie die Garanten des islamischen Lebens: fünfmaliges tägliches Gebet in Richtung Mekka, Fasten im Monat Ramadán von Sonnenauf- bis untergang, einmal im Leben Wallfahrt nach Mekka.

In der Baugeschichte der Kaaba kommt Ismael, dem Verheißungsträger Allahs, eine ganz besondere Bedeutung zu. Ibrahim tritt völlig in den Hintergrund, denn Ismael wird durch den Engel Gabriel

Aus den apokryphen Texten über Abraham/Ibrahim und dessen Sohn Ismael werden ursprüngliche Gemeinsamkeiten zwischen Christentum und Islam erkennbar.

der in Silber gefasste, würfelförmige Stein für die Kaaba überreicht, der Eck- und Hauptstein des Zentralheiligtums aller Muslims. Anfangs war dieser Stein weiß, erst durch die Sünden der Menschen färbte er sich schwarz.

Textquelle: Koran

Als ich (Allah) für die Menschen ein Versammlungshaus (= Kaaba in Mekka) errichtet habe – auch als Zufluchtsstätte –, sprach ich: »Haltet die Stätte Ibrahims als Bethaus heilig!« Da beschlossen wir einen Bund mit Ibrahim und Ismael. Sie sollen dieses Haus (vom Götzendienst) reinhalten, dann dieses Haus (siebenmal) umschreiten, wie für die, die es (später) besuchen und sich dort anbetend niederwerfen.
Und Ibrahim sprach: »Mein Herr, möge dieser Ort Stätte des Friedens werden und seine Bewohner mit Früchten ernähren, die an Allah und das Jüngste Gericht glauben.« Da antwortete Allah: »Auch die, die nicht glauben, will ich speisen, aber nur kurze Zeit, dann werde ich sie in das Höllenfeuer werfen. Das wird ein harter Weg sein!«
Als Ibrahim und Ismael das Fundament dieses Hauses legten, beteten sie: »Herr, nimm dieses Haus gnädig von uns an. Du hörst alles, und du weißt alles. O Herr, mache uns zu dir ergebenen Muslims und unsere Nachkommen zu einem Volk, das dir ergeben ist. Leite uns an zu den frommen Bräuchen deiner Verehrung. Wende dich uns gnädig zu, denn du bist der versöhnlich Verzeihende, der Barmherzige!« (2,126–129)

Koran
(um 650 n. Chr.)

Ein frivoles Gebet Abrams

In einem sehr fragmentarisch erhaltenen Genesisapokryphon (1 Q apGen), das in aramäischer Sprache wohl schon im 3. vorchristlichen Jahrhundert aufgezeichnet und in Qumranhöhle 1 gefunden wurde, wird ein recht seltsames Ereignis kommentiert, das im Alten Testament (Gen 12,10–20) ohne jede moralische Wertung überliefert ist. Der biblische Text lautet: »Als er (Abram) sich Ägypten näherte, sagte er zu seiner Frau Sarai: ›Ich weiß, du bist eine schöne Frau. Wenn dich die Ägypter sehen, werden sie sagen: ‚Das ist seine Frau!', und sie werden mich erschlagen, dich aber am Leben lassen. Sag doch, du seist meine Schwester« (Gen 12,11–13).

Das Genesisapokryphon aus dem 3. Jahrhundert vor Christus liefert ein schönes Beispiel dafür, wie die Apokryphen die biblische Erzählungen ausschmückten, ergänzten und – wenn erforderlich – auch die entsprechende Rechtfertigung lieferten.

Durfte Abram lügen?

1 Q apGen belegt, dass Gen 12,10–20 einen Erklärungsnotstand auslöste: Durfte »der Vater Abram« lügen? Heiligt bei ihm der Zweck das Mittel, und kann man sich in ähnlichen Notsituationen auf ihn berufen? Die Kommentatoren und Schriftgelehrten taten ihr

Bestes, dem einfachen Judenvolk die offensichtliche Mogelei Abrams zu erklären. Raffiniert werden einerseits die Schönheit Sarais und andererseits die Not Abrams herausgestellt. (Übrigens werden beide mit Recht »Abram« und »Sarai« genannt, weil sie noch kinderlos waren.) Gott, der Gerechte, wird zum Problemlöser; er erhört das seltsame Gebet Abrams: Während des Aufenthaltes Sarais am ägyptischen Pharaonenhof lässt Gott die Ägypter impotent werden. Erst als Abram mit Sarai reich beschenkt (Gen 12,16) nach Kanaan zurückkehren kann, löst Gott durch Abram den »Bann«.

Textquelle: 1 Q apGen (Genesisapokryphon)
Sarais Schönheit

1 Q apGen
(3. vorchristliches Jahrhundert)

... wie präch[tig] und schön ist der Anblick ihres (Sarais) Gesichts, und wie ... [Und] w[ie] geschmeidig ist ihr Haupthaar. Wie reizend sind ihre Augen; wie bezaubernd ihre Nase und ihr strahlendes Gesicht ... Alle anderen Frauen überragt sic an Schönheit, ihr Liebreiz überflügelt den aller anderen. Doch zusammen mit all dieser Anziehungskraft verfügt sie über große Weisheit, und alles an ihr ist schön ...

Sarai beim Pharao

Deshalb sandte er (der Pharao) umgehend nach ihr und ließ sie zu sich bringen. Er sah sie und war von ihrer Schönheit gefangen. Daraufhin nahm er sie zu seiner Frau und trachtete danach, mich (Abram) zu töten, doch Sarai sagte zum König: »Er ist mein Bruder.« So half sie mir, und ich wurde gerettet – ich, Abram –, dank ihrer, und nicht getötet. Dann weinte ich heftig – ich, Abram – zusammen mit Lot, meinem Neffen, in jener Nacht, als mir Sarai mit Gewalt weggenommen wurde.

Eine merkwürdige Episode aus der Genesis kommentiert das Genesisapokryphon: Von Sarais Schönheit bezaubert, nimmt der Pharao sie ihrem Mann Abram weg, weil dieser vorgibt, sie sei seine Schwester. (Pharao gibt Sarai an Abram zurück, Elfenbeinpaliotto, 12. Jahrhundert, Salerno, Kathedrale).

Abrams Gebet

In jener Nacht betete ich und flehte und bat inständig um Erbarmen. In meiner Pein liefen mir die Tränen über die Wangen, und ich sagte: »Gelobt seist Du, o höchster Gott, Ewiger Herr, denn du bist der Herr und Gebieter über alles. Über alle Könige auf Erden bist du der Herr und lässt Gerechtigkeit walten unter ihnen. Und nun bitte ich um Wiedergutmachung, o Herr, gegen den Pharao von Zoan, König von Ägypten, denn meine Frau wurde mir mit Gewalt weggenommen. Fälle um meinetwillen dein Urteil gegen ihn und erhebe deine mächtige Hand gegen ihn und sein Haus. Möge er heute Nacht nicht in der Lage sein, meine Frau zu schänden! Damit sie erkennen, dass du, o mein Herr, dass du der Herr bist über alle Könige auf Erden.« So weinte ich und redete mit niemandem.

Hier wird besonders eindringlich die Kraft des Gebetes, der Zwiesprache mit einem barmherzigen Gott gewürdigt, einem Gott, dem fürwahr nichts Menschliches fremd ist.

Gott erhört Abram

In jener Nacht sandte der höchste Gott einen bösen Geist, der ihn (den Pharao) und jeden Mann seines Haushalts befiel, ein übler Geist, der nicht aufhörte, ihn und jeden Mann seines Haushalts zu quälen. Infolgedessen war er nicht in der Lage, mit ihr geschlechtlich zu verkehren; in der Tat, er verkehrte nicht mit ihr, obwohl sie zwei ganze Jahre bei ihm war ...
... So ließ er mich zu sich rufen und fragte mich: »Was hast du mir wegen deiner Frau [Sar]ai angetan? Du sagtest zu mir: ›Sie ist meine Schwester‹, obwohl sie in Wirklichkeit deine Frau war! Ich selbst habe sie zu meiner Frau genommen! Sie ist hier; nimm sie und geh, verlass alle Provinzen Ägyptens! Doch bete zuerst für mich und mein Haus, damit dieser böse Geist von uns getrieben werden mag.« Also betete ich für ihn, diesen Gotteslästerer, und legte meine Hände auf sein Haupt. Daraufhin war die Plage von ihm genommen, und der böse Geist verließ ihn, und er war gesund.
(Kolumne 21, Zeile 2–18.26–29)

Melchisedek – Wegbereiter des Messias

Bereits im Alten Testament ist Melchisedek (Gen 14,18–20) eine aus der Religionsgeschichte herausragende Gestalt, die einen frühzeitig gereinigten Monotheismus vertrat (»Priester des höchsten Gottes«, Gen 14,18; vgl. Hebr 7,1) wie auch in einem Umfeld, in dem noch Tieropfer an der Tagesordnung waren, bereits das Speiseopfer von »Brot und Wein« (Gen 14,18) praktizierte. Im neutestamentlichen Hebräerbrief wird von Jesus, dem Christus, gesagt, er stehe »in der Ordnung des Melchisedek« (Hebr 5,6.10; 6,20). Kühn und fast schon schockierend sind die weiteren Aussagen über Melchisedek, der »König der Gerechtigkeit«, »König des Friedens«, »Abbild des

Apokryphen zum Alten Testament

Sohnes Gottes« genannt wird: »... er, der ohne Vater, ohne Mutter und ohne Stammbaum ist, ohne Anfang seiner Tage und ohne Ende seines Lebens, ein Abbild des Sohnes Gottes, dieser Melchisedek bleibt Priester für immer« (Hebr 7,3).

Die Essener verehrten Melchisedek besonders, da er für sie das Urbild des Priesters verkörperte, nachdem sie sich vom Tempel in Jerusalem abgewendet hatten. Sie lebten nach der »Ordnung des Melchisedek«. (Mosaik in S. Maria Maggiore in Rom, 1. Drittel 5. Jahrhundert).

Melchisedek aus Sicht der Essener

Was an Lobeshymnen über Melchisedek im kanonischen (→ Glossar: Kanon) Hebräerbrief zu lesen ist, kann durchaus als mächtiger Nachklang der Melchisedekverehrung verstanden werden, von der die Qumrangemeinde zu einem großen Teil geprägt war. Die Essener (→ Glossar), die sich vom Tempel in Jerusalem und vom Tempeldienst distanziert hatten, führten ihre priesterliche Tradition und Praxis auf die Urgestalt des Priesters, auf Melchisedek, zurück. Doch Melchisedek galt den Essenern nicht nur als eine Gestalt der Urgeschichte: Nach der »Ordnung des Melchisedek« zu leben und zu wirken war für sie Auftrag der segnenden Hand ihrer Priesterweihe.

Der nachfolgend zitierte Text (11 Q Mech = 11 Q 13) spielt darauf an, dass vor allem im biblischen Jubeljahr und im »Gnadenjahr des Herrn« (Jes 61,2) Melchisedek als Wegbereiter des »Gesalbten des Geistes« verehrt wurde, der die Herrschaft des Satans (= Belial) brechen und die Herrschaft den Söhnen des Lichtes übergeben wird (vgl. 4 Q 180 und 181).

Textquelle: 11 Q 13 (Kommen des Melchisedek)

[... Melchise]dek, der ihnen zurückgeben wird, was ihnen rechtmäßig gehört. Er wird ihnen das Jubeljahr verkünden und s[ie] dabei befreien [von der Schuld a]ll ihrer Sünden.
[Er soll ver]künden diesen Erlass in der er[s]ten [Woch]e des Jubeljahrs, das auf [neun J]ubeljahre fol[gt], wenn er sühnen wird für all die Söhne des [Lichts] und das Vol[k, das vor]herbestimmt ist dem Mel[chi]sedek [...] übe[r ihne]n [...] Denn dies ist die Zeit, die bestimmt ist für »das Gnadenjahr Melchis[edek]s« (Jes 61,2), [und] durch seine Macht w[i]rd er Gottes Heilige richten und so ein gerechtes Kö[n]igreich errichten ...

In Bezug auf das, was in der Schrift s[teht: »Wie lange noch wollt i]hr ungerecht richten und die Frevl[e]r begünsti[gen)? [S]el[a]« (Ps 82,2), so bezieht sich die Interpretation auf BELIAL und die Geister, die ihm vorherbestimmt sind, de[n[n alle von ihnen haben sich erho]ben und abgewen[det] von Gottes Vorschriften [und wurden so äußerst frevelhaft.] Daher wird Melchisedek gründlich ausführen die Rac[h]e, die Go[ttes] Geb[ot]e verlangen. [Ebenso wird er alle Gefangenen aus der Gewalt B]elials [erlösen] und aus der Gewalt all [der Geister, die ihm vorherbestimmt sind,] ...
»Der Bote« ist der [Ge]salbte des Geist[es], von dem Dan[iel] sprach: [»Nach den zweiundsechzig Wochen wird ein Gesalbter umgebracht werden« (Dan 9,26). Der »Bote, der bringt] frohe Botschaft, der [Frieden] ankünd[igt«] ist der eine, von dem gesch[rie]ben steht: [»zu verkünden das Gnadenjahr des HERRN, einen Tag der Vergeltung unseres Gottes;] damit ich [alle Trauernden] trös[te]« (Jes 61,2). Die Interpretation dieser Bibelstelle:] Er soll sie unte[r]weisen über all die Zeiten der Geschichte in Ewig[keit ... und in den Gesetzen] [der] Wahrheit. [...] [... Herrschaft,] die von BELIAL [zu den Söhnen des Lichts] zur[ückkehrt ...].
(Kolumne 2, Zeile 5-9.11-13.18-22)

11 Q 13
(um 150 v. Chr.)

»Belial« kommt aus dem Hebräischen und bedeutet »Heillosigkeit«. Im Spätjudentum wird dafür auch das Wort »Teufel« verwendet (vgl. 2 Kor 6,15).

Isaaks Tod

Wenn der Name »Isaak« fällt, denkt mancher an die alttestamentliche, von vielen Künstlern wie Rembrandt (1606–1669) aufgegriffene Szene der Opferung Isaaks (Gen 22,1–19). Sie kann als wichtige Station der Religionsgeschichte wie als beachtliches literarisches Konzentrat gesehen werden, in dem der lange Übergang von Menschenopfern zu Tieropfern in Kurzfassung festgehalten wurde. Der jüdische Religionsphilosoph Martin Buber (1878–1965) hat über die Konfliktsituation, in die der Patriarch Abraham durch Gottes Auftrag, Isaak zu töten, geriet, das Motto gesetzt: »Trotz Gottesfinsternis in Treue zu Gott stehen«.

Ein Engel hinderte Abraham daran, seinen Sohn Isaak zu opfern, eine Episode, die von vielen Künstlern, hier Rembrandt, dargestellt wurde. Im apokryphen Jubiläenbuch wird Isaaks Tod nach einem langen verdienstvollen Leben geschildert.

Ein Erbe der Patriarchen

Wäre Isaak von seinem Vater Abraham geopfert worden, gäbe es keine Beschreibung seines Todes im Alten Testament (Gen 35, 28-29) sowie im apokryphen Jubiläenbuch (36. Kapitel).
In dessen Bericht wird der sterbende Isaak geschildert als verantwortlicher Träger des Gottesauftrags und Erbe der Patriarchen. Die Treue des Bundesgottes kann nur durch die Treue des Bundesvolkes beantwortet werden.

Textquelle: Jubiläenbuch

... Isaak rief seine beiden Söhne Esau und Jakob. Sie kamen zu ihm, und er sprach zu ihnen: »Meine Söhne! Ich gehe den Weg meiner Väter, zu dem ewigen Haus, wo meine Väter sind. Begrabt mich nahe bei meinem Vater Abraham in der Doppelhöhle auf dem Feld des Hethiters Efron (Gen 25,9-10), in der HÖHLE, *die Abraham zu seinem Grabmal erwarb. Dort, in dem Grab, das ich mir selbst grub, begrabet mich! Auch dies befehle ich, meine Söhne, dass ihr auf Erden Recht und Gerechtigkeit übt, damit der Herr über euch alles kommen lasse, was der Herr dem Abraham und seinen Nachkommen zu tun verheißen hat. Liebet einer den andern, meine Söhne, als Brüder, so wie man sich selbst liebt, und suchet einander Gutes zu tun und gemeinsam auf Erden zu handeln! ... Es segne der höchste Gott den Mann, der Gerechtigkeit übt, ihn und seine Nachkommen bis in Ewigkeit!«*

Dann hörte er mit seinen Ermahnungen und Segenssprüchen auf; hierauf aßen und tranken sie zusammen vor ihm, und er freute sich, dass unter ihnen Eintracht herrschte. Dann verließen sie ihn, legten sich zur Ruhe an diesem Tag und schliefen.

Und Isaak schlief an jenem Tag in seinem Bett voller Freude ein. Und er schlief zum ewigen Schlaf und starb 180 Jahre alt. Er hatte 25 Jahrwochen und fünf Jahre erreicht. Seine beiden Söhne Esau und Jakob begruben ihn. (36,1-4.16-18)

Jubiläenbuch
(3. vorchristliches Jahrhundert)

Über der Höhle von Machpela (Gen 13,18) in Hebron, 37 Kilometer südlich von Jerusalem, wurde ein Heiligtum erbaut mit den Grabstätten der drei Patriarchen Abraham, Isaak und Jakob wie auch ihrer Frauen Sara, Rebekka und Lea. Der heutige Name des Heiligtums ist Haram el Chalil.

Die Tempelvision Jakobs

Vom Judentum sprechen heißt, vom Tempel in Jerusalem sprechen. Das Thema »Tempel« war in Qumran ein schmerzliches, denn die Essener (→ Glossar) hatten sich radikal vom Tempel, vom Hohen Rat (→ Glossar), von den Priestern und Leviten (→ Glossar) in Jerusalem distanziert. Worin sahen sie Sinn und Bedeutung des Tempels, vor allem wenn an der Tempelhierarchie, am Umgang mit Opferfleisch und dem Geld des Opferkastens schärfste Kritik geübt wurde?

Auf der Suche nach Gott gefälligen Frömmigkeitsformen

Besonders beschäftigten sich die Mitglieder der Qumrangemeinde mit dem Gottesauftrag, der zur Erbauung des Tempels in Jerusalem geführt hatte. Einen ersten Ansatzpunkt entdeckten sie in dem Plan Jakobs, anlässlich seiner Vision von der Himmelstreppe, ein steinernes Gotteshaus zu errichten: »Hier ist nichts anderes als Gottes Haus (Bet-El); und hier ist des Himmels Pforte« (Gen 28,17-22).

Die Frage des Tempelhauses wurde akut während der Regierungszeit des Königs David (1 Chr 28,1-21). Er beugte sich dem Gotteswort: »Dein Sohn Salomo soll mein Haus und meine Höfe bauen« (1 Chr 28,6ff.; 2 Chr 1,18-2,17). Erhalten ist das Gebet Salomos am Tempelweihfest (2 Chr 6,12-42).

Die Frage nach einem angemessenen Ort und Ritus des Gottesdienstes trieb die Essener um, nachdem sie sich vom Tempel in Jerusalem abgewendet hatten. Sie beschäftigten sich daher besonders intensiv mit der Vision des Jakob, dem Gott einen Tempelbau gezeigt hatte. Adam Elsheimer malte um 1597/98 »Jakobs Traum«. (Frankfurt/Main, Städelsches Kunstinstitut).

Auf die Qumransituation zugespitzt war aber die Lage der Juden während der so genannten Babylonischen Gefangenschaft (586-538). Wie haben, so fragten sich die Essener, die damaligen Juden ohne Tempel ihr Selbstvertrauen, ihre Überlebens- und Rückkehrhoffnungen, ihr Gottesverständnis akzentuiert?

Aus der Not- und Glaubenssituation der verschleppten Juden in der babylonischen Epoche haben sie für ihre spätere Situation Anregungen und Frömmigkeitsformen »im Geist und in der Wahrheit« (Joh 4,23) entdeckt und entwickelt. In diese konkrete existenzielle Suchbewegung ist ihr Interesse an der Tempelvision Jakobs einzuordnen, die bereits im voressenischen Jubiläenbuch aus dem 3. vorchristlichen Jahrhundert als dringliche Anfrage aus dem jüdischen Volk aufgegriffen wurde und thematisiert war.

Textquelle: 4 Q 537 (Loblieder)

(Dann sah ich in einer Vision der Nacht, und siehe da, ein Engel Gottes stieg vom Himmel herab mit sieben Schrifttafeln in seinen Händen. Er sagte zu mir: »Es segne dich Gott, der Allerhöchste, dich und) deine Nachkommenschaft. Alle die Gerechten und die Redlichen werden übrig bleiben. [... Es wird nicht mehr] Übel [angetan], Lügen wird es nicht mehr geben. [...] Nun, nimm die Tafeln und lies alles, [was darauf geschrieben steht.« Da nahm ich die Tafeln und las. Auf ihnen standen geschrieben alle meine Leiden] und Bedrängnisse, in der Tat, alles, was kommen wird über [mich all die hundertsieb]en[undvierzig] Jahre meines Lebens. [Erneut sagte er zu mir: »Nimm] die Tafel von meiner Hand.« [...] [Nun] nahm ich diese Tafel von seinen Händen, [und ... ich las alles.] Ich sah darauf geschrieben, dass [kein Heiligtum an diesem Ort erbaut werden soll.] [... Erneut sagte er zu mir:] »Du sollst weiterziehen, und an dem [...] Tag, [...] vergeblich sein vor [Gott, dem Allerhöchsten ...«]. (Fragment 1, Zeile 1-6)

[Ich sah ...] und wie der Bau erbaut werden soll [... und wie] ihre [Priester] sich bekleiden sollen und [ihre Hände] reinigen sollen [und wie] sie die Opfer auf dem Altar hinaufbringen sollen und w[ie in je]dem [La]nd sie einen Teil ihrer Opfer [als Sp]eise zu sich nehmen sollen [und wie ...] damit die Stadt verlassen würde, unterhalb ihrer Mauern. Denn, siehe da, sie werden sein [...] [Dann schaute ich, und, siehe da,] vor mir war ein Areal, das in Quadrate aufgeteilt war, zweiundvi[erzig (?) an der Zahl ...]. (Fragment 2, Zeile 1-5)

4 Q 537
(1. vorchristliches Jahrhundert)

Die hier dargestellte Vision Jakobs beschreibt überaus anschaulich, wie die Christen der frühen Jahre nach einem tiefen Gottesverständnis und einer rechten Frömmigkeit suchten.

Die Hochzeit Josefs mit Asenat

Der alttestamentlichen Geschichte des ägyptischen Josef, einer Erzählung aus einem Guss (Gen 31,7-50,26), kommt in der Darstellung der jüdischen Historie eine beachtliche und unentbehrliche Brückenfunktion zu: Sie verbindet zwei unterschiedliche Überlieferungsstränge der israelitischen Stämme – einerseits das Ostmaterial (Erinnerungen an Ur und Haran), andererseits das Westmaterial (Erinnerungen an Ägypten) – zu einer Einheit. Dabei wird die Heirat Josefs mit Asenat, der Tochter des ägyptischen Priesters Potifera von On (Gen 41,45), nur kurz gestreift. Erst in späteren Jahrhunderten wurden Fragen laut. Zum Beispiel: Warum hat Josef eine ägyptisch-heidnische Priestertochter zur Frau genommen, nachdem doch die späteren Gesetze auf eine jüdisch-jüdische Heirat so großen Wert gelegt haben? In der jüdischen Spätzeit bedurfte die biologische Mischehe ausgerechnet des ägyptischen Josef einer einsichtigen Erklärung.

Ein Balanceakt

In der apokryphen Schrift »Josef und Asenat«, einer pseudohistorischen Erzählung wohl aus dem letzten vorchristlichen Jahrhundert – der ursprüngliche Text hat unverkennbar hebräische Färbung und stammt sicherlich aus jüdischen Kreisen, und nicht wenige Andeutungen und Einblendungen im Text lassen essenische Einflüsse sichtbar werden –, wurde der Versuch unternommen, die schwierige Frage zu beantworten.

Ausdrücklich wird die jüdische Weisung zitiert: »Hütet euch vor fremden Frauen! Lasst euch nicht mit ihnen ein!« (7,5). Andererseits ist es als eine religiös-ethische Entschärfung zu werten, wenn hervorgehoben wird, Asenat sei eine »Jungfrau von 18 Jahren« (Kap 1, Vers 4).

Warum Josef die ägyptische Priestertochter Asenat heiratete, die keine Jüdin war, bedurfte in der Spätzeit des Judentums einer Erklärung. Die apokryphe Schrift »Josef und Asenat« löst das Problem, indem sie den Pharao ein Bekenntnis zum Gott Josefs sprechen lässt.

Josef trifft Asenat in ihrem Haus. (16. Jahrhundert, Berg Athos, Kloster Koutloumousiou, Codex 100).

In die gleiche Richtung weist die im Folgenden zitierte stimmungsvolle und ehrfürchtige Hochzeitszeremonie, in der sich der Pharao zum »Gott Josefs« bekennt. Im Hochzeitssegen spricht der Pharao gar vom »höchsten Gott«, dessen Segen er durch Auflegung seiner Hände auf das Paar Josef und Asenat herabfleht. Einfühlsam ist die anschließende Geste beschrieben, die zum Kuss des neu vermählten Brautpaars führt. ((20))

Erstaunliche Wirkungsgeschichte

Über den alttestamentlichen Rahmen hinaus hat die apokryphe Schrift »Josef und Asenat« eine erstaunliche Wirkungsgeschichte entfaltet. Bereits in der frühen Christenheit stand sie in hohem Ansehen, denn die Kirche »aus Juden und Heiden« (vgl. Apg 9,15; 14,26; 20,21; Röm 2,9; 1 Kor 12,13 → Glossar: Heidenchristen) – gewissermaßen das Äquivalent zu »Juden und Ägypter« – war rasch gewachsene Realität.

Viele Übersetzungen ins Griechische, ins Neugriechische, ins Serbisch-Kirchenslawische sowie ins Armenische wurden damals angefertigt. Selbst in den Visionen und Aufzeichnungen »Die Geheimnisse des Alten Bundes« von Anna Katharina Emmerick (1774–1824) taucht das alttestamentliche Apokryphon »Josef und Asenat« auf.

Textquelle: Josef und Asenat

Josef ging zum Pharao und sprach zu ihm: »Gib mir Asenat, die Tochter Potiferas', des Priesters von HIEROPOLIS, zur Frau!«

Da freute sich der Pharao und sprach zu Josef: »Ist sie dir nicht von Ewigkeit her zur Frau schon anverlobt? Nun sei sie deine Frau – von nun an bis in Ewigkeit.«

Der Pharao ließ den (Priester) Potiferas herbeirufen. Dieser kam mit ASENAT. Der Pharao war erstaunt über ihre Schönheit. Er sprach: »Es segne dich der Herr und Josefs Gott, meine Tochter. Deine Schönheit bleibe dir für immer.
Der Herr und Josefs Gott hat dich zu seiner (Josefs) Braut erwählt. Josef gleicht einem Sohn des Höchsten, und du bist jetzt seine Braut von nun an bis in Ewigkeit.«
Danach setzte der Pharao dem Josef und Asenat auf ihr Haupt goldene Kränze, die seit langer Zeit hier aufbewahrt wurden. Dann stellte der Pharao Asenat an die rechte Seite Josefs.
Der Pharao legte ihnen seine Hände auf und sprach: »Es segne euch der Herr, der höchste Gott! Er mehre und erhöhe und verherrliche euch in Ewigkeit!«
Dann wandte der Pharao ihre Gesichter zueinander und brachte ihren Mund einander näher. Da küssten sie einander.
Dann richtete der Pharao für Josef (und Asenat) die Hochzeit her: ein großes Mahl und viel Getränke für sieben Tage. Alle Fürsten Ägyptens und alle Könige der Völker lud er dazu ein ...
Nach dieser Hochzeitsfeier und nach der Beendigung des Hochzeitsmahles ging Josef zu Asenat. Asenat empfing von Josef, und sie gebar Manasse und seinen Bruder Efraim in Josefs Haus.
(Kapitel 21)

Josef und Asenat
(letztes vorchristliches Jahrhundert)

Die nördlich von Kairo gelegene Stadt Hieropolis (griechisch = Sonnenstadt) wird im Alten Testament »On« genannt, heute heißt sie Materije. Der ägyptische Name »Asenat« bedeutet »sie gehört (der Kriegsgöttin) Neit« (vgl. Gen 41,45.50; 46,20).

Mose und Josua

Mose ist bis heute ein unübersehbarer Markstein in der jüdischen Geschichte, vor allem auf dem Weg zur völkischen und religiösen Einheit. Ihm ist es gelungen, semitische Stämme zum einheitlichen Volk Israel zusammenzuführen, und zwar unter dem Motto »Israel ist alles mit Gott – Israel ist nichts ohne Gott«. Sein unmittelbarer Nachfolger Josua wie auch die späteren Könige und Propheten hatten größte Mühe, die aufmüpfigen Stämme zusammenzuhalten und vor Feindseligkeiten untereinander zu bewahren.

Mose erlebte im brennenden Dornbusch den daseienden, hier und jetzt eingreifenden Gott. Er selbst war und blieb in der Geschichte Israels der brennende Dornbusch – die mahnende wie auch tröstende Erinnerung. Mit dem Namen Mose verbunden sind auch die Offenbarung des Gottesnamens Jahwe (JHWH, so genanntes Tetragramm) in Ex 3,14, der Auszug aus Ägypten (um 1250 v. Chr.), die Bundesschließung (Ex 24,4–11) und die Zehn Gebote (Dekalog) am Berg Sinai (Ex 20,1–17; Dt 5,6–21).

Der brennende Dornbusch

In Ex 3,13–14 wird nicht ein Begriff, sondern ein Name mitgeteilt: Jahweh = »Ich werde dasein, als der ich dasein werde«. Weil im Hebräischen damals nur Konsonanten, nicht Vokale geschrieben wurden, erscheint der Gottesname Jahwe als JHWH (als Tetragramm, Vierbuchstabenzeichen).

Vom syrischen Dichter und Diakon Ephraem (306–373) stammt der im Folgenden zitierte Text, ausgewählt aus der Fülle seiner biblischen Unterweisungen, die »Targume des Ephraem« genannt werden. Unter einem Targum (→ Glossar) versteht man volkstümlich-narrative Erklärungen eines Schrifttextes, verbunden mit Anregungen für den religiösen Alltag sowie für das Wachsen der Spiritualität. Der Textausschnitt ist einem in syrischer Sprache abgefassten Kommentar zum alttestamentlichen Buch Exodus entnommen, der mit Ex 32,6 endet.

Gott im Engel

Ephraem der Syrer versuchte seinen Hörern und Lesern das Mysterium der Begegnung Gottes mit Mose (Ex 3,13–14) zu erschließen. Dabei klingt die spätjüdisch-hellenistische Vorstellung nach, nur mit Furcht könne man Gott begegnen: »Kein Mensch kann mich (Gott) sehen und am Leben bleiben« (Ex 33,20).

Ein Schwerpunkt seiner Vermittlung besteht darin, den Engel als Boten und Sprecher Gottes nahe zu bringen. (In der christlichen Kunst ist dem Engel oft eine Schriftrolle in die Hand gegeben – als Überbringer der Botschaft Gottes.) Ja, Ephraem geht sogar noch weiter, wenn er schreibt: Mose sah »nicht nur einen Engel, sondern Gott selbst in dem Engel«. Er krönt seine Kommentierung, indem er auch den brennenden Dornbusch in das Furcht erregende Geheimnis (Mysterium tremendum) einbezieht: Der brennende Dornbusch ist »Sinnbild des im Feuer wohnenden Gottes«. Zusammengefasst will Ephraem sagen: Die Begegnung mit dem unsichtbaren Gott in Zeit und Raum ist kein Ereignis, das man rational oder psychologisch »erklären« kann. Es ist ein spirituelles Erlebnis, das etwa mit dem Wort »Erfahrung« umschrieben werden kann.

*Der Syrer Ephraem bezeichnet in seinem Kommentar zum Buch Exodus den brennenden Dornbusch, in dessen Gestalt Gott Mose erschien, als ein »Sinnbild des im Feuer wohnenden Gottes«.
Gott wurde in diesem Bild durch die Künstler darstellbar.
(Jan van Eyck um 1420 im Turin-Mailänder Stundenbuch, Turin, Museo Civico d'Arte Antica, Ms. 47).*

Vater oder Sohn?

Wie stark die im 3. und 4. nachchristlichen Jahrhundert entbrannte Auseinandersetzung über die drei göttlichen Personen und ihr Verhältnis zueinander bis in die Ausdeutung der Bibelstelle vom brennenden Dornbusch zurückwirkt, macht ein Querverweis deutlich: Während Ephraem die Frage, welche der drei göttlichen Personen erschienen ist und zu Mose gesprochen hat, offen lässt, doziert Ambrosius (339–397), der zur gleichen Zeit lebende Bischof von Mailand: »Nicht der Vater ist im Dornbusch ..., sondern der Sohn hat mit Mose geredet« (De fide 1,13).

Milieubedingtes Gottesbild

Die heutige Deutung der Stimme im brennenden Dornbusch geht dagegen fast ausschließlich von milieubedingten Formungen des Gottesbildes aus. Der neue Name »Jahwe« (wohl aus der midianitischen Wüstenreligion) ersetzt die bisherige Gottesbezeichnung »El«. Überaus plausibel ist die viel zitierte These: »Die Wüste ist monotheistisch. Nur in der Wüste konnte sich der Glaube an einen Gott entwickeln.« Die großen polytheistischen Weltreligionen (mit vielen Göttinnen und Göttern), wie Hinduismus oder Buddhismus, entstanden in Gebieten, in denen eine üppige Vegetation der Um-Welt den Glauben an viele Götter in der In Welt begünstigte. ((21))

Im Alten Testament wird JHWH 6700-mal verwendet. Weil wir aber nicht wissen, wie dieser Name damals ausgesprochen wurde (die Übersetzung »Jehowa« ist sicherlich falsch), hat Martin Buber (1878–1965) schlicht und doch hintergründig »Er« übersetzt.

war, betrachtete die Qumrangemeinde die überlieferten Gebete und Psalmen als literarische Werke, die Josua selbst verfasst hatte. Sein Name blieb verbunden mit dem Einzug des Volkes Israel ins Gelobte Land Kanaan, »in dem Milch und Honig fließt« (4 Q 378).

Zu den absoluten Lieblingsgestalten, wie etwa der alttestamentliche Prophet Jesaja (→ Glossar: Tritojesaja), zählte Josua in Qumran allerdings nicht. Die erwähnten Rollen gehören zum Fund der 1952 entdeckten Höhle 4, in der weitere 566 Handschriften aus der ehemaligen Qumranbibliothek deponiert waren.

Die Kundschafter Josua und Kaleb beweisen mit der riesigen Weintraube (Num 13,1–14,45), dass sie das Gelobte Land Kanaan gefunden haben, wie auf dem Glasfenster im Chor der Lorenzkirche in Nürnberg von 1479 dargestellt. Die Qumrangemeinde schrieb Josua in mehreren Schriftrollen die Bedeutung eines großen Hymnendichters zu.

Es handelt sich wohl um »Vorqumran-Handschriften« der »Bibliothekshöhle 4«, die bereits vor dem 2. vorchristlichen Jahrhundert geschrieben wurden. (Erstbesiedlung Qumrans Mitte des 2. vorchristlichen Jahrhunderts).

Josua, der nach Mose die schwierige Landnahme Kanaans zu meistern hatte, war für die Gemeinschaft der Essener das wichtige und tröstliche Zeichen, dass der Bund Gottes mit Israel auf Dauer angelegt ist. Der Gottesbund ist Entwurf auf Zukunft.

Angesichts der Ablehnung des korrupten Priesterdienstes und des »Frevelpriesters« am Tempel von Jerusalem durch die Essener ist Josua das beglaubigte Zeichen der legitimen, gottgewollten Nachfolge.

Textquelle: 4 Q 378 (Damaskus-Schrift)

[... Nimm entgegen] ein Gebet, in dem es um unsere Sünden geht [...] Seid nicht wie jene Brüder, die [hinab]stiegen [in den Abgrund ... Macht] eines solchen Mannes Missetaten [bekannt] in Ewigkeit, für alle Zeiten (?) [...] eure [Sch]uld. Meine Brüder werden sich gegen euch wenden. (Fragment 6, Kolumne 1, Zeile 4–7)
... denn der HERR [eu]er [Gott] spricht [...] zu bestätigen die Worte, die Er sprach [...] dass Er Abraham versprach, zu geben [uns und zu bringen uns in ein] gutes und ausgedehntes [Land], ein Land mit fließenden Strömen, [mit Quellen und unterirdischen Wassern, die emporquellen in Tä]lern und Hügeln, ein Land voll Weizen und Gerste, [voller Weinstöcke und Feigenbäume und Granatäpfel, Olivenbäume und] Honig. Sicherlich ist es ein Land, in dem Milch und Honig fließt, [wo es euch an nichts mangeln wird, ein Land], dessen St[ein]e aus Eisen sind und aus dessen Hügeln [man abbauen] kann Kupfer. [...] zu erkunden. [Israel] wird erben. (Fragment 11, Zeile 1–8)

4 Q 378
(vor dem 2. vorchristlichen Jahrhundert)

Textquelle: 4 Q 379 (Damaskus-Schrift)

[... die Wasser] fließen [...] [... die Wasser], die geflossen sind, standen still, standen in einem einzigen [Haufen ... Die Kinder Israels schr]itten hindurch auf trockenem Boden im ersten [Mona]t, im ein[undvier]zigsten Jahr ihres Auszuges auf dem Lan[d] Ägypten. Dieses war das Jubeljahr, das auf den Beginn ihres Einzugs in das Land Kanaan fiel. Nun überfl[u]tet der Jordan seine Ufer und strömt voll [W]asser vom vi[er]ten Monat bis zum Monat der Weizenernte. (Fragment 12, Zeile 1–7)
Gepriesen ist der HERR, der Gott [Israels ...] [...] Als Jos[ua] auf[hö]rte zu be[ten und vorzubrin]gen Lobpreisungspsalmen, [sagte er:] »Ver[flucht sein soll je]der, der versucht, wiedera[ufzubau]en diese [S]tadt! Mit Hilfe [seines] Erstgeborenen soll er ihr Fundament legen, und mit Unterstützung [seines Jüng]sten [soll er] ihre Tore einsetzen!« (Jos 6,26).
Siehe, [ein ve]rfluchter Mann, [einer, der zu Belial gehört,] ist dabei, sich zu erheben, um ein Fangnetz zu sein für seine Leute und eine Quelle des Verfalls für alle seine Nachbarn. Dann erschein[en] [Söhn]e [nach ihm,] die beide als Werkzeuge dienen sollten für Missetaten. Sie werden wiederaufbauen diese [Stadt] und für sie errichten eine Mauer und Türme, um zu erschaffen [ein Bollwerk des Bösen] [im Land,] eine große Gottlosigkeit in Israel, einen Ort des Schreckens in Efraim [und Juda.] [Sie werden Gotteslästerung betreiben] in dem Land, eine große Unreinheit unter den Kindern Jakobs. Sie werden ausgi[eßen Blut wie Wasser über das Bollwerk der Tochter Zions und innerhalb der Stadtgrenzen von Jerusalem]. (Fragment 22, Zeile 5–14)

4 Q 379
(vor dem 2. vorchristlichen Jahrhundert)

Könige

Die Könige des Alten Testaments waren nicht nur Herrscher und Kriegsführer, sondern auch begabte Dichter von Hymnen und Liedern.

Wenn im Alten Testament von Königen, ihrer Herrschaft und auch Tragik berichtet wird, ist Israel stets als Theokratie (Gottesherrschaft) in den Blick zu nehmen: Alles mit Gott, nichts ohne Gott. In der Königsgeschichte sind zwei Überlieferungsstränge, eine königsfreundliche und eine königskritische, verarbeitet. Hervorzuheben sind die drei ersten, großen Könige: Saul (1020–1000), David (1000–961), Salomo (961–932). Waren diese Könige glaubwürdige Vertreter des Bundesgottes? Es entlarvt die politische Verantwortungslosigkeit wie auch die religiöse Aufklärung dieser sehr selbstbewussten Herrscher, dass es schon im Todesjahr Salomos († 932) zur Teilung in ein Nordreich Israel (beendet 722 v. Chr. mit der Eroberung Samarias) und in ein Südreich Juda (beendet 586 v. Chr. mit der Eroberung Jerusalems) kam. Die Könige dieser beiden Nachfolgereiche waren nur ein Schatten ihrer Vorgänger. In der Übergangsphase vom Alten zum Neuen Testament – im Zeitalter Jesu – gab es nochmals Könige, jedoch von Roms Gnaden. Die Römer waren seit 63 v. Chr. die Eroberer Palästinas. Unter den Günstlingen Roms ragt König Herodes der Große (37–4) heraus, der den (dritten) Tempel von Jerusalem erbaute.

Psalmen Davids

David war zunächst als Harfenist an den Hof von König Saul geladen worden, wurde dann sein Waffenträger. Nach Sauls Tod wurde er vom Stamm Juda in Hebron zum König gesalbt.

Der Kanon (→ Glossar) des Alten Testaments weist 150 Psalmen auf, die im Stundengebet der katholischen Kirche (Brevier; → Glossar: Ekklesiologie) im »Zyklus von vier Wochen« gebetet werden. Bemerkenswert ist, dass in der Septuaginta (→ Glossar), der griechischen Übersetzung des Alten Testaments, ein 151. Psalm überliefert ist. Von den syrischen Christen wurden zwei weitere Psalmen bis in unsere Zeit gerettet.

Neue Psalmen aus Qumran

In mehreren Qumranhöhlen sind »neue« Psalmen (4 Q 88 und 4 Q 448 sowie 11 Q 5-6) gefunden worden. In 11 Q 5 Kolumne 27 wird festgehalten, David habe 3600 Hymnen, 446 Lieder und 4 Lieder, »die über Besessenen zu spielen sind«, also insgesamt 4050 Psalmen gedichtet. Damit übertrifft er seinen Sohn Salomo, der nach 1 Kön 5,12 insgesamt 3000 Sprüche und 1005 Lieder verfasst haben soll. Die Funde von Qumran bestätigen, dass die Psalmendichtung im letzten vorchristlichen Jahrhundert noch lebendig war und dem David, dem »süßen Psalmisten Israels«, zugeschrieben wurde. Unverkennbar ist dabei die Absicht, diesen Spätpsalmen die hohe Autorität der Frühpsalmen zu verleihen (wenngleich ihre Sprache eine Spätform des biblischen Hebräisch aufweist). ((23))

Textquelle: 11 Q 5 (Apokryphe Psalmen Davids)

David, der Sohn Isais, war weise und strahlte wie das Licht der Sonne, ein Schreiber und ein Mann mit Urteilskraft, makellos in all seinen Wegen vor Gott und den Menschen. Der HERR gab ihm einen brillanten und scharfsichtigen Geist, und so schrieb er: Psalmen: dreitausendsechshundert; Lieder, die vor dem Altar zu singen sind und begleiten das tägliche ewige Brandopfer für alle Tage des Jahres: dreihundertvierundsechzig; für die Sabbatopfer: zweiundfünfzig Lieder; und für die Neumondopfer, alle Festtage und den Versöhnungstag: dreißig Lieder.
Die Gesamtzahl aller Lieder, die er schrieb, war vierhundertsechsundvierzig, nicht eingeschlossen vier Lieder, die den von Dämonen Besessenen mit Musik bezaubern. Die Gesamtsumme von allem, Psalmen und Liedern, war viertausendundfünfzig. All das schrieb er dank der Prophezeiungen, die ihm der Allerhöchste zuteil werden ließ. (Kolumne 27, Zeile 2-11)

11 Q 5
(1. vorchristliches Jahrhundert)

Isai (= Jesse) ist der Stammvater Davids (1 Sam 16,18-22).

Textquelle: 11 Q 6 (Apokryphe Psalmen Davids)

Halleluja! Ein Psalm Davids, Sohn Isais. Ich war kleiner als meine Brüder, der jüngste unter den Söhnen meines Vaters. So machte er mich zum Schafhirten seiner Schafe, zum Herrscher über seine Ziegen. Meine Hände formten eine Pfeife, meine Finger ein Lyra, und ich verherrlichte den HERRN. Ich sprach zu mir selbst:
»Die Berge bezeugen Ihn nicht, noch verkünden die Hügel.«
So hallt wider von meinen Worten, o Bäume, o Schafe, meine Taten!
Ach, wer kann verkünden, wer erklären die Taten des HERRN?
Gott hat alles gesehen, gehört und sich um alles gekümmert.
Er sandte seinen Propheten, um mich zu salben,
sogar Samuel, um mich zu erheben.
Meine Brüder gingen hinaus, um ihn zu treffen:
schön gewachsen, wunderbar an Erscheinung,
groß waren sie an Statur,
schön waren ihre Haare –
doch der HERR Gott erwählte sie nicht.
Nein, Er sandte und nahm mich, der der Herde folgte,
und salbte mich mit dem heiligen Öl.
Er sandte mich als Fürst zu seinem Volk,
Herrscher über die Kinder Seines Bundes.
(Kolumne 28, Zeile 3-11)

11 Q 6
(1. vorchristliches Jahrhundert)

1. Psalm Salomos

Der große Psalmendichter des Alten Testaments ist König David (1000-961), dem 150 Psalmen zugeschrieben werden; von seinem Sohn Salomo (961-932) sind großartige Gebete überliefert.

In den »Psalmen Salomos«, einem apokryphen, aus Kreisen der Pharisäer (→ Glossar) stammenden Werk, werden ihm 18 Psalmen zugeschrieben.

Gegen Seleukiden und Römer

Wichtig ist das politische wie auch das religiöse Flair dieses Psalmenwerks. Wenn in Psalm 1 vom »Angriff der Sünder« die Rede ist, so sind damit zunächst die heidnischen Syrer unter dem Seleukiden (→ Glossar) Antiochus IV. Epiphanes (175–164) gemeint, aber auch das Herrscherhaus der Makkabäer/Hasmonäer (→ Glossar), das in Personalunion die politische und die religiöse Macht ausübte und religiöse Spaltungen auslöste. Ferner wird von einer politischen Umbruchphase gesprochen, die auf Pompejus hinweist, der Palästina 63 v. Chr. unter die Macht Roms stellte und dabei, wie Tacitus berichtet, den Tempel in Jerusalem eingehend besichtigte – in den Augen gläubiger Juden ein ungeheures Sakrileg.

Unüberhörbar sind schließlich noch die Klagen über die Entweihung durch unwürdige Hohepriester (→ Glossar) und Leviten (→ Glossar), die zur Vertreibung des »Lehrers der Gerechtigkeit« führten (vergleiche dazu den apokryphen Text »Der Lehrer der Gerechtigkeit«, Seite 93–95).

Truppen des römischen Feldherrn Pompejus verwüsten das Allerheiligste des Tempels von Jerusalem (Miniatur von Jean Fouquet). Die Tempelrolle konnte damals gerettet werden und wurde in der Qumranhöhle 11 deponiert.

Ein Aufschrei nach dem Messias

Der 18. der salomonischen Psalmen, hier nur am Rande erwähnt, ist ein Aufschrei nach dem Messias. Selig gepriesen werden diejenigen, die »den Tag des Herrn schauen dürfen« (Ps 18,7 = Lk 2,26.30).

Insgesamt haben die Psalmen Salomos, die wenige Jahrzehnte vor der Geburt Jesu gedichtet worden sind, inhaltliche wie literarische Ähnlichkeiten mit den im Lukasevangelium aufgezeichneten Hymnen Marias (Lk 1,14–55), des Zacharias (Lk 1,68–29) und des Simeon (Lk 2,29–32). Ihre Entstehungszeit kann in die letzten Jahrzehnte vor der Geburt Jesu, also etwa um 30 v. Chr. datiert werden.

Textquelle: Psalmen Salomos

Ich schrie zum Herrn in meiner höchsten Not,
zu Gott, beim Angriff der Sünder.
Es tönte Kriegsgeschrei mir in den Ohren; ich sprach:
»Er hört mich, weil ich von Gerechtigkeit erfüllt bin.«
Ich bildete mir ein,
ich wäre von Gerechtigkeit erfüllt,
weil's mir so gut gegangen,
weil ich so reich an Kindern war.
Ihr Reichtum war in aller Welt bekannt;
bis zu der Erde Ende drang ihr Ruhm.
Bis zu den Sternen stiegen sie empor;
sie dachten, nie zu Fall zu kommen.
So wurden sie in ihrem Glücke übermütig
und konnten's nicht ertragen.
Doch im Verborgenen geschahen ihre Sünden;
ich wusste nichts davon.
Doch ihre Gräuel gingen über die der Heidenwelt vor ihnen,
und sie entweihten grauenhaft das Heiligtum des Herrn.
(1. Psalm, Vers 1–8)

Psalmen Salomos
(um 30 v. Chr.)

Der Tempel der Ewigkeit

Die Tempelrolle (11 QT = 11 Q 19–20), die nicht qumranisch ist (Hans Burgmann), wurde in der Qumranhöhle 11 im Jahr 1956 in zwei Exemplaren entdeckt. Die Lederrolle hat eine Länge von 8,148 Metern und weist 66 Kolumnen auf. Sie ist in manchen Teilen schwer verrottet und kann daher nur mühsam entziffert werden. Um die Sicherstellung der Tempelrolle für den Staat Israel (1967) wie um ihre Entzifferung besonders verdient gemacht hat sich der frühere Generalstabschef (bis 1952) und hervorragende Archäologe Yigael Yadin (siehe Seite 18 und 19). Heute wird sie als kostbarer Schatz der jüdischen Geschichte im Israel-Museum in West-Jerusalem aufbewahrt.

Höhle 11 war bei der großen Expedition von 1952 unentdeckt geblieben. Erst 1956 entdeckten Beduinen bei einem ihrer Streifzüge die so genannte Fledermaushöhle. Sie fanden dort nicht nur Fragmente, sondern ganze Rollen, so auch die Tempelrolle. Thema der Rolle ist, wie der Name sagt, der Tempel von Jerusalem.

Ein Werk der Sadduzäer

Ihre Autorität erhielt diese apokryphe Schriftrolle durch die Ichform, in der Gott zu den Menschen spricht. Nicht selten wurde sie als Fortsetzungswerk der fünf Bücher Mose (Pentateuch; → Glossar) gewertet. Der Name signalisiert das Thema: Es geht um den Tempel von Jerusalem. Im Geist der Sadduzäer (→ Glossar) ver-

Nach ihrem Fund 1956 versteckte der Händler Kando die Tempelrolle noch elf Jahre unter dem Fußboden seines Hauses. Erst 1967 gab er gezwungenermaßen sein Geheimnis preis, die Rolle wurde beschlagnahmt. Zehn Jahre arbeitete Yigael Yadin an der wissenschaftlichen Auswertung der Tempelrolle.

fasst, beschäftigt sie sich mit Details für die Erbauung des sichtbaren Tempels sowie mit dem Festkalender und den Opfern, die jeweils darzubringen sind. Bemerkenswert ist die Parallele der zwölf Tore in der Tempelrolle (Sinnbilder der zwölf Stämme Israels: Kolumne 40, Zeile 13 bis Kolumne 41, Zeile 20) mit den zwölf Toren des neuen Jerusalem in der neutestamentlichen Apokalypse (Sinnbilder der zwölf Apostel: Offb 21,12–21; → Glossar: Apokalyptik). Zu beachten ist die Aussage in Kolumne 29, Zeile 9: »… ich selbst will meinen Tempel schaffen«. Der Tempel, den Gott bauen will für die Ewigkeit, ist er selbst: »Einen (sichtbaren) Tempel sah ich nicht in ihr (der Stadt des neuen Jerusalem). Gott, der Herr, der Allmächtige, und das Lamm, ist ihr Tempel« (Offb 21,22; vgl. Offb 5,6). Die (irdische) Gemeinde, die den sichtbaren Tempel errichtet und die Gott wohlgefälligen Opfer darbringt, wird in der Sektenrolle beschrieben als »ein Haus der Heiligkeit für Israel und eine Versammlung allerhöchster Heiligkeit für Aaron … Ich (Gott selbst) werde die Mauer sein, der köstliche Eckstein, dessen Fundamente nicht wanken« (vgl. 4 Q 554).

Textquelle: 11 Q T (Tempelrolle)
Treue zum Bundesgott

11 Q T
(um 100 v. Chr.)

[… Denn es ist eine Furcht einflößende Sache, die ich] vorhabe [mit dir.] [Siehe, ich will vor deinen Augen vertreiben] die A[moriter, die Kanaaniter,] [die Hittiter, die Girgaschite]r, die Peresiter, die Hiwiter und [die Jebusiter. Achte dara]uf, keinen Bun[d mit den Bewohnern des Landes einzugehen], [in das du] ziehen wirst, sonst werden sie zu einer Falle mitten unter euch werden]. Ihr werdet niederreißen ihre [Altä]re, [ihre] Pfeiler [sollt ihr brechen und], [ih]re [geweihten Pfähle] sollt ihr abschlagen. Die Bilder [ihrer] Gö[tter sollt ihr verbrennen] [mit Feuer]. Ihr sollt nicht gieren nach Silber oder Gold, wei[l ihr davon umgarnt werden würdet; mit Gewissheit ist es zuwider] [mir]. [Nichts] davon nimm und bri[nge keinen verabscheuungswürdigen Gegenstand in dein Haus,] oder [du wirst], wie es, zur Vernichtung verurteilt. Du sollst es aufs äußerste verabscheuen [und es hassen,] [denn] es ist zur Vernichtung bestimmt. Du sollst verehren keinen [anderen] Go[tt, denn der HERR, dessen Name ist Eifersucht,] ist ein eifersüchtiger Gott. Achte darauf, keinen [Bund einzugehen mit den Bewohnern des Landes,]. (Kolumne 2, Zeile 1–12)

Gott wohlgefällige Opfer

Dies [sind die Vorschriften, die ihr befolgen müsst im Hinblick auf alle eure Festtage,] die Brandopfer eines jeden, die Trankopfer [und Friedensopfer,] im Tempel, über welchem ich [lasse] Meinen Namen [wohnen. Des Weiteren sind diese] die Brandopfer – [jedes an seinem [Tag] gemäß dem Gesetz dieses Brauchs –, verlangt von den Kindern Israels für immer (nicht eingeschlossen freiwillige Opfer, die sie darbringen nach ihrer Wahl), zusammen mit ihren Gelöbnisopfern und allen den Gaben, die sie mir bringen werden, um mir zu gefallen.

Gottes Treueversprechen
Und sie werden Gefallen finden; sie werden Mein Volk sein, und ich will ihnen gehören, auf ewig. Ich werde wohnen mit ihnen in alle Ewigkeit. Ich werde Meinen [Te]mpel heiligen mit Meiner Herrlichkeit, denn ich will wohnen lassen Meine Herrlichkeit über ihn bis zum Tag der Schöpfung, wenn ich selbst Meinen Tempel schaffen will; ich will ihn errichten für mich immerwährend in Erfüllung des Bundes, den ich geschlossen habe mit Jakob in Bet-El. (Kolumne 29, Zeile 2–10)

Engel und Volk Gottes in gemeinsamer Liturgie

Es wäre ein Missverständnis, wenn man die Qumrangemeinde – aufgrund der Handschriftenfunde – als eine Art antike Verlagsgemeinschaft betrachten würde, die sich auf Herstellung und Abschrift wichtiger religiöser Handschriften aus dem spätjüdischen Raum konzentrierte. Vielmehr ist sie eine »vorbenediktinische« Gemeinschaft, in der dem Gebet ein hoher Rang und eine entscheidende Markierung des Tagesablaufes zukamen. Die vielen Hand-

Gebete und Hymnen nahmen im Gottesdienst der Essener breiten Raum ein, wie viele liturgische Handschriften belegen. Die Gebete der Gemeinde von Qumran sollten sich mit denen der Engel im Himmel vereinigen. Auf dem Genter Altar der Brüder van Eyck von 1432 beten Engel das Lamm Gottes an. (Gent, St. Bavo).

schriften über Lob- und Danklieder (1 Q H; 4 Q 427–432), das liturgische (→ Glossar: Liturgie) Kalendarium (4 Q 319–324) wie auch die Listen der Priesterdienste an den einzelnen Tagen (4 Q 325–334) bestätigen den genau geregelten und praktizierten Gebetsablauf. Die betende Gemeinschaft von Qumran stand dabei unter dem anspornenden Impuls, sich »mit den Engeln zu vereinigen, die gleichzeitig im Himmel ihre Anbetung verrichten. Das Gebet auf Erden ist nur ein schwacher Abglanz dieser größeren, endgültigen Wirklichkeit« (Michael Owen Wise).

Textquelle: 4 Q 403 (Lieder zum Sabbatopfer)

4 Q 403
(75–50 v. Chr.)

Ein Text des Lehrmeisters. Das Lied begleitet das Opfer am siebten Sabbat, gesungen am sechzehnten des (zweiten) Monats.
Gelobt sei der allerhöchste Gott, ihr, die ihr erhöht seid unter all den weisen göttlichen Wesen.
Lasst jene, die heilig sind unter den Gottähnlichen, den herrlichen König heiligen, Er, der bei Seiner Heiligkeit jeden Seiner Heiligen heiligt.
Ihr Fürsten des Lobpreises unter all den Gottähnlichen, lobt den Gott des herrlichen [Lobpr]eises. Gewiss ruht der Ruhm seines Königreichs auf preiswürdiger Pracht; darin sind enthalten die Lobpreise all der Gottähnlichen, zusammen mit der Pracht [Seines] ganzen Rei[chs].
Erhebt Seine Erhöhung in die Höhe, ihr Gottähnlichen unter den erhöhten göttlichen Wesen – Seine herrliche Göttlichkeit über all den höchsten Himmeln. Gewiss [ist] Er [der höchste Göttliche] über all den erhöhten Fürsten, König der König[e] über all die ewigen Räte. Bei dem weisen Willen – durch die Worte seines Mundes – werden entstehen all [die erhöhten Gottähnlichen]; auf die Äußerung seiner Lippen hin werden all die ewigen Geister entstehen. All die Handlungen seiner Geschöpfe sind nichts als das, was Sein weiser Wille erlaubt.
Freut euch, ihr, die ihr jubelt darüber, [Ihn zu kennen, mit] einem Lied der Freude unter den wunderbaren Gottähnlichen. Singt Hymnen zu Seinem Ruhm mit der Zunge all jener, die Hymnen singen zu Seiner wunderbaren, freudevollen Erkenntnis, mit dem Mund all jener, die singen [zu Ihm. Gewiss, Er] ist der Gott all jener, die sich an ewiger Weisheit erfreuen, und mächtiger Richter über alle wahrnehmungsfähigen Geister.
Lobt, all ihr bekennenden göttlichen Wesen, den König des Lobpreises; gewiss sollen alle weisen Göttlichen Seine Herrlichkeit loben und alle gerechten Geister Seine Wahrheit.
Durch die Vorschriften Seines Mundes ist ihre Erkenntnis für annehmbar befunden worden, bei der Rückkehr Seiner Kriegshand, um Urteil zu sprechen, ist ihr Lobpreis vollkommnet.

Die meisten Juden dieser Zeit folgten einem Mondkalender. Die Essener hingegen maßen der Sonne eine größere Bedeutung bei. Grundlage ihres Kalenders war die Bahn, die die Sonne innerhalb eines Jahres zurücklegt. Nach diesem Kalender fiel kein Festtag auf einen Sabbat. Seine Heiligung war ein Hauptanliegen der Essener.

Singt Lobpreis dem mächtigen Gott, bietet das auserlesenste geistige Opfer; macht eine Me[lod]ie aus der Freude Gottes heraus und erfreut euch unter den Heiligen an wunderbaren Melodien in ewigw[ährender] Freude.
Mit solchen Liedern sollen all die [Fundamente der Heil]igen der Heiligen lobpreisen, und die Säulen sollen den höchsten Wohnort bergen, ebenso all die Ecken des Tempelbauwerks. Singt Hym[nen] dem G[ott, dessen] Macht Furcht einflößend ist, [all ihr] weisen [Geister] des Lichts; lobt gemeinsam das äußerst glänzende Firmament, das [Seinen] heiligen Tempel umgibt. [Lobt] Ihn, gottähn[liche] Geister, lob[t] ewig das Firmament des allerhöchsten Himmels, all [seine Balk]en und Wände, all sein [Gef]üge und kunstfertige Gesta[ltung].
Die allerheiligsten Geister, lebenden Gottheiten, ewigen Geister über all den Hei[ligen ...] wunderbar und wundervoll, Herrlichkeit und Pracht und Wunder. Ruhm wohnt im vervollkommneten Licht der Erkenntnis [... in a]ll den wunderbaren Tempeln, göttliche Geister umringen den Wohnsitz des gerechten und wahren Königs. All seine Wände ...«. (Fragment 1, Kolumne 1, Zeile 30–46)

Die »Lieder zum Sabbatopfer« wurden wahrscheinlich im Sprechgesang als Liturgie zu den Brandopfern gebetet, die für jeden Sabbat vorgeschrieben waren. Das Werk besteht aus Liedern für 13 Sabbate, die dem Qumrankalender entsprechend angeordnet sind.

Psalmen der Essener

Die Höhle 1 von Qumran wird oft »Bibliothekshöhle« genannt, weil sie wichtige und für uns aufschlussreiche Schriftrollen enthielt, die zur Bibliothek und zum geistig-geistlichen Fundament der in unmittelbarer Nähe gelegenen Qumransiedlung gehörten.

Dort wurde in den Jahren 1946/47 als eine der ersten die Lederrolle gefunden, die wegen der darin aufgezeichneten Loblieder auch als »Hymnenrolle« (1 Q H = 1 Q 35, mit 28 Textkolumnen) bezeichnet wird.

Quintessenz essenischen Denkens

Die Hymnenrolle ist das Hauptdokument des Denkens, Betens und Lebens der Essener (→ Glossar), das Herzstück der essenischen Spiritualität, ihrer Aktivitäten, ihrer Bewertung des zeitgenössischen Tempeldienstes in Jerusalem, der Leviten (→ Glossar) und Hohenpriester (→ Glossar) wie ihrer messianischen Zukunftserwartungen.

In den Lobliedern der Hymnenrolle vernehmen wir essenisches Denken und Beten im Originalton. Dabei stoßen wir auf nicht kommentierende Varianten alttestamentlicher Psalmen. In den Lobliedern wird mit 1 Q H, Kolumne 10, Zeile 29–30, nur ein einziges Mal ein Text aus dem Alten Testament zitiert: Ps 26,12. Weil viele dieser essenischen Psalmen mit der Eingangsformel »Ich danke dir, o Herr« beginnen, werden sie auch »Hôdajôtlieder« genannt. ((24))

Textquelle: 1 Q H 35 (Hymnenrolle)

1 Q H
(um 100 v. Chr.)

[ICH DANKE DIR, O HERR,
denn] von verborgenen Dingen, di[e ... di]e sie nicht überraschen in [...] [...] und vom Gericht der Zeit[en der Gottlosigkeit... Ge]danken an Gottlosigkeit [...] [...] und durch das Gericht über [... Du hast] deinen Diener von all seinen Sünden [erlöst ...
und durch die Fülle] Deines Erbarmens, [genau wie Du] durch Mose [sprachst], [dass Du Missetaten,] Lasterhaftigkeit und Sünde [vergeben würdest] und uns für [Lasterhaftigkeit] und Treulosigkeit entsühnen würdest.
[Denn] die Fundamente der Berge [sollen beben], Feuer [soll brennen] unten in der SCHEOL, und [Du sollst ...] [...] nach Deinem Gericht.

»Scheol« ist im Alten Testament die Bezeichnung für das Totenreich (Unterwelt, Hades) unter der Erde beziehungsweise des großen Weltmeeres (Ijob 38,13-17).

[...] da jene, die Dir in Treue dienen, d[ass] ihre Nachkommen für immer in Deiner Gegenwart bleiben dürfen.
Du hast bestimmt [...] dort, [vergibst jede] Missetat und wirfst all ihre [Lasterhaftigkeiten] von Dir und gibst ihnen den ganzen Ruhm der Menschen als Erbschaft [zusammen mit] einem langen Leben. (Kolumne 4, Zeile 9-15)
ICH DANKE DIR, O GOTT,
denn Du hast wunderbar am Staub gehandelt, und Du hast Mächtiges geschaffen an den Gefäßen aus Lehm.
Was mich betrifft, was bin ich?
Denn Du hast mich [erleucht]et durch den Ratschluss Deiner Wahrheit, und Du hast mir Einsicht gegeben in Deine wunderbaren Werke.
Du legst Lobpreis in meinen Mund und auf meine Zunge [einen Psal]m; die Äußerung meiner Lippen formt sich zur Grundlage freudvoller Lieder.
Ich werde Deine Gnade preisen und Deine Stärke betrachten den ganzen Tag lang.
Ich will Deinen Namen ständig loben, und ich will von Deinem Ruhm erzählen unter den Menschenkindern, an der Fülle Deiner Güte erfreut sich meine Seele.
Ich weiß, dass Dein Gebot Wahrheit und dass in Deiner Hand Gerechtigkeit ist.
In Deinen Gedanken ist alle Erkenntnis, und in Deiner Stärke ist die ganze Macht; aller Ruhm ist bei Dir.
In Deinem Zorn liegen alle quälenden Gerichte, doch in Deiner Güte ist eine Fülle an Vergebung.
Dein Erbarmen gilt den Kindern Deines Willens, denn Du hat sie den Ratschluss Deiner Wahrheit erkennen lassen, und in die Geheimnisse Deiner Wunder hast Du ihnen Einblick gewährt.
Denn um Deines Ruhmes willen hast Du den Menschen gereinigt von Sünde, so dass er sich selbst reinigen kann für Dich von allen

schmutzigen Gräueln und der Schuld der Treulosigkeit, um verbunden zu sein mi[t] den Kindern Deiner Wahrheit; im Los mit Deinen Heiligen.
Dass Körper, bedeckt von den Würmern der Toten, sich aus dem Staub erheben mögen zu einem ew[igen] Rat; von einem verderbten Geist hin zu Deinem Verständnis.
Dass er seine Stellung vor Dir einnehmen möge mit den ewigen Heerscharen und Geistern [der Wahrheit], um erneuert zu werden mit allem, das sein wird, und zusammen zu frohlocken mit jenen, die erkannt haben. (Kolumne 19, Zeile 3–14)

In Höhle 1, der so genannten »Bibliothekshöhle«, wurde die stark fragmentierte Hymnenrolle als einer der ersten Qumranfunde 1947 entdeckt.

Unter den Essenern von Qumran gab es auch Poeten, für Dichtung und Musik aufgeschlossene, musische Menschen. Bei allem Respekt vor den alttestamentlichen Psalmen Davids, wagten sie, neue Loblieder zu verfassen, wie die Hymnenrolle (1 Q 35) bestätigt. Ihre »Theo-Logie« war »Theo-Poesie«. Diese Dichter erlebten sich als »Harfen«, auf denen die Melodie der Gottesbotschaft erklingt. Im religiösen Kult erfährt der Mensch den Sinn des Lebens, die Deutung der Welt. Betend und anbetend erlebt der Mensch die Größe und Allmacht, die Barmherzigkeit und Liebe Gottes. »Die Psalmen sind Gedichte. Man darf sie nicht wie einen philosophischen Satz lesen« (Notker Füglister). Jede Einzelaussage ist im Zusammenhang mit dem Ganzen zu lesen und zu verstehen.

Prof. Emile Puech (rechts), einer der Herausgeber der Qumrantexte, im Gespräch mit Dr. Randall Price über seine Rekonstruktion der Hymnenrolle.

Lehrweisheit

Die Weisheitstexte begleiten den Menschen auf poetische Art und Weise. Sie geben Hinweise, den »rechten« Weg oder die rechte Lebensform zu finden.

Das Alte Testament bietet nicht nur Geschichte verarbeitende Berichte und erzählerische Texte. Es enthält auch Schriften, die von einem starken poetischen Fluidum durchströmt sind, wie etwa die Weisheitsbücher, das Buch der Sprichwörter, das Hohelied.

Das Psalmenbuch ist »das Liederbuch des alttestamentlichen Gottesvolkes« (Notker Flüglister). Die Psalmen sind altorientalische Gedichte – eine glückliche und beglückende Einheit von Gehalt und Gestalt, einzigartige Kunstwerke. Mit der Weisheitsliteratur betete nicht nur das versammelte Volk. Hier kam das Ich zu Wort: »Der Herr ist mein Hirte« (Ps 23,1). Sorgen und Ängste, Freude und Jubel finden in den Weisheitsschriften ihren Niederschlag.

Es ist ein Überschwall des staunenden und betenden Herzens: Weisheitstexte begleiten den Alltag. Sie kommen aus der Mitte des Menschen und treffen das Herz. Ganz spontan werden sie gesprochen oder gesungen – in der Küche ebenso wie beim Hüten der Schafherden. Das Hohelied, eines der schönsten, ehrlichsten und kühnsten Liebesgedichte der Weltliteratur, hat Platz im Alten Testament.

Unterweisung über die zwei Wege

Das jüdische Volk zeichnet sich vor den meisten Völkern der Antike, Griechen und Römer eingeschlossen, durch die weit verbreitete Fähigkeit des Lesens und Schreibens aus. Nicht um äußerer Vorteile willen, sondern ausschließlich um Gottes Wort persönlich lesen oder in der Synagoge (→ Glossar) vorlesen zu können, haben die Juden Lesen und Schreiben gelernt: Es galt die Grundentscheidung zu treffen, den »rechten« Weg zu erkennen, um die Konsequenzen im täglichen Leben im Sinne Gottes verwirklichen zu können.

Die Wahl zwischen gut und böse

Im nachfolgend zitierten Qumranfragment 4 Q 473 finden sich Worte, die sicherlich auch Jesus gehört und in seiner Botschaft wie in seiner Selbstinterpretation aufgegriffen hat, zum Beispiel: »Ich bin der Weg« (Joh 14,6). Kaum bekannt ist, dass in der neutestamentlichen Apostelgeschichte im Begriff »Weg« der ganze »Katechismus«, die Zusammenfassung der Botschaft Jesu und die existenziellen Konsequenzen der Nachfolge Christi, mitgemeint war (vgl. Apg 9,2; 16,17; 18,25–26; 19,23). In der frühkatholischen apokryphen Schrift »Didache« (= Unterweisung der zwölf Apostel, siehe Seite 216f.) findet sich die Lehre von den zwei Wegen in fast ähnlichem Wortlaut.

Textquelle: 4 Q 473 (Loblieder)

... Er (Gott) hält [für dich] bereit [einen Segen und einen Fluch. Dies sind] z[wei] Wege, einer gu[t und einer schlecht.
Wenn du auf dem guten Weg gehst,] wird Er dich segnen.
Doch wenn du auf dem [schlechten] Weg gehst, [wird Er dich verfluchen in deinen Ausgängen] und in deinen [Zelt]en. Er wird dich auslöschen, [dich schlagen und die Früchte deiner Mühen schlagen mit Fäulnis] und Meltau, Schnee, Eis und Hage[l ...] zusammen mit all ... (Kolumne 5)

4 Q 473
(1. vorchristliches Jahrhundert)

Die Suche nach dem Lebensweg war Anliegen des Judentums wie der griechischen Antike.

Die »Entscheidung des Herkules« von Johann Liss (Dresden, Staatliche Kunstsammlungen) zeigt Herkules am Scheideweg, gemalt um 1624/25.

Seligpreisung der Armen

Das Thema »Armut« zieht sich wie ein roter Faden durch alle Qumranschriften. Bereits der Auszug der als Mönche lebenden Essener (→ Glossar) aus den Städten und ihre Klostergründung in der Wüste waren ein Zeichen des Abstandnehmens von der »Welt« mit allen Bequemlichkeiten wie Versuchungen und Anfechtungen, ein beherzter Versuch, der Gefahr und dem Elend des Reichtums zu entkommen. In der Wüste leben heißt sich auf ein Existenzminimum einstellen und sich ganz der Sorge Gottes anvertrauen, wie es später auch Jesus von Nazaret thematisiert hat: »Euch muss es zuerst um sein Reich und seine Gerechtigkeit gehen; dann wird euch alles andere dazugegeben werden« (Mt 6,33).

Arm sein für Gott

In Qumran wurde das Armutsideal nicht unter sozialem Aspekt praktiziert, auf Reichtum wurde nicht verzichtet, um freigebig und hilfsbereit für andere zu sein.

In den Handschriften, vor allem in der Gemeinderegel (Sektenkanon), erscheint Armut als das Ernstnehmen und die Verwirklichung der Gottesbeziehung. Nichts soll von Gott ablenken. Nichts soll das Denken mehr beschäftigen und faszinieren als Gott.

Armut wird gesehen und gelebt als radikale und totale Hingabe an Gott, als radikales und totales Sich-Gott-Ausliefern: Deus solus – Gott allein. Nichts und niemand kann und darf in dieser absoluten Ich-Du-Bezogenheit mit Gott stören oder sie auch nur gefährden.

Textquelle: 1 Q S (Gemeinderegel)

Wer sich entschloss, in die Gesellschaft einzutreten, musste ein zweijähriges Aufnahmeverfahren durchlaufen. Dieses wird in der Gemeinderegel erläutert.

1 Q S
(zwischen 150 und 100 v. Chr.)

Zum Begriff »Jahad« siehe Seite 103

Wenn er sich entschließt, in die Gesellschaft der Jahad einzutreten, darf er nicht die reine Speise aller Mitglieder berühren, bevor sie ihn nicht über seine spirituelle Eignung und Taten geprüft haben, und nicht vor Ablauf eines ganzen Jahres. Weiterhin darf er noch nicht sein Eigentum mit dem aller Mitglieder vermischen.

Wenn er ein ganzes Jahr in der Jahad verbracht hat, soll die Gesamtheit aller Mitglieder ihn befragen über Einzelheiten seines Verständnisses und seine Werke des Gesetzes.

Wenn es bestimmt ist nach Ansicht der Priester und der Mehrheit der Männer ihres Bundes, dann soll er weiter eingeweiht werden in die geheime Lehre der Jahad. Sie sollen auch Schritte unternehmen, seine Habe einzugliedern, indem sie diese der Verfügungsgewalt des Aufsehers unterstellen, zusammen mit der aller Mitglieder, und einen Betrag davon behalten, doch es soll noch nicht zusammen ausbezahlt werden mit dem aller Mitglieder.

Der Novize darf nicht das Getränk der Gesamtheit aller Mitglieder anrühren, ehe er nicht ein zweites Jahr unter den Männern der Jahad verbracht hat.

Wenn das zweite Jahr vorüber ist, soll die Gesamtheit aller Mitglieder seinen Fall wieder aufnehmen. Wenn es bestimmt ist, dass er zur vollen Mitgliedschaft der Jahad voranschreiten soll, sollen sie ihn aufnehmen in seinen ihm angemessenen Rang unter seinen Brüdern und mit ihm diskutieren über das Gesetz, Rechtsgelehrsamkeit, Teilnahme an reinen Mahlzeiten und Beimischung des Vermögens. Von da an kann die Jahad zurückgreifen auf seinen Rat und sein Urteil.

Dies sind die Regeln, nach denen Fälle bei einer Untersuchung der Gemeinschaft entschieden werden müssen.
Wenn sich unter ihnen ein Mann findet, der gelogen hat über Geld und dies wissentlich getan hat, sollen sie ihn von den reinen Mahlzeiten der Gesamtheit aller Mitglieder ein Jahr lang ausschließen; des Weiteren soll seine Brotportion um ein Viertel reduziert werden. (Kolumne 6, Zeile 16–25)

Textquelle: 4 Q 416 (Geheimnis des Ursprungs aller Dinge)

Denke daran, dass du arm bist [... in deiner ...] und deine ARMUT, *du wirst nicht verweilen, und auch nicht, wenn es gut für dich geht [...]*
Wenn jemand etwas Wertvolles bei dir liegen lässt, rühre es nicht an, damit du nicht verbrennst und vollständig verzehrt wirst von seinem Feuer. Sowie du es genommen hast, so gib es zurück, und Freude wird dein sein, wenn du in dieser Hinsicht ohne Schuld bist. Nimm auch kein Geld von jemandem, den du nicht kennst, damit er deine Armut nicht vergrößert. Aber wenn er es dir aufdrängt mit einer Todesdrohung, verwahre es sicher und verführe deine Seele nicht damit.
Dann sollst du dich niederlegen, um mit der Wahrheit zu sterben, und wenn du dein Leben aushauchst, wird dein Andenken blühen [...], und deine Nachkommenschaft wird Freude erben.
Ja, du bist arm.
Verlange nichts außer deinem Erbe und lasse dich nicht davon verzehren, damit du nicht die Schranken des Gesetzes überschreitest. Sollte Er dich in eine ehrenvolle Stellung zurückführen, verhalte dich dementsprechend und, da du das Geheimnis des Ursprungs aller Dinge kennst, suche nach seinen Ursprüngen; dann wirst du erkennen Sein wahres Erbe, und du wirst ein rechtschaffenes Leben führen, denn [...] auf allen deinen Wegen. Erweise jenen Ehren, die dir Ehre zollen, und preise stets Seinen Namen, denn dein Haupt reicht höher als die Bergspitzen, und Er hat dich mitten unter die Edlen gesetzt, und er hat dich zum HERRN *über ein ruhmreiches Erbe gemacht.*
Suche allezeit Seine Wege. Ja, du bist arm. Sage nicht: »Weil ich arm bin, kann ich nicht nach wahrem Wissen forschen.« Beschäftige dich mit jeder Art von Lernen und in jeder [...] läutere dein Herz, und deine Gedanken werden gekennzeichnet sein durch große Einsicht.
Suche das Geheimnis des Ursprungs aller Dinge und denke gründlich über alle die Wege der Wahrheit nach, schaue lange auf die Wurzeln der Gottlosigkeit. Dann wirst du erfahren, was bitter ist für einen und was süß ist für einen Menschen. (Fragment 2, Kolumne 3, Zeilen 2–15)

4 Q 416
(1. vorchristliches Jahrhundert)

Beim Eintritt in die Gemeinschaft wurde völliger Verzicht auf persönliches Eigentum gefordert. Denn wer sein Tun auf Gelderwerb ausrichtete, konnte Gott nicht in rechter Weise dienen.

Propheten

Als Empfänger einer göttlichen Offenbarung und Künder des Gotteswillens nehmen die Propheten in der jüdischen Geschichte eine besondere Stellung ein. Die Erfüllung ihrer Aufgaben ist zum Teil begleitet von Auseinandersetzungen und Martyrien: Die Stimme der Zeit ist die Stimme Gottes!

Propheten kennzeichnen jene Epochen der jüdischen Geschichte (seit 932, nach der Spaltung des salomonischen Großreiches), in denen politische Macht und religiöse Verantwortung auseinander gebrochen sind. Der Prophet (das hebräische Wort »nabí« bedeutet »Rufer«) ist kein politischer Agitator, sondern das »Sprachrohr« Gottes in einer konkreten Situation. Ausgestattet mit Charisma, scheut er weder Konfrontation noch das Martyrium. Er ist kein Schreibtischtheologe, sondern ein Mann des herausgeschrienen Wortes. Erst von seinen Jüngern ist seine Botschaft aufgezeichnet worden. Zu den großen Propheten des Alten Testaments zählen: Jesaja (ab 740), Jeremia (ab 620), Ezechiel (ab 595). Unterscheiden lassen sich Propheten des Südreiches Juda und des Nordreiches Israel (seit 932), vorexilische, exilische und nachexilische Propheten (Babylonische Gefangenschaft 586–538). Angesichts der religiösen Gleichgültigkeit und des Flirts mit heidnischen Kulten drohen Propheten mit der Strafe Gottes (Droh-Propheten). Während des babylonischen Exils sind es die Propheten, die das reumütige und umkehrbereite Volk trösten mit dem Hinweis auf Gottes Hilfe und auf die Rückführung in das Gelobte Land Palästina (Trost-Propheten).

Ijobs Tod

Das alttestamentliche Buch Ijob hat Grundprobleme und Nöte religiöser Menschen aufgegriffen. Es wurde deshalb in der späteren Literatur der Menschheit in ganz anderen Situationen weiterbuch-

Das Testament des Ijob berichtet weit ausführlicher als das Alte Testament von Ijobs Tod, zu dem Engel erschienen sind. Auf der Miniatur aus Patmos vom Ende des 8. Jahrhunderts wird der nackte Ijob (rechts) im Gespräch mit Elihu dargestellt. (Patmos, Johanneskloster, Ms.171).

stabiert. Warum führt Gott gerade jene, die an ihn glauben, in Leid, Katastrophen, beschert ihnen Misserfolge? Warum kommt Unheil ausgerechnet über mich und nicht über andere, die sich um Gott nicht kümmern? Warum kommt überhaupt Leid über die Gerechten? Um diese Fragen kreist die alttestamentliche Ijobgestalt. Sie ist keine historische Einzelperson, sondern »Jedermann«.

Ein Angebot der persönlichen Urteilsbildung
Es geht nicht um ethische Antworten. Wie man sich gegenüber einem Gott der »unguten Überraschungen« verhalten soll, wird auf der Ebene der hohen, in Schweigen und Gottesfinsternis gereiften Weisheit als Angebot der persönlichen Urteilsbildung vermittelt. Nach allen Prüfungen wurde Ijob schließlich, so heißt es, mit Gottes Segen überschüttet, so dass das alttestamentliche Buch mit den Worten schließt: »Dann starb Ijob, hochbetagt und satt an Lebenstagen« (Ijob 42,17). Dort, wo das Alte Testament endet, erzählt das zitierte apokryphe Testament des Ijob weiter.

Warum müssen die, die an Gott glauben, leiden? Sind diese Prüfungen wirklich nötig? Das alttestamentliche Buch Ijob nennt diese Fragen, bietet aber keine Antworten. Es zeigt, dass Gottes Pläne undurchschaubar sind und dass die Prüfungen ihren Sinn und Zweck haben. Erschütternd nachempfunden wurde das alttestamentliche Buch Ijob von Peter Lippert (1879–1936) in »Der Mensch Job redet mit Gott«, München 1934.

Textquelle: Testament des Ijob

Ijob sprach: »Nun, meine Kinder! Seht, ich muss sterben. Vergesst ja nicht den Herrn. Spendet den Armen Gutes und überseht nicht die Schwachen«... (45,1–2)

Nach drei Tagen legte sich Ijob krank auf sein Lager nieder, jedoch ohne Schmerz und ohne Leiden ... Nach weiteren drei Tagen erblickte er heilige Engel, die zu seiner Seele kamen. Sofort erhob er sich, griff nach der Zither und gab sie seiner Tochter Hemera. Der anderen Tochter Kasia gab er ein Weihrauchfass in die Hand, dem Amaltheas Horne eine Pauke. Sie sollten damit die Engel begrüßen, die jetzt zu seiner Seele kommen ... (52,1–5)

Er (ein Engel) nahm die Seele Ijobs, schloss sie in seine Arme, flog empor, brachte sie auf seinen Wagen und fuhr in Richtung Osten. Sein Leichnam aber wurde eingehüllt und so zu Grabe getragen ... (52,10–11)

Erst nach drei Tagen wurde er in das Grabe eingesenkt zu einem guten Schlaf. Er hatte auf der Erde bei allen Generationen einen guten Nachruf und einen hochberühmten Namen. (53,7–8)

Testament des Ijob
(1. vorchristliches Jahrhundert)

Jesajas Verheißung: Der Messiasspross Davids

Der folgende Quellentext zitiert zunächst aus dem Propheten Jesaja (→ Glossar: Tritojesaja), dem Lieblingstheologen der Qumrangemeinde, eine längere Passage (Jes 11,1–5), die anschließend im Sinne der Qumrantheologie kommentiert und ausgedeutet wird. Isai (= Jesse) ist der Stammvater Davids (1 Sam 16,18–22). Durch Josef wird Jesus »Sohn Davids« (Mt 1,1; Röm 1,3).

Apokryphen zum Alten Testament

Entwicklungsstufen des Messiasbildes

Fragmente des Kommentars zum Buch Jesaja wurden in der Höhle 4 gefunden. Ihm zufolge wird der Messias gerecht richten. Beratend zur Seite stehen ihm dabei die zadokischen Priester.

Als Zeitpunkt der Ankunft des Messias wird »das Ende der Tage« genannt. Der Messias erscheint als machtvoller, militärischer Führer, der mit seinem Schwert richten und das Endreich errichten wird. Auffallend an diesem qumranischen Jesajakommentar ist die Beraterfunktion, die den zadokischen Priestern beim Auftreten wie auch bei den Planungen des Messias zukommt. Bedenkt man, dass Zadok durch König Salomo alleiniger Hauptpriester gewesen ist (1 Kön 1,8) und die Priesterklasse der Sadduzäer (→ Glossar) sich mit sichtlichem Stolz auf ihn als ihren Ahnherrn berief, dann wird deutlich, wie sehr sich das Messiasbild noch mitten im Reifungsprozess hin zum neutestamentlichen (nichtmilitanten) Verständnis befindet. Bezeichnenderweise ist der »heiße Text« des Propheten Jesaja (Jes 7, 14; Mt 1,23) noch nicht in das Messiasbild einbezogen. Der Apostel Paulus hat wohl aus einer Zwischenstation der Entwicklung des alttestamentlichen Messiasbildes berichtet, wenn er schreibt: »In der Fülle der Zeit sandte Gott seinen Sohn, geboren von einer Frau« (Gal 4,4).

Textquelle: 4 Q 161 (Jesajakommentare)

4 Q 161
(1. vorchristliches Jahrhundert)

[Doch aus dem] Baumstumpf Isais [wächst ein Reis hervor,] ein junger Trieb [bringt] aus seinen [Wurzeln Frucht.] Auf ihm l[ässt sich] der Geist [des HERRN nieder: der Geist der] Weisheit und der

Die Erste Jesajarolle aus Höhle 1 von Qumran besteht aus 17 sorgfältig geglätteten, mit Zwirn vernähten Lederstücken und ist 7,34 Meter lang.

Einsicht, der Geist des guten Ra[tes und der Stärke], der Geist der wahren Erkennt[nis] [und der Gottesfurcht]. Er erfüllt ihn mit dem Geist der Furcht] des HERRN. [Er richtet nicht] nach dem [Augen]schein, [und nicht nach dem Hörensagen entscheidet er], sondern er richtet [die Hilflosen gerecht und entscheidet] [für die Armen des Landes, wie es recht ist. Er schlägt den Gewalttätigen mit dem Stock seines Wortes und tötet den Schuldigen] [mit dem Hauch seines Mundes. Gerechtigkeit ist der Gürtel um] seine Hüften, Tr[eue der Gürtel um seinem Leib] (Jes 11,1–5). [... Dieser Spruch bezieht sich auf den Spross] Davids, der erscheinen wird am En[de der Tage, ...] [...] seine Feinde; und Gott wird ihn unterstützen mit [dem Geist der] Stärke [...] [... und Gott wird ihm] einen ruhmwürdigen Thron [geben, eine geheiligte] Krone und elegante Gewänder. [... Er wird ein] Zepter in seine Hand [legen], und er wird über alle die V[öl]ker herrschen, auch MAGOG *[und sein Heer ... alle] die Völker wird sein Schwert beherrschen. Und was den Vers angeht, der besagt, »Er [richtet] nicht [nach dem Augenschein], und nicht nach dem Hörensagen entscheidet er,« bezieht sich dies darauf, dass [er sich von den zadokischen Priestern beraten lassen wird,] und wie sie ihn lehren, so soll er richten, und nach ihrem Befehl [soll er Entscheidungen treffen; und immer] soll einer der führenden Priester mit ihm herausgehen, in dessen Hände sich die Gewänder von [...].* (Fragment 10, Zeile 15–29)

Die Vorstellung von Magog (und Gog) umschreibt die Macht des »Fürsten der Finsternis«. Es sind mythische Namen für den letzten Sturm gegen die heilige Gemeinde (vgl. Ez 38,2–18; 39,1–15; Offb 20,8).

Himmelvision und Martyrium des Jesaja

Ein apokrypher Text unter dem Titel »Himmelfahrt des Jesaja« berichtet über das Martyrium und die Himmelfahrt – es sollte besser von »Himmelvisionen« gesprochen werden – des alttestamentlichen Propheten Jesaja (→ Glossar: Tritojesaja). Mit Blick auf die stereotype Formulierung »... sie zersägten ihn mit einer Baumsäge« (5,1.11) im Martyriumsbericht ist ein Nachhall im neutestamentlichen Hebräerbrief erwähnenswert, wo es von alttestamentlichen Propheten heißt, sie seien »zersägt« (Hebr 11,37) worden. Diese knappe, allgemein gehaltene Aussage könnte aus der Tradition des Spätjudentums stammen, die auch im palästinensischen Christentum bekannt war. Sie dürfte bereits im jüdischen Urchristentum gerade in der Auseinandersetzung mit den der Gnosis (→ Glossar) anhängenden Gruppierungen aufgegriffen und erzählerisch erweitert worden sein.

Jesaja hat die Ankunft des Messias am Ende der Tage verkündet. Das Fresko in der Kirche von Frauenchiemsee um 1160/70 zeigt den visionären Propheten. Im Jesaja-Kommentar der Essener werden dem mit militärischer Stärke auftretenden Messias zadokische Priester an die Seite gestellt.

Jüdische und urchristliche Überlieferung

Die apokryphe »Himmelfahrt des Jesaja« gliedert sich in zwei Teile: einen ersten, jüdischen Teil (Kapitel 1 bis 5) über das Martyrium des Propheten und einen zweiten, christlichen Abschnitt (Kapitel 6 bis 11) über die Himmelfahrt, beziehungsweise die Himmelvisionen des Jesaja. Beide Teile sind vermutlich im 2. oder im beginnenden 3. Jahrhundert zu einer Schrifteinheit verbunden worden. Dabei stellt sich heute die berechtigte Frage, ob diese überlieferte Textreihung richtig ist oder ob zuerst der Visionsbericht und dann der Martyriumsbericht zu lesen ist. Zum Propheten Jesaja allgemein ist anzumerken, dass die Forschung schon bei den ersten Handschriftenfunden von Qumran (von 1947 an) erkannt hat, dass Jesaja der »Lieblingsprophet« der Essener (→ Glossar) war. Dies wird zweifach bestätigt: erstens durch die beiden vollständigen Jesajarollen (1 Q Jesa = 1 Q 8a und 1 Q Jesb = 1 Q 8b, entstanden um 125 bis 100), zweitens durch die Fragmente von fünf Jesajakommentaren, gefunden in Höhle 4 (4 Q 161, 162, 163, 164, 165).

Die Essener besaßen zahlreiche Jesaja-Handschriften, ein Beleg dafür, dass sie ihn besonders hoch schätzten. Die apokryphe Himmelfahrt des Jesaja umfasst einen jüdisch und einen christlich geprägten Teil. Durch sieben Himmel wird Jesaja in einer Vision vor Gottes Thron geführt. Auf der Miniatur aus dem Pariser Psalter begleiten den betenden Propheten Personifikationen von Tag und Nacht. (Konstantinopel um 975, Paris, Bibliothèque Nationale, Ms. gr. 139).

Textquelle: Himmelfahrt des Jesaja
Vision der sieben Himmel
Danach schaute ich (Jesaja), und der Engel (der verklärte Christus), der mit mir redete und mich führte, sprach zu mir: »Merke auf, Jesaja, Sohn des Amoz, denn dazu bin ich von Gott gesandt.« ...

Er stieg auf in den ZWEITEN *Himmel und verwandelte sich nicht, sondern alle Engel zur Rechten und zur Linken und der Thron in der Mitte beteten ihn an und priesen ihn und sprachen: »Wie ist unser Gott uns verborgen geblieben, als er hinabstieg (bei der Menschwerdung der zweiten göttlichen Person), und wir merkten nichts!«*

Ebenso stieg er auf zum DRITTEN *Himmel, und sie lobsangen und sprachen in gleicher Weise, und in dem* VIERTEN *und* FÜNFTEN *Himmel sprachen sie genau ebenso, es war vielmehr ein Lobgesang, und (auch) darnach verwandelte er sich nicht.*

Ich sah, als er in den SECHSTEN *Himmel aufgestiegen war, und sie ihn anbeteten und ihn priesen. In allen Himmeln wuchs die Lobpreisung.*

Ich sah ihn, wie er in den SIEBTEN *Himmel aufstieg und alle Gerechten und alle Engel ihn priesen. Alsbald sah ich, wie er zur Rechten jener großen Herrlichkeit sich niedersetzte, deren Herrlichkeit ich, wie ich euch sagte, nicht zu schauen vermochte. Und auch den Engel des Heiligen Geistes sah ich zur Linken sitzen.*

Dieser Engel sprach zu mir: »Jesaja, Sohn des Amoz, es ist genug für dich, denn das sind gewaltige Dinge. Du hast ja geschaut, was kein Fleischgeborener sonst geschaut hat. Du wirst in dein (irdisches) Kleid zurückkehren, bis deine Tage erfüllt sind. Dann erst wirst du hierher kommen. Dies habe ich gesehen«. (11,1.25–35)

Martyrium
Im zwanzigsten Jahr der Herrschaft Hiskias (728–699), des Königs von Juda, kamen Jesaja, der Sohn des Amoz, und Jasub, der Sohn Jesajas, von Gilgal nach Jerusalem zu Hiskia. Nachdem er (Jesaja) eingetreten war, setzte er sich an das Bett des Königs. Obwohl man ihm einen Sessel brachte, wollte er sich nicht darauf niederlassen. Da fing Jesaja an, mit dem König Hiskia Worte des Glaubens und der Gerechtigkeit zu reden ... (6,1–3)

Wegen dieser Gesichte (Visionen) und Weissagungen zersägte Satan durch die Hand Manasses (699–643) den Propheten Jesaja, den Sohn des Amoz (11,41).

Himmelfahrt des Jesja
(Ende des 2. oder Beginn des 3. christlichen Jahrhunderts)

Jesaja war der bedeutendste Prophet des 8. vorchristlichen Jahrhunderts und Lieblingstheologe der Qumrangemeinde. Er erlitt das Prophetenschicksal durch Zersägen unter König Manasse (699–643). Darüber berichtet die apokryphe Schrift »Himmelfahrt des Jesaja«.

Erwartung des Messias

Sogar der griechische Philosoph Platon (427–347) schreibt: »Wenn der Gerechte erscheint, wird er gegeißelt, gefoltert ..., und schließlich wird man ihn nach allen Martern ans Kreuz schlagen« (Staat 2,5, 361 E). (Marmorkopf des Platon, spätes 1. Jahrhundert n. Chr., Privatsammlung).

Durch das ganze Alte Testament zieht sich wie ein roter Faden die Zukunftsverheißung: Es wird ein Retter, ein Erlöser der ganzen Menschheit kommen. Das ist die große Überraschung: Nach dem Nein des Menschen am Morgen der Geschichte zieht sich Gott nicht zurück. Mit den Worten des Paulus: »Wo die Sünde mächtig wurde, da ist die Gnade übergroß geworden, wird das Ja Gottes erkennbar« (Röm 5,20). Im Alten Testament wird bald von einem politischen Befreier-Messias gesprochen: »Er vollbringt mit seinem Arm machtvolle Taten; ... er stürzt die Mächtigen vom Thron« (Lk 1,51—52; zit. Ps 118,15; 89,11; Ps 147,6; Sir 10,14), bald wird ein leidender Gottesknecht verkündet: »... entstellt sah er aus, nicht mehr ein Mensch, seine Gestalt war nicht mehr die eines Menschen« (Jes 52,14), aufgegriffen in Lk 2,34: »Dieser ist bestimmt ... zum Zeichen des Widerspruchs.« Als Jesus von Nazaret dann zu lehren begann, wurde ihm die Frage gestellt: »Bist du der, der kommen soll, oder müssen wir auf einen andern warten?« (Mt 11,3).

Lebensweisheit für unterwegs

Bereits die Menschen des Volkes Israel, die lesen und schreiben konnten, haben anregende und leicht einprägsame treffende Zitate der Meister der Vorzeit gesammelt. Es sind Worte religiöser Denker, die aus Lesemeistern zu Lebemeistern geworden sind und deshalb von späteren Generationen als Impulsgeber geschätzt wurden.

Hand- und Seelenapotheke

Einer dieser Sammler war Rabbi Juda († 219). In seinem Zitatenfundus, der in die Abhandlungen der Mischna (→ Glossar) aufgenommen wurde, hat er nicht nur seine Kenntnisse und seine Belesenheit unter Beweis gestellt. Die zitierten Kostbarkeiten stammen aus einer Epoche von etwa einem halben Jahrtausend (3. Jahrhundert v. Chr. bis 3. Jahrhundert n. Chr.). Offensichtlich sollten sie »eine Art Hand- und Seelenapotheke« (Josef Sellmair) für andere sein, die als durch Zeit und Raum wandernde Menschen dankbar waren (und sind) für kleine und kleinste Anregungen.

Wer auf seiner Lebenswanderung mancherlei erlebt und gewiss auch erlitten hat, ist zum »Be-Wanderten« geworden, der ohne jede Aufdringlichkeit seine Erfahrungen vorlegt. Ein vielstimmiger Chor – bald in Dur, bald in Moll – kommt dabei zum Erklingen, schwillt an und tönt nach, wird zur Lebens-, oft auch zur Sterbehilfe. Die von Rabbi Juda gesammelten Kostbarkeiten haben ihren letzten Hintergrund in einer tiefen Menschenerfahrung, die lebt und denkt aus einer unverdient geschenkten Gotteserfahrung.

Textquelle: Sprüche der Väter

Mose: »Seid vorsichtig im Urteil!
Nehmt viele Schüler an!
Macht einen Zaun um das Gesetz!«
(1,1)

Josua: »Verschaff dir einen Lehrer!
Erwirb dir einen Freund!
Beurteile alle Menschen nach der guten Seite!«
(1,6)

Simon: »Nicht das Forschen ist die Hauptsache,
sondern das Tun.«
(1,17)

Hillel: »Richte deinen Nächsten nicht,
bevor du dich nicht in seine Lage versetzt hast!«
(2,5)

Juda: »Mit FÜNF Jahren soll man die Heilige Schrift lesen,
mit ZEHN die Mischna,
mit DREIZEHN die Gebote erfüllen,
mit FÜNFZEHN den Talmud studieren,
mit ACHTZEHN heiraten.
Mit ZWANZIG Jahren ist man verantwortlich;
mit DREIßIG erhält man die Vollkraft,
mit VIERZIG den Verstand,
mit FÜNFZIG die Gabe des Rates,
mit SECHZIG beginnt das Alter;
mit SIEBZIG wird man ein Greis;
mit ACHTZIG erreicht man das hohe Alter;
mit NEUNZIG ist man abgelebt.
Der HUNDERTJÄHRIGE ist gleichsam tot,
schon hinübergegangen und der Welt entflohen«.
(5,24)

*Sprüche der Väter
(3. vorchristliches
bis 3. nachchristliches
Jahrhundert)*

Ein Junge lernt den Lehrsatz von Rabbi Hillel: »Was dir verhasst ist, tu keinem anderen an: Das ist die ganze Thora, alles andere ist Kommentar dazu. Geh hin und lerne!« Miniatur aus dem Coburg-Pentateuch, 1396. London, British Library.

Der Lehrer der Gerechtigkeit

Bei der geschichtlichen Einordnung und Deutung der Qumranhandschriften fällt dem namentlich nicht genannten »Lehrer der Gerechtigkeit« eine beachtliche Rolle zu. Selbst das palästinensische Ur- und Frühchristentum hat durch ihn eine starke Vernetzung mit dem Spätjudentum und dessen rivalisierenden religiösen Gruppierungen erhalten. Der in den Qumranhandschriften dokumentierte »Lehrer der Gerechtigkeit« muss eine große Persönlichkeit, eine überragende Autorität, selbst Priester (Hoherpriester; → Glossar) gewesen sein, gegen den ein anonymer »Frevelpriester« und ein ebenfalls nicht namentlich genannter »Lügenmann« rebellierten.

Kontroverse Deutungen

Der »Lehrer der Gerechtigkeit« wird in den Schriften von Qumran oft genannt. Welche Persönlichkeit hinter diesem Titel steckt, ist unbekannt. Er ist das Pseudonym für einen Priester der Essenergemeinde. Viele Forscher glauben, dass es sich dabei um einen rechtmäßigen, in Jerusalem wirkenden Hohenpriester handelt, der dann ins Exil ging.

Die Deutung des »Lehrers der Gerechtigkeit« hat unter den Forschern eine hitzige Debatte entfacht. Könnte die schwierige Enthüllung seiner Identität mit der unscharfen, in eine falsche Richtung zielenden Bezeichnung »Gerechtigkeit« zusammenhängen? Übte diese anonyme Persönlichkeit in Israel eine juristische Funktion aus, oder spielte sie als höchste Lehrautorität eine religiöse Rolle? War sie Lehrer des rechten, des richtigen Glaubens nach der ehrwürdigen Überlieferung der Patriarchen, des Mose und der Propheten?

Es sollte präziser übersetzt werden »Lehrer der Orthodoxie«, also Lehrer des gemäß Thora (→ Glossar) und jüdischer Tradition rechten Glaubens. Der »Lehrer der Orthodoxie« ist es, der den rechten Väterglauben lehrt, der im Namen des Bundesgottes die Rechtsentscheidungen fällt und im Namen des Bundesvolkes die Gott wohlgefälligen Bundesopfer darbringt.

Politisch-religiöser Hintergrund

Um das geschichtliche Fundament des »Lehrers der Gerechtigkeit« zu finden, sind die beiden Makkabäerbücher (→ Glossar: Makkabäer) des Alten Testaments heranzuziehen, die mit den Ereignissen des Jahres 160 v. Chr. enden. Die Qumranschriften haben die Unterlagen für die weiteren geschichtlichen Ereignisse im turbulenten Judentum zur Verfügung gestellt. Als Forschungsergebnis gilt heute: Der »Lehrer der Gerechtigkeit« war rechtmäßiger, in Jerusalem wirkender Hoherpriester.

Eine Münze mit dem Bildnis des Antiochus IV. Epiphanes im Israel-Museum in Jerusalem. Gegen diesen syrischen König (175–164 v. Chr.), der die jüdische Religion verfolgte, lehnten sich die Makkabäer bei ihrem Aufstand im Jahr 167 auf.

Von dem Makkabäer Jonathan (der sich 152 v. Chr. das Amt des Hohenpriesters angemaßt hatte – daher »Frevelpriester«) wurde er vertrieben. Als Instrument der religiösen und politischen Einigung gründete er die Gemeinschaft der Essener (→ Glossar). ((25))

Er selbst hatte in Damaskus/Syrien seinen Amtssitz. Von dort aus bereitete er seine Anhänger auf das bevorstehende Endgericht vor. Grundlage des Lebens wie der Aktionen der Essener war die

Damaskus-Schrift (verfasst um 100 v. Chr.). Hinter den drei anonymen Gestalten – »Lehrer der Gerechtigkeit«, »Frevelpriester« und »Lügenmann« – wird das Umfeld greifbar, in dem aggressive Gruppierungen ihre machtpolitischen Ziele verfolgten – gerade auch gegenüber den verhassten Römern, die seit 63 v. Chr. Besatzungsmacht in Palästina waren.

Textquelle: 4 Q 171 (Psalmenkommentare)

»Der Frevler belauert den Gerechten und sucht, [ihn zu töten. Der HE]RR [überlässt ihn nicht seiner Hand und lässt ihn nicht ver]urteilen, wenn er vor Gericht kommt« (Ps 37,32–33).
Dies bezieht sich auf den FREVEL[PRI]ESTER, der den [LEHR]ER DER GERECHTIG[KEIT] be[lau]ert und ihn zu töten [sucht ...] und das Gesetz, das er ihm sandte; aber Gott überlä[sst ihn nicht seiner Hand] und lässt [ihn nicht verurteilen, wenn] er vor Gericht kommt. Aber den [Gottlosen wird Gott] gerecht [he]imzahlen, indem er ihn der Macht der gewalttätigen Völker überlässt, damit sie mit ihm machen, [was sie wollen].
[»Hoffe auf den H]ERRN und befolge Seine Gesetze! Er wird dich erhöhen zum Erben des Landes; du wirst [sehen], wie die Frevler vernichtet werden« (Ps 37,35–36).
[Dies bezieht sich auf ...] die sehen werden, wie die Frevler verurteilt werden, und mit [der Gemeinde] Seiner Erwählten sich auf ein sicheres Erbe freuen werden [für immer].
[»Ich sah] einen Frevler, bereit zu Gewalttat; er reckte sich [hoch wie eine grünende Zeder.] Aber als ich wieder an seinem Haus vorüberging, war er nicht mehr da. Ich [suchte ihn], doch er war [nicht zu finden«] (Ps 37,35–36).
[Dies bezieht sich auf] den MANN DER LÜGE, [der ...] gegen das erwählte Volk Gottes [und bestrebt wa]r, ein Ende zu bereiten [...] [...] Gericht [...] er nahm herausfordernd an [...]
[»Achte auf den Frommen und schau auf] den Redlichen, [denn Zukunft hat der Mann] des Friedens« (Ps 37,37).
Dies bezieht sich auf [...] [...] des Friedens.
»Die Sünder werden alle zusammen vernichtet, und die Zukunft [der Frevler ist Untergang«] (Ps 37,38).
[Dies bezieht sich auf ...] sie werden vernichtet und werden ausgerottet von der Gemeinde der Jahad.
»Die [Rettung der Gerechten kommt vom HERRN. Er ist ihre Zuflucht in Zeiten der Not. Der HERR hilft ihnen und] rettet sie, Er rettet sie vor den Frevlern, [und Er schenkt ihnen Heil, denn sie suchen Zuflucht bei Ihm«] (Ps 37,39–40).
[Dies bezieht sich auf ...] Gott wird ihnen Heil schenken und sie retten vor der Macht der Fre[vler ...].
(Fragmente 1 und 2, Kolumne 4, Zeile 7–21)

4 Q 171
(1. vorchristliches Jahrhundert)

Der »Lehrer der Gerechtigkeit« und seine Anhänger wurden von dem »Frevelpriester« in Jerusalem verfolgt. Dieser versuchte, den Lehrer töten zu lassen und zu verfolgen bis zum Ort seines Exils. Der »Mann der Lüge« war der führende Kopf der Gegengruppe und Widersacher des »Lehrers der Gerechtigkeit«.

Loblied auf Jerusalem (Jonathan?)

Dieser kurze und nur bruchstückhaft erhaltene Text zeigt die sprachlichen Schwierigkeiten bei der Wertung der religiösen und politischen Aktivitäten der Gemeinde von Qumran. Je nach Lesart bzw. Deutung ist man zu ganz unterschiedlichen Ergebnissen gekommen.

Bereits in der Überschrift zeigt sich angesichts des brüchigen Materials von 4 Q 448 die Schwierigkeit, ja die Gegensätzlichkeit der Textlesung und Textdeutung. Es sind durchaus Experten, die in ihren Vorträgen und Veröffentlichungen von einer »Lobrede auf König Jonathan« sprechen (wie etwa der Amerikaner Michael Wise). Andere, nicht minder anerkannte Fachleute wie Geza Vermes bestehen auf einem ganz anderen Titel: »Hymnus auf die heilige Stadt Jerusalem«. Demzufolge klingt im Loblied auf Jerusalem jene Rühmung und Preisung der Stadt weiter, die in der Zeit unmittelbar nach der Heimkehr aus der Babylonischen Gefangenschaft (586–538) der Tritojesaja (→ Glossar) als Trostprophet angestimmt hat: »… Du wirst eine prächtige Krone in der Hand des Herrn, ein königliches Diadem in der Rechten deines Gottes« (Jes 62,3).

Promakkabäisch oder antimakkabäisch?

4 Q 448 erweist sich als Schlüsseltext für die unterschiedliche Wertung der religiösen und politischen Aktivitäten der Gemeinde von Qumran. Wenn die Lesart/Deutung von Michael Wise stimmen sollte, dann wäre die Qumrangemeinde promakkabäisch (→ Glossar: Makkabäer); das heißt, sie stünde auf der Seite des Königs und Hohenpriesters (→ Glossar) Alexander Jannäus (103–76), dessen Name in hebräischer Übersetzung »Jonathan« lautet.
Wenn aber Geza Vermes, der mittels seiner computergesteuerten Textlesung keinen Königsnamen (Jonathan) in der untersuchten Handschrift 4 Q 448 entdeckt hat, mit seinem Hymnus auf Jerusalem richtig liegt, dann wäre die Qumrangemeinde antimakkabäisch; das heißt, sie erblickt im König und Hohenpriester Jonathan (Alexander Jannäus) den Widersacher und »Frevelpriester«.
Wie unterschiedlich der Qumranfund 4 Q 448 von Michael Wise selbst gedeutet worden ist, soll in parallelisierender Gegenüberstellung von Textlesungen gezeigt werden, die er im Abstand von nur wenigen Jahren (1992 und 1997) vorgelegt hat.

Die Heiligung des Sabbats

Sozusagen die »literarische Ouvertüre« der Qumranhandschriften ist die von Salomon Schechter bereits Ende des 19. Jahrhunderts in der Geniza von Kairo (Geniza A und B) entdeckte Damaskus-Schrift. In ihr ist auf höchstem Niveau und mit klarer Disziplin ein Glaubens- und Lebensmodell aufgezeigt, wie ein gläubiger Jude wandeln und der Endzeit entgegengehen soll.
Viele der religiösen Orientierungen und Mahnreden haben in Leben und Schrifttum der Qumrangemeinde tiefe und nachhaltige Spuren hinterlassen. ((26))

Textquelle: 4 Q 448
Kolumne B, Zeile 1–9 (Lobrede auf König Jonathan)

Übersetzung 1992	Übersetzung 1997
(1) Ein heiliges Gedicht	(1) Die heilige Stadt,
(2) für König Jonathan	(2) denn Jonathan, der König,
(3) und die ganze Gemeinde Deines Volkes	(3) und die ganze Versammlung Deines Volkes
(4) Israel,	(4) Israel,
(5) die (zerstreut sind) in	(5) das verstreut wurde mit den vier
(6) Winden der Himmel,	(6) (alle) vier Himmelsrichtungen,
(7) mögen sie alle wohl sein,	(7) lass über ihnen Friede sein
(8) vollkommen vor Dir,	(8) und Dein Königreich.
(9) und ein Gemeinwesen in Deinem Namen.	(9) Dein Name sei gelobt.

4 Q 448
(letztes vorchristliches Jahrhundert)

Kolumne C, Zeile 1–8 (Apokrypher Psalm Davids)

Übersetzung 1992	Übersetzung 1997
(1) Durch Deine Liebe ...	(1) In Deiner Liebe ...
(2) am Tag und am Abend, von Wein ...	(2) am Tag bis zum Abend ...
(3) nahe zu kommen, um zu sein ...	(3) näher zu kommen, um zu sein ...
(4) Suche sie auf für einen Segen, um ...	(4) Denke an sie im Segen ...
(5) auf Deinen Namen, der verkündet wird ...	(5) Deine Leute werden bei Deinem Namen gerufen ...
(6) ein Königreich für Dein Gemeinwesen (Bruderschaft) ...	(6) das Königreich soll gesegnet sein ...
(7) die, die am Kriege von ... teilnehmen ...	(7) sich verbinden (?) zum Krieg ...
(8) zum Gedenken Deines Namens.	(8) für Jonathan, den König.

Die beiden Übersetzungen zeigen, wie unterschiedlich 4 Q 448 vom gleichen Wissenschaftler gedeutet werden kann. Noch größer wird die Bandbreite der Interpretationen, wenn verschiedene Forscher den gleichen Text auswerten. Das unterschiedliche Spektrum reicht dann von promakkabäisch bis antimakkabäisch.

Damaskus – Ort oder Code?

Bereits während der Babylonischen Gefangenschaft (586–538) war die strenge Einhaltung des Sabbats inmitten der heidnischen Welt ein unverwechselbares Merkmal der exilierten Juden. Die Damaskus-Schrift wendet sich an »jene, die in den Neuen Bund des Landes Damaskus eintreten« (A 6,18). Stellen wie diese haben heftige Debatten ausgelöst, ob der Ort Damaskus gemeint ist oder eine glaubwürdige Religionsgemeinschaft unter dem Code »Damaskus«. Offensichtlich sind von der Damaskus-Schrift, von der Abschriften auch in Qumranhöhlen gefunden wurden, entscheidende Impulse für das Selbstverständnis, für die Ethik und Theologie, vor allem für die Eschatologie (Weltgericht und Auferstehung der Toten) der Qumrangemeinde ausgegangen. ((27))

Textquelle: Damaskus-Schrift

Damaskus-Schrift (Urfassung im 3. vorchristlichen Jahrhundert)

Über den Sabbat, wie er richtig einzuhalten ist. Keiner darf arbeiten am sechsten Tag, von der Zeit an, wenn die Sonnenscheibe über dem Horizont steht einen Durchmesser weit, das ist die Bedeutung der Stelle »Beachtet den Sabbattag, um ihn heilig zu halten« (Dt 5,12).
Am Sabbattag darf man keinen Fluch aussprechen oder ein leeres Wort. Man darf keine Rückzahlung für irgendetwas Verliehenes von seinem Mitmenschen begehren. Man darf nicht vor Gericht gehen wegen einer Sache des Besitzes oder des Reichtums. Man darf nicht über Geschäfte oder Arbeit sprechen, die den nächsten Tag betreffen. Man darf nicht auf dem Feld herumgehen, um seine gewünschte Arbeit am Sabbat zu erledigen. Man darf nicht mehr als tausend Ellen außerhalb seiner Stadt reisen. Man darf nichts essen am Sabbattag, außer Nahrung, die schon zubereitet ist. Er darf nicht von dem essen, was draußen auf dem Feld vergessen wurde, und er darf nicht trinken, bevor er wieder im Lager ist.

Von der Damaskus-Schrift, die lehrt, wie ein gläubiger Jude sein Leben gestalten soll, gab es Abschriften in Qumran. Die Heiligung des Sabbats wird darin sehr streng gefasst: Nicht einmal in einen Brunnen gefallene Tiere oder Menschen dürfen am Sabbat gerettet werden. Marc Chagall (1887–1985) zeigt in seinem Gemälde von 1912 den Synagogenbesuch mit Gebet und Schriftstudium.

Wenn er sich auf einer Reise befand und hinuntergegangen ist, um ein Bad zu nehmen, darf er trinken, wo er steht, aber er darf kein Wasser in irgendein Gefäß schöpfen. Man darf keinen Nichtjuden mit der Erledigung seiner Geschäfte am Sabbattag beauftragen.

Keiner darf schmutzige Kleidung anziehen oder Kleidung, die in Wolltuch aufbewahrt wird, es sei denn, er wäscht sie in Wasser oder sie reiben sie mit Gewürzen ein. Man darf nicht vorsätzlich am Sabbattag die Sabbatgrenzen überschreiten. Ein Mann darf hinter einem Tier hergehen, um es weiden zu lassen bis zu zweitausend Ellen außerhalb seiner Stadt. Man darf dabei nicht seine Hand erheben, um ihm einen Schlag mit der Faust zu versetzen. Wenn es unwillig ist, sollte man es drinnen lassen. Ein Mann soll nichts aus seinem Haus hinaustragen, noch soll er irgendetwas hineintragen. Wenn er sich in einem vorübergehenden Unterschlupf befindet, sollte er nichts nach draußen nehmen und nichts hineinbringen.
Keiner sollte ein verschlossenes Gefäß öffnen am Sabbat. Keiner sollte Heilmittel bei sich tragen und weder aus- noch eingehen am Sabbat. Keiner sollte Stein und Staub aufheben an einem bewohnten Platz. Kein Betreuer soll am Sabbat einen Säugling tragen und damit weder ein- noch ausgehen.
Keiner sollte seinen Diener, seine Magd oder seinen Arbeiter am Sabbat zum Dienst auffordern. Keiner sollte einem Tier am Sabbat beim Gebären helfen; und wenn es am Sabbat in einen Brunnen fällt oder in eine Grube, darf er es am Sabbat nicht herausziehen. Keiner sollte sich an einem Platz in der Nähe von Nichtjuden am Sabbat ausruhen. Keiner sollte den Sabbat entweihen für Reichtum oder Ausbeute am Sabbat. Keinem lebenden Menschen, der in ein Gewässer fällt oder in eine Zisterne, soll herausgeholfen werden mit einer Leiter, einem Seil oder einem anderen Hilfsmittel. Keiner sollte am Sabbat irgendein Opfer darbringen, außer dem Sabbat-Brandopfer, denn so steht es geschrieben, »abgesehen von eueren Sabbaten« (Lev 23,38). (Kolumne 10, Zeile 14 bis Kolumne 11, Zeile 18)

Der Sabbat ist nicht einfach nur ein Ruhetag, ein arbeitsfreier Tag. Ziel ist die kompromisslose Erfüllung des mosaischen Gesetzes. Es heisst innezuhalten, des Ursprungs und der Verantwortung der Schöpfung zu gedenken und Gott für das Geschenk der Schöpfung zu danken. Die Essener nahmen die Einhaltung des Sabbats sehr genau.

Die vier Engel

Ursprung und Wandel der alttestamentlichen Engellehre sind bedeutsam für das Verständnis Gottes und seiner Beziehung zu den Menschen. Die eher sorglose und unbefangene Vermenschlichung Gottes, wie sie in den ältesten Schichten des Alten Testament vorliegt, weicht in den späteren Epochen einer Vergeistigung Gottes. Hieraus entwickelt sich eine Theologie der Entfernung von Gott, die zur Belastung des Verhältnisses der Menschen zu Gott wird und Engel zu »Mittlern« und »Vermittlern« zwischen Gott und den Menschen werden lässt. Ein sichtbarer »Engel des Herrn« vertritt den unsichtbaren Gott, aber die hörbare Stimme ist Gottes Stimme. Vor allem im jüdischen Volksglauben kam es zu einer Hochblüte von Engelgeschichten.

Die Gestalt des Henoch faszinierte die Menschen, sowohl Juden als auch Christen lange Zeit. Entsprechend umfangreich ist die Henochliteratur in verschiedenen Sprachen. So gibt es slavische, hebräische, aramäische, syrische, koptische, griechische und lateinische Fassungen, die jedoch nur in Fragmenten erhalten sind. Die einzige vollständige Version dieses Werkes liegt in äthiopischer Sprache vor.

Henochbuch
(vor 70 n. Chr.)

Vom Spätjudentum zum Urchristentum

Die unverkennbare Engeleuphorie des Spätjudentums kennzeichnet das apokryphe Henochbuch, vor allem in den Kapiteln 6 bis 36. Im 40. Kapitel werden vier besondere Engel mit Namen hervorgehoben: Michael, Raphael, Gabriel, Phanuel. Im Neuen Testament dagegen finden sich nur zwei Engelnamen: Gabriel und Michael. Dass im Henochbuch verschiedene Überlieferungsstränge verarbeitet sind, wird im 20. Kapitel (20,1–8) deutlich, wo sieben Erzengel aufgezählt werden, darunter auch drei, die im 40. Kapitel genannt sind: Uriel, Raphael, Raguel, Michael, Sariel, Gabriel, Remiel. Für die Bewahrung der Henochtradition muss sich in der Übergangsphase zwischen Spätjudentum und Urchristentum ein wichtiger Trägerkreis eingesetzt haben, denn es spricht einiges dafür, dass die Kapitel 37 bis 71 des äthiopischen Henochbuches christlich beeinflusst sind (vgl. 4 Q 227). Das mit vielen Namen bestückte Henochbuch ist auch eine Fundgrube des Korans und vor allem der modernen Esoterik gewesen.

Textquelle: Henochbuch (aramäischer Qumrantext)

Danach sah ich (Henoch) tausendmal Tausende und zehntausendmal Zehntausende, eine unzählbare und unberechenbare Menge vor dem Herrn der Geister stehen.
Ich sah und erblickte zu den vier Seiten des Herrn der Geister vier Gesichter; diese waren von den nie Schlafenden verschieden. Ich erfuhr ihre Namen; denn der Engel, der mit mir ging, teilte mir ihre Namen mit und zeigte mir alle verborgenen Dinge.
Ich hörte die Stimme jener vier Gesichter, wie sie vor dem Herrn der Herrlichkeit lobsangen.
Die ERSTE Stimme preist immerdar den Herrn der Geister.
Die ZWEITE Stimme pries, wie ich hörte, den Auserwählten sowie die Auserwählten, die bei dem Herrn der Geister aufbewahrt sind.
Die DRITTE Stimme betete und bat, wie ich hörte, für die Erdbewohner und legte im Namen des Herrn der Geister Fürsprache ein.
Die VIERTE Stimme wehrte, wie ich hörte, die Satane ab und gestattete ihnen nicht, vor den Herrn der Geister zu treten.
Darauf fragte ich den Friedensengel, der mit mir ging und mir alles Verborgene zeigte, und sprach zu ihm: »Wer sind diese vier Gesichter, die ich sah und deren Worte ich hörte und aufschrieb?«
Er sprach zu mir: »Der erste ist MICHAEL, der Barmherzige und Langmütige; der zweite, der über alle Krankheiten und Wunden der Menschenkinder gesetzt ist, ist RAPHAEL; der dritte, der allen Kräften vorsteht, ist GABRIEL, und der vierte, der über die Buße und die Hoffnung der Erben des ewigen Lebens gesetzt ist, heißt PHANUEL.«
Dies sind die vier Engel des Herrn der Geister, und die vier Stimmen habe ich in jenen Tagen vernommen (40,1–10).

Die Asche einer roten Kuh

Im Glauben und in der Liturgie (→ Glossar) des jüdischen Volkes gab es eine mythisch anmutende, vielleicht an einen früheren Dämonenglauben erinnernde Zeremonie, die als die heiligste des jüdischen Lebens zu werten ist: »die Asche einer roten Kuh«. Davon berichten das alttestamentliche Buch Numeri (19,1–22), die Qumranhandschriften 4 Q 276 und 277, aber auch der neutestamentliche Hebräerbrief (9,13); selbst der Koran (2,1–287; besonders 2,68–72) erwähnt sie.

Asche ist das reale Symbol für Vergänglichkeit und Bußgesinnung. Sie war in den alttestamentlichen Riten der Reinigung Hauptbestandteil des »Reinigungswassers«, neben verbranntem Zedernholz, Ysop und Karmesin.

Befreiung von Unreinheit und Erlösung von Schuld

Der alttestamentliche Ausgangstext schreibt von »einer fehlerlosen, einwandfreien roten Kuh, die noch kein Joch getragen hat« (Num 19,2).

Die im Folgenden zitierten Qumranhandschriften bieten sehr detaillierte Angaben über die Schlachtung einer roten Kuh, über die Gewinnung der Asche und über die Herstellung einer Lauge aus der Asche einer roten Kuh.

Rot beziehungsweise »Karmesinrot« (4 Q 276, Fragment 1, Zeile 6) ist nicht die Farbe des Kuhfells, sondern die Farbe des Blutes. Die Lauge aus der Asche der roten Kuh wurde als »Reinigungswasser« gebraucht, um von Sünde und Schuld und vor allem von aus verschiedensten Ursachen stammenden Verunreinigungen zu befreien. Der Gebrauch des »Reinigungswassers« konnte ein dinghaft-sachliches Erlösungsverständnis entstehen lassen. Gerade die Gemeinschaft von Qumran hat sich davon entschieden abgegrenzt. Sie trat vehement für eine innere, existenzielle Vorbereitung auf das Geschenk der göttlichen Erlösung ein. ((28))

Im Alten und Neuen Testament, in Qumranschriften und auch im Koran findet die Opferzeremonie »Die Asche einer roten Kuh« Erwähnung. Mit einem aus dem Blut der Kuh und Asche gemischten Reinigungswasser sollten die Menschen von Schuld und Verunreinigungen reingewaschen werden. Marc Chagall hat 1912 in seinem Gemälde »Russland, den Eseln und den Anderen« eine rote Kuh abgebildet. (Paris, Musée Nationale d'Art Moderne).

Textquelle: 4 Q 276 (Asche einer roten Kuh)

4 Q 276
(um 100 v. Chr.)

[... Und der Priester soll Gewänder anlegen,] die er nicht getragen hat, um an der heiligen Stätte zu dienen [...] und er soll die Gewänder schuldig (?) erklären und schlach[ten] [die] Kuh [v]or ihm, und er soll ihr Blut in einem irdenen Gefäß auffangen, das [noch nicht benutzt wurde, um ein Op]fer am Altar [darzubringen]. Dann soll er etwas von dem Blut mit [seinem] Finger versprengen, sieben [Mal in Rich]tung auf die Vorderseite des Versammlungsz[e]lts. Und er soll den Zedernzweig und den Ysop und das KARMESINROTE [MATERIAL] in die Mitte des Feuers werfen. [Dann soll derjenige, der für das Feuer sorgt, seine Kleider waschen, und ein Mann, der rein ist von jeglicher UNREINHEIT durch einen Leichnam, soll] die Asche der Kuh [samm]eln [und] sie [lag]ern; aufbewahrt [für die Söhne Israels für das Reinigungswasser.
Es ist ein REINIGUNGSOPFER. Und] der Priester soll anlegen ...
(Fragment 1, Zeile 1–9)

Textquelle: 4 Q 277 (Asche einer roten Kuh)

4 Q 277
(um 100 v. Chr.)

[Und er soll den Zedernzweig] und den Ysop und das [karmesinrote Material in die Mitte des Feuers werfen. Dann soll derjenige, der für das Feuer sorgt, seine Kleider waschen,] und ein Mann, der rein ist von jeglicher Unreinheit durch einen Leichnam, [soll DIE ASCHE DER ROTEN KUH sammeln und sie lagern; aufbewahrt für die Söhne Israels für das Reinigungswasser.] [Es ist ein Reinigungsopfer. Und] der Priester, der mit dem Blut der Kuh sühnt und all [... sollen an]legen [...] sie sühnen durch sie, den Brauch der [roten Kuh (?) ...] [...] mit Wasser. [Und er soll unr]ein [sein] bis zum [Abe]nd. Derjenige, der [den] Wasser[t]opf trä[gt] für die Reinigung, wird un[rein] sein. [Er soll in Wasser baden und seine Kleider waschen.] [Und kein] Mann [soll] das REINIGUNGSWASSER über die Unreinen [sprengen] [...] außer einem reinen Priester [...] [... auf] sie, de[nn er soll] sühnen für die Unreinen.
Einer, der nachlässig ist (oder ein Kind), darf nicht auf die Unreinen sprengen. Und e[iner, der ...] [... das] Wasser zur [Re]inigung. Und er soll das Wasser betreten und soll gereinigt werden von der UNREINHEIT durch einen Leichnam [...] [...] ein anderer. [Der Pr]iester [soll] das Reinigungswasser über sie [gie]ßen, um [sie] zu reinigen [von ...] [...] jedoch [sollen] sie gereinigt werden, und ihr Fleisch wird r[ein] sein. (Fragment 1, Zeile 1–10)

Über Ursachen der Verunreinigung und Formen der Reinigung gibt Yigael Yadin in seinem Buch »Die Tempelrolle« (München/Hamburg 1985) Auskunft.

Die Gemeinschaftsregel der Essener

Die so genannte Gemeinderegel oder Sektenrolle (1 Q S) wurde erstmals 1951 veröffentlicht. Die heftige Debatte, die bald darauf einsetzte, hat hochinteressante Einblicke in das »Grundgesetz« der

Essener (→ Glossar) eröffnet, in das nicht nur der harte Kern der Mönche in Qumran, sondern auch die verschiedenen, über ganz Palästina verstreuten Gruppierungen bis hin zu den essenischen Sympathisantenklubs einbezogen waren.

Was bedeutet »Jahad«?

Eine zentrale Rolle spielte dabei die Entschlüsselung des hebräischen Wortes »jahád«. Dabei handelt es sich um eine sehr präzise religiöse und nationale Identität, eine sehr eng gefasste Selbstbezeichnung der Qumranmitglieder und aller über ganz Palästina verstreuten Gruppierungen, und zwar auf der Deutungsschiene »radikale und totale Treue«, »stete Zuverlässigkeit«, »Glaubwürdigkeit«, »Opfer- und Einsatzbereitschaft unter Hintanstellung aller persönlichen oder familiären Wünsche und Ambitionen«.

Das Wort »jahád« kann daher auch »Einheit«, »Einigkeit«, »Gemeinde« heißen. Während die Damaskus-Schrift (CD) die Erneuerung Israels erwartet, die mit dem Eintritt in ihre Gruppe anbricht (es handelt sich also um eine adventistische Gruppe), wusste sich die Gruppe, die hinter der Sektenrolle stand, unter der machtvollen Präsenz und Wirksamkeit Gottes, der in ihrer Mitte bereits anwesend ist, das Strafgericht durchführen und den ewigen Bund mit den Auserwählten schließen wird.

In neutestamentlicher Weiterführung könnte »jahád« stehen für »neuer Bund« mit der hintergründigen Bedeutung »Bund der ewigen Jahad« oder »ewiger Bund«.

Verschiedene jüdische und römische Schriftsteller haben über die Essener berichtet: Philon von Alexandrien (13 v.–45/50 n. Chr.), Plinius der Ältere (23/24–79 n. Chr.) und Flavius Josephus (37–100 n. Chr.). Letzterer berichtete in seinen Werken ausführlich über die Qumrangemeinschaft und ihre Lebensweise.

Parallelen zwischen Sektenrolle und Apostelgeschichte

Die wissenschaftliche Erforschung der Sektenrolle hat beachtliche Einsichten in das neutestamentliche Parallelwerk der Apostelgeschichte vermittelt. Zwischen Sektenrolle und dem ersten Teil der Apostelgeschichte lassen sich auffallende Ähnlichkeiten feststellen – hinsichtlich der Semitismen, ferner wegen der Übereinstimmung der Gemeindeordnung, der Gütergemeinschaft und der Exegese zwischen Qumran und dem palästinensischen Urchristentum. ((29))

Auffallend ist vor allem eine zweifache Parallelität: die feste Sozial- und Autoritätsstruktur. Die Sektenrolle wurde verbunden mit einer Disziplinarordnung (1 Q S Kolumne 3, Zeile 13 bis Kolumne 4, Zeile 26). Sie spricht von einem Zentralismus (etwa einer Verlagsgründung mit Papyrusherstellung, sowie Lederbearbeitung, Schreibstuben und Binderei), damit alle Aktionen aufeinander abgestimmt durchgeführt werden können.

Es klingt wie ein Echo der Beschreibung der Qumrangemeinde, wenn es von der urchristlichen Gemeinde in Jerusalem heißt: »Alle, die gläubig geworden waren, bildeten eine Gemeinschaft und hatten alles gemeinsam« (Apg 2,44).

Apokryphen zum Alten Testament

1 Q S
*(zwischen 150
und 100 v. Chr.)*

Textquelle: 1 Q S (Gemeinderegel)
Unterweisung der Heiligen

Ein Text, der [dem Lehrmeister gehört, der die Hei]ligen [unterweist,] die gemäß dem Buch mit den Regeln der JAHAD *leben. Er muss sie lehren, Gott mit ihrem ganzen Herzen und von ganzer Seele zu suchen, und dass sie danach trachten, alles zu tun, was vor Ihm gut und redlich ist, so, wie Er es durch Mose und all Seine Diener, die Propheten, befohlen hat. Er muss sie lehren, alles zu lieben, was Er gewählt hat, und alles zu hassen, was Er verwarf, sich von allem Bösen fern zu halten und an allen guten Taten festzuhalten; Wahrheit zu leben, Gerechtigkeit und Rechtschaffenheit im Land, und nicht länger den Weg eines schuldbeladenen, arglistigen Herzens und lüsterner Begierden zu gehen, auf welchem sie alle bösen Dinge taten. Er muss alle, die freiwillig unter dem Gesetz Gottes leben wollen, in den Bund der Gnade einführen, damit sie in die Gesellschaft Gottes eintreten und ohne Fehler vor Ihm gehen, gemäß all dem, was ihnen offenbart worden ist für die Zeiten, die ihnen bestimmt waren. Er muss sie lehren, alle Kinder des Lichts zu lieben – jedes entsprechend seinem ihm gemäßen Platz im Rat Gottes – und alle Kinder der Dunkelheit zu hassen, jedes entsprechend seiner Schuld und der Vergeltung, die ihm von Gott gebührt.*

Die Gemeinderegel, nach der in der klosterähnlichen Siedlung von Qumran zölibatär gelebt wurde, vermittelt Einblick in Organisation und religiöse Ziele der Essener. Sie wurde in Höhle 1 gefunden und ist die am besten erhaltene, nichtbiblische Qumranrolle.

104

Streben nach Wahrheit und Vollkommenheit

Alle, die nach Seiner Wahrheit streben, müssen das ganze Maß ihres Wissens, ihrer Kraft und ihres Vermögens in die JAHAD Gottes einbringen. So werden sie ihre Erkenntnis reinigen in der Wahrheit der Gesetze Gottes, ihre Kräfte angemessen anwenden, um sich zu vervollkommnen, Seinen vollkommenen Wegen gemäß zu gehen, und ebenso ihre Habe bei der Richtschnur Seines gerechten Ratschlusses. Sie dürfen auch nicht in der kleinsten Einzelheit abweichen von irgendeinem der Worte Gottes, da diese sich auf ihre eigene Zeit beziehen. Sie dürfen ihre heiligen Zeiten weder vorverlegen noch eines ihrer vorgeschriebenen Feste verschieben. Sie sollen von Seinen unfehlbaren Gesetzen weder nach rechts oder links abweichen. (Kolumne 1, Zeile 1-15)

Sühne, Vergeltung, Vorbereitung auf den Herrn

In der Gesellschaft der JAHAD sollen zwölf Laien und drei Priester sein, die makellos im Licht all dessen sind, was offenbart wurde vom ganzen Gesetz, also Wahrheit zu tun, Rechtschaffenheit, Gerechtigkeit, Herzensgüte und Demut, das eine mit dem anderen. Sie müssen den Glauben bewahren im Land mit Selbstkontrolle und einem gezähmten Geist und sühnen für Sünden, indem sie Gerechtigkeit üben und Not leiden. Sie müssen in allem der Richtlinie der Wahrheit entsprechend und den Geboten des Alters gemäß gehen.

Wenn es solche Männer wie diese in Israel geben wird, dann soll die Gesellschaft der JAHAD wahrhaftig errichtet werden, eine »ewige Pflanzung« (Jubiläen 16,26), ein Tempel für Israel und – Geheimnis! – eine Heilige der Heiligen für Aaron; wahre Zeugen der Gerechtigkeit, erwählt durch Gottes Willen, zu sühnen für das Land und den Gottlosen zu vergelten, was ihnen gebührt. Sie werden sein »die geprüfte Wand, der wertvolle Eckpfeiler« (Jes 28,16), an dessen Fundamenten weder gerüttelt noch etwas bewegt werden soll, eine Festung, ein Heiliges der Heiligen für Aaron, und alle erkennen den Bund der Gerechtigkeit, und dabei bieten sie einen süßen Wohlgeruch. Sie sollen ein untadeliges und wahres Haus in Israel sein und den Bund der ewigen Gesetze aufrechterhalten. Sie sollen ein annehmbares Opfer sein, für das Land sühnen und sich für die Verurteilung des Bösen einsetzen, so dass Verderbtheit aufhört zu existieren.

Wenn diese Männer in der Lehre der JAHAD zwei Jahre lang gegründet sind – vorausgesetzt, sie sind untadelig in ihrem Betragen –, sollen sie als heilig in die Mitte der Männer der JAHAD gestellt werden. Keine biblische Lehre, die von Israel verhüllt, doch entdeckt wurde vom Deuter, darf vor diesen Männern verborgen bleiben aus Angst, dass sie abtrünnig werden könnten.

Die Gesellschaft der Jahad kann man als einen Bund der Essener verstehen, in dem totale Solidarität und Treue, stete Zuverlässigkeit und absolute Einsatzbereitschaft für die Gemeinschaft gefordert waren. Der Aufnahme in diesen »Bund vor Gott« (1 Q S Kolumne 1, Zeile 16) ging ein langes und strenges, zweijähriges Verfahren voraus.

Wenn es solche Männer wie diese in Israel geben wird, die sich diesen Lehren fügen, sollen sie sich von der Versammlung der verderbten Männer absondern und in die Wildnis gehen und dort den Weg der Wahrheit vorbereiten, wie es geschrieben steht: »Bahnt für den HERRN einen Weg durch die Wildnis, baut in der Wüste eine ebene Straße für unseren Gott« (Jes 40,3). Das heißt das Erläutern des Gesetzes, erlassen von Gott durch Mose zur Einhaltung, das definiert wird durch das, was für jedes Zeitalter offenbart wurde, und durch das, was die Propheten offenbart haben bei Seinem heiligen Geist.

Verbote und Ausschluss

Die Regeln der Essenergemeinschaft sind streng und rigoros. Nur so kann jene »Heiligkeit« erreicht und erhalten werden, die beim Kommen des Messias für die »Söhne des Lichtes« erforderlich ist. Wer die Gebote absichtlich bricht, wird für immer aus der Gesellschaft der Jahad ausgeschlossen.

Kein Mann, der dem Bund der JAHAD angehört und der schamlos von irgendeinem Gebot abweicht, darf die reine Speise, die den heiligen Männern gehört, berühren. Des Weiteren darf er nicht an irgendeiner ihrer Beratungen teilnehmen, bis alle seine Werke gereinigt wurden vom Bösen, so dass er wieder untadelige Wege gehen kann. Sie sollen ihn zulassen zu Beratungen durch Beschluss der Gesamtheit aller Mitglieder; danach soll er seinem passenden Rang zugewiesen werden. Dies entspricht auch dem Verfahren für jeden Novizen, der neu zur JAHAD hinzukommt.

Dies sind die Regeln, nach denen sich die Männer von tadelloser Heiligkeit selbst untereinander verhalten sollen. Jedes Bundesmitglied der JAHAD der Heiligkeit (diejenigen, die untadelig gehen, so wie Er es geboten hat), das nur ein Gebot des mosaischen Gesetzes absichtlich oder auf unaufrichtige Weise bricht, soll aus der Gesellschaft der JAHAD ausgeschlossen werden und niemals zurückkehren. Weiterhin darf keiner der heiligen Männer mit diesem Mann ein Geschäft betreiben oder ihn beraten, über welche Angelegenheit auch immer. (Kolumne 8, Zeile 1–24)

Schmerzhafte Geburt des Erstgeborenen

Die fiebrig-nervöse Erwartung, die das vorchristliche Judentum in Spannung hielt, wird durch nicht wenige Qumranschriftrollen (vgl. 4 Q 175 und 4 Q 177) belegt. Es ist durchaus möglich, dass aus dem babylonisch-persisch-phrygischen Bereich das Motiv der Geburt des göttlichen Kindes im jüdischen Denken Fuß gefasst und sich in Richtung messianischer Erwartungen weiterentwickelt hat.

Von der Messiasmutter zur apokalyptischen Frau

Stark ausgeprägt und mit Symbolbildern angereichert ist in der Hymnenrolle (1 Q H = Hôdajót) die Schilderung der Messiasmutter, die in Wehen liegt und unter unerträglichen Schmerzen und in Todesgefahr ihrem Sohn, dem Erstgeborenen (vgl. Lk 2,7), das Leben schenkt. Es drängt sich die Feststellung auf, dass von diesem apokryphen Qumrantext ein fast 200-jähriger Rezeptions- und Interpretationsweg hinführt zur Schilderung der apokalyptischen Frau (→ Glossar: Apokalyptik) in der neutestamentlichen Apokalypse des Johannes (Offb 12,1–6). ((30))

Textquelle: 1 Q H (Hymnenrolle)

In Bedrängnis bin ich wie eine Frau, die gebären soll,
wenn sie erstmals Mutter wird.
Maßlos sind ihre Wehen,
unerträglich der Schmerz ihres Schoßes,
ersehnend des ersten Kindes Geburt.
In tödlichem Schmerz kommen Kinder zur Welt.
Die das Heldenkind trägt, soll gebären in ihrem Schmerz
einen Knaben unter tödlichen Nöten.
Unter Wehen und Todesgefahr
kommt hervor der Schwangeren erster Sohn.
Der Wunderbare, mit seiner Kraft hält er Rat,
da tritt der Held aus dem Mutterschoß.
(Kolumne 3, Zeile 7–12)

1 Q H
(1. vorchristliches Jahrhundert)

Politischer Messianismus

Die Psalmen Salomos, eine Sammlung von 18 Liedern aus dem letzten vorchristlichen Jahrhundert, schildern die religiöse Stimmung des palästinensisch-pharisäischen (→ Glossar: Pharisäer) Judentums und akzentuieren dessen Messiaserwartung. Sie geben Einblick in einen Messianismus, der auch dem Magnifikat, das der Evangelist Lukas Maria, der Mutter Jesu, in den Mund legt, einen unüberhörbaren Eigenklang verleiht: »Er vollbringt mit seinem Arm machtvolle Taten. Er zerstreut, die im Herzen voll Hochmut sind; er stürzt die Mächtigen vom Thron und erhöht die Niedrigen ... Er nimmt sich seines Knechtes Israel an und denkt an sein Erbarmen, das er unsern Vätern verheißen hat, Abraham und seinen Nachkommen auf ewig« (Lk 1,51–52.54–55).

Vom Sohn Davids zum Erstgeborenen

Der politische Messianismus der Psalmen Salomos unterscheidet sich von dem der militanten jüdischen Freiheitsbewegung der Zeloten (→ Glossar) der antirömischen Eiferer und Fanatiker. Jesus von Nazaret unterhielt zu den Zeloten sicherlich keinen intensiven Kontakt, auch wenn er in das Zwölferkollegium seiner Apostel einen Zeloten, »Simon, den Eiferer« (Lk 6,15), aufgenommen hatte. Er verstand sich selbst nicht als politischen Messias in dem Sinn, dass er die Römer in einer Gewaltaktion aus Palästina vertreiben

Als »Sohn Davids« bezeichnet die Bibel Jesus an vielen Stellen, um seine ruhmreiche Herkunft vom großen alttestamentlichen König hervorzuheben. (Ausschnitt aus einem Glasfenster in der Kathedrale Notre-Dame in Clermont-Ferrand, um 1200).

wollte. Wie im Neuen Testament spielen beispielsweise im nachfolgend zitierten 17. der Psalmen Salomos die zentralen Hoheitstitel Jesu eine entscheidende Rolle: »Sohn Davids« (17,23) oder »der Gesalbte des Herrn« (17,36). Der letzte Psalm 18 lässt aufhorchen, wenn man vom »Erstgeborenen, dem einzigen Sohn« (18,4) und vom »Gesalbten« (= Christus; 18,6.8) liest. Vor der Menschwerdung des Gottessohnes bahnte sich bereits eine Wortwerdung an: Sohn Davids – Gesalbter (Christus) – Erstgeborener, einziger Sohn. ((31))

Textquelle: Psalmen Salomos

Psalmen Salomos (letztes vorchristliches Jahrhundert)

Sieh, Herr, zu uns herab!
Lass ihnen ihren König wieder erstehen,
den SOHN DAVIDS ...
dass Israel, dein Knecht, ihm diene!
Umgürte ihn mit Kraft,
damit er den Herrscher der Frevler niederschmettere!
Mach Jerusalem rein (und frei) von Heiden,
die es so schändlich niedertreten!
In Weisheit und Gerechtigkeit
vertreibe er die Sünder aus deinem Erbteil,
er zerschlage wie Tongeschirr
den Übermut der Sünder!

Der Hoheitstitel »Sohn Davids« erscheint im Matthäusevangelium zehnmal, im Markusevangelium viermal und im Lukasevangelium fünfmal.

David beauftragte seinen Sohn Salomo mit dem Tempelbau in Jerusalem und legte eine liturgische Ordnung für den Tempel fest. Die Miniatur aus der Vivian-Bibel des 9. Jahrhunderts zeigt David als Weltenmusiker, als Inbegriff des Musikers und Dichters. (Paris, Bibliothèque Nationale, Ms. lat. 1).

*Mit einem Eisenstock zerschmettere er
ihr ganzes Dasein und
mit dem Wort seines Mundes
vernichte er die frevelhaften Heiden!*
(17,23–27)

*Er macht ganz rein und heilig Jerusalem,
wie es zu Anfang war.*
(17,33)

*Sie schauen die Herrlichkeit des Herrn
und verherrlichen so Gott.
Er selbst herrscht über sie,
als ein gerechter, von Gott eingesetzter König.
Dann wird bei ihnen kein Unrecht mehr geschehen,
weil alle heilig sind und
weil ihr König DER GESALBTE DES HERRN ist.*
(17,35–36)

*Das ist der Stolz des Königs über ISRAEL,
jenes Königs, den Gott erwählt hat,
den er zum Fürsten über das Haus ISRAEL,
gesetzt hat,
damit er ihm Erzieher sei.*
(17,47)

*Lass bald, o Gott, deine Gnade über ISRAEL, erscheinen!
Er rette uns vor der Schande unheiliger Feinde!
Der Herr allein ist unser König –
für immer und ewig.*
(17,51)

Das hebräische Wort »Israel« (= Gott herrscht, Gott leuchtet) ist die Bezeichnung für den alttestamentlichen Patriarchen Jakob (Gen 32,21). Die Nachkommen Jakobs werden »Söhne Israels« (Ex 12,13) oder »Israeliten«, »Israelis« genannt. Im Neuen Testament ist mit Israel das neue Volk Gottes gemeint (Röm 9,6; Gal 6,16), aus Juden und Heiden.

Das messianische Festmahl

Ordnung und Liturgie (→ Glossar), rituelle Waschungen und Mahlzeiten der Qumrangemeinde (= die gesamte Gemeinde Israels) während der Endzeit, der letzten Geschichtsepoche vor dem Endgericht Gottes, sind in einer strengen Gemeinderegel (auch »Sektenkanon« genannt) festgelegt. Zwei wichtige Aufgaben werden darin hervorgehoben: das eingehende Studium der Thora (→ Glossar) und das messianische Festmahl. In voressenischer Zeit wurde der Messias noch meist mit dem ganzen Volk Israel identifiziert, mit dem Herannahen der letzten, adventlichen Zeit aber mehr und mehr als Einzelgestalt verstanden. Der Messias ist Nachkomme Davids und kommt wie dieser aus dem Stamme Juda.

Tischgemeinschaft und Eucharistiefeier

Weil bei den Mahlzeiten der Essener der vorsitzende Priester den Segen über Brot und Wein sprach, wurden die Tischgemeinschaften manchmal als Vorläufer des Abendmahls gesehen. Dies ist jedoch nicht richtig. Die Bedeutung, die Jesus Christus dem Abendmahl gab, ist eine gänzlich andere: Heilsmysterium seines Todes und seiner Auferstehung.

Die Tischgemeinschaften der Qumrangemeinde, akribisch genau geordnet, waren als Sinnbild gedacht. Sie dienten der Einübung des messianischen Festmahls der Endzeit.

Ähnlichkeiten mit den urchristlichen Eucharistiefeiern haben die Tischgemeinschaften der Essener (→ Glossar) als Vorläufermodell der neutestamentlichen Gemeindefeiern sehen lassen. Dabei hat man aber die wesentlichen und entscheidenden Unterschiede der von Jesus vollzogenen »Umstiftung« zu wenig beachtet.

Die urchristlichen Eucharistiefeiern sind unblutiges Speiseopfer, Geheimnis der »Verwandlung« in Leib und Blut Christi und Gegenwärtigsetzung des einen und einzigen Opfers des Neuen Bundes, »bis er wiederkommt« (1 Kor 11,26).

In den großen liturgiegeschichtlichen Bogen vom Opfer des Abel (Gen 4,4), des Noach nach der Sintflut (Gen 8,20), des Abram (Gen 12,8; 22,1-19), des Priesterkönigs Melchisedek von Salem (Gen 14,11-20), der »Brot und Wein« darbrachte (Gen 15,18-20; vgl. Hebr 5,6.10; 6,20; 7,1-3.10), bis hin zum einen und einzigen Opfer des Neuen Bundes in und durch Jesus Christus sind auch die adventlichen Vorbereitungs- und Erwartungsmahlgemeinschaften der Qumrangemeinde einzubeziehen. ((32))

Textquelle: 1 Q S (Gemeinderegel)
Studium der Thora und Gebet

1 Q S
(letztes vorchristliches Jahrhundert)

... Sie sollen gemeinsam essen, beten und beratschlagen. Wo immer zehn Männer der GEMEINSCHAFT DER JAHAD *versammelt sind, muss stets ein Priester anwesend sein. Die Männer sollen vor dem Priester ihrem Rang gemäß sitzen, und auf diese Weise werden ihre Meinungen zu jeglicher Angelegenheit ergründet werden.*

Wenn der Tisch zum Essen bereitet ist oder der neue Wein bereitsteht zum Trinken, ist es der PRIESTER, *der zuerst seine Hand ausstrecken soll und das erste Stück Brot oder den neuen Wein segnen soll.*

An jedem Ort, wo die benötigte Anzahl von zehn Männern zusammenkommt, muss stets einer sich mit dem STUDIUM DES GESETZES *beschäftigen, Tag und Nacht, fortwährend, jeder der Reihe nach. Die Versammlung aller Mitglieder wird gemeinsam danach trachten, während des ersten Drittels jeder Nacht des Jahres laut aus dem Buch zu lesen und die Heilige Schrift auszulegen und gemeinsam zu beten.*

Beratung

Dies ist die Regel für die Zusammenkunft aller Mitglieder, bei der jeder Mann an seinem ihm gebührenden Platz ist. Die PRIESTER *sollen in der ersten Reihe sitzen, die Älteren in der zweiten, dann der*

Rest des Volkes, jeder auf seinem richtigen Platz. In dieser Reihenfolge sollen sie befragt werden über jedes Urteil, Beratung oder Angelegenheit, die vor die Versammlung aller Mitglieder kommen soll, so dass jedermann seine Meinung sagen kann vor der GEMEINSCHAFT DER JAHAD.

Keiner soll die Worte seines Gefährten unterbrechen und reden, bevor sein Bruder mit dem, was er zu sagen hat, zu Ende ist. Auch soll keiner vor einem anderen sprechen, der einen höheren Rang einnimmt. Nur derjenige, der gefragt wurde, soll sprechen, wenn er an die Reihe kommt. Während der Sitzung aller Mitglieder sollte keiner etwas sagen ohne die Erlaubnis aller Mitglieder, oder genauer, des Mannes, der Hauptaufseher der Versammlung aller Mitglieder ist. (Kolumne 6, Zeile 2–12)

Gemeinschaftsmahl

Die Vorgehensweise für das [Tre]ffen der Männer von Ruf, [wenn sie gerufen werden] zum Festmahl, das von der GEMEINSCHAFT DER JAHAD abgehalten wird, wenn [Gott] den Messias ge[ze]ugt hat (oder, wenn der MESSIAS offenbart worden ist) aus ihrer Mitte: [Der Priester] als Oberhaupt der gesamten Gemeinschaft Israels soll als Erster eintreten, dicht gefolgt von allen [seinen] Brü[dern, den Söhnen des] Aaron, jene Priester, [berufen] zum Festmahl von den Männern von Ruf. Sie sollen sich niederlassen v[or ihm] in der jeweiligen Rangordnung.

Dann soll der [MESS]IAS ISRAELS eintre[ten], und die Häupter der Ta[usendschaften Israels] sollen sich vor ihm niederlassen ihrem Rang entsprechend, so wie es bestimmt ist durch [jedes Mannes Auf]gabe in ihren Lagern und auf ihren Feldzügen. Zuletzt sollen alle Häupter [der Gem]einschaftsfam[ilien] zusammen mit [ihren] wei[sen und klugen Männern] sich vor ihnen niederlassen ihrem Rang entsprechend.

[Wenn] sie sich scharen [um den] gemeinschaftlichen [Ti]sch, [nachdem sie BROT UND W]EIN hergerichtet haben, so dass die Gemeinschaftstafel gedeckt ist [zum Essen] und [der] Wein (ausgeschenkt) zum Trinken, [darf gr]eifen keiner nach der ersten Portion Brot oder [Wein] vor dem Priester. Denn [er] soll [se]gnen die erste Portion Brot und den Wein, indem er als Erster nach dem Brot [grei]ft.

Dan[ach] der MESSIAS ISRAELS soll greifen nach dem Brot. [Schließ]lich] [soll eine Se]gnung aussprechen jed[es] Mitglied der ganzen GEMEINSCHAFT DER JAHAD [in der absteigenden Reihenfolge der] Ränge.

Diese Vorgehensweise soll maßgebend sein für jedes Ma[hl], vorausgesetzt, dass mindestens zehn Mä[nner sich fi]nden zusammen. (Kolumne 2, Zeile 11–22)

Die Mahlzeiten wurden in Qumran gemeinsam eingenommen. Brot und Wein gehörten zu den wichtigen Lebensmitteln. Wer gegen die Regeln verstieß, wurde von den gemeinsamen Mahlzeiten ausgeschlossen und hatte u. a. mit einer Kürzung der Brotration zu rechnen.

Auferstehung der Toten

Die Qumranrolle 4 Q 521 beschäftigt sich mit der Frage, wie die Futurologie der Menschen (Planung und Deutung der Zukunft) in die göttliche Eschatologie (Weltgericht und Auferstehung der Toten) hinübergeht. In diesem Text klingen die starke Zuversicht und das Berge versetzende Gottvertrauen der Essener (→ Glossar) an, denn »die Frommen werden am Thron des Ewigen Reiches verherrlicht werden« (Fragment 1, Kolumne 2, Zeile 7).

Krieg des Messias

Für den heutigen Leser ist es wichtig zu wissen, welche Vorstellungen genau sich die Essener über den Messias und sein Wirken machten. Denn ihr Messias ist nicht – wie nach christlich-neutestamentlichem Verständnis – der Erlöser, der eine lange Epoche des Heiles und der Versöhnung heraufführt, sondern eine kriegerische Gestalt. Mit ihr beginnen nach essenisch-jüdischem Verständnis die Endphase der Weltgeschichte und das Endgericht. Das Endgericht, der »Tag des Herrn« (wie es im Alten Testament heißt), dauert nach dem Melchisedek-Midrasch (→ Glossar) sieben Jahre, nach der essenischen Kriegsrolle (= 1 Q M mit 19 Textkolumnen) sogar 40 Jahre. Im Krieg des Messias werden alle Dimensionen der Schöpfung der Hand Belials, des Satans, entrissen. In diesem Endkampf streiten die Essener Seite an Seite mit ihrem Messias, auf dessen Kommen sie sich seit Jahrzehnten mit Gebeten und Schriftlesung, mit Meditation und mehrmaligen täglichen Selbsttaufen vorbereitet haben. Man fühlt sich erinnert an die dramatischen Ereignisse, wie sie in der johanneischen Apokalypse beschrieben sind.

Die Essener rechneten fest damit, durch ihren asketischen Lebensstil zu den Auserwählten des Jüngsten Gerichts zu gehören. In der Miniatur des Perikopenbuchs (1007–1024) des deutschen Kaisers Heinrich II. erwecken Engel die Toten zum Jüngsten Gericht. (München, Bayerische Staatsbibliothek, Clm 4452).

Eine neue Schöpfung

An dieser Stelle kommt die Auferstehung ins Spiel: Der siegreiche Messias ist es, »der auferweckt die Toten (und Gefallenen) Seines Volkes« (4 Q 521, Fragment 7 und 5, Kolumne 2, Zeile 6). Bereits unmittelbar vor Beginn des Endgerichtes werden die Verstorbenen auferstehen. Eine klar umrissene Botschaft der Qumrangemeinde lautet: Auferstehung für den Messias ist Auferstehung jedes einzelnen Menschen. Mit der Auferstehung hat die Zukunft der neuen Schöpfung, des neuen und ewigen Jerusalem begonnen. ((33))

Textquelle: 4 Q 521 (Erlösung und Auferstehung)

[... Denn der Him]mel und die Erde werden auf Seinen Messias hören, [und alles, w]as in ihnen ist, wird sich nicht von den Geboten der Heiligen abwenden. Stärkt euch, ihr, die ihr den HERRN sucht, in Seinem Dienst. Werdet ihr den HERRN nicht in diesem finden, all jene, die in ihrem Herzen hoffen?
Denn der HERR sucht die Frommen und ruft die Gerechten mit Namen. Über den Demütigen schwebt Sein Geist, und er erneuert die Getreuen durch Seine Kraft. Denn er wird die Frommen auf dem Th[ro]n Seines ewigen Königreichs ehren.
Er wird Gefangene freilassen, die Augen der Blinden öffnen, Gebe[ugte] aufrichten. Und auf [Ew]igkeit (?) werde ich (?) festhalten [an] den [Ho]ffnungsvollen und den Frommen [...] [...] soll nicht verzögert werden [...] und der HERR wird glorreiche Taten tun, die noch nicht getan wurden, so wie Er gesagt hat.
Denn Er wird die lebensgefährlich Verwundeten heilen. Er wird die Toten auferwecken. Er wird den Leidenden gute Nachrichten verkünden. Er wird [...]. Er wird die [...] führen, und die Hungernden wird er sättigen (?). [...] und [...]. (Fragmente 2 und 4, Kolumne 2, Zeile 1-14)

[...] sehen alles, w[as der HERR gemacht hat,] [die Erd]e und alles, was auf ihr ist, die Meere [und alles,] [was in ihnen ist,] und jedes Wasserbecken und die Bäche. [...] diejenigen, die Gutes vor dem Her[rn] tun, [werden segnen ... und nich]t wie diese, die fluchen. Ihnen w[ird] es beschieden sein, zu sterben, [wenn] der Eine, der auferweckt, die Toten Seines Volkes [auferstehen lä]sst.
Dann werden wir Dank [sag]en und dir die gerech[ten Taten] des HERRN verkünden, die [...] diejenig[e, denen es beschieden ist, zu s]terben.
Und er wird öffnen [Gräber ...] und [...] und [...] nun, vertraue (?) [deine] T[aten ...] an und eine Brücke von [...] die Verfluchten werden kaum beachtet (?) [...] und die Himmel werden zusammentreffen [...] [und a]ll die Engel [...]. (Fragmente 7 und 5, Kolumne 2, Zeile 1-15)

4 Q 521
(letztes vorchristliches Jahrhundert)

Viele Teile dieser Schriftrolle sind verlorengegangen, jedoch eine Botschaft kann aus den Fragmenten herausgelesen werden: Wenn der Messias kommt, werden alle Toten auferweckt, entweder durch Gott selbst oder durch seinen messianischen Beauftragten.

Apokryphen zum Neuen Testament

Aus vielen Texten, die sich nach Verfasser, Abfassungszeit, Anlass, Adressat, Literaturgattung sowie Wortschatz und Sprachgestalt unterscheiden, kam es zur Sammlung im heutigen Neuen Testament. Dieses war, vom Kreuzestod Jesu am 7. April 30 n. Chr. an gerechnet, in etwa 100 Jahren vollendet. Daneben erblühte eine Landschaft von Jesus-Schriften (Lk 1,1), die bei der Feier der Eucharistie nicht vorgelesen werden durften. Doch gerade diese Schriften, so genannte Apokryphen, waren beim einfachen Christenvolk sehr beliebt. Sie behandeln Themen, die im offiziellen Neuen Testament nur angedeutet oder überhaupt nicht erwähnt sind, etwa die Geburt und der Tod Marias.
Überliefern außerbiblische Dokumente authentische Jesusworte und echte Jesuswunder?

- 116 Die Vorgeschichte Jesu
- 124 Geburt und Kindheit Jesu
- 152 Das öffentliche Wirken Jesu
- 168 Die letzten Tage Jesu
- 188 Die Auferstehung Jesu
- 198 Die Apostel: Missionsreisen und Martyrien
- 226 Endzeit

Auf der Darstellung des letzten Abendmahls einer byzantinischen Handschrift um 1100 werden Brot und Fische gereicht. (Nationalbibliothek, Prag).

Die Vorgeschichte Jesu

Zur Vorgeschichte Jesu gehört – innerweltlich und literarisch nachweisbar – die Botschaft, die im Laufe des Alten Testaments präzisere und unübersehbare Konturen annimmt. Hinweise wie »... eine Jungfrau wird ein Kind empfangen, sie wird einen Sohn gebären« (Jes 7, 14) werden immer häufiger und bedrängender. Auch in Qumrantexten ist die fiebrig-nervöse Erregung in der Häufung messianischer Hinweise festzustellen. In Mirjam-Maria, »einer Jungfrau, die verlobt war mit einem Mann namens Josef« (Lk 1,27), wird diese Botschaft »in der Fülle der Zeit« (Gal 4,4) geschichtliche Wirklichkeit. Über ihre Eltern (Anna und Joachim), ihre Geburt und Kindheit wie auch über ihren Tod liegt in den neutestamentlichen Berichten keine einzige Zeile vor. Viele mündliche Erinnerungen und Weitererzählungen darüber haben in außerbiblischen Apokryphen ihren Niederschlag gefunden. Sie waren gern gelesene, romanhafte Volksliteratur.

A. Dörfler-Dierken schreibt: »Wenn Gott ganz Mensch geworden ist, dann muss er – nach Menschenart – nicht nur eine Mutter, sondern auch eine Großmutter gehabt haben. Die Verehrung der Großmutter Jesu gehört zu den auffälligsten Erscheinungen des religiösen Lebens der Jahrzehnte vor der Reformation.« ((34))

Die Geburt Marias

Das nach 150 n. Chr. entstandene apokryphe Jakobusevangelium behandelt unter anderem die Themen »Geburt Marias« (5,2), »Maria als Tempeljungfrau« (7,1-2; 8,1), »Maria und Josef unter dem Zeichen Gottes« (8,2-3; 9,1-3) und »Du wirst gesegnet sein unter den Frauen« (11,1-12,1). Die Texte nehmen sich wie eine Folie aus, die über die kanonische (→ Glossar: Kanon) Kindheitsgeschichte Jesu gelegt ist und geradezu mitgelesen werden kann. Auffallend ist die Unkenntnis der Geografie Palästinas wie auch der jüdischen Verhältnisse, was auf eine Entstehung außerhalb Palästinas verweist. Einem älteren Grundstock (Kapitel 1–20) scheinen später weitere Abschnitte (Kapitel 22–24) angefügt worden zu sein.

Die Verehrung Annas

Anna (der hebräische Name »Hanna«) bedeutet »Gott hat sich erbarmt«; Joachim (der hebräische Name »Jojakim«) bedetet »Gott richtet auf«.

Die Namen der Eltern Marias, Joachim und Anna, werden nicht im Neuen Testament, sondern nur in den Apokryphen genannt. Dennoch erfreute sich Anna bei den Christen bald hoher Wertschätzung. Im Spätmittelalter gab es eine große Annaverehrung (etwa bei Martin Luther). Das Ereignis der Geburt Marias, das nur in Apokryphen überliefert ist und im Folgenden nach dem Jakobusevangelium zitiert wird, wird nach dem katholischen Kirchenkalender (→ Glossar: Liturgie, Ekklesiologie) am 8. September gefeiert. ((35))

Textquelle: Jakobusevangelium

Jakobusevangelium (um 150 n. Chr.)

Es erfüllten sich aber Annas Monate, und im neunten gebar sie. Da fragte sie die Hebamme: »Was habe ich zur Welt gebracht?« Die antwortete: »Ein Mädchen.« Anna sprach: »Verklärt ist meine Seele an diesem Tage!« und bettete das Kind. Als die vorgeschriebenen Tage vorüber waren, erhob sie sich, wusch sich, gab ihrem Kinde die Brust und nannte es Mirjam (Maria). (5,2)

Maria als Tempeljungfrau

Allgemeine Hinweise zum apokryphen Jakobusevangelium, dem auch der folgende Quellentext entnommen ist, finden sich Seite 27 und 116. Der Passus ist ein exemplarisches Beispiel für das Anliegen der Apokryphen: Weil im Neuen Testament über die Geburt und Kindheit Marias kein einziges Wort zu finden ist, haben die neu bekehrten Christen mit Recht danach gefragt. Durch auffüllendes und erklärendes Erzählen hat der Verfasser alles erschöpfend und endgültig über die Kindheit Marias und ihr Leben als Tempeljungfrau festgehalten. Deutlich sind dabei die verhaltene Diskretion und die fromme Respektierung zu spüren.

Die nur in Apokryphen überlieferten Namen Anna und Joachim, der Eltern Marias und mütterlicherseits der Großeltern Jesu, werden im katholischen Kirchenkalender an einem gemeinsamen Festtag, dem 26. Juli, in Erinnerung gebracht.

Textquelle: Jakobusevangelium

Als Maria zweijährig war, sprach Joachim zu Anna: »Wir wollen sie hinaufbringen in den Tempel des Herrn, damit wir das Versprechen erfüllen, das wir gegeben haben, und der Herr nicht etwa zu uns sende und unsere Gabe unwillkommen werde!« Aber Anna entgegnete: »Warte (noch) das dritte Jahr ab, damit das Kind (dann) nicht mehr nach Vater und Mutter begehre.« Und Joachim sagte: »Einverstanden.« Und als das Kind dreijährig geworden war, sagte Joachim: »Wir wollen die unbefleckten Töchter der Hebräer rufen, die mögen jede eine Fackel nehmen, und diese sollen brennend sein, auf dass sich das Kind nicht zurückwende und sein Herz nicht vom Tempel des Herrn weggelockt werde!« Und er verfuhr in dieser Weise, bis sie hinaufkamen zum Tempel des Herrn. Und der Priester empfing es, küsste und segnete es mit den Worten: »Der Herr hat deinen Namen groß gemacht unter allen Geschlechtern; an dir wird der Herr am Ende der Tage seine Erlösung für die Söhne Israels offenbaren!«. (7,1–2)
Maria aber wurde im Tempel wie eine Taube gehegt und empfing Nahrung aus der Hand eines Engels. (8,1)

Jakobusevangelium (um 150 n. Chr.)

Maria und Josef unter dem Zeichen Gottes

Neben den allgemeinen Hinweisen zum Jakobusevangelium (siehe Seite 27 und 116) ist gerade in der folgenden Textpassage bemerkenswert, dass die erste Blutung einer Tempeljungfrau »den Tempel befleckt« und unrein macht. Um eine komplizierte Reinigung des Tempels zu vermeiden, schieden Tempeljungfrauen vor ihrer ersten Menstruation aus dem Dienst aus. Was Josef anbelangt, hält der knappe Satz »Josef ... warf die Axt weg ...« fest, dass in ihm etwas Entscheidendes vor sich gegangen ist. »Stab« und »Taube« kennzeichnen bei seiner Erwählung symbolisch das Wirken Gottes. Interessant ist sein hohes Alter: Nur in den Apokryphen ist von einem bereits verwitweten Josef die Rede, der Söhne hat und in einem großen Altersunterschied zu Maria steht. Näheres dazu und zum Tod des 111-jährigen Josef in der »Geschichte Josefs des Zimmermanns«; siehe Seite 147ff. Dahinter könnte sich durchaus ein gnostischer (→ Glossar: Gnosis), leib- und ehefeindlicher Aspekt verbergen, aber auch die Intention, die bleibende Jungfrauschaft Marias zu belegen.

Textquelle: Jakobusevangelium

Jakobusevangelium
(um 150 n. Chr.)

Als Maria zwölf Jahre alt war, fand eine Beratung der Priester statt, die sprachen: »Siehe, Maria ist im Tempel des Herrn zwölf Jahre alt geworden, was sollen wir nun mit ihr tun, damit sie nicht den Tempel des Herrn [unseres Gottes] beflecke?« Und sie [die Priester] sprachen zum Hohenpriester [zu ihm]: »Du stehst am Altar des Herrn, geh (ins Heiligtum) hinein und bete ihretwegen,

Nach dem apokryphen Jakobusevangelium machte ein Wunder Josef zum Bräutigam der Jungfrau Maria: Eine Taube ließ sich auf seinem Haupt nieder und bezeichnete ihn als den von Gott Auserwählten. (Raffael »Die Vermählung der Maria«, 1501, Pinacoteca di Brera, Mailand).

und wir wollen dann das tun, was dir der Herr offenbaren wird.« Und der Hohepriester nahm das Amulett mit den zwölf Glöckchen und begab sich ins Allerheiligste und betete ihretwegen. Und siehe da, ein Engel des Herrn stand (plötzlich) vor ihm und sprach zu ihm: »Zacharias, Zacharias, gehe hinaus und versammle die Witwer des Volkes, [die sollen jeder einen Stab tragen,] und welchem der Herr ein (Wunder-)Zeichen geben wird, dessen Frau soll sie sein!« Und die Boten gingen aus und verbreiteten sich über die ganze Umgegend Judäas; die Posaune des Herrn erscholl, und alle liefen herzu. (8,2–3)

Josef aber warf die Axt weg und ging auch seinerseits hinaus, um ihnen zu begegnen. Und als sie versammelt waren, nahmen sie die Stäbe und gingen zum Hohenpriester. Der Priester nun nahm die Stäbe von ihnen und ging in den Tempel und betete. Nach der Beendigung des Gebets nahm er die Stäbe, trat (wieder) hinaus und gab sie ihnen; ein (Wunder-)Zeichen war indessen nicht an ihnen. Den letzten Stab bekam Josef, und siehe, eine Taube kam aus dem Stab hervor und flog auf das Haupt Josefs. Da sprach der Priester zu Josef: »Josef, du hast durchs Los die Jungfrau des Herrn zugeteilt bekommen; nimm sie in deine Obhut!« Josef (aber) entgegnete ihm: »Ich habe (schon) Söhne und bin alt, sie aber ist ein junges Mädchen. Ich fürchte, ich werde zum Gelächter für die Söhne Israels!«

Da sprach der Priester zu Josef: »Fürchte den Herrn, deinen Gott, und denke an alles, was Gott DATHAN, ABIRAM und KORAH getan hat, wie die Erde gespalten ward und sie um ihrer Auflehnung willen alle verschlungen wurden. Fürchte dich nun, Josef, dass dies nicht (auch) in deinem Haus geschehe!« Und Josef fürchtete sich und nahm sie in seine Obhut. Und Josef sprach zu ihr: »Maria, ich habe dich aus dem Tempel des Herrn empfangen und lasse dich nun in meinem Hause und gehe fort, um [meine] Bauten zu errichten; (danach) werde ich (wieder) zu dir kommen; der Herr wird dich bewahren!« (9,1–3)

Über die Empörung Dathans, Abirams und Korahs gegen Mose und die Bestrafung durch Gott wird in Num 16,1–35 berichtet.

Gesegnet unter den Frauen

Die im Lukasevangelium überlieferte Verkündigung der Geburt Jesu (Lk 1,26–38) ist als geschlossene Erzählung mit dem ersten Marienwort (Lk 1,34) konzipert. Sie enthält die genaue Ortsangabe Nazaret (Lk 1,26) und den Verlobungsstatus Marias (Lk 1,27), außerdem den wichtigen Hinweis auf das Wirken Gottes: Trotz ihres hohen Alters hat die Verwandte Elisabeth ein Kind empfangen (Lk 1,36). Der vorliegende Text aus dem apokryphen Jakobusevangelium (siehe Seite 27 und 116) weist neben Gemeinsamkeiten die Verkündigung an mehreren Orten (an der Wasserstelle und im Haus) auf.

Völlig neu ist der Bericht über die Webarbeit Marias: Nach Übergabe des fertig gestellten scharlachroten Purpurs an den Priester wird Maria von ihm gesegnet. Feinfühlig schildert der Verfasser die Reaktion Marias auf die Stimme beziehungsweise das Erscheinen des Engels: »Zitternd« kehrt sie heim und hat »starke Bedenken« ob ihrer Auserwählung. ((36))

Textquelle: Jakobusevangelium

Jakobusevangelium (um 150 n. Chr.)

Maria nahm ihren Krug und ging hinaus, um Wasser zu schöpfen. Und siehe, eine Stimme sprach: »Gegrüßet seist du Maria, voll der Gnade; der Herr ist mit dir. Du bist gebenedeit unter den Frauen.« Da schaute sie zur Rechten und zur Linken und ringsumher, um festzustellen, woher diese Stimme kam. Zitternd kehrte sie in ihr Haus zurück, stellte ihren Krug nieder, nahm den Purpur zur Hand, setzte sich und begann von neuem zu spinnen.

Da erschien ihr ein ENGEL DES HERRN *und sprach: »Fürchte dich nicht, Maria, denn du hast Gnade beim Allerhöchsten gefunden. Du wirst von seinem Wort empfangen.« Als sie diese Worte hörte, antwortete Maria mit starken Bedenken: »Wenn ich vom lebendigen Gott empfangen soll, muss ich wie jede Frau gebären?«*

Über die Verheißung der Geburt Jesu an Maria durch den »Engel des Herrn«, der das gleichnamige Gebet entsprungen ist, berichtet im Neuen Testament das Lukasevangelium (Lk 1,26–38).

Der Engel des Herrn sprach: »Nicht so (wie andere Frauen), Maria, denn die Kraft des Herrn wird dich überschatten, darum wird auch das Heilige, das von dir geboren wird, der Sohn des Allerhöchsten genannt werden. Du sollst ihm den Namen Jesus geben, denn er wird sein Volk von seinen Sünden erlösen.« Maria antwortete: »Siehe, ich bin des Herrn Magd: Mir geschehe, wie du gesagt hast.« Maria spann den Purpur und das Scharlachrot fertig und brachte sie dem Priester. Dieser segnete Maria und rief aus: »Gott der Herr hat deinen Namen groß gemacht. Du wirst gesegnet sein, unter allen Geschlechtern der Erde«. (11,1–12,1)

Das Wort Gottes ging durch Marias Ohr

Das armenische Kindheitsevangelium, aus dem im Folgenden zitiert wird, dürfte auf eine syrische Grundlage zurückgehen. Ferner enthält es das Protoevangelium des Jakobus, wenn auch in beträchtlich erweiterter Form. Der vorliegende Text beantwortet eine delikate, im Frühchristentum viel diskutierte Frage: Wie hat Maria Jesus empfangen und gleichzeitig ihre »Jungfräulichkeit standhaft und unversehrt bewahrt«? Gottes Wort, verkündet durch einen namenlosen Engel, ist »durch ihr Ohr« (!) in Marias Leib und Seele eingedrungen, so dass sie »voll der Gnade« (Lk 1,28) wurde. Auffallend ist dabei ein Zweifaches: die genaue Zeitangabe (»Mittwoch, 6. April, in der dritten Stunde des Tages«) und das lange Gebet Marias, in dem man das Gelübde der Jungfräulichkeit heraushört. ((37))

Textquelle: Armenisches Kindheitsevangelium
Marias Empfängnis
Im gleichen Augenblick, als die heilige Jungfrau diese Worte (des Engels) demütig sprach, ging das Wort Gottes durch ihr Ohr in sie ein. So wurde die innerste Natur ihres beseelten Leibes geheiligt mit all ihren Sinnen und geläutert wie Gold im Feuerofen. Sie wurde zu einem heiligen, unbefleckten Tempel und zur Wohnung des göttlichen Wortes. Zugleich begann die Schwangerschaft der heiligen Jungfrau.
Denn als der Engel Maria die frohe Botschaft brachte, zählte man den 15. Nisan, was dem 6. April entspricht; es war ein Mittwoch in der dritten Stunde des Tages. (5,9)

Armenisches Kindheitsevangelium (6. Jahrhundert)

Marias Gebet
Als der heiligen Jungfrau die Verkündigung des Engels zuteil geworden war, erhob sie sich, küsste den Boden und sprach: »O Herr meines Geistes und meines Leibes! Es steht in deiner Macht, alles zu vollbringen, was deine Schöpferliebe erstrebt. Du entscheidest über alles in Freiheit, wie es dir gut dünkt. Jetzt geruhe, den Gebeten deiner Magd zu willfahren: Erhöre mich und erlöse meine Seele, denn du bist der Gott, mein Heiland, und dein Name, o Herr, wird Tag für Tag von mir angerufen.
Bis zum heutigen Tage habe ich Heiligkeit, Gerechtigkeit und Reinheit behütet und blieb entschlossen, um deinetwillen, o Herr, mein Gott, meine Jungfräulichkeit standhaft und unversehrt zu bewahren, ohne jede fleischliche Begierde. Jetzt geschehe dein Wille!« (5,11)

Maria, die Mutter Jesu

Fragen, auf die keine oder nur unbefriedigende Antworten gegeben werden konnten, greift das apokryphe Bartholomäusevangelium, auch »Fragen des Bartholomäus« genannt, auf. Der Verfasser, der sich als Bartholomäus – einen der zwölf Apostel – ausgibt, formuliert diese Fragen. Er versucht, von kompetenten Zeugen des Lebens und Wirkens Jesu eine gute, ja die richtige Antwort zu erhalten. Mit seinem Namen glaubte man, diesem fiktiven Spätwerk die apostolische Autorität eines Zeitzeugen geben zu können.

Fragen an Maria
Bartholomäus will von Maria zum Beispiel wissen: Wie ist der unsichtbare Sohn Gottes sichtbarer Mensch geworden, wie ist er auf so ungewöhnliche Weise von ihr, der Jungfrau, empfangen und geboren worden? Nur Maria, die dies in ihrer Leiblichkeit selbst erlebt hatte, konnte verunsicherten und nachfragenden Christen die gültige, ein-

Das armenische Kindheitsevangelium enthält das im 2. Jahrhundert entstandene Protoevangelium des Jakobus in erweiterter Form. Im Mittelpunkt dieses Werkes steht die Verherrlichung Marias. Deshalb wird die Erhaltung ihrer Jungfräulichkeit bei der Empfängnis dadurch hervorgehoben, dass durch das gehörte, schöpferische Wort Gottes der pränatale Lebensbeginn Jesu bewirkt wurde.

zig richtige Antwort darauf geben; sie war die beste »Informantin«. In einer entscheidenden Passage des Quellentextes heißt es: »Taut, ihr Wolken, von oben, ihr Wolken, lasst Gerechtigkeit regnen! Die Erde tue sich auf und bringe das Heil hervor!« (Jes 45,8). ((38))

Textquelle: Bartholomäusevangelium

Es waren die Apostel an dem Orte Chritir zusammen mit Maria. Da trat Bartholomäus an Petrus, Andreas und Johannes heran und sprach zu ihnen: »Wir wollen Maria, die Begnadete, fragen, wie sie den Unfassbaren empfing oder wie sie den Untragbaren trug oder wie sie eine solche Größe gebar.«

Bartholomäusevangelium
(3. christliches Jahrhundert)

Das Bartholomäusevangelium gibt im Gewand eines Zeitzeugenberichts Auskunft über Jesu Leben – und wer kann Fragen danach besser beantworten als Maria, seine Mutter. Sie lebte nach apokryphen Schriften nach Jesu Tod und Auferstehung bei den Aposteln, wie es die Miniatur aus dem Rabbula-Codex aus dem 6. Jahrhundert darstellt. (Biblioteca Medicea-Laurenziana, Cod. Plut. 1,56, Florenz).

Sie hatten aber Bedenken, Maria zu fragen.
Da sprach Bartholomäus zu Petrus: »Vater Petrus, trete du als unser Erster an Maria heran und frage sie.«
Petrus wandte sich an Johannes: »Du bist ein keuscher Jüngling und ohne Tadel. An dir ist es, Maria zu fragen.«
Während alle Bedenken hatten und hin und her überlegten, trat Bartholomäus mit heiterem Gesicht zu Maria und sprach: »Du Begnadete, Zelt des Höchsten, Unbefleckte! Wir Apostel alle fragen dich; mich aber haben sie zu dir gesandt. Du sollst uns sagen, wie du den Unfassbaren empfangen oder wie du den Untragbaren getragen oder wie du eine solche Größe geboren hast.«
Maria antwortete: »Fragt mich nicht nach diesem Geheimnis! Wenn ich anfange, davon zu euch zu sprechen, geht Feuer aus meinem Mund und verzehrt die ganze Erde.«
Die Apostel fragten sie aber noch eindringlicher.
Da sie den Aposteln ihre Fragen nicht verweigern wollte, stellte sie sich vor sie hin, hob ihre Hände zum Himmel und begann zu ihnen zu sprechen:
»Als ich im Tempel Gottes (in Jerusalem) weilte und aus der Hand eines Engels meine Speise empfing (Protoevangelium des Jakobus 8,1), erschien mir eines Tages einer (?) in der Gestalt eines Engels. Sein Gesicht war nicht zu beschreiben. In seiner Hand hatte er weder Brot noch Becher ... Sogleich zerriss der Vorhang des Tempels. Ein gewaltiges Erdbeben erschütterte das Gebäude. Ich stürzte auf die Erde, da ich seinen Anblick nicht ertrug. Er aber griff nach meiner Hand und richtete mich auf. Ich blickte zum Himmel. Da kam eine Tauwolke über mein Gesicht und benetzte mich vom Kopf bis zu den Füßen. Dann wischte er mit seinem Gewand mich ab. Dann sprach er zu mir: ›Sei gegrüßt, du Gnadenvolle, du auserwähltes Gefäß!‹ Dann klopfte er auf die rechte Seite seines Gewandes, und es kam ein gewaltig großes Brot heraus. Dieses legte er auf den Altar des Tempels, aß zuerst selbst davon und gab dann auch mir davon. Wieder klopfte er diesmal auf die linke Seite seines Gewandes. Ich schaute und sah einen mit Wein gefüllten Becher. Er setzte ihn auf den Altar des Tempels, trank zuerst selbst davon und gab auch mir zu trinken. Ich schaute und sah, wie am Brot nichts fehlte und wie auch der Becher voll war wie zuvor. Dann sprach er (Gott, der Vater): ›Noch drei Jahre, dann werde ich meinen Logos senden. Du wirst meinen Sohn empfangen. Durch ihn wird die ganze Welt gerettet werden. Du (Maria) aber wirst der Welt das Heil (durch die Geburt des Mensch gewordenen Gottessohnes) bringen. Friede sei mit dir, du Begnadete, und mein Friede wird mit dir immer sein.‹ Als er (der Vatergott) so gesprochen hatte, entschwand er meinen Augen, und der Tempel war wie vorher«. (2,1–6.13.15–21)

Maria inmitten der Apostel (Apg 1,14) und der Urgemeinde von Jerusalem war die beste »Informantin« über das Leben Jesu, an die sich Apostel und Evangelisten mit Fragen wenden konnten.

Geburt und Kindheit Jesu

Über einige Lebensabschnitte Jesu finden sich nur wenige Berichte im Neuen Testament. Über Jesu Leben vom 12. bis zum 30. Jahr ist keine einzige Zeile überliefert. Dafür gibt es zahlreiche außerbiblische Apokryphen über die Geburt und Kindheit Jesu, die die Neugier vieler Menschen stillten.

Die Berichte des Neuen Testaments über die Kindheit Jesu sind alles andere als eine breit entfaltete und dokumentarisch belegte Biografie. Die wenigen Ausschnitte der Kindheit und Jugendzeit brechen mit der Reise des zwölfjährigen Jesus zum Paschafest nach Jerusalem (Lk 2,41–52) ab. Der größte Teil seines Lebens, vom 12. bis etwa zum 30. Lebensjahr, bleibt unerwähnt – unbeschriebene Seiten.

Die Neugierde vieler Menschen, die über Jesus mehr wissen wollten, und die Fabulierfreude nicht weniger »Schriftsteller« haben zusammen bewirkt, dass es bereits ab dem apostolischen Zeitalter zu einer unkontrollierbaren Hochblüte außerbiblischer Apokryphen über Geburt und Kindheit Jesu kam. Dabei lässt sich ein deutlicher Unterschied zwischen jüdischen und islamischen Überlieferungen feststellen: Eine jüdische Klatschgeschichte hatte bereits im 2. Jahrhundert üble Verleumdungen über Maria verbreitet (antimarianische und zugleich antijesuanische Position) – der Koran hingegen verteidigt den guten Ruf Marias und wendet sich scharf gegen die Juden, »die nicht an Jesus glaubten und die gegen Maria große Lästerungen ausgestoßen haben« (4,157).

Dann kommt der Gesandte des Herrn

Das 3. jüdische Sibyllenbuch enthält Texte aus unterschiedlichen Epochen; die ältesten dürften aus der Zeit Ptolemäus VII. Euergetes II. (147–117; → Glossar: Ptolemäer) stammen. Der zitierte Text ist vermutlich in der Zeit um 35 v. Chr. aufgezeichnet worden. ((39))

Textquelle: 3. Sibyllenbuch

3. Sibyllenbuch (um 35 v. Chr.)

Einst – wenn Romas Bann auch über Ägypten gebietet, Rom und Ägypten regiert: Dann wird das größte der Reiche unter den Menschen erstehn: das Reich des unsterblichen Königs! Sieh, dann kommt der Gesandte des Herrn, der die Lande der Erde alle beherrscht, allzeit, wie auch die Jahre verrinnen. (III, 46–50)

Eine gewaltige Kraft kam vom Himmel

Das Hebräerevangelium, verfasst zu Beginn des 2. Jahrhunderts, stammt von Griechisch sprechenden Judenchristen (→ Glossar) Ägyptens. Es ist nur in Bruchstücken erhalten. Der angeführte Text ist ein Zitat, das einer in koptischer (→ Glossar: Kopten) Sprache überlieferten Homilie (Predigt) entnommen ist, die Cyrill von Jerusalem (315–386) zugeschrieben wird. Auffallend ist, dass in diesem kurzen Fragment nicht Gabriel (Lk 1,26), sondern Michael als Verkündigungsengel die Menschwerdung Jesu proklamiert.

Textquelle: Hebräerevangelium
Als Christus auf die Erde zu den Menschen kommen wollte, erwählte der Vatergott eine gewaltige Kraft im Himmel, die Michael hieß, und vertraute Christus ihrer Fürsorge an. Und die Kraft kam in die Welt, und sie wurde Maria genannt, und Christus war sieben Monate in ihrem Leibe (Nr. 1).

Hebräerevangelium
(Anfang des
2. Jahrhunderts)

Die Geburt Jesu
Das Jakobusevangelium (siehe auch Seite 27 und 116), präziser auch bezeichnet als »Protoevangelium des Jakobus«, setzt die beiden kanonischen (→ Glossar: Kanon) Kindheitserzählungen nach dem Matthäus- und dem Lukasevangelium voraus, erwähnt aber, dass Josef bei der Wanderung nach Betlehem von seinen Söhnen (aus erster Ehe?) begleitet wurde. Kanonisch unbekannt ist der Bericht über die »kosmische Stille« (18,2) in der Geburtsnacht Jesu, den Josef selbst in der Ichform erzählt. ((**40**))

Textquelle: Jakobusevangelium
Maria und Josef auf dem Weg nach Betlehem
Es ging ein Befehl aus vom Kaiser Augustus, alle Einwohner Betlehems in Judäa aufzuschreiben. Josef sprach: »Ich werde meine Söhne aufschreiben lassen, aber was soll ich mit dieser Jungfrau anfangen? Wie soll ich sie aufschreiben lassen? Als meine Frau? Da müsste ich mich schämen. Oder als meine Tochter? Aber es ist ja bei allen Kindern Israels bekannt, dass sie nicht meine Tochter ist. Doch am Tage des Herrn wird es geschehen, wie Gott will.«
Er sattelte seine Eselin und ließ Maria aufsitzen; sein Sohn führte das Tier, und er selber schritt hinterdrein.
Als sie etwa drei Meilen zurückgelegt hatten, wandte er sich Maria zu. Da sah er sie traurig und sprach bei sich: »Vielleicht quält sie, was in ihr ist!« Als er sich ihr abermals zuwandte, sah er sie lachen. Er sprach zu ihr: »Maria, was ist nur mit dir, dass dein Gesicht bald lacht und bald traurig ist?«
Maria sprach zu Josef: »Ich habe zwei Völker vor Augen; das eine weint und beklagt seine Schuld; das andere ist glücklich und jubelt vor Fröhlichkeit.«
Als sie auf halbem Wege waren, sprach Maria: »Lass mich von der Eselin steigen, denn das Kind in mir schmerzt mich und will herauskommen.« Da ließ er sie absteigen und sprach zu ihr: »Wo soll ich dich hinbringen? Wo soll ich deinen Zustand verbergen? Denn die Gegend ist einsam.«
Er fand dort eine FELSENHÖHLE *und führte Maria hinein. Er ließ seinen Sohn bei ihr. Er selber machte sich auf, um eine jüdische Hebamme in der Gegend von Betlehem zu suchen.*

Jakobusevangelium
(um 150 n. Chr.)

Über der Geburtsstätte Jesu (Lk 2,6–7) ließ Kaiser Konstantin I. um 325 eine Basilika errichten. Unter der Mitte des Querschiffs liegt die Geburtsgrotte (heute 12 Meter lang, 4 Meter breit, 3 Meter hoch) mit einem 14-zackigen Stern aus feuervergoldetem Silber.

Die Karte zeigt Palästina zur Zeit Jesu. Seit 63 v. Chr. gehörte Palästina zum Römischen Reich und wurde von einem Schattenkönig – Herodes (37–4 v. Chr.) – regiert. Nach seinem Tod zerfiel das Land in drei Herrschaftsgebiete: Idumäa, Judäa und Samaria, verwaltet von römischen Statthaltern; Galiläa und Peräa unter Herodes Antipas; Trachonitis (östlich von Ituräa gelegen), Ituräa und Abilene unter Herodes Philippus; beide waren Söhne des Herodes.

Der Kosmos steht still

Ich aber, Josef, da ich umherging, blieb auf einmal stehen. Ich blickte hinauf in die Luft und sah die Luft erstarrt. Ich blickte empor zum Himmelsgewölbe und sah es stillstehen und die Vögel unbeweglich in ihrem Fluge.
Ich schaute auf den Boden, sah einen Backtrog und Arbeiter nach vorn geneigt, die Hände im Backtrog: Denn jene, die kneteten, hatten mit dem Kneten aufgehört, jene, die den Teig rührten, hatten mit dem Rühren aufgehört, jene, die ihn zum Munde führen wollten, brachten ihn nicht zum Munde, und alle blickten nach oben. Und siehe, Schafe, die des Weges zogen, kamen nicht vorwärts. Der Hirte, der seinen Stab erhoben hatte, um sie zu schlagen, blieb mit der Hand in der Luft. Als ich auf den Fluss schaute, sah ich Böcke beim Trinken, denen das Maul offen blieb und die nicht mehr tranken. Dann aber nahm auf einmal alles wieder seinen Lauf.

Die Hebamme und ihr Zeugnis

Doch siehe, da kam eine Frau vom Berg herab und sprach zu mir: »Mann, wohin eilst du?« Ich antwortete: »Ich suche eine jüdische Hebamme.« Sie sprach zu mir: »Bist du von Israel?« Ich antwortete: »Ja.« Sie sprach wiederum: »Wer ist sie, die in der Höhle niederkommt?« Ich erwiderte: »Meine Braut.« Da fragte sie: »Ist sie nicht deine Frau?« Ich sprach zu ihr: »Es ist Maria, die im Tempel des Herrn aufgezogen wurde und die man mir durch Losentscheid als Gattin gab, doch ist sie nicht meine Frau; sie hat vom Heiligen Geist empfangen.« Die Hebamme fragte: »Sprichst du die Wahrheit?« Ich antwortete: »Komm und sieh!« Da ging die Hebamme mit Josef.
Sie hielten an vor der Höhle, und siehe, eine lichte Wolke verhüllte sie. Da rief die Hebamme aus: »Heute ist meine Seele überglücklich, denn meine Augen haben Wunderbares gesehen: Das Heil ist Israel geboren!« Plötzlich war die Wolke über der Höhle verschwunden, und es erschien ein so mächtiges Licht, dass Augen es nicht ertragen konnten. Dann entschwand dieses Licht langsam, bis das Kind sichtbar wurde und die Brust seiner Mutter Maria nahm. Die Hebamme rief aus: »Das ist ein großer Tag für mich, denn ich habe ein wirkliches Wunder gesehen!« (17,1-19,2)

Während die Evangelien des Neuen Testaments die Geburt Jesu nur kurz schildern bzw. (wie bei Markus) ganz ausklammern, schildert das apokryphe Jakobusevangelium ausführlich alle Ereignisse vor und während der Geburt. Dass es sich dabei um die Kombination verschiedener Texte handelt, zeigt der Wechsel der Erzählform von »er« zu »ich«.

Jesus, Ibn Maryam

Der Koran enthält die Offenbarungen, die Mohammed (569-622) empfangen hat. Sie wurden erst nach seinem Tod, angeregt durch seinen ersten Nachfolger in der Leitung der jungen islamischen Gemeinde, Kalif Abu Bekr (632-634), aufgezeichnet und später

Im Koran wird Jesus nur als Prophet und Gesandter Allahs, nicht aber als ewiger Sohn im dreifaltigen Gott beschrieben.

durch den dritten Kalifen Othman (644–656) endgültig redigiert und kodifiziert. In den beiden folgenden Suren 3 und 19 wird Jesus als Sohn der Jungfrau Maria anerkannt, denn Gott ist nichts unmöglich: Was er befiehlt, geschieht. ((41))

Textquelle: Koran

Koran
(um 650 n. Chr.)

Und gedenke des Augenblicks, da die Engel sprachen: »O Maria, Gott verkündet dir die frohe Botschaft eines Wortes von Ihm, dessen Name ist ›Messias‹, Sohn der Maria, ›Prinz‹ (das heißt: ausgezeichnet, geachtet, angesehen) in dieser Welt hienieden und in der anderen, und einer der Gott Nahen.

Nach dem Koran kann das Jesuskind bereits in der Wiege sprechen. Es bezeichnet sich als von Allah gesandten Propheten.

Und er wird zu den Menschen REDEN, IN DER WIEGE und als Erwachsener, und er wird einer der Heiligen sein.« Sie sprach: »Herr, wie werde ich einen Sohn haben, hat mich doch kein Mann berührt.« Er sprach: »Auf diese Weise erschafft Gott, was Er will; wenn Er etwas beschlossen hat, so sagt Er bloß: ›Es sei!‹, und es ist. Und Er wird ihn das Buch lehren und die Weisheit und die Thora und das Evangelium. Und (er wird) den Kindern Israels ein Gesandter (sein), (indem er ihnen sagt): ›Hier bringe ich euch ein Zeichen eures Herrn ...‹«. (3,43–50)

Da sie sich weit von den Ihren entfernte, gen Osten. Sie stellte eine Trennung von ihnen her. Wir sandten unsern Geist zu ihr; und er erschien ihr als vollendeter Mann. Sie sprach. »Ich nehme Zuflucht zu Gott, weit weg von dir, ... wenn du Ihn fürchtest ...« Er sprach: »Ich bin nur ein Gesandter deines Herrn zu dir, um dir einen reinen Sohn zu bescheren.« Sie sprach: »Woher wird mir ein Sohn kommen? Hat mich doch kein Mann berührt, und bin ich doch keine Dirne.« Er sprach: »Also sei's. Gesprochen hat dein Herr: ›Mir ist es ein Leichtes. Auf dass wir daraus ein Zeichen für die Menschen machen und ein Erbarmen von uns. Und es wurde eine beschlossene Sache.‹ Und so empfing sie ihn und zog sich mit ihm an einen entlegenen Ort zurück«. (19,17–23)

Jesus (Isa), der Sohn der Maria

Allgemeine Hinweise zum Koran finden sich Seite 29 und 127f. Von den 114 unterschiedlich langen Suren erwähnen 15 Jesus (Isa). Insgesamt sind es 93 Verse, die ihm gewidmet sind. Ausführlich wird in Sure 19 mit der Überschrift »Maryam« (= die Dienende) die Geburt Jesu aus Maria, deren guten Ruf der Koran gegen die »verleumderischen« Juden verteidigt, geschildert. Diese Klatschgeschichte ist auf Seite 131f. zu finden. ((42))

Bereits in der Wiege kann das Jesuskind sprechen. Es bezeichnet sich als von Allah gesandten Propheten (19,31).

Textquelle: Koran
Trost für Maria

Und es überkamen sie (Maria) die Wehen der Geburt am Fuße eines Palmenstammes. Sie sprach: »Was bin ich nicht vor diesem gestorben! Und was bin ich nicht ein Geschöpf geblieben von wenig Wert, das man vergisst!« Und es rief sie von unter ihr jemand an: »O, verfalle nicht in Trauer! Gott hat zu deinen Füßen ein Bächlein fließen lassen; und schüttele nur den Stamm des Palmbaumes, so werden erfrischende und reife Datteln auf dich herniederfallen. So iss und trink und sei kühlen Auges, und wenn du einen der Menschen siehst, so sprich: ›Ich habe dem Herrn ein Fasten gelobt, deshalb werde ich heute auch zu niemandem reden.‹

Koran
(um 650 n. Chr.)

Das Jesuskind spricht

Und sie ging zu den Ihren, ihn tragend. Diese sprachen: »O Maria, du hast da etwas Abscheuliches getan. O Schwester Aarons, dein Vater war kein lasterhafter Mann, und deine Mutter war nicht unzüchtig ...« Und sie verwies auf ihn. Sie sprachen: »Wie sollen wir mit dem reden, der da in der Wiege liegt und noch ein Neugeborener ist?« DER SPRACH: »Ich bin der Diener des Herrn. Er hat mir das Heilige Buch gegeben und mich zum Propheten gemacht. Er hat mich als einen Gebenedeiten erschaffen, wo ich auch immer sei. Er hat mir Gebet und Reinheit anbefohlen, so lange ich lebe. Und lieb zu meiner Mutter hat er mich gemacht, und nicht zum hoffärtigen Tyrannen. Und Frieden dem Tage meiner Geburt und dem Tage, da ich sterbe, und dem Tage, da ich auferstehen werde zum Leben.« Dies ist Jesus, Sohn der Maria, Wort der Wahrheit, dessentwegen sie in Streit sind. Nicht steht es Allah an, jemanden zum Sohn zu nehmen. Preis Ihm! Wenn er etwas beschließt, so spricht er: »Es sei!« Und es ist. (19,24–36)

*Im Koran spricht das Jesuskind von seiner engen Beziehung zu seiner Mutter Maria: »Und lieb zu meiner Mutter hat er mich gemacht ...«
Die Innigkeit zwischen Mutter und Kind drücken die zahlreichen christlichen Darstellungen der Madonna mit Kind aus, hier auf einer Miniatur des Book of Kells um 800. (Trinity College Library, Ms. A. I. 6/58, Dublin).*

Ochs und Esel an der Krippe

Das Pseudo-Matthäusevangelium (sein Verfasser wurde lange Zeit mit dem des kanonischen [→ Glossar: Kanon] Matthäusevangeliums gleichgesetzt), dem der folgende kurze Text entnommen ist, entstand vermutlich um das 8./9. Jahrhundert. Seine Aussagen haben in der Volksfrömmigkeit, Literatur und Kunst ein starkes Echo gefunden. Die neutestamentlichen Evangelisten erwähnen Ochs und Esel an der Krippe nicht; Pseudo-Matthäus fügt sie unter Rückgriff auf die Verheißung der Propheten Jesaja (Jes 1,3; → Glossar: Tritojesaja) und Habakuk (Hab 3,2) in seinen Text ein.

Textquelle: Pseudo-Matthäusevangelium

Pseudo-Matthäusevangelium (8./9. Jahrhundert)

Ohne Ochs und Esel ist ein Gemälde der Geburt Christi gar nicht vorstellbar (Holztafel des Grabower Altars von Meister Bertram von Minden um 1380, Hamburg, Kunsthalle). Die Bibel erwähnt die Tiere nicht, sie kamen aus dem apkryphen Pseudo-Matthäusevangelium in den Bilderfundus der Christenheit.

Am dritten Tage nach der Geburt unseres Herrn Jesus Christus verließ Maria die Höhle. Sie ging in einen Stall, legte das Kind in eine Krippe, und Ochs und Esel beteten es an. (Jes 1,3)

So wurde das Wort des Propheten JESAJA erfüllt: »Der Ochs kennt seinen Herrn, der Esel die Krippe seines Besitzers.« Beide hatten das Kind zwischen sich und beteten es ständig an.

So wurde das Wort des Propheten HABAKUK erfüllt: »Zwischen zwei Tieren wirst du dich offenbaren«. (14,1-5)

Das Wunderkind in der Krippe

Die Worte der beiden Propheten werden im Alten Testament erwähnt: in Jes 1,3 beziehungsweise Hab 3,2 (Septuaginta).

Im Koran wird in Sure 3,43-50 deutlich der neutestamentliche Hintergrund (Lk 1,26-38) sichtbar. Das Wunderwirken Jesu »in der Krippe« und während der Kindheit und Jugendzeit ist mit Sicherheit den neutestamentlichen Apokryphen entnommen.
Die Sure 3 trägt die Überschrift »Die Familie Amrans« (Al-Imran). Mohammed nannte den Vater Marias »Amran« (vgl. Sure 19,29: Maria/ Maryam).

Textquelle: Koran

Koran (um 650 n. Chr.)

Die Engel sprachen: »O Maria, Gott hat dich erhoben, geheiligt und bevorzugt über alle Frauen der Welt. O Maria, sei deinem Herrn ganz ergeben, verehre ihn und beuge dich mit denen, die sich vor ihm beugen ... O Maria, Gott verkündet dir das von ihm kommende Wort, sein Name wird sein: Messias Jesus, Sohn Marias ... Er wird in der Wiege schon und auch im Mannesalter zu den Menschen reden und wird sein ein frommer Mann.« Maria erwiderte: »Wie soll ich einen Sohn gebären, da mich ja kein Mann berührt?«

Die Engel antworteten: »Der Herr schafft, was und wie er will; so er irgendetwas beschlossen und spricht: ›Es werde!‹ – so ist es. Er wird ihn auch unterweisen in der Schrift und Erkenntnis, in der Thora und dem Evangelium und ihn senden zu den Kindern Israels. Er spricht: ›Ich komme zu euch mit Zeichen von eurem Herrn. Ich will aus Ton die Gestalt eines Vogels euch machen und ihn anhauchen, und er soll, mit dem Willen Allahs, ein lebendiger Vogel werden. Die Blinden und die Aussätzigen will ich heilen und, mit dem Willen Allahs, Tote lebendig machen und euch sagen, was ihr esst und bewahrt in euren Häusern. Dies alles wird euch ein Zeichen sein, wenn ihr nur gläubig seid« (3,43–50).

Das bereits in der Krippe sprechende Jesuskind berichtet von seinen späteren Wundern, die es »mit dem Willen Allahs« (3,50) tun wird, und erklärt Thora (Altes Testament) und Evangelium (Neues Testament; 3,49).

Eine verleumderische Klatschgeschichte

Die Frage nach dem biologischen Vater Jesu hat nicht nur das 20. Jahrhundert in Spannung gehalten. Was Jesus von Nazaret anbelangt, stellten sich seine Zeitgenossen diese Frage zunächst nicht: Viele Bürger seiner Heimatstadt sahen in ihm das natürliche Kind einer Ehe. Man nannte Josef und Maria »seinen Vater und seine Mutter« (Lk 2,33; Mt 13,55), »seine Eltern« (Lk 2,27.41.43). Etwa von der Mitte des 1. Jahrhunderts an muss es jedoch ein Gerücht gegeben haben, das Jesus und seine Mutter in Misskredit bringen sollte.

Antichristliche Polemik der Juden

Kelsos, ein spätantiker Philosoph, berichtet um 160, dass es bereits von der Mitte des apostolischen Jahrhunderts an eine scharfe antichristliche Polemik mancher Juden gab. Aus seinem verloren gegangenen Werk zitiert Origenes (um 195–254) in seiner Streitschrift »Contra Celsum« diesen Kelsos-Text, der uns auf diesem Weg erhalten blieb. Ohne Zweifel wollte man letztlich Jesus Christus und die junge christliche Kirche treffen, wenn man Maria in Misskredit brachte: Es wurde behauptet, der unbekannte, biologische Vater Jesu sei ein römischer Legionär namens »Panthéra« (Jesus ben Panthera) gewesen.

In einem Jahrhunderte später verfassten jüdischen »Toledoth Jeschua« (= Geschichte Jesu) wurde der Kelsos-Text nochmals aufgegriffen. Der römische Legionär heißt jetzt »Josef Pandera«, der als falscher Prophet getötet wird. Diese spätere Schrift einer jüdischen Polemik wird erstmals bei Agobard, dem aus Spanien stammenden Bischof von Lyon (769–840), erwähnt. 1681 wurde sie erstmals gedruckt. ((43))

Aufgegriffen wurde diese These von H. S. Chamberlain (1855–1927) in seinem zweibändigen Werk »Die Grundlagen des neunzehnten Jahrhunderts«, der als Gewissheit ausgab, dass Jesus »keinen Tropfen echt jüdischen Blutes in seinen Adern hatte«. ((44))

Der Philosoph Kelsos (Celsus) war Anhänger Platons. Er erhob als Erster philosophische und religiös-geschichtliche Einwände gegen das Christentum. Seine Kritik an der jungen christlichen Kirche hat er oft mit beissendem Spott verbunden.

Kelsos
(2. Jahrhundert)

Textquelle: Kelsos (nach Origines »Contra Celsum«)

Mirjam wurde von ihrem Gatten, einem Zimmermann von Beruf, verstoßen, nachdem er sie des Ehebruchs überführt hatte. Sie wanderte in ihrer Schande von Ort zu Ort und gebar im Geheimen Jesus, dessen Vater ein Krieger namens Panthéra war. (1,32)

Hymnus auf den Mensch gewordenen Sohn Gottes

Ambrosius, Bischof von Mailand (339–397), ist nicht nur der Vater und Förderer des Hymnengesangs im Abendland. Er selbst hat sich Zeit genommen, Hymnen zu dichten und den dazu passenden Gesang zu komponieren. Deutlich hört man darin die Christusverkündigung heraus, wie sie auf den beiden allgemeinen Konzilien von Nizäa (325) und Konstantinopel (381) formuliert wurde: Jesus, der Christus – wahrer Gott und wahrer Mensch. Dass Ambrosius ein umfassendes exegetisches (die Bibel erklärendes) Opus hinterlassen hat, sei nur am Rande vermerkt.

Seelsorgerische Motive

Bischof Ambrosius von Mailand (339–397) förderte den Kirchengesang nach Kräften und dichtete selbst Hymnen. Sein Ziel war, die Glaubenswahrheiten bei den Gläubigen nicht nur durch das Wort, sondern auch durch den Hymnengesang einzuprägen und zu festigen. (Fresko in Sant' Ambrogio in Mailand, anonymer Meister, 1. Viertel 13. Jahrhundert).

Dichtung und Komposition der Hymnen hatten für Bischof Ambrosius eine zweifache Bedeutung. Zum einen sollte die gesprochene Eucharistiefeier durch Musik etwas abwechslungsreicher werden, um seine stimmlich begabten Diözesanen mit Freude und Aufgeschlossenheit an den kirchlichen (→ Glossar: Ekklesiologie) Festen und Feiern teilnehmen lassen zu können. Die Gläubigen sollten die Messe nicht nur »abstehen«, sondern durch ihren Gesang auch »mitgestalten«. Zum anderen hatten die vom Volk mitgesungenen Hymnen eine katechetische (kirchlich unterweisende) Zielsetzung, die sich erschließt, wenn man die keineswegs emotionsgeladenen Texte genau liest: Die Gläubigen sollten singend und damit sozusagen »spielerisch« die Glaubenswahrheiten in sich aufnehmen und auch außerhalb der Kirche in ihren Häusern mit den Kindern der Familie oder bei der beruflichen Arbeit vor sich hinsingen – singende Katechese als »Gloria Dei« also. Der nachfolgende Text des Adventhymnus wird in der lateinischen Urfassung und der deutschen Übersetzung gegenübergestellt, um den tiefen Graben sichtbar zu machen zwischen gleichzeitig entstandenen außerbiblisch-apokryphen Texten zum Neuen Testament und den in der offiziellen Liturgie (→ Glossar) der Kirche gesungenen Hymnen.

Textquelle: Adventhymnus (Ambrosius von Mailand)

Lateinische Urfassung | **Deutsche Übersetzung**

Veni redemptor gentium,
ostende partum Virginis;
miretur omne saeculum,
talis decet partus Deum.

Du Heiland aller Völker, komm
und zeig Dich als der Jungfrau Sohn,
dass Staunen fasse alle Welt
ob solchem Wunder der Geburt.

Adventhymnus
(um 380 n. Chr.)

Non ex virili semine,
sed mystico spiramine
Verbum Dei factum est caro,
fructusque ventris floruit.

Nicht durch Samen eines Manns,
sondern durch des Geistes Hauch
wurde das WORT GOTTES FLEISCH,
und die Leibesfrucht erblüht.

Procedat e thalamo suo,
pudoris aula regia,
geminae gigas substantiae,
alacris ut currat viam.

Aus dem Gemach tritt nun hervor
wie aus dem königlichen Schloß
der Held, der Gott und Mensch zugleich,
so eilt er strahlend seine Bahn.

Egressus eius a Patre,
regressus eius ad Patrem,
excursus usque ad inferos,
recursus ad sedem Dei.

Von seinem Vater geht er aus,
zu seinem Vater geht er ein,
bis in die Hölle dringt er vor
und kehrt zu Gottes Thron zurück.

Die Fleischwerdung Gottes thematisieren im Neuen Testament Lk 1,35 und Joh 1,13; bei »dem ewigen Vater wesensgleich ...« steht die Formulierung »wahrer Gott und wahrer Mensch« des Nizäischen Glaubensbekenntnisses (325) im Hintergrund.

Aequalis aeterno Patri,
carnis tropaeo cingere,
infirma nostri corporis
virtute firmans perpeti.

DEM EWIGEN VATER WESENSGLEICH
UMGÜRTET ER SICH MIT DEM FLEISCH
und stärkt so unsern schwachen Leib
auf ewig wie ein Siegespreis.

Praesepe iam fulget tuum
lumenque nox spirat novum,
quod nulla nox interpolet
fideque iugi luceat.

Schon leuchtet Deine Krippe auf,
es haucht die Nacht ein neues Licht,
das keine Nacht mehr trüben kann,
das stets im Glauben uns erhellt.

Gloria tibi Domine,
qui natus es de Virgine, Deus,
cum Patre et Sancto Spiritu,
in sempiterna saecula. Amen.
(Stundengebet)

Herr Jesus, Dir sei Ruhm und Preis,
den die Jungfrau uns gebar,
Lob auch dem Vater und dem Geist
durch alle Zeit und Ewigkeit. Amen.

Magier aus Persien, Indien und Arabien

Im Pseudo-Matthäusevangelium (siehe Seite 27 und 129f.) finden sich Überlieferungen, die von der offiziellen Kirche und den gottesdienstlichen Feiern ausgegrenzt waren, sich beim christlichen Volk aber großer Beliebtheit erfreuten. Die Texte zielen auch auf die Verherrlichung Marias als Königin der Jungfrauen. Eine Vielzahl von Schriften dieses apokryphen Evangeliums hat in der Volksfrömmigkeit, Literatur und Kunst ein ungeahntes Echo hervorgerufen. ((**45**))

Textquelle: Pseudo-Matthäusevangelium

Pseudo-Matthäusevangelium (8./9. Jahrhundert)

Zur Zeit des Propheten Mose lebte ein Mann namens ZARATHUSTRA *[Zoroaster], der die Lehre der Magie ersonnen hatte. Als er eines Tages an einem Brunnen saß, um die Jünger der magischen Wissenschaften zu unterrichten, da sagte er ihnen in seiner Rede: »Siehe, die Jungfrau wird ohne Mitwirkung eines Mannes empfangen. Sie wird gebären, ohne dass das Siegel der Jungfräulichkeit zerbricht. Ihre frohe Botschaft wird in den sieben Zonen der Erde verkündet werden. In der von Melchisedek gegründeten Heiligen Stadt (Salem = Jerusalem) werden die Juden ihn kreuzigen. Er wird von den Toten auferstehen und zum Himmel fahren. Als Zeichen seiner Geburt werdet ihr im Osten einen Stern sehen, glänzender als das Sonnenlicht und die Sterne am Himmel. In Wirklichkeit wird es nicht ein Stern, sondern ein Engel Gottes sein. Wenn ihr ihn erblickt, zieht sogleich nach Betlehem! Betet dort den neugeborenen König an und bringt ihm eure Geschenke dar! Der Stern wird euch zu ihm führen.« Dieses Wort war eine prophetische Eingebung. Der Metropolit Josue, Sohn des Nun, sagt, dieser Zarathustra sei kein anderer gewesen als Balaam der Astrologe. Diese Weissagung hat sich am Ende der Zeiten erfüllt ...*

Alsbald begab sich ein Engel des Herrn eilends in das Land der Perser, um den weisen Königen Kunde zu bringen, dass sie das neugeborene Kind anbeten sollten. Nachdem der Stern die Könige neun Monate lang geführt hatte, erreichten sie ihr Ziel genau in dem Augenblick, als die Jungfrau Mutter wurde ...

Jene Könige der Magier waren drei Brüder: Der erste war Melkon, der über die Perser herrschte; der zweite, Baltasar, herrschte über Indien, und der dritte, Kaspar, besaß das Land der Araber. Sie hatten sich auf ihrer Reise beeilt und waren daher genau zu der Zeit angekommen, als Jesus geboren wurde. (Kapitel 16)

Zarathustra, der Stifter der nach ihm benannten Religion in Persien, lebte im 6. Jahrhundert v. Chr., also etwa zeitgleich mit der Babylonischen Gefangenschaft der Juden (586–538) und dem persischen König Kyros (538–530).

Ein Geschenk an die drei Könige

Die vier Evangelien des Neuen Testaments vermitteln einen interessanten Einblick in den kanonischen (→ Glossar: Kanon) Prozess der Kindheitsgeschichte Jesu bereits in der urchristlichen Phase. Das

Markusevangelium kommt ohne Kindheitsgeschichte aus: Mk 1,1 beginnt mit dem Wirken des Täufers Johannes – ähnlich das Johannesevangelium nach seinem hymnusartigen Logos-Prolog. Matthäus- (Mt 1,18–2,23) und Lukasevangelium (Lk 1,5–2,52) bieten unterschiedlich akzentuierte Geschichten, die beide mit dem Bericht über den zwölfjährigen Jesus abbrechen (Mt 2,23; Lk 2,52). Die Zeitspanne von seinem 12. bis 30. Lebensjahr wird mit keinem Wort berührt.

Legendenwildwuchs

Verständlich, wenn im breiten Volk der soeben getauften Juden- (→ Glossar) und Heidenchristen (→ Glossar) der Wunsch immer lauter wurde, mehr über Jesus zu erfahren. Als Antwort auf diese vielfach vorgetragene und berechtigte Forderung begannen in üppiger Zahl Legenden zu wuchern. Die Geschichte Jesu wurde in immer neuen und oft bizarren Geschichten weitererzählt und fortgeschrieben. Erhalten geblieben sind unter anderem das arabische und das armenische Kindheitsevangelium. Der folgende Text bietet eine syrische Überlieferung, angeregt durch das arabische Kindheitsevangelium.

Textquelle: Arabisches Kindheitsevangelium

... Die Weisen sahen den Stern, der vor ihnen herzog, bis er über der Höhle stehen blieb. Da veränderte er seine Gestalt und verwandelte sich in eine Lichtsäule, die von der Erde zum Himmel reichte.

Arabisches Kindheitsevangelium *(6. Jahrhundert)*

Im Matthäusevangelium wird knapp von einem Besuch von Sterndeutern berichtet, die nach Jesus fragen: »Wo ist der neugeborene König der Juden? Wir haben seinen Stern aufgehen sehen und sind gekommen, um ihm zu huldigen.« (Mt 2,2). Das Arabische Kindheitsevangelium macht daraus eine farbige Erzählung. Apokryphe Berichte lagen auch den künstlerischen Darstellungen der Dreikönigs-Episode zugrunde, z. B. dieser Reichenauer Handschriftenminiatur.

Sie betraten die Höhle und fanden dort Maria, Josef und das Kind, in Windeln gewickelt und in der Krippe liegend. Da beteten sie es an, brachten ihm ihre Gaben dar und begrüßten Josef und Maria. Josef und Maria staunten sehr, als sie sahen, wie die drei Königssöhne, die Kronen auf dem Haupt, zur Anbetung vor dem Neugeborenen knieten, ohne ihnen irgendeine Frage zu stellen.
Josef und Maria fragten sie: »Woher kommt ihr?« Sie antworteten ihnen und sprachen: »Wir kommen aus Persien.« Josef und Maria fragten: »Wann habt ihr Persien verlassen?« Sie antworteten: »Gestern Abend feierten wir ein Fest. Nach unserm Festmahl sprach einer unserer Götter zu uns: ›Erhebt euch, bringt dem in Judäa geborenen König eure Opfergaben dar.‹ Der Hahn krähte, als wir uns gürteten und auf den Weg machten. Jetzt ist die dritte Stunde des Tages, und wir sind bei euch angekommen.«
Da nahm Maria eine der WINDELN Jesu und reichte sie ihnen. Sie empfingen sie gläubig aus ihren Händen als eine Gabe von großem Wert. Als die Nacht des fünften Tages der Woche nach der Geburt gekommen war, kehrte der Schutzengel in Gestalt eines Sterns zurück, um ihnen als Weggefährte zu dienen. Sie folgten ihm und unterhielten sich über den Sinn ihrer Reise. Zur Stunde der Mahlzeit trafen sie wieder in ihrer Heimat ein.
Ganz Persien freute sich über ihre Heimkehr und war voller Staunen. Am Morgen versammelten sich die Priester und die Könige und sprachen zu ihnen: »Wie ist es euch auf eurer Reise ergangen, und wie seid ihr heimgekehrt? Was habt ihr getan, und was bringt ihr uns mit?« Da zeigten sie ihnen die Windel, die Maria ihnen geschenkt hatte.
Man feierte sie, wie es bei den Magiern üblich ist. Ein großes Feuer wurde für sie entzündet. Sie warfen die Windel in die Flamme, die sie anbeteten, und die Windel wurde wie die Flamme. Als aber das Feuer erloschen war, zogen sie die Windel wieder hervor, weißer als Schnee und haltbarer als vorher. Sie nahmen sie in die Hand, küssten sie, beobachteten sie ganz genau und sprachen: »Wahrhaftig, niemand kann bezweifeln, sie ist das Gewand des Gottes der Götter, da es durch das Feuer der Götter nicht verbrannt wurde!« Sie verwahrten und verehrten sie mit einem Herzen des Glaubens und mit tiefer Ehrfurcht. (V, 10)

Das Stichwort »Windeln« ist dem Lukasevangelium (Lk 2,7) entnommen. Die spätmittelalterliche Schaufrömmigkeit – vgl. Wittenberger Heiligthumsbuch (1509) mit 117 Holzschnitten von Lucas Cranach d.Ä. – hat ähnlichen Erinnerungen wie an Partikel der Krippe beziehungsweise der Wiege Jesu gehuldigt. ((46))

Auf der Flucht nach Ägypten – Begegnung mit den späteren Schächern

Das aus dem 6. Jahrhundert stammende arabische Kindheitsevangelium zeigt nicht nur den großen Abstand von den Schriften des Neuen Testaments an. Es sind auch starke Impulse des Konzils von Chalkedon (451) zu spüren, auf dem die Glaubenswahrheit der

Gottesmutter Maria (Gottesgebärerin = theotokos) verkündet wurde. Bezeichnungen wie »unsere liebe Frau« und vor allem »die allerseligste Jungfrau« wären in den neutestamentlichen Evangelien nicht denkbar. Auffallend sind der Hoheitstitel »der Herr (kyrios) Jesus« und die starke Betonung der Allwissenheit des Jesuskindes. (Titus, einer der Räuber, wird der rechte Schächer auf Golgotha sein!) Die bewusste Verknüpfung von Kindheit und Passion Jesu bezeugt eine späte Reflexionszeit.

Textquelle: Arabisches Kindheitsevangelium

*Als sie von dort weiterzogen, gelangten sie in eine Einöde und erfuhren, dass diese Gegend unsicher sei. Josef und die allerseligste Maria beschlossen, sie während der Nacht zu durchqueren. Als sie weiterzogen, trafen sie auf zwei schlafende Räuber. Bei ihnen befand sich eine ganze Bande weiterer Räuber, ihre Gefährten, die gleichfalls schliefen. Die beiden Räuber, denen sie begegneten, waren T*ITUS *und D*UMACHUS. *Titus sprach zu Dumachus: »Gib diesen Leuten den Weg frei, damit sie vorbeiziehen können und unsere Gefährten sie nicht bemerken!« Dumachus wollte davon nichts wissen. Titus sprach zu ihm: »Ich gebe dir vierzig Drachmen, und nimm dies als Pfand!« Dann reichte er ihm den Gürtel, den er um seine Lenden trug, um ihn zu bewegen, zu schweigen und kein Wort zu sagen.*
Als unsere liebe Frau, die allerseligste Maria, bemerkte, wie edel sich dieser Räuber ihnen gegenüber verhalten hatte, sprach sie zu ihm: »Gott der Herr wird dich zu seiner Rechten behüten und dir die Verzeihung deiner Sünden gewähren.« Da ergriff der Herr Jesus das Wort und sprach zu seiner Mutter: »O Mutter, in dreißig Jahren werden die Juden in der Stadt Jerusalem mich ans Kreuz schlagen. Mit mir werden sie diese beiden Räuber kreuzigen, Titus zu meiner Rechten, Dumachus zu meiner Linken. Nach diesem Tage wird mir Titus ins Paradies vorausgehen.« Sie antwortete ihm: »Möge dir das erspart bleiben, mein Sohn!« (23,1–2)

Arabisches Kindheitsevangelium *(6. Jahrhundert)*

In keinem der vier neutestamentlichen Passionsberichte werden die Namen der beiden Schächer genannt (Mt 27,38.44; Mk 15,27; Lk 23,39–43; Joh 19,14). Im nebenstehenden Textausschnitt heißen sie Titus und Dumachus. In der koptischen und arabischen Übersetzung des Nikodemusevangeliums heißt der rechte Schächer Dysmas, der linke Gestas.

Geheimnisvolle Erlebnisse in Ägypten

Die folgenden Textauszüge aus dem Evangelium des Pseudo-Matthäus (siehe Seite 27 und 129f.) lassen einen typischen Akzent erkennen: Alttestamentliche Zitate (zum Beispiel Ps 98,7; Jes 19,1; 65,25) haben Anregungen zu der narrativ-szenischen Gestaltung gegeben. Der Passus »Das Geheimnis des Palmbaumes« (20,1–2,21) hat in der christlichen Kunst und Krippenfrömmigkeit bis zum heutigen Tag eine erstaunliche Lebendigkeit behalten. Überaus geschickt ist die »Verewigung« der Palme eingebracht, die zur »Palme des Sieges« in den Händen der Engel und Heiligen wird. ((47))

Textquelle: Pseudo-Matthäusevangelium
Anbetung des Jesuskindes durch wilde Tiere

Pseudo-Matthäusevangelium (8./9. Jahrhundert)

Da kamen sie zu einer Höhle und wollten sich dort ausruhen. Maria stieg von der Eselin und setzte sich nieder; Jesus hielt sie auf ihrem Schoß. Josef wurde nun aber von drei Knaben und Maria von einem jungen Mädchen begleitet. Doch siehe, auf einmal krochen aus der Höhle mehrere Drachen hervor. Bei ihrem Anblick schrien die Kinder laut vor Entsetzen. Da sprang Jesus von Marias Schoß und richtete sich auf vor den Drachen; die aber beteten ihn an, worauf sie verschwanden. So wurde das Wort des Propheten DAVID erfüllt: »Lobpreiset den Herrn, ihr Ungeheuer und Abgründe!« Das Jesuskind schritt auf die Drachen zu und befahl ihnen, den Menschen kein Leid mehr anzutun. Maria und Josef aber fürchteten sehr, das Kind könne durch die Ungeheuer verletzt werden.

Die Worte Davids und Jesajas spielen auf Ps 98,7 beziehungsweise Jes 65,25 an; »und begleiteten ihn in die Wüste« greift Hos 11,1 (»... ich rief meinen Sohn aus Ägypten«) auf.

Doch Jesus sprach zu ihnen: »Ängstigt euch nicht und betrachtet mich nicht als ein Kind. Denn ich bin immer ein fertiger Mensch gewesen. Es schickt sich, dass die wilden Tiere der Wälder zahm werden, wenn sie mich sehen.«

Ebenso beteten ihn die Löwen und Leoparden an und BEGLEITETEN IHN IN DIE WÜSTE. Sie schritten Maria und Josef voraus, wohin sie auch gingen, wiesen ihnen den Weg und neigten ihren Kopf in Anbetung vor Jesus. Am ersten Tage aber, an dem Maria die Löwen und allerlei wilde Tiere um sich sah, erschrak sie sehr. Doch das Jesuskind blickte sie freudig an und sprach zu ihr: »Mutter, fürchte dich nicht; denn sie umdrängen dich nicht, um dir ein Leid anzutun, sondern um dir zu dienen.« Durch diese Worte verscheuchte er allen Schrecken aus ihrem Herzen.

Die Löwen wanderten mit ihnen, mit den Ochsen, den Eseln und den Saumtieren, die ihre Lasten trugen, und fügten ihnen kein Leid zu, vielmehr waren sie voller Sanftmut inmitten der Schafe und Widder, die Josef aus Judäa mitgeführt hatte, ja hüteten sie mit ihm. Die Schafe und Widder schritten inmitten der Wölfe und fürchteten sich nicht, und keinem geschah etwas Böses. So erfüllte sich das Wort des Propheten JESAJA: »Die Wölfe werden mit den Lämmern weiden, Löwe und Rind werden das gleiche Futter teilen. Denn sie hatten zwei Ochsen, die zogen ihren Hausrat auf einem Wagen, und die Löwen behüteten sie auf ihrem Wege«. (18,1-3; 19,1-2)

Das Geheimnis des Palmbaumes

Am dritten Tag ihrer Wanderung war Maria durch die Glut der Sonne in der Wüste ermattet. Da sah sie eine Palme und sprach zu Josef: »Ich will etwas unter ihrem Schatten ruhen.« Josef führte sie eilends zur Palme und ließ sie von der Eselin absteigen. Als Maria unter der Palme saß, blickte sie zu ihrem Wipfel empor und sah ihn von Früchten schwer. »Wenn es möglich ist«, sprach sie zu Josef, »würde ich gerne von diesen Früchten kosten.« Josef antwortete ihr: »Ich wundere mich über deine Rede; siehst du nicht, wie hoch die Palmen sind, und da willst du von ihren Früchten essen? Mich bedrängt weit mehr, dass es an Wasser fehlt, denn es ist keines mehr in unseren Schläuchen. Wir und unsere Tiere können nicht unseren Durst löschen.«

Auf der Flucht nach Ägypten drohte die heilige Familie zu verdursten. Da neigte sich auf Jesu Geheiß ein Palmbaum zu Maria, damit sie seine Früchte pflücken konnte, und ein Bächlein entsprang. Das Pseudo-Matthäusevangelium berichtet von diesen und anderen Wundern und lieferte damit Details für ein beliebtes Sujet der Kunst: »Ruhe auf der Flucht«, hier von Baldung Grien um 1515. (Nürnberg, Germanisches Nationalmuseum).

Da sprach der kleine Jesus, der still auf dem Schoß seiner Mutter ruhte, zum Palmbaum: »Baum, neige dich herab und speise meine Mutter mit deinen Früchten!« Der Palmbaum gehorchte diesen Worten und neigte seinen Wipfel zu Marias Füßen herab, damit sie alle Früchte pflücken konnten, an denen sie sich sättigten. Als die Früchte gepflückt waren, neigte der Baum sich immer noch und wartete auf den Befehl dessen, der ihm solches geboten hatte. Da sprach Jesus zu ihm: »Erhebe dich, Palmbaum, komm wieder zu Kräften! Fortan wirst du das Los meiner Bäume teilen, die in meines Vaters Paradies sind. Öffne mit deinen Wurzeln den tief in der Erde verborgenen Quell, damit Wasser emporquelle, um unseren Durst zu stillen!« Sogleich richtete sich die Palme wieder auf, und zwischen ihren Wurzeln begann ein Wasser zu fließen; das war klar, mild und frisch. Als sie den Quell erblickten, überkam sie große Freude; sie tranken alle, Mensch und Tier, und lobten Gott. Am anderen Morgen brachen sie wieder auf. Als sie weiter des Weges zogen, wandte sich Jesus zum Palmbaum und sprach zu ihm: »Ich verleihe dir das Vorrecht, Palmbaum, dass einer deiner Zweige von meinen Eseln davongetragen und in meines Vaters Paradies gepflanzt werde. Ich spende dir diesen Segen, damit es von allen heiße, die im Kampfe siegen: ›Ihr habt die Palme des Sieges erlangt!‹«

Und siehe, während er das sagte, erschien ein Engel des Herrn und schwebte über dem Baume. Er ergriff einen der Zweige und flog zum Himmel empor, während er ihn in der Hand hielt. Als sie das sahen, fielen sie auf ihr Gesicht und blieben dort liegen wie tot. Da sprach Jesus zu ihnen: »Warum erschreckt ihr in eurem Herzen? Wisst ihr nicht, dass diese Palme, die ich ins Paradies habe tragen lassen, an diesem Ort der Freuden für alle Heiligen bereitstehen wird, so wie sie für euch in dieser Wüste bereitstand?« Da erhoben sich alle wieder fröhlichen Mutes. (20,1–2,21)

Die Götter Ägyptens zerbrechen vor Jesus

Als sie ihres Weges zogen, sprach Josef zu ihm (Jesus): »Herr, die Hitze verzehrt uns. Wenn es dir recht ist, wollen wir die Straße am Meeresufer entlangziehen, damit wir in den Seestädten rasten können!« Jesus antwortete: »Verzage nicht, Josef. Ich werde euern Weg so abkürzen, dass ihr die Strecke, für die man sonst dreißig Tage braucht, an einem Tage durchqueren werdet.«

Wie sie noch so redeten, sahen sie bereits die Berge Ägyptens und seine Städte vor sich liegen. Freudig und frohlockend erreichten sie das Gebiet von Hermopolis und betraten eine der Städte Ägyptens mit Namen Sotinen. Da sie niemanden kannten, der sie hätte aufnehmen können, suchten sie einen Tempel auf, den man das »Kapitol Ägyptens« nannte. In diesem Tempel waren 365 Götzenbilder aufgestellt. Tag für Tag wurden ihnen in schändlichen Feiern göttliche Ehren erwiesen. Als die gottselige Jungfrau Maria mit ihrem kleinen Sohn den Tempel betrat, ereignete es sich, dass alle Götzen herabstürzten und zerbrochen, mit zerschlagenem Gesicht auf dem Boden lagen. So erwies sich deren Nichtigkeit. Es erfüllte sich das Wort des PROPHETEN*: »Seht, der Herr reitet auf einer leichten Wolke; er kommt nach Ägypten. Bei seiner Ankunft zittern die Götter Ägyptens.«*

Als aber Aphrodosius, der Gouverneur der Stadt, die Nachricht erfahren hatte, kam er mit seinem ganzen Heere in den Tempel. Da ihn die Priester des Tempels mit all seinen Kriegsleuten kommen sahen, meinten sie, er wolle an denen Rache nehmen, die den Sturz der Götter bewirkt hatten. Doch als er den Tempel betreten hatte und alle Götzen auf ihrem Gesicht liegen sah, grüßte er Maria und betete das Kind auf ihrem Schoße an. Als er gebetet hatte, sprach er zu seinem Heere und zu seinen Freunden: »Wäre dieser nicht der Gott unserer Götter, so lägen sie nicht auf ihrem Gesicht und hätten sich nicht in Anbetung vor ihm niedergeworfen. Dadurch haben sie ihn stillschweigend als ihren Herrn anerkannt. Wenn aber wir nicht aufmerksam dem Beispiel unserer Götter folgen, laufen wir Gefahr, dass wir seinen Groll erregen und alle zugrunde gehen, wie es einst dem Pharao, dem Ägypterkönig,

---

Der Palmbaum ist wegen seiner Vertikalachse (Abbild der Welt) eine sehr symbolträchtige Pflanze. Seine Symbolik bezieht sich auf Sieg, Aufstieg, Wiedergeburt und Unsterblichkeit. Palmbaum und Palmzweig wurden neben dem Anker und der Taube schon sehr früh zu den bevorzugten Symbolen der christlichen Kunst der Katakomben, vor allem in der Buchmalerei und Skulptur der Romanik wurde die Symbolik des Baumes aufgegriffen und variiert.

Das Wort des Propheten Jesaja erscheint in Jes 19,1 im Zusammenhang mit den Heimsuchungen über die Ägypter.

geschah, weil er so großen Wundertaten keinen Glauben schenkte. Daher wurde er mit seinen Kriegern vom Meer verschlungen.« Da glaubte das ganze Volk dieser Stadt an Gott den Herrn durch Jesus Christus. (22,1–2; 23; 24)

Jesus und sein Verwandter Johannes

In der Kindheitsgeschichte des Lukasevangeliums (Lk 1,5–2,52) wird durch eine parallelisierende Fuge die verwandtschaftliche Beziehung zwischen Elisabeth, der Mutter des ein halbes Jahr (Lk 1,26) älteren Johannes (des Täufers), und Maria, der Mutter Jesu, bewusst hergestellt. Nur allgemein, ohne den genauen Verwandtschaftsgrad zu nennen, wird von Elisabeth als einer »Verwandten« (Lk 1,36) gesprochen.

Die starke Verbindung der Jesusbiografie mit der des Johannes in der lukanischen Kindheitsgeschichte wird jedoch im weiteren Verlauf dieses Evangeliums nicht aufgegriffen, wahrscheinlich weil der Text Lk 1,5–2,52 aus einer ganz anderen Tradition stammt als das Lukasevangelium vom dritten Kapitel an. Dafür spricht auch, dass bei späteren Begegnungen Jesu mit dem Täufer Johannes die verwandtschaftlichen Beziehungen mit keiner noch so geringen Andeutung erwähnt werden. ((48))

Johannes der Täufer war der Sohn von Elisabeth, einer Verwandten von Maria, und dem Priester Zacharias. Er wurde der Überlieferung nach sechs Monate vor Jesus in Ain-Karim (sechseinhalb Kilometer südwestlich von Jerusalem) geboren.

Gereifte Christologie

Der in arabischer Sprache abgefasste apokryphe Text »Leben Johannes des Täufers« dürfte knapp vor dem Jahr 400 (385/395) aufgezeichnet worden sein und wird einem gewissen Serapion, einem ägyptischen Bischof, zugeschrieben.

Bei der Darstellung des Jesuskindes hat nicht nur eine gereifte, sondern auch eine pointiert monophysitische (→ Glossar: Monophysitismus) Christologie (→ Glossar) die Feder geführt, die dessen Allwissenheit (zum Beispiel über das Gottesfahrzeug der »Wolke« und das Erscheinen der beiden Engel) kraftvoll herausstellt.

Textquelle: Leben Johannes' des Täufers

Während das Jesuskind mit seinen Eltern in Ägypten war, wanderte der Johannesknabe mit seiner Mutter Elisabeth durch die Wüste. Nach fünf Jahren verstarb die fromme und gesegnete Mutter Elisabeth. Johannes saß da und weinte über sie, denn er wusste nicht, wie er sie einhüllen und begraben sollte.

Der Herr Jesus Christus, der mit seinen Augen Himmel und Erde sieht, sah seinen Verwandten Johannes bei seiner Mutter (Elisabeth) sitzen und weinen. Er begann selbst lange zu weinen ... Da sagte die Mutter Jesu zu ihm: »Warum weinst du?« Der Mund, der voll Leben war, antwortete: »Meine Mutter, der wahre Grund

Leben Johannes' des Täufers *(385/395 n. Chr.)*

ist, dass deine Verwandte, die alte Elisabeth, meinen geliebten Johannes als Waisen zurückgelassen hat ...«

Sie bestiegen eine Wolke, die mit ihnen (Jesus und Maria) zur Wildnis von A̲i̲n̲ K̲a̲r̲i̲m̲ und zu der Stätte flog, wo der Leichnam der gesegneten Elisabeth lag und der heilige Johannes saß. Darauf sagte der Heiland:

»... Fürchte dich nicht, Johannes! Ich bin Jesus Christus, dein Meister. Ich bin dein Verwandter Jesus. Ich bin mit meiner Mutter zu dir gekommen, um am Begräbnis der gesegneten Elisabeth, deiner seligen Mutter, teilzunehmen, denn sie ist die Verwandte meiner Mutter.«

Die verwandtschaftliche Nähe Johannes des Täufers zur heiligen Familie drückt Raffaels Gemälde aus. (um 1507, München, Alte Pinakothek).

... Da kamen Michael und Gabriel vom Himmel herab und gruben ein Grab ...

Nach dem Begräbnis blieben Jesus Christus und seine Mutter sieben Tage der Mittrauer. Der Sterbetag der gesegneten Elisabeth war der 15. Februar. Darauf sprach Jesus zu seiner Mutter: »Lasst uns an den Ort gehen, wo ich mit meinen Wolken fortfahren soll.« Die Jungfrau Maria weinte über die Verlassenheit des Johannes, der sehr jung war, und sagte: »Wir wollen ihn mit uns nehmen, denn er ist verwaist und hat niemanden.«

Jesus aber sprach zu ihr: »Das ist nicht der Wille meines Vaters, der in den Himmeln ist. Er (Johannes) soll in der Wildnis bis zu jenem Tag bleiben, da er sich Israel zeigt.«

... Und siehe, da brachen die Wolken auf (und brachten Jesus und seine Mutter Maria) nach Nazaret.

(Zitiert nach: John Ryland's Library, Manchester 1927, S. 446–449).

Der jugendliche Jesus als Wundertäter

Die Ende des 2. Jahrhunderts entstandene Kindheitserzählung des Thomas ist zu unterscheiden vom Thomasevangelium, einer Sammlung von 114 Logien (überlieferten Worten) Jesu, die aus dem 4./5. Jahrhundert stammt und 1945 bei Nag Hammadi (nördlich von Luxor/Ägypten) als Band einer koptisch-gnostischen (→ Glossar: Kopten, Gnosis) Bibliothek gefunden wurde.

Auffallend in der Kindheitserzählung des Thomas ist das ungewöhnliche, ja fast rabiate Auftreten des Jesusknaben in seiner Heimatstadt Nazaret. Nicht wenige apokryphe Aussagen wollen verständlich machen, warum Jesus später von den Bewohnern seiner Heimatstadt abgelehnt (Mk 6,1–6; Mt 13,53–58; Lk 4,16–30) und äußerst kritisch beobachtet wurde. ((49))

Die Kindheitserzählung des Thomas, die über die Wundertaten des jugendlichen Jesus berichtet, wurde in viele Sprachen übersetzt. Die Erzählungen wurden auch in das erst im 6. Jahrhundert entstandene arabische Kindheitsevangelium übernommen.

Wunder als Selbstzweck

Bezeichnend für die Wunderberichte der Kindheitserzählung des Thomas ist das Sensationelle. In diesem Fall liegt, anders als im Neuen Testament, kein Heilungswunder an einem Kranken vor. Jesus wirkt für sich selbst ein Wunder, um seinen Auftrag erfüllen zu können.

Um ein Wunder als Zeichen der Herrschaft Gottes, ein Wunder als Anregung des Staunens und des beginnenden Glaubens handelt es sich hier nicht.

Textquelle: Kindheitserzählung des Thomas
Der Jesusknabe als Wunderheiler

Nach wenigen Tagen entglitt einem jungen Manne, der in einem Winkel Holz spaltete, die Axt. Sie spaltete ihm seinen ganzen Fuß entzwei. Er verblutete und lag im Sterben. Als Lärm und Menschengedränge entstanden, lief auch der Jesusknabe dorthin. Mit Gewalt drängte er sich durch die Menge, fasste den verletzten Fuß an, und sogleich wurde er geheilt. Er aber sagte zu dem jungen Mann: »Steh jetzt auf, spalte das Holz und gedenke meiner.« Als die Menge sah, was geschehen war, fiel sie vor dem Knaben nieder und sagte: »Wahrhaftig, der Geist Gottes wohnt in diesem Knaben«. (10,1–2)

Kindheitserzählung des Thomas
(Ende des 2. Jahrhunderts)

Ersatz für den zerbrochenen Krug

Als er (Jesus) sechs Jahre alt war, gab ihm seine Mutter einen Krug und schickte ihn fort, um Wasser zu schöpfen und nach Hause zu bringen. Im Gedränge stieß er an, und der Krug zerbrach. Jesus aber breitete das Oberkleid, das er trug, aus, füllte es mit Wasser und brachte es seiner Mutter. Als seine Mutter das Wunder sah, küsste sie ihn und behielt die geheimnisvollen Dinge, die sie von ihm gesehen hatte, für sich. (11,1–2)

Jede Synagoge hatte ihre eigene Schule, an der neben den Grundlagen des Glaubensbekenntnisses das Lesen, Schreiben und Auswendiglernen vor allem der Psalmen vermittelt wurde. Es ist anzunehmen, dass Jesus die Synagogenschule in Nazaret besucht hat. Er konnte lesen und schreiben (Joh 8,6-8), in aramäischer, wie auch in hebräischer Sprache (Lk 4,16).

Jesus in der Synagogenschule in Nazaret

Als Josef den Verstand des Knaben und sein Alter sah, dass er heranreifte, beschloss er, dass er der Schrift nicht unkundig bleiben sollte, und er führte ihn hin und übergab ihn einem Lehrer. Der Lehrer aber sprach zu Josef: »Zuerst will ich ihn im Griechischen unterrichten, dann im Hebräischen.« Denn der Lehrer wusste von der Kenntnis des Knaben und hatte Angst vor ihm. Trotzdem schrieb er das Alphabet auf, übte es mit ihm einige Zeit, und er entgegnete ihm nichts. Dann aber sprach Jesus zu ihm: »Wenn du wirklich Lehrer bist und die Buchstaben recht kennst, so sage mir die Bedeutung des ALEPH, und ich will dir die des BETH sagen.« Der Lehrer ärgerte sich und schlug ihn auf den Kopf. Der Knabe, dem das weh tat, verfluchte ihn. Sofort wurde er (der Lehrer) ohnmächtig und fiel zu Boden aufs Gesicht. Der Knabe kehrte ins Haus Josefs zurück. Josef wurde traurig und ermahnte seine Mutter: »Dass du mir ihn nicht hinaus vor die Türe gehen lässt! Denn alle, die ihn ärgern, sterben«. (14,1-3)

Totenerweckung in Nazaret

Einmal starb in der Nachbarschaft Josefs ein krankes Kind, und seine Mutter weinte sehr. Jesus hörte lautes Klagen und Lärmen und eilte hin. Er fand das Kind tot, berührte seine Brust und sprach: »Ich sage dir, stirb nicht, sondern lebe und gehe zu deiner Mutter.« Sogleich schlug es die Augen auf und lachte. Er aber sprach zu der Frau: »Nimm es, gib ihm Milch und denk an mich.« Als das umherstehende Volk sah, was geschehen war, wunderte es sich und sagte: »Wahrlich, dieses Kind ist entweder ein Gott oder ein Engel Gottes. Denn jedes Wort aus seinem Mund ist eine fertige Tat.« Jesus aber ging weg von dort und spielte mit anderen Kindern. (17,1-2)

Der Jesusknabe – Seltsames und Komisches

Das arabische Kindheitsevangelium (Evangelium de infantia Salvatoris), ein Apokryphon des 6. Jahrhunderts, wurde aus verschiedenen Quellen von einem syrischen Kompilator zusammengestellt. Der erste Verfasser dürfte aus dem 6. Jahrhundert stammen, spätere Redaktionen sind wohl erst im 7. oder 8. Jahrhundert entstanden. Das arabische Kindheitsevangelium vereint drei Zyklen: »Geburt Jesu«, »Wunder in Ägypten«, »Wunder des Jesusknaben«. Der dritte Teil, aus dem die folgenden Quellentexte zitiert werden, ist der Kindheitserzählung des Thomas entnommen. Durch die arabische Übersetzung war die apokryphe Kindheitsgeschichte Jesu auch Mohammed vertraut und ist durch den Koran den Muslims bekannt. Die Geschichte der Vögelchen findet sich im Koran in Sure 3,50.

Textquelle: Arabisches Kindheitsevangelium
Jesus – ein Zauberer?

Am Tage, nachdem Jesus sein siebtes Lebensjahr vollendet hatte, spielte er mit seinen kleinen Kameraden. Sie vergnügten sich mit Lehm und kneteten Figürchen, die Esel, Ochsen, Vögel und andere Tiere darstellten ... Jeder von ihnen war stolz über sein Geschick und rühmte sein Werk.
Da sprach der Herr Jesus zu den anderen Spielkameraden: »Seht diese Figürchen, die ich geknetet habe; jetzt werde ich sie sich bewegen lassen.« Die Knaben sagten zu ihm: »Bist du denn der Sohn des Schöpfers?« Der Herr Jesus befahl seinen Figürchen, sich zu bewegen. Alsbald begannen sie zu hüpfen. Dann rief er sie zurück, und sogleich kehrten sie um.
Jesus hatte Figürchen geknetet, die Vögel und kleine Sperlinge darstellten. Er hieß sie fliegen, und sogleich flogen sie. Er hieß sie sich niedersetzen, und sogleich setzten sie sich auf seine Hände. Er gab ihnen zu essen, und sie fraßen. Er gab ihnen zu trinken, und sie tranken.
Da gingen die Knaben zu ihren Eltern und erzählten ihnen, was sie erlebt hatten. Sie aber sprachen zu ihnen: »Kinder, kommt nicht mehr mit ihm zusammen. Er ist ein Zauberer. Hütet euch vor ihm, kommt ihm nicht mehr nahe und spielt fortan nicht mehr mit ihm!« (26,1–2)

Arabisches Kindheitsevangelium (6. Jahrhundert)

Ein mutwilliger Junge

Eines Tages kam Jesus, als er mit Kindern herumlief und spielte, an der Werkstatt eines Färbers vorbei, der Salem hieß. In der Werkstatt waren viele Tücher, die er zu färben hatte. Der Herr Jesus trat in die Werkstatt des Färbers ein, nahm all diese Tücher und warf sie in einen mit Indigo gefüllten Kessel. Als nun Salem kam und bemerkte, dass die Tücher verdorben waren, begann er laut zu schreien, fuhr den Herrn Jesus an und sprach: »Was hast du mir angetan, Sohn der Maria? Bei allen Leuten der Stadt hast du mich in schlechten Ruf gebracht. Jeder hat sich eine passende Farbe bestellt. Du aber kommst daher und hast alles verdorben!«
Da antwortete der Herr Jesus: »Welches Tuches Farbe du verändert haben willst, die will ich dir verändern«, und er begann sogleich, die Tücher aus dem Kessel herauszuholen, alle einzeln in der Farbe gefärbt, die der Färber wollte, bis er sie alle hervorgeholt hatte. Als die Juden dieses Wunder und Zeichen sahen, lobten sie Gott.
(Kapitel 37)

Neben den Erzählungen über die Geburt Jesu und die Wunder in Ägypten enthält das arabische Kindheitsevangelium auch Geschichten über die Wunder des Jesusknaben. Diese sind den Kindheitserzählungen des Thomas entnommen, die Ende des 2. Jahrhunderts entstanden sind. Siehe dazu auch Seite 143.

Hilfe bei der Zimmermannsarbeit

Eines Tages ließ der König von Jerusalem ihn (Josef) rufen und sprach zu ihm: »Josef, ich möchte, dass du mir ein Prunkbett anfertigst, dessen Maße dem Saal entsprechen, in dem ich Sitzung halte.« Josef antwortete ihm: »Ich stehe Euch zu Diensten!« Sogleich begann er, an diesem Bett zu arbeiten. Er blieb zwei Jahre im königlichen Palaste, bis er es vollendet hatte. Als er es aber an seinen Platz stellen wollte, bemerkte er, dass es an allen Seiten um zwei SPANNEN zu kurz war. Bei diesem Anblick geriet der König in Zorn über Josef. Josef fastete die Nacht über, in Furcht und Bangen vor dem König.

Da sprach der Herr Jesus zu ihm: »Wovor fürchtet Ihr Euch?«
Josef antwortete ihm: »Siehe, die ganze Arbeit zweier Jahre war umsonst.«

Spanne: heute nicht mehr gebräuchliches Längenmaß der ausgebreiteten Hand, von der Daumenspitze bis zur Spitze des kleinen Fingers.

Der Jesusknabe zieht mit dem heiligen Josef ein Brett zurecht. (Holzschnitt aus: Petrus de Natalibus, Catalogus Sanctorum).

Der Herr Jesus sprach zu ihm: »Fürchte nichts und verzage nicht. Nimm dieses Bett an der einen Seite, damit es ins rechte Maß kommt, ich fasse es an der anderen.«
Josef tat, wie ihm der Herr Jesus gesagt hatte. Jeder zog an seiner Seite. So kam das Bett zustande, wie es die Maße des Raumes verlangten. Beim Anblick dieses Wunders staunten alle, die zugegen waren, und lobten Gott.
Das Material, das Josef für dieses Bett verwendet hatte, bestand aus Hölzern verschiedener Art und Güte, die zur Zeit König Salomos, des Sohnes Davids, gewachsen waren. (39,1-3)

Verwandlung von Kindern in Tiere
Eines Tages ging der Herr Jesus durch die Straßen. Da sah er Kinder, die miteinander spielten. Deshalb folgte er ihnen. Doch die Knaben, die ihn erkannt hatten, versteckten sich, als er herankam. Da blieb der Herr Jesus vor einer Haustür stehen, wo er Frauen erblickte, und fragte sie, wohin die Jungen gegangen seien.
Die Frauen antworteten: »Hier ist kein einziger!« Er fragte sie nochmals: »Wer sind die, die dort im Backofen sitzen?« Die Frauen antworteten ihm: »Das sind dreijährige Böckchen.« Da rief der Herr Jesus: »Böckchen, kommt heraus, hierher zu eurem Hirten!« Sogleich kamen die Knaben in Gestalt von Zicklein heraus und begannen, um ihn herumzuspringen.
Die Frauen, die Zeugen dieses Schauspiels waren, wurden von Staunen erfüllt. Vor Angst eilten sie herbei, warfen sich demütig bittend vor dem Herrn Jesus nieder und sprachen zu ihm: »O unser Herr Jesus, Sohn Marias! Du bist in Wahrheit Israels guter Hirte! Habe Erbarmen mit deinen Dienerinnen, die vor dir stehen und niemals an dir gezweifelt haben. O unser Herr, du bist nur erschienen, um zu heilen, nicht um zu verderben!«
Der Herr Jesus antwortete ihnen: »Die Kinder Israels stehen unter den Völkern auf der gleichen Stufe wie die Neger.« Da sprachen die Frauen zu ihm: »Herr, du weißt alle Dinge, und nichts bleibt dir verborgen. Jetzt bitten und erflehen wir von deiner Güte, dass du diesen Knaben, deinen Dienern, ihre ursprüngliche Gestalt zurückgibst.« Der Herr Jesus sprach: »Kommt hierher, Kinder, und lasst uns spielen!« Im gleichen Augenblick nahmen die Zicklein ihre frühere Gestalt wieder an und wurden vor den Augen jener Frauen in Knaben zurückverwandelt. (40,1–2)

Eine unverständliche Bestrafung
An einem anderen Tag war der Herr Jesus mit Josef unterwegs. Er begegnete einem laufenden Knaben. Dieser stieß so gegen ihn, dass der Herr Jesus niederfiel.
Da sprach Jesus zu ihm: »So, wie du mich umgestoßen hast, wirst auch du zu Boden stürzen und dich nicht mehr erheben.« Im gleichen Augenblick stürzte das Kind zu Boden und starb. (Kapitel 47)

Der Tod Josefs
Die apokryphe koptische »Geschichte Josefs des Zimmermanns« (Historia Joseph fabri lignarii) entstand wahrscheinlich in Ägypten, und zwar im 6. oder 7. Jahrhundert.
Bemerkenswert an ihr ist vor allem, dass sie den genauen Todestag Josefs (26. Tag des Monats Abib = Juli) und sein erreichtes Lebensalter von 111 Jahren angibt. Der äußere Anlass für die Niederschrift

Im ersten Teil der »Geschichte Josefs des Zimmermanns« wird sehr ausführlich vom Leben und von der ersten Ehe Josefs gesprochen. Als Witwer habe er sich mit Maria verlobt. Im zweiten Teil wird ausführlich der Tod Josefs berichtet.

Eine Fundgrube für jede Josefsforschung (vor allem auf den Gebieten der Lithurgie, der Literatur und Kunst) ist das Werk von J. Seitz: »Die Verehrung des hl. Josef in ihrer geschichtlichen Entwicklung bis zum Konzil von Trient dargestellt«. ((50))

dürfte deshalb die Einführung eines Josefsfestes in der koptischen (→ Glossar: Kopten) Kirche Ägyptens gewesen sein, bei dem auf seinen Todestag großer Wert gelegt wurde.

Aber auch andere Daten aus dem Leben Josefs werden mitgeteilt: Mit 40 Jahren habe er geheiratet; seiner ersten Ehe sollen sechs Kinder entstammt sein. Nach 49 Jahren sei seine erste Frau gestorben; im folgenden Jahr sei ihm Maria anvertraut worden.

Berufung auf Jesus und die Apostel

Im ersten Teil der »Geschichte Josefs des Zimmermanns« (Kapitel 1-11) wird sehr ausführlich vom Leben und von der ersten Ehe Josefs gesprochen. Als Witwer habe er sich mit Maria verlobt. Im zweiten Teil (Kapitel 12-32) wird überaus breit der Tod Josefs geschildert. Ihre Glaubwürdigkeit versucht diese ägyptische Josefsgeschichte dadurch zu erlangen, dass sie vorgibt, Jesus selbst habe die Geschehnisse seinen Aposteln auf dem Ölberg erzählt. Außerdem wird für die geschichtliche Nachprüfbarkeit hinzugefügt, diese Aussagen Jesu seien von den Aposteln aufgezeichnet und in der Bibliothek in Jerusalem hinterlegt worden.

Textquelle: Geschichte Josefs des Zimmermanns

Geschichte Josefs des Zimmermanns (6./7. Jahrhundert)

Meine Mutter, die reine Jungfrau, (so erzählte Jesus) erhob sich, trat an mich heran und sprach zu mir: »Mein lieber Sohn, so muss er also sterben, der fromme alte Josef!« Ich sagte ihr: »O meine geliebte Mutter, alle in dieser Welt geborenen Geschöpfe müssen sterben, denn der Tod ist dem ganzen Menschengeschlecht auferlegt. Du selbst, o Jungfrau, meine Mutter, musst sterben wie alle Menschen. Doch wie der Tod dieses frommen Greises wird euer Tod kein Tod sein, sondern ein Leben, das fortdauert in alle Ewigkeit. Auch ich muss in diesem Leibe sterben, den ich von euch empfangen habe. Doch erhebt euch, o meine Mutter, du Allerreinste; kommt herein zu Josef, dem gesegneten Alten, um zu sehen, was sich während seiner Himmelfahrt ereignen wird.«

Er stöhnte sehr. Ich hielt ihm abwechselnd die Hände und die Füße, während er mich anschaute und mir andeutete, ich möge ihn nicht verlassen. Ich legte meine Hand auf sein Herz und erkannte, dass seine Seele schon nahe dem Hals war und sich anschickte, vom Leibe zu scheiden.

Als meine Mutter, die Jungfrau, sah, wie ich seinen Leib befühlte, da befühlte sie die Füße und erkannte, dass sie schon erstorben waren, denn alle Wärme war aus ihnen gewichen.

Sie sprach zu mir: »O mein geliebter Sohn, sieh, seine Füße fühlen sich kalt an und sind wie Schnee geworden.« Sie rief die Söhne und die Töchter (Josefs) und sprach zu ihnen: »Kommt alle zu eurem Vater, denn seine Stunde ist gekommen.«

Assia (die Tochter Josefs) antwortete und sprach zu ihr: »Unglück über mich, meine Brüder! Das ist die Krankheit meiner geliebten Mutter.« Sie schrie und weinte, und alle weinten. Ich und Maria, meine Mutter, wir weinten mit ihnen.
Ich blickte nach Süden und sah den TOD heranrücken, gefolgt von der Hölle und seinem Gefolge sowie seinen Dienern. Ihre Gewänder, ihre Gesichter, ihre Münder verbreiteten Feuer um sich.

Die koptische »Geschichte Josefs des Zimmermanns« aus dem 6. oder 7. Jahrhundert berichtet von Josefs Tod. Seine ganze Familie, auch seine Kinder aus erster Ehe, versammelte sich um sein Sterbelager, bis Engel seine Seele ins Jenseits geleiteten. (Francisco José de Goya, »Tod Josefs«, 1787, Valladolid, Monasterio de San Joaquin y Santa Maria).

Die Überlieferung vom Tod Josefs ist vor allem deshalb bemerkenswert, weil darin das damalige Verständnis des Sterbens und des Todes zum Ausdruck kommt: Man stellte sich den Tod als Person vor, mit der auch der Vatergott spricht.

Als mein Vater Josef sah, wie sie auf ihn zukamen, füllten sich seine Augen mit Tränen. In diesem Augenblick stöhnte er heftig. Ich bemerkte sein tiefes Seufzen.
Daher drängte ich den TOD zurück und alle Diener in seinem Gefolge, dann rief ich meinen (göttlichen) Vater und sprach zu

149

ihm: »O Herr, du Allgnädiger, Auge, das sieht, Ohr, das hört, vernimm meinen Ruf und meine Bitte für den greisen Josef. Sende MICHAEL, *den obersten deiner Engel, und* GABRIEL, *den Boten des Lichts, und alle Heerscharen deiner Engel und ihre Chöre, damit sie die Seele meines Vaters Josef geleiten und sie zu dir bringen. Jetzt ist die Stunde, wo mein Vater der Barmherzigkeit bedarf. Ich sage dir, dass alle Heiligen und alle Menschen, die in dieser Welt geboren werden, Gerechte oder Sünder, unweigerlich den Tod erfahren müssen.«*

Michael und Gabriel kamen dann zur Seele meines Vaters Josef. Sie nahmen sie in Besitz und hüllten sie in ein leuchtendes Leichentuch. In den Händen meines guten Vaters, der ihm das Heil des Friedens schenkte, gab er den Geist auf.

Keines der Kinder [Josefs] bemerkte, dass er gestorben war. Die Engel behüteten seine Seele vor den Geistern der Finsternis, die den Weg säumten.

Die Engel aber priesen Gott, bis sie ihn in die Wohnung der Gerechten geleitet hatten. (Kapitel 18–23)

Der Mensch Jesus – Liebe und Sexualität

Es ist schwierig, sogar unmöglich, die Fragen zu beantworten: Hat Jesus in seinem Herzen Liebe gespürt? Hat er Glück und Leid der Liebe erfahren? Die neutestamentliche »Biografie Jesu« weist erhebliche Lücken, ja viele unbedruckte Seiten zwischen seinem 12. und 30. Lebensjahr auf. Über Jesu psychosomatische Entwicklung können daher – wenn überhaupt – nur vage Vermutungen angestellt werden.

Zur »Seite« (siehe »Panarion«, Seite 151) gibt es im Alten Testament eine auffallende Parallele in Gen 2,21–25: Gott erschafft Eva aus der Seite Adams. Interessant ist auch der Bezug zu Joh 19,34: Aus der Seite Jesu fließen Wasser und Blut (eingegangen in das Verständnis der Grundsakramente der Kirche, Taufe und Eucharistie).

Romano Guardini meint dazu: »In seinem persönlichen Wünschen und Verhalten hat die Geschlechterbeziehung keine Bedeutung gehabt ... Nie findet sich ein Zeichen, dass er es habe niederzwingen müssen.« Und was das Thema »Liebe und Sexualität« im Rahmen seiner Botschaft betrifft, wird man mit Karl Ledergerber festhalten dürfen: »Jesus distanzierte sich keineswegs von der alttestamentlichen Leibfreudigkeit ... er war himmelweit entfernt von den später üblichen christlichen Eiferern gegen die Geschlechtlichkeit ... und betonte deutlich die Notwendigkeit der geschlechtlichen Ergänzung des Menschen.«

Obszöne Praktiken der Gnostiker

Verwundern würde es, wenn der Bereich des Geschlechtlichen in den apokryphen Schriften ausgeklammert wäre, vor allem wenn man bedenkt, dass es äußerst obszöne Praktiken in einzelnen, der Gnosis (→ Glossar) anhängenden Zirkeln gab, die einer jesuanischen Begründung bedurften. Unter diesem Vorzeichen wurde die bri-

sante Thematik dem im Folgenden auszugsweise zitierten Gespräch »untergejubelt«, das zwischen Jesus und Maria von Magdala im Zuge der so genannten »großen Fragen durch Maria (von Magdala)« stattgefunden haben soll und das uns – nachdem die meisten gnostischen Originalschriften verloren gegangen sind – in Exzerpten aus gnostischen Schriften im 374 bis 377 verfassten Werk »Panarion« (»Arzneikasten«) des Mönchs und späteren Metropoliten Epiphanius von Salamis (315–403) erhalten geblieben ist.
Der Textauszug könnte auf die gnostische Sekte der Borborianer zurückgehen, in der widerlich-obszöne Orgien unter dem Decknamen »Leib und Blut Christi« üblich waren.

Was ist mit Sperma gemeint?

Gewiss haben einzelne Sekten der ausgehenden Antike das Wort »Sperma« im Sinn ihrer skandalösen Riten brutalisiert und sexualisiert; heute wird es fast ausschließlich unter biologisch-medizinischem Blickwinkel in Richtung Fortpflanzung verstanden.
Jedes griechische Wörterbuch informiert: Das in der klassischen Antike gebrauchte Wort »sperma« hatte, vor allem im Bereich der Philosophie und der Theologie, eine entschieden andere Bedeutung, die auch bei der Auslegung des zitierten Textes zu beachten ist: sperma = Mächtigkeit, Dynamik und Zukunft einer Wachstumsenergie sinnvollen Lebens.
Zur durchaus bunten Schar der Gnostiker zählen auch die Valentinianer, benannt nach ihrem ägyptischen Begründer Valentinos im 2. Jahrhundert. In dessen Denksystem spielen »achamoth« und »sperma« im Reifungs- und Lebensprozess der ganzen Welt eine entscheidende Rolle: Unter »sperma« wird das in der Materie eingeschlossene, göttliche Teilchen (im Sinne Platons) verstanden, das – durch die Menschwerdung Jesu befreit – lebens- und wachstumsfähig »in Fülle« wird. Gerade auf diese Intention weist Jesus hin: »… damit wir leben«. ((51))

Epiphanius von Salamis geht in seinem Werk »Panarion«, mit dem er sich gegen verschiedene Häresien wendet, auf das Geschlechtsleben Jesu ein.

Textquelle: Panarion (Epiphanius von Salamis)

In den Fragen der Maria (von Magdala), die »die großen« genannt werden, habe ihr Jesus Offenbarungen vermittelt. Er habe (so behaupteten vielleicht die Borborianer) sie (Maria von Magdala) auf den Berg (Ölberg?) mitgenommen. Er (Jesus) habe gebetet und AUS SEINER SEITE eine Frau hervorgebracht und begonnen, sich mit ihr zu vereinigen. Dann habe er, indem er seinen Spermafluss nahm, gezeigt, dass man so handeln müsse, damit wir leben (= weiterleben in Fülle).
Als Maria (von Magdala) bestürzt zu Boden gefallen sei, habe er sie wieder aufgerichtet und zu ihr gesagt: »Warum hast du gezweifelt, Kleingläubige?« (26,8,2–3)

Panarion
(4./5. Jahrhundert)

Zu »aus seiner Seite« siehe Erklärung auf Seite 150.

Das öffentliche Wirken Jesu

Für das öffentliche Wirken Jesu ergibt sich eine Dauer von einem bis zu vier Jahren, je nachdem, ob man sich heute auf Matthäus, Lukas oder Johannes stützt.

Die vier Evangelien des Neuen Testaments bieten über die dreijährige Zeit des öffentlichen Wirkens Jesu (etwa von 27 bis 30 n. Chr.) keine lückenlose Vita. Vor ihrer Niederschrift gab es kleine und größere Sammlungen von Worten und Wundern, die Jesus bei verschiedenen Gelegenheiten gesprochen beziehungsweise gewirkt hat. Mit großem Geschick verstanden es die vier Evangelisten, diese in ihr Ablaufschema einzufügen, wobei in die neutestamentliche Endfassung nicht alle Jesusworte und -wunder aufgenommen werden konnten, wie der letzte Satz des Johannesevangeliums belegt: »Es gibt aber noch vieles andere, was Jesus getan hat. Wenn man alles aufschreiben wollte, so könnte, wie ich glaube, die ganze Welt die Bücher nicht fassen, die man schreiben müsste« (Joh 21,25). Es gab daher einen kaum überschaubaren Freiraum für die Entfaltung außerbiblischer Jesusüberlieferungen (Lk 1,1).
Wortsammlungen liegen im apokryphen Thomasevangelium und in den Johannesakten vor. Sie scheinen auch in den Seligpreisungen der neutestamentlichen Bergpredigt auf. Außerdem wurden Worte Jesu zu damals aktuellen Fragen, wie Ehe und Ehescheidung oder Stellung zur römischen Besatzungsmacht und zur Steuerfrage, schon sehr früh festgehalten. Vor allem die Jesusworte beim Letzten Abendmahl, die bei der urchristlichen Eucharistiefeier gesprochen wurden, waren im Gedächtnis der Gemeinden präsent.

Das Kommen der zwei Messiasse

Die Gemeinderegel oder der Sektenkanon (1 Q Serek = 1 Q S), der in der ersten Höhle von Qumran gefunden wurde, ist die am besten erhaltene Rolle eines nichtbiblischen Inhaltes. Sie ist 186 Zentimeter lang und 24 Zentimeter hoch. Mit Sicherheit kann heute gesagt werden, dass sie die Lebens- und Glaubensregel jener Gemeinschaft beinhaltet, die vom Ausgang des 2. vorchristlichen Jahrhunderts bis zur Zerstörung (68 n. Chr.) in der Siedlung von Qumran lebte, und zwar in mönchisch-zölibatärer Form.

Ein Herzstück des Gemeindelebens

In dem zitierten, äußerst wichtigen Textausschnitt des Sektenkanons, der Gemeinschaftsordnung, liegt ein Herzstück des Lebens, ein Zeugnis der besonderen Zielsetzung und des Betens vor, welches die fiebrig-nervöse, adventliche Hochstimmung der Qumrangemeinde widerspiegelt: das Manifest mit der entscheidenden Selbstbezeichnung »jahad« (= Gemeinde, »Einigkeit« in der Bedeutung »radikale und totale Treue und stetige Verfügungsbereitschaft für die Verwirklichung der Pläne Gottes am Ende der Tage«). Dann wird nämlich »ein Prophet wie Mose« (1 Q S Kolumne 9, Zeile 11: »der Prophet«; vgl. Dt 34,10) auftreten, und es werden zwei Messiasse kommen – ein priesterlicher Messias aus dem Hause Aaron und ein politischer Messias aus Israel (1 Q S Kolumne 9, Zeile 11). ((52))

Laien-Messias und Priester-Messias

Das Stichwort »Israel« an dieser Stelle ist für unterschiedliche Auslegungen durchaus offen. Sicherlich ist damit nicht das gesamte Volk Israel gemeint. Es könnte bedeuten »aus dem königlichen Geschlecht Davids«. Unter Einbeziehung anderer Textstellen aus dem Sektenkanon, zum Beispiel »Tempel für Israel« (1 Q S Kolumne 8, Zeile 5) und »wahres Haus in Israel« (1 Q S Kolumne 8, Zeile 9), könnten, eng gefasst, nur die Mitglieder der Qumrangruppierung gemeint sein. Erstaunlich ist, dass von zwei messianischen Gestalten – aus Aaron und Israel – gesprochen wird. Ohne Zweifel liegt hier eine Differenz zwischen der Zwei-Messias-Lehre der Essener (→ Glossar) und dem christlichen Verständnis vor, das Jesus aus Nazaret als den *einen* und *einzigen* Messias auffasst und verkündigt. Weder Jesus noch das Urchristentum haben die qumranische Hoffnung auf einen eschatologischen (endzeitlichen) Laien-Messias und auf einen eschatologischen Priester-Messias aufgegriffen oder auch zurückgewiesen. Vielmehr wird die Doppelmessiaslehre völlig ignoriert, vielleicht weil sie nicht bekannt war oder aber weil sie als falsche Deutung nicht hochgespielt werden sollte.

Hinweise auf die Lehre von zwei Messiassen finden sich auch in der so genannten Damaskusrolle (CD XII,23-24; VIV,19; XIX,10-11; XX,1). ((53))

Die Damaskusrolle wurde bereits 1896 von Salomon Schechter in der Geniza der alten Synagoge von Alt-Kairo entdeckt.

Textquelle: 1 Q S (Gemeinderegel)

Wenn solche Männer, vereint durch alle diese Vorschriften, eine Gemeinschaft in Israel bilden werden, sollen sie ewige Wahrheit errichten, gelenkt von der Lehre Seines heiligen Geistes. Sie sollen für die Schuld der Übertretung sühnen und das Aufbegehren durch Sünde und ein annehmbares Opfer werden für das Land durch das Fleisch von Brandopfern, das Fett der Opferstücke und Gebet, und so, wie die Dinge liegen, selbst zu Gerechtigkeit werden, ein süßer Wohlgeruch von Gerechtigkeit und Untadeligkeit, ein angenehmes freiwilliges Opfern.

*Zu jener Zeit sollen die Männer der J*AHAD *sich zurückziehen und das heilige Haus Aarons als ein Heiliges der Heiligen vereinen und die Synagoge Israels als jene, die untadelige Wege gehen. Die Söhne Aarons allein sollen Macht in gerichtlichen und finanziellen Angelegenheiten haben. Sie sollen entscheiden über die Regeln zur Führung der Männer der J*AHAD *und in Geldangelegenheiten für die heiligen Männer, die untadelige Wege gehen. Ihr Vermögen darf*

1 Q S
(um 100 v. Chr.)

nicht mit dem aufbegehrender Männer vermischt werden, die daran gescheitert sind, ihren Pfad durch Fernhalten von Verderbtheit und Gehen untadeliger Wege zu reinigen. Sie sollen in nichts von der Lehre des Gesetzes abgehen, wodurch sie ganz in ihrem ver-

Während die Gemeinderegel der Essener von der Ankunft eines geistlichen und eines weltlichen Messias spricht, wird der auferstandene Jesus im Christentum als der einzige Messias verkündigt. (Albrecht Altdorfer, »Auferstehung Christi«, aus dem St. Florianer Altar, Wien, Kunsthistorisches Museum).

stockten Herzen gehen würden. Sie sollen sich selbst lenken nach den ursprünglichen Vorschriften, in denen die Männer der JAHAD von Anfang an unterwiesen wurden, und so verfahren, bis der Prophet kommt und die MESSIASSE von Aaron und Israel. (Kolumne 9, Zeile 3–11)

Die Herrschaft des Gesalbten

Das Henochbuch, ein alttestamentliches Apokryphon, von dem in Qumran Fragmente gefunden wurden (4 Q 180 Fragment 1, Zeile 7-10), setzt sich aus verschiedenen Teilen mit vielen späteren Einfügungen zusammen. Die ältesten Texte dürften bis 170 v. Chr. zurückreichen, die jüngsten aus der Zeit um 65 n. Chr. stammen. Der erste zitierte Quellentext mit dem Hinweis auf den »Gesalbten« (hebräisch: maschiach; griechisch: christos) entstammt dem 1. Henochbuch (48,10), der zweite Text ist ebenfalls dem 1. Henochbuch (52, 4) entnommen. Sie stehen im so genannten Messiasbuch, das die Kapitel 37-71 umfasst (Bildreden: »Das künftige Gottesreich«, »Das Messiasreich«, »Auferstehung der Toten«, »Henoch als Menschensohn«: Kapitel 71). Weitere Hinweise auf den Messias im Henochbuch finden sich in: 38,2 (vgl. Mt 29,24; Mk 14,21); 38,6-7; 40,5 (der Auserwählte = der Messias); 41,9 (vgl. Joh 5,22); 45,3; 47,3; 49,2 (der Auserwählte = der Messias); 61,5.8; 62,1.5.14; 71,15 (die Zukunft der Welt = die messianische Endzeit). Der Name Henoch findet sich erstmals in der Kainitenliste (Gen 4,17-24); Henoch, Sohn des Kain. Spuren der Henochtheologie finden sich in Hebr 11,5. ((54))

Das hebräische Wort »maschiách« (= der Gesalbte; deutsch: Messias) entspricht dem griechischen »christós« und dem lateinischen »Christus«.

Textquelle: 1. Henochbuch

Am Tag ihrer Not kehrt auf der Erde Ruhe ein;
vor ihnen (den Gerechten und Auserwählten) fallen sie nieder
und stehen nicht mehr auf.
Niemand ist dann da, der sie bei den Händen erfasst
und aufrichtet; denn sie verleugneten den Herrn der Geister
und seinen Gesalbten.
Der Name des Herrn der Geister sei gepriesen! (48,10)

Er (der Engel) sprach zu mir:
»Alles, was du gesehen hast,
dient der Herrschaft seines Gesalbten,
damit er stark und mächtig auf der Erde wird«. (52,4)

1. Henochbuch
(170 v. Chr. – 65 n. Chr.)

Ein Heilungswunder durch Maria

Das arabische Kindheitsevangelium (siehe auch Seite 136f.) dürfte auf einen syrischen Text zurückgehen. Es enthält drei Zyklen: »Geburt Jesu«, »Wunder in Ägypten« und »Wunder des Jesusknaben«. Diese arabische Überlieferung hatte eine ungeheure Ausstrahlung. Sie ist auch Mohammed vertraut gewesen und wurde vielfach in den Koran aufgenommen. In der arabischen Form sind die Kindheitserzählungen Jesu auch nach Indien gelangt. Interessant im folgenden Quellentext ist die Hochschätzung Marias: Im gesamten Neuen Testament wird von keinem einzigen Wunder berichtet, das

Maria, die Mutter Jesu, gewirkt hat. Lediglich auf der Hochzeit zu Kana (Joh 2,1-11) hat sie sich für eine wunderbare Hilfe Jesu eingesetzt.

Textquelle: Arabisches Kindheitsevangelium

Arabisches Kindheitsevangelium (6. Jahrhundert)

Es lebte dort (in Kana in Galiläa: Joh 2,1.11) eine Frau, die Zwillinge hatte. Beide erkrankten. Der eine starb, der andere lag im Sterben. Seine Mutter nahm ihn weinend mit sich und brachte ihn zur hochseligen Maria, unserer lieben Frau. Zu ihr sagte sie: »O Maria, hohe Frau, kommt mir zu Hilfe; steht mir bei! Ich hatte zwei Söhne. Soeben habe ich den einen begraben, der andere liegt im Sterben. Seht das Gebet und das Verlangen, das ich an Gott richte.« Darauf begann sie zu beten: »O Herr, du bist mildtätig, barmherzig und von großer Güte: Zwei Söhne hattest du mir geschenkt; den einen hast du mir wieder genommen, lass mir den anderen!«

Eine interessante Parallele zur »Heilkraft« der Kleidung Jesu findet sich in Mk 5,28: »Berühre ich nur sein Gewand, so werde ich geheilt«, sagt die blutflüssige Frau.

Beim Anblick dieser heißen Tränen erbarmte sich die hochselige Maria und sprach zu ihr: »Legt Euer Kind auf das Bett meines Sohnes und bedeckt ihn mit dessen Kleidern.« So legte sie ihn auf das Bett Christi. Seine Augen waren schon geschlossen, als wollte das Leben ihn verlassen. Als aber der Knabe den Geruch der KLEIDER *des Herrn Jesus Christus einatmete, öffnete er im gleichen Augenblick die Augen, stieß einen lauten Schrei aus, wandte sich an seine Mutter und sagte: »Mutter, gib mir Brot!« Sie reichte es ihm, und er aß es. Da sprach seine Mutter zur hochseligen Maria, unserer lieben Frau: »Jetzt weiß ich, dass Gottes Kraft so sehr in Euch wohnt, dass Euer Sohn durch die bloße Berührung seiner Kleider zu heilen vermag.« Der so geheilte Knabe ist jener Bartholomäus, den das Evangelium erwähnt.* (30,1-2)

Versprengte Herrenworte

Mit dem Sammelbegriff »Versprengte Herrenworte« (in der Wissenschaft als »Agrapha« bezeichnet) werden jene Jesusworte erfasst, die nicht in den kanonischen (→ Glossar: Kanon) Evangelien des Neuen Testaments aufgezeichnet sind. Das Urteil über »Versprengte Herrenworte« weist eine große Bandbreite auf – von der kritiklosen Überschätzung bis zur radikalen Skepsis und totalen Verwerfung. Auf jeden Fall sollte man sich der Frage stellen: Finden sich darunter nicht vielleicht doch »Goldadern« echter Jesusworte, nachdem Johannes selbst am Ende seines Evangeliums (Joh 21,25) in dieser Richtung manches durchaus offen lässt? Natürlich ist es aber auch – von Fall zu Fall – möglich, dass christliche Randgruppen Jesus für sich, für ihre religiösen, oft häretische Positionen vereinnahmten und ihm Formulierungen »in den Mund gelegt« haben, um sich zu den einzig legitimen Verkündern seiner Botschaft zu machen.

Geben ist seliger als Nehmen

»Geben ist seliger als Nehmen« – für das Verständnis dieses Satzes aus der kanonischen Apostelgeschichte (Apg 20,35) seien einige Eckdaten genannt. Die Apostelgeschichte ist um 80 n. Chr. niedergeschrieben worden. Der zitierte Satz ist einer längeren Paulusrede entnommen, die sein »Vermächtnis von Milet« (Apg 20,18–36) genannt wird. Von Experten des Neuen Testaments wird darauf hingewiesen, dieses Logion (Jesuswort) sei ein häufig zitiertes Sprichwort der griechischen Antike (zum Beispiel Thukydides, »Geschichte des Peleponnesischen Krieges« 2,97,4; Plutarch, »Scripta moralia« 173 D).

Hat also Paulus, der in seiner Rede betont: »... in Erinnerung an die Worte Jesu, des Herrn, der selbst gesagt hat: ›Geben ist seliger als Nehmen‹« (Apg 20,35), ein bekanntes griechisches Sprichwort als Jesuswort ausgegeben? Oder hat der historische Jesus tatsächlich dieses griechische Sprichwort gekannt und verwendet? Hat Lukas, der Verfasser der kanonischen Apostelgeschichte, die überlieferte Paulustradition, ohne genauer zu recherchieren, in die schriftliche Form gebracht? Von Fachleuten wird – ohne die Frage der Originalität dieses Satzes zu erörtern – festgestellt: In diesem Satz sollten die Christen von Milet eine einprägsame Zusammenfassung der Weisung Jesu über das Almosengeben (Jacques Dupont) erhalten.

Die »Versprengten Herrenworte« Jesu werden sehr unterschiedlich beurteilt. Bei dem Satz »Geben ist seliger als Nehmen« (zitiert als Jesuswort in Apg 20,35) gibt es viele offene Fragen, die heute wohl nicht mehr geklärt werden können. Die Botschaft dieses Satzes ist jedoch eindeutig.

Die Welt ist eine Brücke

»Die Welt ist eine Brücke« – dieses apokryphe Jesuswort war bereits im islamisch-arabischen Raum des 8. Jahrhunderts literarisch bekannt. Es ist auch auf einer Inschrift am südlichen Hauptportal der Moschee von Fathpur-Sikri/Indien (entstanden 1601) zu entdecken und wird häufig als »versprengtes Herrenwort« zitiert.

Textquelle: Agraphon von Fathpur-Sikri/Indien

Jesus, über dem Friede sei, hat gesagt:
»Die Welt ist eine Brücke.
Geht über sie hinüber,
aber lasst euch nicht auf ihr nieder.«

Agraphon von Fathpur-Sikri/Indien (1601; nach E. Hennecke, W. Schneemelcher (Hg.), a.a.O., Bd. 1, S. 5)

Herrenworte des Thomasevangeliums

In der Nähe des Städtchens Nag Hammadi, etwa 100 Kilometer nördlich der bekannten oberägyptischen Stadt Luxor gelegen, wurden im Jahr 1945 Schriftrollen gefunden – man sprach von einer ganzen Bibliothek von insgesamt 13 Handschriften mit etwa 1000 großen Seiten –, unter denen besonders das so genannte Thomasevangelium das Interesse der biblischen Forschung wie der Weltöffentlichkeit weckte. ((55))

Es handelt sich um ein Textkonvolut, das in koptischer (→ Glossar: Kopten) Sprache im 2. Jahrhundert in Ägypten aufgezeichnet wurde und nicht mit der in griechischer Sprache abgefassten Kindheitserzählung des Thomas (Ende des 2. Jahrhunderts) verwechselt werden darf; ebenso sind die apokryphen Thomasakten (siehe Seite 27 und 221ff.) davon zu unterscheiden.

Eine Bibel der Gnostiker?

Sicherung und Entzifferung, Übersetzung und Deutung der Handschriften von Nag Hammadi waren schwieriger und Zeit raubender, als man anfangs hätte erwarten dürfen. Immer noch gibt es unterschiedliche Stimmen zu der bewegenden Frage, ob sich in den Handschriften eine Textsammlung erkennen lässt, aus der das Selbstverständnis oder die Lehre einer besonderen christlichen Gruppierung erschlossen werden kann.

Das Thomasevangelium aus Nag Hammadi überliefert ähnliche Jesusworte, wie sie auch im Neuen Testament, etwa in der Bergpredigt, enthalten sind. (Evangeliar Kaiser Ottos III., Reichenau, 1010, München, Staatsbibliothek).

Von einigen Texten kann mit Sicherheit gesagt werden, dass sie nicht gnostisch (→ Glossar: Gnosis) sind. Daher kommt es einer globalisierenden Irreführung gleich, die Schriften von Nag Hammadi als »Bibel der (gnostischen) Häretiker« zu bezeichnen. Die Bezeichnung »Thomas*evangelium*« ist ungenau und weckt falsche Vorstellungen: Es handelt sich nämlich nicht um eine Vita Jesu, sondern lediglich um den Komplex von insgesamt 114 Jesusworten, die stets mit »Jesus sprach« eingeleitet werden. Die nachfolgenden Beispiele, für die sehr häufig neutestamentliche Parallelstellen angeführt werden können, stellen eine Auswahl dar. ((56))

Textquelle: Thomasevangelium

*Das sind die geheimen Worte,
die Jesus, der Lebendige, gesprochen hat und die aufgezeichnet
hat Didymus Judas Thomas.*

Thomasevangelium
(2. nachchristliches
Jahrhundert)

*Jesus sprach:
»Wer sucht, höre nicht auf zu suchen, bis er findet.
Wenn er findet, wird er verwirrt werden.
Wenn er verwirrt wird, wird er sich wundern,
und er wird herrschen über das All.« (Logion 2)*

Parallelen zum
Neuen Testament:
Mt 7,7; Lk 11,9–10.

*»Vielleicht denken die Menschen, dass ich gekommen bin,
Frieden auf die Welt zu werfen.
Sie wissen nicht, dass ich gekommen bin,
Spaltungen, Feuer, Schwert, Krieg auf die Erde zu werfen.
Es werden fünf in einem Haus sein:
Drei werden gegen zwei und zwei werden gegen drei sein –
der Vater gegen den Sohn
und der Sohn gegen den Vater.
Und sie werden allein sein.« (Logion 16)*

Parallele zum
Neuen Testament:
Mt 10,34–36.

*»Viele Male habt ihr verlangt,
diese (meine) Worte zu hören,
die ich zu euch spreche.
Ihr habt keinen anderen, sie von ihm zu hören.
Es werden Tage kommen, da werdet ihr mich suchen,
und ihr werdet mich nicht finden.« (Logion 38)*

*»Ein Weinstock wurde außerhalb des Vaters gepflanzt,
und er hatte keine Kraft.
Er wird mit seiner Wurzel herausgerissen werden
und zugrunde gehen.« (Logion 40)*

Parallele zum
Neuen Testament:
Joh 15,4–8.

»Werdet Vorübergehende!« (Logion 42)

*»Ein Mensch kann nicht auf zwei Pferden reiten
oder mit zwei Bogen schießen.
Ein Knecht kann nicht zwei Herren dienen,
er wird den einen ehren, den andern aber beleidigen.« (Logion 47)*

Parallelen zum
Neuen Testament:
Mt 6,24; Lk 16,3.

*»Wenn zwei im gleichen Haus
in Frieden miteinander leben,
werden sie zum Berg sagen können:
›Heb dich hinweg!‹
Und er wird sich hinwegheben.« (Logion 48)*

Parallelen zum
Neuen Testament:
Mt 17,19; 21,21; Mk 11,23.

»Wer die Welt erkannt hat, hat einen Leichnam gefunden.
Wer aber einen Leichnam gefunden hat,
die Welt ist seiner nicht wert.« (Logion 56)

»Selig der Mensch, der gelitten hat.
Er hat das Leben gefunden.« (Logion 58)

»Wer zwar das All erkennt, sich selbst aber verfehlt,
verfehlt das Ganze.« (Logion 67)

»Viele stehen vor der Tür. Es sind aber die Einsamen,
die in das Brautgemach eintreten werden.« (Logion 75)

»Ich bin das Licht, das über allen steht. Ich bin das All.
Das All ist aus mir hervorgegangen,
und das All ist zu mir gekommen.
Spaltet ein Stück Holz: Ich bin da!
Hebt einen Stein auf: Ihr werdet mich dort finden!« (Logion 77)

<small>Parallele zum
Neuen Testament:
Lk 12,49.</small>

»Wer mir nahe ist, ist dem Feuer nahe.
Wer mir fern ist, ist dem Königreich fern.« (Logion 82)

»Das Königreich des Vaters ist gleich einer Frau,
die ein Gefäß voll Mehl trägt und einen weiten Weg geht.
Der Henkel des Gefäßes brach ab,
und das Mehl verströmte hinter der Frau auf den Weg.
Sie merkte es nicht,
denn sie wusste nichts von diesem Schaden.
Als sie zu Hause angekommen war,
stellte sie das Gefäß ab – und fand es leer.« (Logion 97)

»Das Königreich des Vaters gleicht einem Mann,
der eine mächtige Persönlichkeit töten wollte.
In seinem Haus zog er das Schwert
und durchstach die Wand, um sich zu vergewissern,
ob seine Hand sicher (und kräftig) sei.
Dann tötete er den Mächtigen.« (Logion 98)

»Wehe den Pharisäern!
Sie gleichen einem Hund, der in der Ochsenkrippe liegt.
Er selbst frisst nicht,
er lässt aber auch die Ochsen nicht fressen.« (Logion 102)

»Wer die Welt fand und reich wurde,
möge der Welt entsagen!« (Logion 110)

Gesegnet und selig bist du

In der apokryphen Qumranhandschrift 4 Q 525 wird die Weisheitslehre überliefert, die mit Segnungen verbunden ist. Nur wer den Segen empfangen hat und gesegnet ist, wird selig gepriesen. Er hat die Weisheitslehre nicht nur zur Kenntnis genommen, sondern sie auch mit Gottes Segen in seinem Glauben und Leben ohne Wenn und Aber tatkräftig beherzigt: Nicht »Wahrheit an sich«, sondern »Wahrheit für mich«. Es entspricht dem, was Jesus von Nazaret mit den Worten »die Wahrheit tun« (Joh 3,21; 5,33; vgl. Sir 14,20–15,1; 27,10) ausdrückt. In den Seligpreisungen (Makarismen) der Bergpredigt Jesu nach dem Matthäusevangelium (Mt 5,3–10) kann man durchaus einen Nachhall dieses apokryphen Textes vernehmen – jedoch mit unüberhörbar neuem Akzent. ((57))

Textquelle: 4 Q 525 (Weisheitslehre der Segnungen)

[... Gesegnet ist der eine, der ...] mit einem reinen Herzen und verleumdet nicht mit seiner Zunge.

4 Q 525
(1. vorchristliches Jahrhundert)

Gesegnet sind jene, die festhalten an ihren Gesetzen und nicht festhalten an den Wegen des Unrechts.

Gese[gnet] sind jene, die sich daran erfreuen und nicht auf die Pfade der Torheit ausbrechen.

Gesegnet sind jene, die sie suchen mit reinen Händen und nicht mit einem [Her]zen voller Täuschung danach streben.

Die »Weisheitslehre der Segnungen« ist ein weiteres Beispiel für die Weisheitsliteratur der Essener. Hier erfährt der Leser, wie sich ein rechtschaffener Mensch verhalten sollte. Die Ähnlichkeit dieses Textes mit den Seligpreisungen im Matthäusevangelium ist auffallend.

Gesegnet ist der Mann, der Weisheit erlangt und geht im Gesetz des Allerhöchsten: sein Herz auf ihren Wegen, sich selbst im Zaum hält durch ihre Zurechtweisungen, immer zufrieden ist mit ihren Strafen, sie nicht verlässt im Angesicht [seiner] Prüfungen, zur Zeit der Not verlässt er es nicht, vergisst es nicht [am Tag des] Schreckens, und in der Demut seiner Seele verabscheut er es nicht.

Doch er denkt ständig darüber nach, und in seiner Heimsuchung denkt er nach [über das Gesetz, und mit al]l seinem Sein [erlangt er Verständnis] davon, [und er errichtet sie] vor seinen Augen, damit er nicht geht auf den Wegen [der Ungerechtigkeit und ...] [... und ...] zusammen und vervollkommnet sein Herz dadurch [und ...] [und setzt eine Krone von ... auf] seinen [Kop]f, und mit Königen soll er [ihn] platz[ieren] [... und ...] Brüder sollen [...] [...]

[Und nun, meine Söhne, hört auf mich und] wendet [euch n]icht ab [von den Worten meines Mundes].
(Fragment 2, Kolumne 2, Zeile 1–12)

Herrenworte der Johannesakten

Den apokryphen Apostelgeschichten sind die Johannesakten zuzurechnen, die im 3. Jahrhundert in Kleinasien entstanden sein dürften. Kennzeichnend für die Literaturgattung der Apostelakten ist ihre spürbare Nähe zur Romanliteratur der ausgehenden Antike.

Nicht eine historische Biografie oder Dokumentation haben wir hier vorliegen, sondern romanhaft gestaltete, auf die Emotionen der Leser beziehungsweise Hörer abzielende Apostellegenden. Als eine Art Volksliteratur für den einfachen Christenmenschen befleißigen sie sich eines unterhaltenden Erzählstils.

Scharf ins Gericht mit der apokryphen Apostelliteratur geht Papst Leo I., der Große (440–461): »Die apokryphen Schriften, die unter dem Namen der Apostel eine Pflanzstätte mannigfacher Verkehrtheit enthalten, sollen nicht nur verboten, sondern überhaupt eingezogen und mit Feuer verbrannt werden« (Ep. 15,15).

Ein musischer Christus

Das Christusbild der apokryphen Johannesakten hat einen unübersehbaren, einmaligen Akzent und hebt sich gerade dadurch vom Christus der vier neutestamentlichen Evangelien deutlich ab. Der Christus der Johannesakten ist eine »musische« Gestalt, die vom Gesang, vom Flötenspiel, von der Erkenntniskraft und Erfahrung des Tanzes spricht. ((58))

Ein einmaliges Christusbild schildern die Johannesakten – einen singenden, tanzenden Gottessohn. Meist wird das Musikalische den Engeln überlassen. (El Greco, »Engelskonzert«, um 1608/22, Madrid, Colección Santander Central Hispano).

Textquelle: Johannesakten

*Christus begann einen Hymnus zu singen
und zu sagen ...* (94, Anfang)

»Flöten will ich, tanzet alle ... (94,12)

Wer nicht tanzt, begreift nicht, was sich begibt ... (94,17)

*Der du tanzt, erkenne, was ich tue, weil dein ist dieses Leiden
des Menschen, das ich leiden werde ...* (94,31–32)

Wer ich bin, wirst du erkennen, wenn ich fortgehe« ... (94,38)

*Nachdem der Herr so mit uns getanzt hatte, ging er fort.
Und wir waren wie Verirrte oder auch wie in Schlaf Verfallene
auf der Flucht.* (97,1)

Johannesakten
(3. nachchristliches Jahrhundert)

Gottes Fügung: Ein Mann – eine Frau

Mit der Zerstörung der Stadt und des Tempels von Jerusalem (70 n. Chr.) waren viele Machtträume, aber auch nicht wenige der gesellschaftlichen Freiheiten und üblichen Ehescheidungspraktiken, die zur Zeit Jesu ausschließlich von Männern dominiert wurden, zerstoben. Das neu erstandene Rabbinat kommentierte diese Ereignisse als Strafe Gottes für ein gleichgültig und eigenmächtig gewordenes jüdisches Volk, das vergessen hatte, Volk Gottes zu sein. Gleichzeitig rief man zu neuer Treue zum Bundesgott Jahwe und zu einem gewissenhaften Leben nach dem Gesetz Gottes auf.

In diese religiösen Erneuerungsbemühungen ist der Text des Rabbi Juda ben Bathyra (um 100 n. Chr.) als Kommentar zu Gen 1,27 einzuordnen: »Gott schuf den Menschen als sein Abbild; als Abbild Gottes schuf er ihn. Als Mann und Frau schuf er sie.«

Textquelle: Rabbi Juda ben Bathyra

*Hätten Adam, dem ersten Menschen, zehn Frauen zugestanden,
so hätte Gott sie ihm gegeben. Aber Gott gab ihm nur Eine Frau.
So sei denn auch mir genug an der Einen Frau, die mir zusteht.*
(Kommentar zur Genesis)

Rabbi Juda ben Bathyra
(um 100 n. Chr.)

Ehebruch mit den Augen

Der folgende kurze Text ist ein altrabbinischer Kommentar zu Ex 20,14: »Du sollst die Ehe nicht brechen.« Er ruft das Jesuswort in Erinnerung: »Wer eine Frau auch nur lüstern ansieht, hat in seinem Herzen schon Ehebruch mit ihr begangen« (Mt 5,28).

Textquelle: Altrabbinischer Kommentar

Altrabbinischer Kommentar (um 100 n. Chr.)

Du sollst nicht ehebrechen, das bedeutet, dass man auch mit dem Auge nicht Ehebruch treiben soll und nicht einmal mit dem Herzen. (Kommentar zu Exodus)

Was dem Cäsar gebührt, gebührt dem Cäsar

Das apokryphe Thomasevangelium (siehe auch Seite 27 und 157ff.) gehört zu den aufregenden Textfunden von Nag Hammadi. Dabei handelt es sich nicht um ein »Evangelium« mit fortlaufender Jesusgeschichte, sondern um eine Sammlung von 114 Jesusworten, so genannten Logien. Das hier zitierte Logion greift den neutestamentlichen Vers Mt 12,17 auf. Allerdings wurde das historische Streitgespräch Jesu in ein gnostisches (→ Glossar: Gnosis) Lehrgespräch mit deutlich verschobenem christologischen (→ Glossar: Christologie) Akzent »umfunktioniert«. ((59))

Textquelle: Thomasevangelium

Thomasevangelium (um 170 n. Chr.)

Sie zeigten Jesus ein Goldstück und sagten zu ihm: »Die Kaiserlichen fordern von uns die Steuern.« Er sprach zu ihnen: »Gebt, was dem Cäsar gebührt, dem Cäsar! Gebt, was Gott gebührt, Gott! Und was mein ist, so gebt es mir«. (Logion 100)

Das Leben der Seele und der Schöpfung

Vor allem in der Spätantike gab es viele verschiedene Formen gnostischer Mysterienkulte, die sich kaum auseinanderhalten lassen. Eine mehr philosophische Lehre gibt die Grundorientierung, der so genannte Neuplatonismus, begründet von Plotin (204–270 n. Chr.).

In der Spätantike, als der leib- und materiefeindliche Platonismus (→ Glossar) und Neuplatonismus (→ Glossar) für das Christentum eine große Gefahr darstellten, entstanden manichäische (→ Glossar: Manichäismus) Gemeinden, die ein Geist-Christentum vertraten und propagierten. Es gab damals ein Evangelium der zwölf Apostel, von dem die Manichäer behaupteten, es allein enthalte »das wahre Evangelium«. Ihre apostolische Tradition könne sich auf Jesus berufen, der den fragenden Aposteln die allein gültige Antwort über die unsterbliche Seele wie auch über das Leben der materiellen Schöpfung gab.

Seelenwanderungslehre als Glaubensmodell?

Angesichts dieses Evangeliums der zwölf Apostel, das kurz zuvor in Umlauf gekommen war und für zusätzliche Unruhe in den Gemeinden gesorgt hatte, musste das 5. allgemeine Konzil von Konstantinopel (553) sich auf der Grundlage von Joh 9,1–41 und Hebr 9,27 mit diesen Fragen beschäftigen. Dem Evangelium der zwölf Apostel ist deutlich zu entnehmen, dass nicht wenige (Glaubens-)Fragen noch offen waren, wie etwa die Frage der Sühne von Schuld bei den Seelen von Verstorbenen. Im nachfolgenden Quellentext klingt die Seelenwanderung (Inkarnation, Palingenese) an, wenn es von sündig

Das Leben der Seele und der Schöpfung

Die Himmelsleiter des Johannes Klimakos, Tafelbild aus der 2. Hälfte des 12. Jahrhunderts, Sinai.

verstorbenen Seelen zum Beispiel heißt, sie würden »in (ständiger) Wiederholung in allerlei Gestalten ... hineingestoßen ..., ferner in Tiere ... in jede mögliche Gestalt«. Es scheint, dass die Lehre der Seelenwanderung noch nicht verworfen worden war und durchaus als mögliches Glaubensmodell angesehen wurde: als alternative Theodizee oder als Selbstverwirklichung des Menschen? ((60))

Textquelle: Evangelium der zwölf Apostel

Evangelium der zwölf Apostel (4./5. Jahrhundert n. Chr.)

Die Apostel fragten Jesus über das Leben der unbelebten Natur. Er sagte zu ihnen: »Wenn das Unbelebte vom lebendigen Element getrennt ist, das ihm beigemischt ist und allein mit sich selbst erscheint, ist es wieder unbelebt und nicht fähig zu leben ...«. Nachdem die Jünger die Glaubensgewissheit erlangt hatten, dass die Seelen nicht sterben, sondern in Wiederholung in allerlei Gestalten ... hineingestoßen werden, ferner in Tiere ... in jede mögliche Gestalt, in deren Inneres sie eingegossen werden, fragten sie den Messias nach dem Ende der Seelen, die nicht die Wahrheit annehmen und nicht die Wurzel des Seins erkannt hätten. Da sagte er: »Jede schwache Seele, die ihren Ruf aus der Wahrheit nicht annimmt, kommt um und hat keine Ruhe.« (übersetzt von E. Sachau)

Jesus, Wegbereiter des Mohammed

Mohammed wurde um das Jahr 570 in Mekka geboren. Durch seine Tätigkeit als Kaufmann hatte er viele Kontakte mit Juden und Christen, und lernte ihre Religion kennen. Deren Monotheismus beeindruckte ihn sehr.

Der Koran legt auf zwei Themen größten Wert.
Erstens: Jesus (Isa) ist nicht Gott, nicht Gottes Sohn, nicht Mensch gewordener Sohn Gottes (wie es Glaube der Christen ist).
Zweitens: Jesus ist Wegweiser des kommenden Propheten Mohammed – ähnlich, wie Johannes der Täufer als Wegweiser Jesu gewirkt hat (vgl. dazu 4,170; 19,33–34).
Diese Themen lassen sich besser einordnen, wenn man den kultur- und religionsgeschichtlichen Hintergrund kurz beleuchtet.

Begegnung der Religionen

Es gab im arabischen Großraum des Nahen Ostens viele Kontakte zwischen Arabern, Juden und Christen. Die dort lebenden Beduinen hatten ihre Kenntnisse über Personen und Ereignisse der Bibel meist aus christlichen Randgruppen und ihren ansprechenden, leicht verständlichen apokryphen Texten.
Sicherlich ist den Arabern nicht entgangen, dass es trotz der Konzilien von Nizäa (325), von Konstantinopel (381), von Ephesus (431) und vor allem von Chalkedon (451) heftigste Streitereien über ganz fundamentale christliche Glaubenswahrheiten, über Jesus, über Maria oder über die Dreifaltigkeit gegeben hat, und zwar sowohl unter den »Intellektuellen« als auch zwischen den schlicht und einfach Glaubenden.

Jesus, Wegbereiter des Mohammed

*Wie Johannes der Täufer für Christus fungiert im Koran Jesus als Vorläufer Mohammeds. Auf der Miniatur in Rashid ad-Dins Universalgeschichte reitet der Prophet Jesus auf einem Esel, Mohammed auf einem Kamel.
(Arabische Handschrift von 1307, Universitätsbibliothek Edinburgh).*

In beiden Gruppen gab es Fanatiker. Darunter hat nicht nur der Respekt der arabischen Beduinen vor den Christen gelitten, auch die Richtigkeit der christlichen Glaubenswahrheiten wurde stark in Zweifel gezogen. Dem einfachen Beduinen war der Glaube an *einen* Gott leichter beizubringen als der Glaube an *einen* Gott in *drei* Personen: Allah ist der eine und einzige Gott, Jesus und Mohammed sind seine Propheten. ((61))

Textquelle: Koran

*Jesus (Isa), der Sohn der Maria, sagte: »Ihr Kinder Israels, wahrlich, ich bin ein Gesandter Allahs, der die Thora bestätigt, welche bereits vor mir euch geschenkt worden ist. Ich bringe euch die frohe Botschaft über einen Gesandten, der nach mir kommen und dessen Name Ahmed (= Mohammed) sein wird.« ...
O ihr Gläubigen, seid Gehilfen Allahs, wie Jesus, Marias Sohn, Helfer in den Aposteln besaß, der zu ihnen sagte: »Wer will mir Beistand leisten zur Religion Allahs?«
Die Apostel antworteten: »Wir wollen Allahs Mitarbeiter sein.«
Ein Teil der Kinder Israels glaubte, ein anderer Teil blieb ungläubig. Die Gläubigen aber stärkten und festigten wir gegen ihren Feind, so dass sie die Oberhand behielten.* (61,7.15)

Koran
(um 650 n. Chr.)

Die letzten Tage Jesu

Unter dem Stichwort »Die letzten Tage Jesu« werden die Ereignisse vom Letzten Abendmahl bis zum Kreuzestod Jesu (wohl am 7. April 30 n. Chr.) zusammengefasst. Bis zum heutigen Tag ist – etwa in den Diskussionen über Sinn und Akzentuierung von Passionsspielen – auch für Juristen und Mediziner die Frage aktuell geblieben: Wer trägt die Schuld an seiner Verurteilung zum Kreuzestod? Die Juden, angeführt vom Gerichtspräsidenten Kajafas und vom Hohen Rat? Oder die Römer, denen als Besatzungsmacht seit 63 v. Chr. das »Jus Gladii«, das Tötungsrecht, zustand?

Kaum allgemein bekannt ist die erstaunlich große apokryphe Pilatusdokumentation: Die einen sprechen – wegen seines Fehlurteils – von einer Enthauptung des Pontius Pilatus nach einer mehrtägigen Gerichtsverhandlung unter dem römischen Kaiser Claudius (41–54) in Rom. Andere wiederum verklären Pilatus zu einem Heiligen, der seit dem 6./7. Jahrhundert in der koptischen Kirche auch als solcher verehrt wird.

Ganz anders sehen die Mohammedaner die Kreuzigung Jesu, der für sie nur einer der Propheten ist. Im Koran (4,157–158) lesen sie: »... sie (die Juden) haben ihn nicht getötet.«

> Für Mediziner ist das Leichentuch von Turin ein bleibendes Forschungsprojekt, um die Frage der Durchnagelung der Hände Jesu und der Ursache seines Todes zu klären.

Um Einheit zu werden

Eine beachtenswerte Vertiefung des Verständnisses des Herrenmahls, auf das der folgende kurze Textauszug aus der Didache anspielt, hat Hartmut Gese (»Zur biblischen Theologie«) ermöglicht. Er weist hin auf die Toda, das Dankopfer des späten rabbinischen Judentums. Ein jüdischer Mensch, der aus Todesgefahr gerettet wurde, feiert sein Dankbekenntnis der göttlichen Errettung nicht in bloßen Gebetsworten. Er lädt vielmehr die Freunde und Menschen seines Lebenskreises zu einem Dankopfergottesdienst ein.

»Das Herrenmahl ist die Toda des Auferstandenen«, erläutert Gese, das heißt das Dankopfermahl des Neuen Bundes. Zur Untermauerung seiner These verweist er auf einen rabbinischen Text: »In der kommenden (messianischen) Zeit werden alle Opfer aufhören, aber das Todaopfer wird in Ewigkeit nicht aufhören, und es werden auch alle (religiösen) Lieder aufhören, aber die Todalieder werden in Ewigkeit nicht aufhören.« ((62))

> Zu den Todaliedern zählen die Psalmen 22; 40,1–12; 51; 69. Mit Recht schreibt Joseph Ratzinger (»Das Fest des Glaubens«), dass der Todapsalm 22 »für die Evangelisten zum Textbuch der Passion Christi geworden ist ... Jesu Passion und Auferweckung ist Toda: Sie ist der reale Vollzug des Wortes dieser Psalmen.«

Textquelle: Didache

Wie dies gebrochene Brot, früher zerstreut über die Berge, gesammelt wurde, um eine Einheit zu werden, so werde auch deine Kirche versammeln von den Enden der Erde in deinem Reich. Denn dein ist der Ruhm und die Kraft durch Jesus Christus in Ewigkeit. (9,4)

> Didache
> (um 100 n. Chr.)

Rätselhafte erste Begegnung

Die Reizfigur Judas Iskariot, dem der folgende Passus aus dem arabischen Kindheitsevangelium (siehe Seite 27 und 136f.) gewidmet ist, erregt – aus recht unterschiedlichen Motiven – auch heute noch die Gemüter. Er gehört in die Literaturgeschichte bis zur Gegenwart. Anlässlich der Veröffentlichung von Walter Jens' »Der Fall Judas« schrieb Walter Nigg: »Diese Schriften laufen in ihrer Effekthascherei auf eine bloße Spielerei hinaus und entsprechen nicht dem Ernst des Problems.« Jens versucht, viele Fragen, die sich mit dem Judasschicksal verknüpfen, ins Bewusstsein zu heben und im Kontext der heutigen Welt zu sehen. »Ich weigere mich«, kommentiert er selbst seinen kühnen Versuch, »an einen ... gnadenlosen Gottmenschen zu glauben, der das Blut der Heiligen Kommunion in eine Zyankalikapsel verwandelt ... Ich weigere mich, auch nur eine Sekunde lang daran zu zweifeln, dass Judas unseren Herrn Jesus aus freiem Entschluss – und weil Gott es so wollte – überliefert hat.«

Der Verrat Judas Iskariots, der zum Kreuzestod Christi führte, beschäftigte die Nachwelt intensiv. Das Arabische Kindheitsevangelium weiß von einer frühen, vorausdeutenden Begegnung von Jesus mit Judas, der vom bösen Geist besessen war und Jesus biss. Auf dem Fresco von Fra Angelico durchbohrt Longinus Christus rechte Seite mit der Lanze.

Textquelle: Arabisches Kindheitsevangelium

Es lebte in jenem Lande eine Frau, deren Sohn vom bösen Geist besessen war. Sein Name war Judas. Jedesmal, wenn der böse Geist über ihn fuhr, biss er alle, die sich ihm näherten. Wenn sich aber niemand bei ihm befand, biss er sich selbst in die Hände und andere Gliedmaßen. Als die Mutter dieses Unseligen von Maria und ihrem Sohn Jesus gehört hatte, erhob sie sich, nahm Judas mit sich und brachte ihn zu Maria, unserer lieben Frau. Jakobus und Josef hatten den Herrn Jesus, der damals ein Knäblein war, geholt, damit er mit den anderen Kindern spielte. Als sie das Haus verlassen hatten, setzten sie sich und der Herr Jesus mit ihnen. Judas, der Besessene, kam hinzu und setzte sich neben Jesus zu seiner Rechten. Als aber plötzlich der böse Geist in ihn gefahren war, wollte er den Herrn Jesus beißen.

Arabisches Kindheitsevangelium (6. Jahrhundert)

Fresko von Fra Angelico (Kloster San Marco, Florenz, 1422–1445).

Der galiläische Heimatort Jesu wird im Neuen Testament achtzehnmal erwähnt, und zwar stets in Verbindung mit Jesus. Auch die Anhänger Jesu werden zunächst »Nazarener« genannt. Jesus wurde nie nach seinem Geburtsort »Jesus von Bethlehem« genannt.

Er vermochte es nicht, aber er verletzte Jesus an seiner rechten Seite. Da begann der Herr Jesus zu weinen. Im gleichen Augenblick entwich der böse Geist schleunigst aus dem Knaben, und zwar in Gestalt eines tollen Hundes. Der Knabe aber, der Jesus verletzte und aus dem der böse Geist in Gestalt eines Hundes entwich, ist Judas Iskariot, der Jesus an die Juden verriet. Die Seite, an der Judas ihn verwundet hatte, ist die gleiche, die die Juden (am Kreuz) mit einer Lanze durchbohrten. (35,1–2)

Die Ketzer sollen untergehen

Beim folgenden Textauszug handelt es sich um einen »Ketzersegen« (birkat ha-minim) der Damaskus-Schrift (siehe Seite 96ff.), die 1896 von Salomon Schechter in der Alt-Kairoer Geniza gefunden und in dieser Version veröffentlicht wurde. Diese »Ketzerverfluchung« markiert deutlich den Riss, der sich in der Zeit nach der Zerstörung Jerusalems zwischen dem frühen palästinensischen Christentum und dem jüdischen Rabbinat aufgetan hatte. In der Erwähnung der ketzerischen »Nazarener« (= Judenchristen; → Glossar) wird auf Jesus, den Nazarener, mit angespielt (vgl. Mt 21,11; Mk 1,9.24; 10,47; 14,67; 16,6; Lk 4,34; 24,19; Joh 1,46; 19,19). ((**63**))

Textquelle: Damaskus-Schrift

Damaskus-Schrift
(2./1. Jahrhundert v. Chr.)

Den Abtrünnigen sei keine Hoffnung. Rotte das Reich der Anmaßung aus – eilends in unseren Tagen. Die Nazarener (nozerim) und die Ketzer (minim) sollen wie in einem Augenblick untergehen. Ausgelöscht mögen sie werden aus dem Buch des Lebens. Nicht mögen sie zusammen mit den Gerechten aufgeschrieben werden (vgl. Ps 69,29). Gelobt seist du, Ewiger, der die Anmaßenden demütigt. (Geniza-Version von Kairo (birkat ha-minim))

Angeklagt wegen Zauberei und Verführung Israels

Der folgende Quellentext ist dem babylonischen Talmud (→ Glossar) entnommen, der aus dem 2. nachchristlichen Jahrhundert stammt. Hier wird in bemerkenswerter Weise dem christlichen Vorwurf entgegengetreten, Jesus sei übereilt zum Tode verurteilt worden; vielmehr habe es ein 40-tägiges Verfahren gegeben, in dessen Verlauf sich niemand zu seiner Verteidigung meldete. Außerdem fällt noch auf, dass zwar die jüdische Strafe der Steinigung erwähnt wird, Jesus aber letztlich durch »Hängen«, das heißt durch Kreuzigung, zu Tode kommt – damit ist die römische Entscheidung für die Kreuzigung festgehalten. Der jüdische Prozess gegen Jesus wird so in den Hintergrund gerückt und der jüdische Anklagepunkt gegen ihn (Zauberei und Volksverführung) fast gänzlich verdrängt. ((**64**))

Angeklagt wegen Zauberei und Verführung Israels

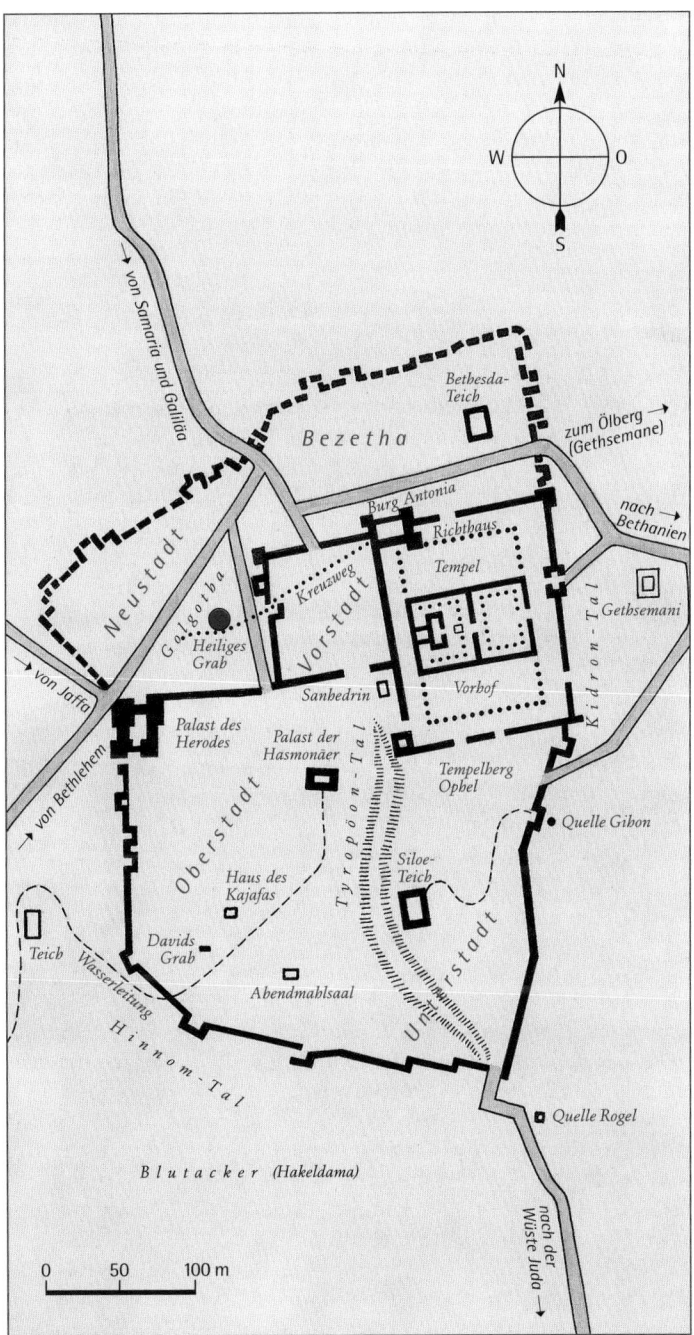

Der Plan von Jerusalem zur Zeit Christi zeigt die Schauplätze des Neuen Testaments.

Jerusalem liegt rund 760 Meter über dem Meeresspiegel auf der Höhe des Gebirges Juda. Im Westen und Süden fällt es zum Hinnom-Tal (= Gehenna) ab, im Osten wird es durch das Kidron-Tal von der über 800 Meter hohen Ölbergkette getrennt. Auch innerhalb der Stadt gibt es Höhenunterschiede.

Textquelle: Babylonischer Talmud

Babylonischer Talmud (2. Jahrhundert n. Chr.)

Zum Stichwort »Hängen« gibt es in der Tempelrolle von Qumran (64,7–8) einen interessanten Bezug.

Am Vorabend des Paschafestes hängte man Jesus. Vierzig Tage vorher hatte der Herold ausgerufen: »Er wird zur Steinigung hinausgeführt, weil er Zauberei getrieben und Israel verführt und abtrünnig gemacht hat. Wer etwas zu seiner Verteidigung zu sagen hat, der komme und sage es.« Da aber nichts zu seiner Verteidigung vorgebracht wurde, so HÄNGTE man ihn am Vorabend des Paschafestes. (Sanhedrin 43a, Baraita)

Die Rolle des Pontius Pilatus

Pontius Pilatus hat einen Stammplatz im christlichen Glaubensbekenntnis: »... gelitten unter Pontius Pilatus, gekreuzigt, gestorben und begraben« (4. Glaubensartikel). Von Anfang an sollten Leben und Tod Jesu mit einer historisch nachweisbaren Person geschichtlich fest verankert sein. Wie vielfältig und nachhaltig sich die Christen mit diesem Mann beschäftigt haben, belegt eine Auswahl der erhaltenen apokryphen Pilatusdokumente:

- Nikodemusevangelium
- Brief des Pilatus an Kaiser Tiberius
- Brief des Kaisers Tiberius an Pilatus
- Brief des Pilatus an Kaiser Claudius
- Brief des Pilatus an Herodes
- Brief des Herodes an Pilatus
- Anaphora (Berichterstattung) Pilati
- Paradosis (Auslieferung) Pilati
- Mors (Tod) Pilati
- Vindicta Salvatoris (Die Vergeltung des Erlösers)
- Cura sanitatis Tiberii (Sorge für die Gesundheit des Tiberius)
- Brief Jakobus an Kodratos
- Klage Marias
- Martyrium Pilati

Die Pilatusthematik soll nun gesondert unter mehreren Aspekten behandelt werden.

Erstes archäologisches Zeugnis

Cäsarea, zwischen Dor/Tantura im Norden und Jafa im Süden gelegen, wurde in den Jahren 20 bis 10 v. Chr. von König Herodes erbaut. Der Name »Caesarea« (griechisch »Kaisarea« = die Stadt des Cäsars) sollte eine Huldigung an Kaiser Augustus sein.

Bei Ausgrabungen in den Ruinen des Amphitheaters der Residenz der römischen Statthalter in Cäsarea wurde 1961 vom Leiter einer italienischen Expedition ein 80 Zentimeter hoher, 60 Zentimeter breiter und 20 Zentimeter dicker Kalksteinblock gefunden, der die folgende dreizeilige Inschrift trägt:

```
... S TIBERIUM
... PON)TIUS PILATUS
... PRAEFE)CTUS JUDA(EA)E
```

Der Stein, der aus den Steinbrüchen von Kabbara, nördlich von Cäsarea gelegen, gewonnen wurde, diente ursprünglich als Gebäudeinschrift. Später ist er im Zuschauerraum des Amphitheaters als Stufe verbaut worden; zu diesem Zweck wurde die linke Hälfte der ursprünglichen Inschriftenplatte abgeschlagen. Es handelt sich um die erste archäologische Bezeugung des Präfekten Pontius Pilatus, der in Cäsarea ein Gebäude zu Ehren des Kaisers Tiberius errichten ließ.

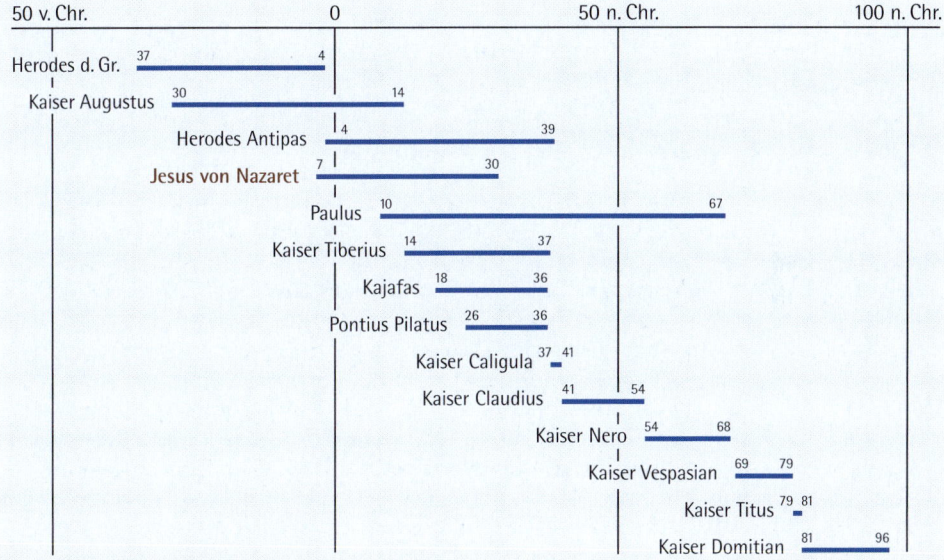

Fiktiver Brief des Pilatus an Kaiser Claudius

In Schriften frühchristlicher Autoren (Justin, Tertullian, Eusebius, Epiphanius) wird wiederholt von Prozessakten Jesu vor Pilatus gesprochen.
Eine Grundschrift dieser Texte gab es bereits Ende des 4. Jahrhunderts; die ältere Fassung (A) lag in lateinischer, koptischer (→ Glossar: Kopten), syrischer und armenischer Sprache vor. Eine spätere griechische Fassung (B) dürfte im 5. Jahrhundert niedergeschrieben worden sein.
Diese Pilatusakten wurden durch einen zweiten Teil des apokryphen Nikodemusevangeliums erweitert, in dem vor allem die Höllenfahrt Christi geschildert wird.
Beim folgenden Brief (wie auch bei anderen) handelt es sich um ein Schreiben, das Pontius Pilatus untergeschoben wurde. Darin soll er den römischen Kaiser Claudius (41–54) unter anderem über den Prozess gegen Jesus, über dessen Kreuzigung und sogar über dessen Auferstehung offiziell und amtlich unterrichtet haben.
Man spürt sehr deutlich die Absicht dieses Pilatus: Er will in den Augen des Kaisers als unbestechlicher Jurist und als kaisertreuer Verwaltungsbeamter erscheinen.

Jesus wurde unter Kaiser Tiberius von Pontius Pilatus verurteilt. Aufgrund dieser Angaben lässt sich sein Todesjahr zwischen 26 und 36 ermitteln.

Textquelle: Brief des Pilatus an Kaiser Claudius

Brief des Pilatus an Kaiser Claudius (4./5. Jahrhundert)

Pontius Pilatus grüßt seinen Kaiser Claudius.
Kürzlich trug sich etwas zu, was ich selbst aufgedeckt habe. Die Juden haben aus Hass über sich und ihre Nachkommen ein grausames Strafgericht herabgezogen. Da nämlich ihre Väter die Verheißung hatten, Gott würde ihnen seinen Heiligen vom Himmel herabsenden, der mit Recht ihr König heißen würde und den Gott seinem Versprechen gemäß ihnen durch eine Jungfrau auf die Erde schicken würde, als dieser nun unter meiner Statthalterschaft nach Judäa gekommen war und sie sahen, dass er Blinden das Augenlicht wiedergab, Aussätzige reinigte, Gelähmte heilte, böse Geister aus den Menschen austrieb, sogar Tote auferweckte, den Winden gebot, trockenen Fußes über die Wogen des Meeres wandelte und viele andere Wunder vollbrachte, und als das ganze Judenvolk ihn als Gottessohn anerkannte, da wurden die Führer der Priesterschaft vom Hass gegen ihn ergriffen.

Man kann annehmen, dass Pontius Pilatus, der von 26 bis 36 n. Chr. kaiserlicher Statthalter (Prokurator) in Judäa war, über den Hochverratsprozess Jesu nach Rom zu berichten hatte. In diesem Bericht will er als untadeliger und beförderungswürdiger Beamter erscheinen.

Sie fassten ihn und übergaben ihn mir, und Lügen über Lügen vorbringend, beschuldigten sie ihn, er sei ein Magier und übertrete ihr Gesetz. Ich aber glaubte, es sei so, ließ ihn geißeln und übergab ihn ihrer Willkür. Sie aber kreuzigten ihn und stellten Wächter an sein Grab. Er aber stand am dritten Tage, während meine Krieger Wache hielten, wieder auf. Die Juden aber ließen sich in ihrer Schlechtigkeit so weit fortreißen, dass sie meinen Kriegern Geld gaben und sprachen: »Saget, seine Jünger hätten seinen Leichnam gestohlen.« Aber obwohl diese das Geld annahmen, brachten sie es nicht fertig, das Geschehene zu verschweigen. Sie bezeugten nämlich, er sei auferstanden und sie hätten es gesehen und sie hätten von den Juden Geld bekommen. Dies habe ich deshalb vorgebracht, damit keiner den Sachverhalt falsch darstelle und du den Lügen der Juden Glauben schenken zu müssen vermeinest.
(erste lateinische Fassung der »Höllenfahrt Christi«; deutsche Übersetzung: E. Hennecke, W. Schneemelcher, Band I, Seite 353f.)

Pilatus im Verhör vor Kaiser Claudius

Hatte Pontius Pilatus, der von 26 bis 36 n. Chr. kaiserlicher Statthalter, Präfekt von Judäa, war, über den Hochverratsprozess Jesu nach Rom zu berichten? Übereinstimmend sagen Historiker heute, dass es sich beim folgenden Quellentext nicht um einen amtlichen Protokollbericht, sondern um ein antichristliches Machwerk handelt.

Textquelle: Paradosis Pilati

Paradosis Pilati (um 450 n. Chr.)

Vor dem gesamten Senat, der ganzen Armee und den Würdenträgern seines Reiches befahl (der Kaiser), Pilatus soll zum Verhör vortreten. Er sprach zu ihm: »Wie konntest du so selbstherrlich sein, du niederträchtiger Mensch, nachdem du von dem so gewal-

Christus wurde dem römischen Statthalter Pontius Pilatus zum Verhör vorgeführt, wie auf der Tafel aus der Maestà des Duccio in Siena zu sehen ist (1308–1311, aus dem Sieneser Dom, Siena, Museo dell'Opera della Metropolitana). In einem fiktiven Brief erstattet Pilatus später Kaiser Claudius Bericht über die Vorgänge um Jesu Verurteilung und Tod.

tigen Wunder (der Auferstehung Christi am dritten Tage) gehört hattest? Durch dein unglaublich freches Handeln hat die ganze Welt Schaden genommen.«
Pilatus antwortete: »Allmächtiger Kaiser! Ich bin an dem Ereignis (der Kreuzigung Christi) unschuldig. Schuldig ist das wütende Volk der Juden.«
Der Kaiser: »Wer gehört zu diesem Volk der Juden?«
Pilatus: »Herodes, Archelaus, Philippus, Hannas und Kaiphas und die große Masse der Juden.«
Der Kaiser: »Warum hast du auf ihren Rat überhaupt gehört?«
Pilatus: »Das Volk der Juden ist politisch schwierig. Es wehrt sich gegen die römische Besatzung.«
Der Kaiser: »Du hättest sofort den übergebenen Mann in sicheren Verwahrsam bringen und mir ausliefern müssen. Nie und nimmer hättest du diesen Mann, der gerecht war und überzeugende Wunder gewirkt hat, kreuzigen dürfen! Klar und eindeutig geht aus seinen Wundern hervor, dass Jesus (von Nazaret), der Christus war, der König der Juden ist.«
Als der Kaiser den Namen »Christus« aussprach, fielen im Gerichtssaal alle Götterstatuen von den Podesten und zertrümmerten ... Alle staunten über diese Ereignisse. Der Kaiser aber ließ Pilatus in ein sicheres Verließ bringen, um von Pilatus recht bald die ganze und volle Wahrheit über Jesus zu erfahren.

Die Rolle des Pilatus wird in den Apokryphen immer positiver, die der Juden immer negativer geschildert. Er wird schließlich sogar als Märtyrer gesehen und als Heiliger verehrt. Hinter den vielfältigen Überlieferungen ist die historische Person des Pilatus so nur noch schwer zu erkennen.

Enthauptung des Pontius Pilatus

Der apokryphe Text »Paradosis Pilati« (»Auslieferung des Pilatus« – zur gerichtlichen Verhandlung), dessen im Folgenden zitierter Passus mit dem des Nikodemusevangeliums parallel läuft, berichtet, Kaiser Tiberius habe Pilatus zum Verhör nach Rom zitiert. Schließlich sei er wegen seiner juristischen Mitschuld am Tode Jesu zum Tod verurteilt worden. Auf der Richtstätte habe Pilatus ein letztes Gebet gesprochen und darin Christus um Verzeihung gebeten.

Ein Heiliger ...

Diese Schilderung ist geradezu glorifizierend: Man fühlt sich erinnert an die Steinigung des Stephanus (Apg 7,54–60). Sie lässt dem Pilatus gewissermaßen eine Heiligsprechung zuteil werden – sicherlich ein Grund, weshalb Pilatus seit dem 6./7. Jahrhundert in der koptischen (→ Glossar: Kopten) Kirche als Heiliger verehrt wird. Wie wenig präzise allerdings diese apokryphen Berichte sind, ist daran zu erkennen, dass die Angaben, vor welchem Kaiser das Verhör stattfand – vor Tiberius (14–37), vor Caligula (37–41) oder vor Claudius (41–54) –, voneinander abweichen.

... oder ein Selbstmörder?

Im Anschluss an die Pilatusakten und eine weitere apokryphe Schrift über den Tod des Pilatus (Mors Pilati), die abweichend von dessen Selbstmord berichtet, hat sich eine seltsame Geschichte um den Leichnam des Selbstmörders entfaltet. Der Leichnam sei zunächst in Rom in den Tiber geworfen worden, der ihn aber immer wieder und unter mächtigen Gewittern ans Ufer schwemmte. Später versuchte man, die Leiche bei Vienne in der Rhône zu versenken. Deren Wasser aber sei sehr unruhig und gefährlich geworden. Daraufhin hätten die Bewohner von Vienne (der Name wird vom lateinischen »via gehennae« = Weg zur Hölle abgeleitet) den Leichnam des Pilatus schleunigst wieder loswerden wollen. Schließlich sei er über Lausanne in die Zentralschweiz gebracht und in einem tiefen, von Bergen umgebenen See (Vierwaldstättersee) versenkt worden. Die Berge Mont Pilate bei Vienne und Pilatus bei Luzern am Vierwaldstättersee erinnern heute noch an die schauerliche Leichenfahrt des Selbstmörders Pilatus aus jener sagenhaften Zeit.

Textquelle: Paradosis Pilati

Paradosis Pilati (um 450 n. Chr.)

Nach einem weiteren Verhör ließ der Kaiser den Pilatus durch Albinus enthaupten ... Auf dem Weg zur Richtstätte betete Pilatus im Stillen:
»O Herr, vernichte mich nicht ... Ich habe unter dem Druck und Geschrei des jüdischen Volkes gegen dich gehandelt ... Verzeihe mir, Herr. Deine Dienerin (meine Frau) Prokla wird in meiner

Todesstunde neben mir stehen ... Sei uns beiden gnädig und nimm uns in die Schar deiner Gerechten auf.«
Als Pilatus sein Gebet beendet hatte, erklang eine Stimme vom Himmel: »Selig werden dich preisen alle Geschlechter und Stämme der Völker; denn unter deiner Regierung (als praefectus Judaeae) haben sich die Weissagungen erfüllt, die die Propheten über mich gesagt hatten.« Der Präfekt (Albinus) enthauptete den Pilatus. Siehe, ein Engel des Herrn nahm dessen Haupt in seine Hände. Seine Frau Prokla starb in der gleichen Stunde und wurde an der Seite ihres Mannes begraben.

Nur im Prozessbericht des Matthäusevangeliums (Mt 27,19) wird die Frau des Pilatus erwähnt, jedoch ohne Namensnennung. Aus apokryphen Texten ist ihr Name Procula Claudia bekannt. In der griechischen und äthiopischen Kirche wird sie als Heilige verehrt.

Sie haben ihn nicht getötet

Im nachfolgend zitierten Text aus dem Koran kommt die islamische Vorstellung der Kreuzigung Jesu zum Ausdruck: Jesus ist nicht am Kreuz gestorben (vgl. 3,54: »Gott übertrifft die Ränke der Feinde Christi«; 22,40: »Gott verlässt nicht seine Kämpfer«). Nach islamischer Tradition wurde Jesus durch einen Doppelgänger ersetzt: durch Simon von Kyrene oder Judas Iskariot. An diesem Punkt konnte die Sekte der Ahmadiyya anknüpfen, nach deren Auffassung der überlebende Jesus nach Indien ausgewandert sei. Diese von Mirza Ghulam Ahmad (1839-1903) gegründete Sekte wird jedoch vom orthodoxen Islam nicht anerkannt, weil Ahmad sich als wiedergekehrter Christus und als Vollender Mohammeds ausgegeben hat.

Textquelle: Koran

Weil sie (die Juden) nicht (an Jesus) geglaubt und gegen Maria große Lästerungen ausgestoßen haben, darum haben wir sie verflucht. Sie haben ferner gesagt: »Wir haben den Messias (Christus), den Jesus, den Sohn Maryams, den Gesandten Gottes (Allahs), getötet.« Aber sie haben ihn (in Wirklichkeit) nicht getötet und (auch) nicht gekreuzigt. Vielmehr erschien ihnen ein anderer, der ihm ähnlich war (so dass sie ihn mit Jesus verwechselten und töteten). Und diejenigen, die über ihn uneins sind, sind im Zweifel über ihn.
Sie haben kein Wissen über ihn, gehen vielmehr Vermutungen nach. Und sie haben ihn nicht mit Gewissheit getötet. Nein, Gott hat ihn (Jesus) zu sich (in den Himmel) erhoben. (4,157-158)

Koran
(um 650 n. Chr.)

Tod und Grablegung Jesu

Erst seit 1886/87, als im oberägyptischen Akhim das aus dem 8./9. Jahrhundert stammende Petrusevangelium mit 60 Versen gefunden wurde, ist der apokryphe Text bekannt, aus dem im Folgenden zitiert wird. Auffallend ist, dass das Wort des gekreuzigten Jesus

»Mein Gott, mein Gott, warum hast du mich verlassen?« (Ps 22,2 = Mk 15,34 = Mt 27,46) eine höchst ungewohnte Veränderung erhalten hat. Das zweimalige »Mein Gott« wurde durch ein zweimaliges »Meine Kraft« (Vers 19) ersetzt – ein deutlicher Hinweis darauf, dass das dunkle Wort von der Gottverlassenheit Jesu schon damals Auslegungs- und Glaubensschwierigkeiten heraufbeschworen hat: der Gekreuzigte im Drama der Dreifaltigkeit. Blieben der Vatergott und der Heilige Geist teilnahmslos in dieser schweren Stunde? ((65))

Textquelle: Petrusevangelium

Petrusevangelium
(8./9. Jahrhundert)

Es war Mittag, als eine Finsternis über ganz Judäa kam. Da ängstigten sie sich und fürchteten, die Sonne sei untergegangen, während Jesus noch lebe. Es ist nämlich vorgeschrieben, die Sonne darf nicht untergehen über einem Gerichteten. Einer von ihnen sprach. »Gebt ihm Galle mit Essig zu trinken.« Sie mischten es und gaben es ihm zu trinken. So erfüllten sie alles und machten die Sünden übervoll, die sie auf ihr Haupt luden. Viele gingen mit Lampen umher. Sie meinten, die Nacht sei gekommen, und fielen nieder. Da schrie der Herr auf und sprach. »Meine Kraft, meine Kraft, warum hast du mich verlassen?« Nach diesen Worten starb er. Im gleichen Augenblick zerriss der Vorhang des Tempels in Jerusalem in zwei Stücke. Man zog die Nägel aus den Händen des Herrn und legte ihn auf den Boden. Die ganze Erde bebte, und alle befiel große Angst. Doch die Sonne leuchtete plötzlich wieder. Es war die neunte Stunde. Die Juden aber frohlockten. Sie gaben dem Josef (von Arimatäa) seinen Leib, um ihn zu begraben. Josef hatte

Josef von Arimatäa war ein Mitglied des Hohen Rats. Er bat Pontius Pilatus um die Freigabe des Leichnams und bestattete diesen in einem nahe gelegenen Felsengrab.

all das Gute gesehen, das der Herr getan hatte. Josef nahm den Leichnam, wusch ihn, hüllte ihn in ein Grablinnen und legte ihn in sein eigenes Grab, genannt der Josefsgarten. Da erkannten die Juden, Ältesten und Priester, welches Unheil sie sich selber angetan hatten. Sie fingen an, sich an die Brust zu schlagen und zu sprechen: »Wehe unseren Sünden! Das Gericht und das Ende Jerusalems sind nahe!« Ich (Petrus als fingierter Erzähler) aber grämte mich mit meinen Gefährten. Voller Schmerz hielten wir uns verborgen, denn sie suchten uns, als wären wir Missetäter und Tempelbrandstifter. Angesichts dieser Ereignisse fasteten wir und saßen in Trauer und Tränen Tag und Nacht bis zum Sabbat. (1,15–27)

Totenerweckungen in Jerusalem

Das apokryphe Nikodemusevangelium, dessen aus dem Griechischen übersetztem Text eine Ergänzung beigefügt ist, die aus einer lateinischen Fassung dieses Evangeliums stammt, greift die rätselhaften Ereignisse im Zusammenhang mit dem Tod des gekreuzigten Jesus auf, die im Matthäusevangelium festgehalten sind: das Zerreißen des Tempelvorhangs (Mt 27,51), das Erdbeben und die Spaltung der Felsen (Mt 27,51) sowie die Erscheinung wiederbelebter Toter (Mt 27,52). Zur Bekräftigung des Textes wird als glaubwürdiger Zeuge und kompetenter Berichterstatter Josef von Arimatäa (Mt 27, 57), ein Mitglied des Hohen Rates (→ Glossar), eingeführt. ((66))

Textquelle: Nikodemusevangelium
Leere Gräber und die Suche nach Auferweckten

Da sprach Josef (von Arimatäa): »Warum wundert ihr euch über die Auferweckung Jesu? Nicht sie ist zum Verwundern, sondern vielmehr die Tatsache, dass nicht er allein erweckt wurde, sondern dass er noch viele andere Tote erweckt hat, die sich vielen in Jerusalem gezeigt haben. Wenn ihr die andern bis jetzt nicht

Nikodemusevangelium
(5. Jahrhundert)

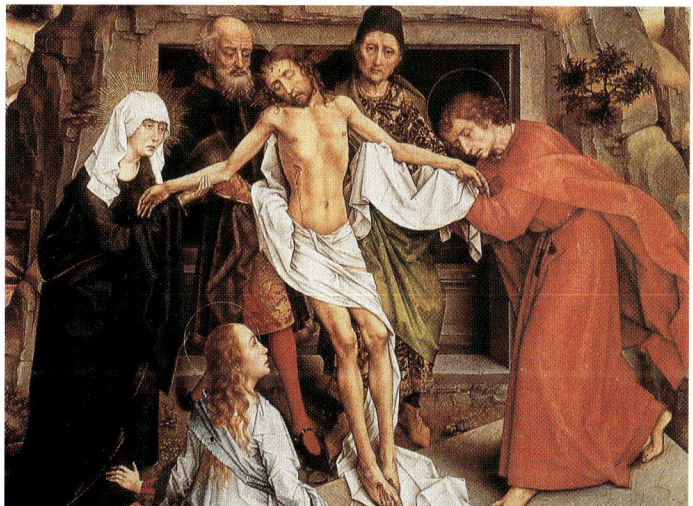

Als Augenzeuge berichtet Josef von Arimatäa im Nikodemusevangelium von der Kreuzigung, Grablegung und Auferstehung Christi. Auf Rogier van der Weydens »Beweinung Christi« wird er mit einer Kopfbedeckung dargestellt. (Florenz, Uffizien).

kennt, Simeon, der Jesus in seine Arme nahm, und seine zwei Söhne, die Jesus hat auferstehen lassen, die sind euch doch inzwischen bekannt geworden. Wir haben sie ja vor kurzem beerdigt. Jetzt aber kann man ihre Gräber geöffnet und leer sehen, sie selbst aber sind lebendig und halten sich in Arimatäa auf.«

Man entsandte also Leute, und diese fanden ihre Gräber geöffnet und leer. Darauf sprach Josef: »Wir wollen nach Arimatäa gehen und sie dort ausfindig machen.«

Da standen die Hohenpriester HANNAS und KAIPHAS sowie Josef, Nikodemus, Gamaliel und andere mit ihnen auf und gingen nach Arimatäa, und sie fanden die von Josef Genannten. Sie sprachen nun ihr Gebet und begrüßten einander. Dann gingen sie mit ihnen nach Jerusalem und brachten sie in die Synagoge. Dann verriegelten sie die Tore. Die Hohenpriester legten das Alte Testament der

Hannas war von 6–15 n. Chr., Josef Kajafas von 18–36 n. Chr. Hoherpriester des Jerusalemer Tempels.

Juden in die Mitte und sprachen zu ihnen: »Wir wollen, dass ihr beim Gott Israels und bei Adonai schwört und die Wahrheit sagt, wie ihr auferstanden seid und wer euch von den Toten erweckt hat.«
Als die Auferstandenen das hörten, bezeichneten sie ihr Gesicht mit dem Zeichen des Kreuzes und sprachen zu den Hohenpriestern: »Gebt uns Papier, Tinte und Schreibrohr!« Man brachte es ihnen. Sie setzten sich und schrieben [die Ereignisse nieder].
(Kapitel 17 bzw. 1)

Das Zeugnis der Auferweckten

Im apokryphen Nikodemusevangelium wird eine interessante Auferstehungslegende beschrieben: Nicht allein Jesus wurde von den Toten erweckt, sondern mit ihm auch viele andere Gläubige.

»Als wir von Galiläa an den Jordan kamen, da begegnete uns eine gewaltige Menge weiß gekleideter Menschen, die bereits gestorben waren. Unter ihnen erblickten wir auch Karinus und Leucius. Da diese zu uns herankamen, küssten wir uns gegenseitig, da sie unsere lieben Freunde gewesen waren. Wir fragten sie: ›Sagt uns, Freunde und Brüder, wie steht es bei euch mit Seele und Leib? Was sind das für Leute, mit denen ihr einherzieht? Wie kommt es, dass ihr, die ihr gestorben wart, in eurem Leibe zurückgekehrt seid?‹
Sie antworteten uns: ›Wir sind mit Christus von den Toten auferstanden. Er selbst hat uns vom Tode erweckt. Daraus könnt ihr erkennen, die Pforten des Todes und der Finsternis sind zerstört, die Seelen der Heiligen daraus befreit und mit dem Herrn Christus zum Himmel aufgestiegen. Auch uns ist vom Herrn selbst aufgetragen worden, während einer vorherbestimmten Zeit nur an den Ufern und über die Berge am Jordan zu wandern, aber so, dass wir nicht allen sichtbar sind und nicht mit allen reden, außer mit solchen, mit denen er es erlaubt. Jetzt eben hätten wir nicht mit euch reden noch von euch gesehen werden können, wenn es uns nicht vom heiligen Geiste erlaubt worden wäre.‹«
Da sprachen Kaiphas und Hannas zur Versammlung: »Jetzt wird es Klarheit geben über alles, was diese früher und später bezeugt haben. Wenn es wahr ist, dass Karinus und Leucius lebendig in ihrem Leibe sind, und wenn wir sie mit unseren Augen sehen können, dann entspricht das, was diese bezeugen, in allem der Wahrheit. Finden wir sie, dann werden sie uns über alles aufklären. Wenn nicht, dann wisst ihr, alles ist erlogen.«
... Sie zogen los und wanderten durch die ganze Gegend am Jordan und die dortigen Berge, fanden sie aber nicht und machten sich auf den Heimweg.
Und siehe, plötzlich stieg vor ihren Augen eine gewaltige Schar vom Berge Amalech herab, ungefähr 12 000 Männer, die zugleich mit dem Herrn auferstanden waren. (zweite lateinische Fassung der »Höllenfahrt Christi«; deutsche Übersetzung: E. Hennecke, W. Schneemelcher, Band I, Seite 354f.)

Die Höllenfahrt Jesu

Die Frage, was zwischen dem Tod Jesu und seiner Auferstehung (in unserer Bezeichnung »Karsamstag«) geschehen ist, hat die urchristlichen Gemeinden offenbar in höchstem Maße interessiert. Einen wichtigen Anhaltspunkt gab der neutestamentliche 1. Petrusbrief: »... dem Fleisch nach wurde er (Jesus) getötet, dem Geist nach lebendig gemacht. So ist er auch zu den Geistern gegangen, die im Gefängnis (der Unterwelt, des Hades) waren, und hat ihnen gepredigt ... Auch Toten ist das Evangelium verkündet worden« (1 Petr 3,18-19; 4,6). Als Glaubenswahrheit formuliert wurde dies später im 4. Artikel des Apostolischen Glaubensbekenntnisses: »... hinabgestiegen in das Reich des Todes, am dritten Tage auferstanden von den Toten«. Joseph Ratzinger schreibt dazu: »Vielleicht kein Glaubensartikel steht unserem heutigen Bewusstsein so fern wie dieser.«

Bemerkenswert an der »Höllenfahrt Jesu« nach dem Nikodemusevangelium ist die Personalisierung der Vorhölle; sie unterhält sich mit Satan, dem Oberhaupt der Teufel, wird aber auch von Heiligen angesprochen.

Ringen mit Satan und Hölle

Im apokryphen Nikodemusevangelium überliefern Karinus und Leucius, zwei der beim Kreuzestod Jesu Auferweckten (vgl. Mt 27, 51-53), den Bericht über die Höllenfahrt Jesu (Descensus ad inferos). Darin sind drei Motive auffallend: das Motiv des Lichtes, das die Finsternis erhellt, das Motiv des Ringens mit dem Teufel, der durch die Übermacht Jesu gezwungen wird, die Pforten der (personifizierten!) Hölle für Jesus, den triumphierenden Sieger, zu öffnen, sowie das Motiv der Begegnung und des Gespräches Jesu mit Adam. Das dramatische, bildeträchtige Geschehen hat in der orthodoxen Ikonenmalerei als »Höllenfahrt Jesu« seinen häufigen und beliebten Niederschlag gefunden: die Verkündigung der Erlösung durch Jesus Christus an die in der Vorhölle wartenden Gerechten Israels und aller Völker. ((67))

Textquelle: Nikodemusevangelium
Ein Licht von der Farbe des Königspurpurs

(Karinus und Leucius sagten:) »Herr Jesus Christus, Auferstehung und Leben der Toten, gestatte uns, dass wir von den Geheimnissen deines Kreuzestodes sprechen ... denn du hast deinen Dienern geboten, niemandem von den verborgenen Werken deiner göttlichen Majestät zu erzählen, die du in der Hölle vollbracht hast. Wir waren mit unseren Vätern in der Tiefe der dichten Finsternis. Plötzlich erschien der goldene Glanz der Sonne und ein Licht von der Farbe des Königspurpurs und überstrahlte uns.

Nikodemusevangelium (5. Jahrhundert)

Bezüge zur Bibel: Jesaja (Zitat Jes 8,23; 9,1).

Das Zeugnis Abrams und Jesajas

Alsbald rief der erste Vater des Menschengeschlechtes mit allen Patriarchen und allen Propheten in großer Freude: ›Dieses Licht ist der Beginn des ewigen Lichtes ...‹ JESAJA rief aus: ›Es ist das Licht des Vaters, des Gottessohnes, wie ich es ankündigte, als ich auf Erden lebte. Das Land Sebulon und das Land Naphthali jenseits des Jordans, das Galiläa der Heiden, das Volk, das im Finstern weilte, sah ein großes Licht ... Jetzt ist es erschienen und leuchtet uns, die wir im Tode weilten‹.

Das Zeugnis Simeons

Bezüge zur Bibel: Simeon (Hinweis auf Lk 1,32), Johannes der Täufer (Hinweis auf Joh 1,29-34).

Als wir uns an diesem über uns strahlenden Lichte erfreuten, kam unser Vater SIMEON hinzu. Auch er war freudig und sprach zu uns: ›Ehret den Herrn Jesus, den Sohn Gottes, den ich im Tempel in meinen Händen hielt, als er ein Kind war, und zu dem ich, vom Heiligen Geist getrieben, sprach: ‚... dass er das Licht sei für die Heiden und Ruhm seines Volkes Israel'.‹ Als sie diese Worte hörten, wurde die Menge der Heiligen noch fröhlicher.

Das Zeugnis Johannes' des Täufers

Da kam einer, der glich einem Bewohner der Wüste. Alle fragten ihn, wer er sei. Er antwortete: ›Ich bin JOHANNES, Stimme und Prophet des Allerhöchsten. Ich bin vor ihm hergezogen, um ihm den Weg zu bereiten ... Als ich ihn zu mir kommen sah, sprach ich, vom Heiligen Geist getrieben: ‚Seht das Lamm Gottes, das hinwegnimmt die Sünden der Welt.' Ich taufte ihn im Jordan. Jetzt bin ich vor ihm gekommen und hinabgestiegen, um euch zu verkünden, dass uns, die wir in Finsternis und Todesschatten sitzen, bald der Sohn Gottes selbst besuchen wird, das Licht aus der Höhe ...‹.

Satan wird entmachtet

Bezüge zur Bibel: David (Hinweis auf Ps 107,16; 24,8), Jesaja (Zitat Jes 26,10 und Anspielung auf Jes 25,8 – aufgegriffen von Paulus in 1 Kor 15,55).

Während das Oberhaupt Satan und die Hölle so miteinander redeten, ereignete sich etwas wie ein Donnerschlag und ein Ruf: ›Fürsten, macht eure Tore weit, macht euch hoch, alte Pforten, dass der König der Ehre einziehe.‹ Als sie das hörte, sprach die Hölle zu Satan: ›Weiche von mir und geh hinaus! Wenn du ein mächtiger Krieger bist, so streite gegen den König der Ehre! Doch was hast du mit ihm zu schaffen?‹ Die Hölle warf Satan hinaus. Sie sprach zu ihren ruchlosen Dienern: ›Schließt die grausamen ehernen Tore, macht die eisernen Riegel zu und widersteht mit Tapferkeit ...‹.

Die Tore der Hölle wanken

Da sprach die Menge der Heiligen zur Hölle mit drohender Stimme: ›Öffne deine Tore, damit der König der Ehre einziehe!‹ DAVID rief: ›Sagte ich es euch nicht voraus, als ich auf Erden lebte: ‚... Der Herr hat die ehernen Tore zerbrochen und die eisernen Riegel zerschlagen ...'‹ JESAJA sprach: ›Sagte ich es euch nicht voraus, als ich auf Erden lebte: ‚Die Toten werden leben, und die Leichname werden

Die Höllenfahrt Jesu

Das apokryphe Nikodemusevangelium schildert Christi Höllenfahrt. Er trifft dort heilige Männer des Alten Testaments wie König David und den Propheten Jesaja und befreit sie aus der Macht der personifizierten Hölle. (Duccio, Maestà, «Christus in der Vorhölle»).

auferstehn ... Tod, wo ist dein Stachel? Hölle, wo ist dein Sieg?‹ Als sie JESAJA hörten, sprachen die Heiligen zur Hölle: ›Öffne deine Tore! Du bist besiegt. Von jetzt an bist du schwach und ohnmächtig.‹ Es erscholl eine mächtige Stimme, dem Donner gleich: ›Fürsten, macht eure Tore weit! Macht euch hoch, alte Pforten, dass der König der Ehre einziehe!‹ Als die Hölle zweimal diesen Ruf hörte, fragte sie, ohne zu begreifen: ›Wer ist dieser König der Ehre?‹
Der König DAVID erwiderte der Hölle: ›Ich erkenne diesen Ruf, denn mit Hilfe des Geistes Gottes habe ich all das angekündigt. Was ich damals sagte, wiederhole ich: ‚Der Herr stark und mächtig, der Herr mächtig im Streit, das ist der König der Ehren.' Der Herr selbst hat seinen Blick vom Himmel zur Erde gewandt, um der Gefangenen Stöhnen zu hören und um die Kinder des Todes zu erlösen. Sündige und stinkende Hölle, öffne jetzt deine Tore für den Einzug des Königs der Ehren.‹

Die Hölle wird Christus unterworfen
Während DAVID so redete, betrat der Herr der Herrlichkeit in Menschengestalt die Hölle. Er erhellte die ewige Finsternis und zerbrach die unlösbaren Bande ...
Als die Hölle, der Tod und ihre grausamen und ruchlosen Helfer das sahen, erschraken sie, weil sie in ihrem eigenen Reich der Finsternis den Glanz eines so großen Lichtes erkannten und plötzlich Christus auf ihren Thronen erblickten. Sie riefen: ›Du hast uns besiegt! Wer bist du, der uns als Meister in Verwirrung stürzt? ... Wer bist du, so groß und so klein, erniedrigt und erhaben, Soldat und Feldherr, du wunderbarer Kämpfer in Knechtsgestalt (Phil 2,7), toter und jetzt lebender König der Ehren, den das Kreuz als Opfer trug? Du wurdest tot ins Grab gelegt. Lebendig bist du zu uns her-

Die detaillierte Beschreibung der Hölle gehört zu den eindrucksvollsten Textpassagen des apokryphen Nikodemusevangeliums aus dem 5. Jahrhundert.

abgestiegen. Bei deinem Tode bebte die ganze Schöpfung und wankten alle Sterne. Jetzt bist du frei inmitten der Toten und trägst Verwirrung in unsere Reihen! Wer bist du, der die von der ERBSÜNDE *gefesselten Gefangenen befreit und ihnen die ursprüngliche Freiheit wiederschenkt? Wer bist du, der die von der Finsternis der Sünde Erblindeten mit göttlichem, leuchtendem und strahlendem Licht überströmt?‹*

Alle Heerscharen der erschrockenen Teufel schrien wie mit einer Stimme: ›Woher kommst du, Jesus, der von Kraft und Majestät erfüllte Mensch, du Leuchtender, Wunderbarer, Makelloser ohne Fehl? Die irdische Welt, die uns bisher untertan war und uns Tribut entrichtete, hat uns niemals einen Verstorbenen wie dich zugeführt und der Hölle niemals ein solches Geschenk zugedacht.

Wer bist du, um so furchtlos bei uns einzutreten? Dich erschrecken nicht unsere Martern. Du bemühst dich, alle Menschen unsern Banden zu entreißen. Gewiss bist du jener Jesus, von dem unser Oberhaupt Satan sagte, sein Tod am Kreuz habe ihm Macht über die ganze Welt verliehen!‹ ... Als die Hölle so sprach, sagte zu ihrem Oberhaupt Satan, der König der Ehren, zur Hölle: ›Satan, dein Oberhaupt, wird dir für alle Ewigkeit unterworfen sein, anstelle meiner Gerechten, Adams und seiner Söhne.‹

Christus versammelt die Heiligen

Der Herr streckte die Hand aus und verkündete: ›Kommt zu mir, alle meine Heiligen, die ihr nach meinem Bilde und Gleichnis seid! Ihr wurdet verdammt durch das Holz (des Paradieses), den Teufel und den Tod. Seht, jetzt ist der Teufel verdammt durch das Holz (des Kreuzes) und den Tod.‹

Alsbald wurden alle Heiligen vereint unter der Hand des Herrn. Der Herr hielt Adams rechte Hand und sprach zu ihm: ›Friede sei mit dir und mit allen deinen Söhnen, meinen Gerechten.‹ Da kniete Adam vor dem Herrn nieder und dankte ihm ... Auch alle Heiligen Gottes knieten vor dem Herrn nieder und sprachen gemeinsam: ›Du bist erschienen, o Erlöser der Welt! Was du durch das Gesetz und die Propheten ankündigtest, hast du vollendet. Du hast die Lebenden durch das Kreuz erlöst. Wegen der Verdienste deines Kreuzestodes bist du zu uns herabgestiegen, um uns durch deine Majestät der Hölle und dem Tode zu entreißen. Herr, wie du die Zeichen deiner Herrlichkeit im Himmel begründet und auf Erden dein Kreuz als Zeichen der Erlösung errichtet hast, so pflanze durch das Kreuz das Zeichen deines Sieges auch in die Hölle, damit der Tod von jetzt an keine Gewalt mehr habe.‹ Der Herr streckte die Hand aus und machte das Kreuzeszeichen über Adam und alle Heiligen. Dann stieg er aus der Hölle empor. Er hielt die rechte Hand Adams, und alle Heiligen folgten ihm«. (Kapitel 2-9)

Das Stichwort »Erbsünde« kennzeichnet die theologiegeschichtliche Spätphase der Glaubensvertiefung. Zu unterscheiden ist zwischen Ursünde und Erbschuld. ((68))

Hier wird geschildert, wie Jesus durch die Kraft des Glaubens die Finsternis der Hölle überwand und gemeinsam mit den Gläubigen daraus emporstieg.

Abgestiegen in das Reich der Toten

In der neutestamentlichen Ostergeschichte bündelt sich eine Vielzahl von Erlebnissen, in denen verschiedene Erfahrungen und Begegnungen mit dem auferstandenen Christus zum Ausdruck kommen, wie auch Vorstellungen aus dem jüdischen wie judenchristlichen (→ Glossar: Judenchristen) Raum zu erkennen sind (Ps 88, 11–13; Eph 4,7–10). Sehr präzise wird im 1. Petrusbrief der Gang Jesu nach seinem Kreuzestod in die Unterwelt thematisiert. Dort habe Jesus den wartenden Gerechten die Erlösungsbotschaft und auch ihr Eintreten in die himmlische Herrlichkeit verkündet (1 Petr 3,19).

Das apokryphe Petrusevangelium beschreibt besonders plastisch den Kreuzestod Jesu, seinen Abstieg in die Unterwelt und die Auferstehung des Gottessohnes.

An die Adresse Pilatus'

Auffallend ist die Parallelität zwischen der Aussage des 1. Petrusbriefes (geschrieben am Ende des 1. Jahrhunderts) und des Berichtes des apokryphen Petrusevangeliums (8./9. Jahrhundert; siehe auch Seite 27 und 188ff.). Der daraus zitierte folgende Abschnitt geht aber einen beachtlichen Schritt weiter als die Berichte der vier kanonischen (→ Glossar: Kanon) Evangelien. Er ist eingebettet in eine übergreifende Pilatusgeschichte: Pilatus hatte Jesus zum Kreuzestod verurteilt – Pilatus sollte als Erster über den seltsamen Vorfall der Erscheinung Jesu informiert werden. Seine gnostische (→ Glossar: Gnosis) Herkunft kann das Petrusevangelium nicht verleugnen.

Textquelle: Petrusevangelium

In der Nacht aber, da der Sonntag (= der erste Wochentag nach dem Sabbat) anbrach, standen die Soldaten abwechselnd zu zweit und zweit auf Wache (am Grab Jesu). Da erhob sich ein großes Getöse im Himmel. Sie sahen den Himmel offen: Zwei Männer in strahlendem Lichte stiegen von dort herab und näherten sich dem Grab. Der Stein, der vor den Eingang gerollt worden war, kam von selber ins Rollen und wich zur Seite. Dann öffnete sich das Grab, und die beiden Jünglinge gingen hinein.
Als die Soldaten das sahen, weckten sie den Hauptmann und die Ältesten; auch diese waren dort auf Wache. Während sie noch das Geschehene berichteten, sahen sie drei Männer aus dem Grabe herauskommen: Die zwei Jünglinge stützten den Dritten, ein Kreuz folgte ihnen. Das Haupt der beiden ersten erreichte den Himmel, aber das Haupt des von ihnen Herausgeführten überragte den Himmel. Sie hörten eine Stimme vom Himmel, die sprach: »Hast du den Toten gepredigt?« Sie hörten vom Kreuze antworten: »Ja.«
Nun überlegten sie miteinander, ob sie nicht fortgehen sollten, um Pilatus das Vorkommnis zu melden. Während sie noch überlegten, sahen sie nochmals den Himmel geöffnet und einen Menschen herabsteigen, der in dem Grab verschwand. Als der Hauptmann und seine Begleiter diese Erscheinungen entdeckt hatten, eilten sie

Petrusevangelium
(8./9. Jahrhundert)

noch in der gleichen Nacht zu Pilatus und ... erzählten alles, was sie gesehen hatten ... Pilatus befahl dem Hauptmann und den Soldaten stillzuschweigen. (1,35–45.49)

Jesus in der Unterwelt

Die Frage »Wo war Jesus nach seinem Kreuzestod auf Golgotha?« Er ist doch erst »am dritten Tag« nach seinem Sterben auferstanden –, hat verständlicherweise bereits die Christen der Urkirche beschäftigt. Im 1. Petrusbrief des Neuen Testaments wurde darauf eine Antwort gegeben (1 Petr 3,18–19). Ausführlich geschildert wird das Thema des Abstiegs Jesu in die Unterwelt im während des 3. Jahrhunderts entstandenen Bartholomäusevangelium, das in der Frühkirche, der koptischen (→ Glossar: Kopten) Kirche des ägyptischen Raums wie im Mittelalter – zum Beispiel dem deutschen Kaiser Ludwig dem Bayer (1314–1346) – bekannt war und sich großer Beliebtheit erfreute. Was im 4. und 5. Jahrhundert die Christenheit in den christologischen (→ Glossar: Christologie, Doketismus) Auseinandersetzungen erregte und entzweite, ist als narrativer Ansatz einer Christuslehre im Bartholomäusevangelium erkennbar. ((69))

Im Bartholomäusevangelium aus dem 3. Jahrhundert wird ausführlich geschildert, wo sich Jesus unmittelbar nach seinem Sterben am Kreuz aufgehalten haben soll – ein Mysterium, das in der Kirche vielfach umstritten war.

Textquelle: Bartholomäusevangelium

Bartholomäusevangelium (3. Jahrhundert)

In der Zeit vor der Passion unseres Herrn Jesus Christus waren einmal alle Apostel versammelt. Da fragten sie ihn und baten: »Herr, offenbare uns die Geheimnisse des Himmels.«
Jesus aber erwiderte: »Ehe ich diesen Fleischesleib abgelegt habe, kann ich euch nichts offenbaren.«
Als er gelitten hatte und auferstanden war, wagten alle Apostel im Blick auf ihn es nicht, ihn zu fragen, weil sein Aussehen nicht so war, wie es früher gewesen war, sondern die Fülle seiner Gottheit sich offenbarte.
Bartholomäus aber trat an ihn heran und sprach: »Herr, ich möchte mit dir reden.«
Jesus entgegnete ihm: »Liebster Bartholomäus, ich weiß, was du sagen willst. Frage also, und ich werde dir auf alles, was du wünschst, antworten. Selbst was du nicht zur Sprache bringst, werde ich dir kundmachen.«
Da sprach Bartholomäus zu ihm: »Herr, als du gingst, um dich ans Kreuz hängen zu lassen, da folgte ich dir von ferne und sah, wie du ans Kreuz gehängt wurdest und wie die Engel vom Himmel herabstiegen und dich anbeteten. Als die Finsternis eintrat, da schaute ich hin und sah, dass du vom Kreuz verschwunden warst; nur deine Stimme hörte ich in der Unterwelt und wie dort plötzlich ein gewaltiges Jammern und Zähneknirschen begann. Sage mir, Herr, wohin bist du vom Kreuz weggegangen?«

Jesus in der Unterwelt

Da antwortete Jesus: »Gesegnet bist du, Bartholomäus, mein Geliebter, weil du dieses Geheimnis geschaut hast. Und jetzt werde ich dir alles, wonach du mich gefragt hast, beantworten. Als ich nämlich vom Kreuz verschwand, da ging ich zur Unterwelt, um den Adam und alle Patriarchen, den Abraham, Isaak und Jakob, von dort herauszuführen. Der Erzengel Michael hatte mich dazu aufgefordert ... Als ich nun mit meinen Engeln in die Unterwelt hinabstieg, um die eisernen Riegel zu zermalmen und die Pforten der Un-

Nach seinem Tod wurde Jesus vom Kreuz abgenommen, was viele Gemälde darstellen, etwa die von Peter Paul Rubens zwischen 1611 und 1614 gemalte Kreuzabnahme. Das Bartholomäusevangelium führt aus, dass Christus schon vorher das Kreuz verließ, um in die Hölle hinabzusteigen.

terwelt aufzubrechen, da sprach Hades zum Teufel: ›Ich sehe, Gott ist auf die Erde herabgestiegen.‹
Die Engel riefen den Gewalthabern zu: ›Öffnet, Fürsten, eure Tore, denn der König der Herrlichkeit ist in die Unterwelt hinabgestiegen‹ ... (1,1–11)

Und ich (Jesus) führte alle Patriarchen hinaus und ging wieder zum Kreuz.«
Bartholomäus sprach zu mir (Jesus): ›Herr, ich sah, wie du wieder am Kreuz hingst und alle auferstanden und dich anbeteten. Sage mir, Herr, wer war es, den die Engel auf ihren Armen brachten, jener übergroße Mensch? Was sprachst du zu ihm, so dass er schwer aufseufzte?‹
›Das war Adam, der Ersterschaffene, um dessentwillen ich vom Himmel auf die Erde herabkam.‹
Und ich (Jesus) sprach zu ihm (Bartholomäus): ›Ich ließ mich deinet- und um deiner Kinder willen ans Kreuz schlagen‹«.
(1,20–22)

Die Auferstehung Jesu

Als Zeugnisse für die Auferstehung Jesu werden im Neuen Testament die Begegnungen und Erfahrungen vieler Menschen angeführt (sogar von 500 Christen zusammen; vgl. 1 Kor 15,6). Die kontroversen Einzelberichte sind daher zum Ganzen der neutestamentlichen Ostergeschichte zusammenzufassen. Erst dann wird der Hintergrund sichtbar: die Sondersituation der judenchristlichen Gemeinden in Palästina, vor allem die sonst verdeckten, kaum beschriebenen Rivalitäten und Auseinandersetzungen um das Vorsteheramt in der Urgemeinde von Jerusalem.

Drei Namen spielen dabei eine Rolle: Petrus (1 Kor 15,5; 2 Petr 1,16), Jakobus (1 Kor 15,7; Apg 12,17), Maria von Magdala (Mk 16,1-6; Mt 28,1-7; Lk 24,1-11; Joh 20,1-2.11-18).

Bereits in der Liste der Auferstehungszeugen (1 Kor 15,5-8) fällt der zweifache Ansatz auf: zuerst Petrus, dann Jakobus. Bei Letzterem handelt es sich um Jakobus den Jüngeren, den Sohn des Alphäus und »Bruder des Herrn« (Mt 27,56); er war der erste Vorsteher (Bischof) der Jerusalemer Urgemeinde. Für Maria von Magdala als erste Kronzeugin der Auferstehung Jesu ist in der Männerliste hingegen kein Platz. Ihre herausragende Stellung wird jedoch nachgereicht und breit beschrieben in nicht wenigen außerbiblischen Apokryphen. Dort wird auch geschildert, dass sie um ihren Rang als Erstzeugin wie auch um ihren Verkündigungsauftrag durch den Auferstandenen redlich gekämpft hat.

> Die neutestamentliche Ostergeschichte ist vielschichtig. Sie erweist sich beim genauen Lesen sogar als kontrovers. Das Argument der Auferstehung Jesu ist jedoch nicht das leere Grab; mit diesem Argument wird nicht gearbeitet.

Die Auferstehungsbotschaft an die Frauen

Das apokryphe Petrusevangelium (8./9. Jahrhundert) bietet innerhalb seiner 60 Verse einen Bericht über die Auferstehung Jesu, der einerseits die Osterverkündung der vier kanonischen (→ Glossar: Kanon) Evangelien (Mt 27,62-66; 28,1-15; Mk 16,1-8; Lk 24,1-11; Joh 20,1-18) voraussetzt und weiterentwickelt und andererseits mündliche Überlieferungen der unterschiedlichsten Herkunft verarbeitet hat.

Der folgende Text kann als interessante Koordinierung und Vernetzung verschiedener Überlieferungsstränge gewertet werden. Drei Motive haben darin eine zentrale Bedeutung: der mächtige Walzstein vor dem Grab Jesu; die Dreiergruppe, die aus dem Grab kommt; der einzelne Mann, der vom Himmel herabsteigt und im Grab verschwindet.

Es kann durchaus vermutet werden, dass mehrere sich reibende Überlieferungen nicht verloren gehen sollten, dass es aber nur sehr schwer gelang, den Lesern eine überzeugende, stimmige Glaubensinformation zu übermitteln. ((70))

Textquelle: Petrusevangelium
Am Grab werden Wachen aufgestellt
Es kamen die Schriftgelehrten, die Pharisäer und Ältesten zusammen, denn sie hörten, dass das ganze Volk murrte, sich an die Brust schlug und sprach: »Wenn bei seinem Tode solch große Zeichen geschehen sind, so seht doch, welch ein Gerechter er war!« Da erschraken die Ältesten. Sie gingen zu Pilatus, baten ihn und sprachen: »Gib uns Soldaten, die sein Grab drei Tage bewachen, damit nicht etwa seine Jünger kommen, ihn stehlen und das Volk glaube, er sei von den Toten auferstanden, so dass sie uns Böses antun.« Da gab ihnen Pilatus den Hauptmann Petronius und Soldaten, um das Grab zu bewachen. Die Schriftgelehrten kamen mit ihnen zum Grabe. Mit dem Hauptmann und den Soldaten wälzten sie einen großen Stein herbei; dann schoben ihn alle miteinander, die dort waren, vor den Eingang des Grabes. Sie versiegelten es mit sieben Siegeln, schlugen dort ein Zelt auf und hielten Wache. In der Morgenfrühe aber, als der Sabbat anbrach, kam viel Volk aus Jerusalem und der Umgebung, um das versiegelte Grab zu sehen.

Petrusevangelium
(8./9. Jahrhundert)

Das Grab öffnet sich
In der Nacht aber, da der Sonntag (= der erste Wochentag nach dem Sabbat) anbrach, standen die Soldaten abwechselnd zu zweit und zweit auf Wache. Da erhob sich ein großes Getöse im Himmel. Sie sahen den Himmel offen: Zwei Männer in strahlendem Lichte stiegen von dort herab und näherten sich dem Grab. Der Stein, der vor den Eingang gerollt worden war, kam von selber ins Rollen und wich zur Seite. Dann öffnete sich das Grab, und die beiden Jünglinge gingen hinein.
Als die Soldaten das sahen, weckten sie den Hauptmann und die Ältesten; auch diese waren dort auf Wache. Während sie noch das Geschehene berichteten, sahen sie drei Männer aus dem Grabe herauskommen: Die zwei Jünglinge stützten den Dritten, ein Kreuz folgte ihnen. Das Haupt der beiden ersten erreichte den Himmel, aber das Haupt des von ihnen Herausgeführten überragte den Himmel. Sie hörten eine Stimme vom Himmel, die sprach: »Hast du den Toten gepredigt?« Sie hörten vom Kreuze antworten: »Ja.« Nun überlegten sie miteinander, ob sie nicht fortgehen sollten, um Pilatus das Vorkommnis zu melden. Während sie noch überlegten, sahen sie nochmals den Himmel geöffnet und einen Menschen herabsteigen, der in dem Grab verschwand.

In der christlichen Kunst ist die Auferstehung Jesu immer wieder eindrucksvoll dargestellt worden, obwohl nach den neutestamentlichen Berichten niemand das Auferstehungsereignis gesehen hat. Das apokryphe Petrusevangelium hat Künstlern für ihre Auferstehungsdarstellungen sicher wertvolle Anregungen gegeben.

Dem Pilatus wird Bericht erstattet
Als der Hauptmann und seine Begleiter diese Erscheinungen entdeckt hatten, eilten sie noch in der gleichen Nacht zu Pilatus und verließen das Grab, das sie bewachten. In großer Angst erzählten

sie alles, was sie gesehen hatten, indem sie sprachen: »Er war wahrhaftig der Sohn Gottes.« Pilatus antwortete: »Ich bin unschuldig am Blut des Gottessohnes! Ihr habt dies beschlossen!« Da kamen sie alle herbei und baten und flehten, er solle dem Hauptmann und den Soldaten befehlen, niemandem von dem Geschauten etwas zu sagen. »Für uns ist es besser«, sprachen sie, »der größten Sünde vor Gott schuldig zu sein, als dem Judenvolk in die Hand zu fallen und gesteinigt zu werden.« So befahl Pilatus dem Hauptmann und den Soldaten stillzuschweigen.

Im apokryphen Petrusevangelium wird ähnlich wie im neutestamentlichen Markusevangelium (Mk 16, 1–8) vom Gang der drei Frauen zum Grab Christi berichtet. Ein Engel verkündet ihnen die Auferstehung des Herrn und verweist auf das leere Grab. (Miniatur aus dem Ingeborg-Psalter, Frankreich, um 1200–1205).

Maria von Magdala und die Frauen erfahren von der Auferstehung Jesu

Im Neuen Testament wird Maria von Magdala oft auch Maria Magdalena genannt. Zu Maria von Magdala siehe auch Seite 194ff.

In der Frühe des Sonntags (= des ersten Wochentages nach dem Sabbat) kam MARIA VON MAGDALA, eine Jüngerin des Herrn. Sie hatte aus Angst vor dem hitzigen Zorn der Juden nicht am Grabe des Herrn getan, was die Frauen für ihre geliebten Toten zu tun pflegen. Sie nahm ihre Freundinnen mit und ging zu der Grabstätte, wo sie ihn hingelegt hatten. Sie fürchteten sich, von den Juden gesehen zu werden, und sprachen: »Wenn wir am Tag seiner Kreuzigung nicht weinen und uns nicht an die Brust schlagen konnten, so wollen wir es wenigstens jetzt an seinem Grabe tun. Wer wird uns aber den Stein vor dem Grabeingang fortwälzen, um hineingehen und uns bei ihm niedersetzen zu können und um zu tun, was geboten ist? Denn der Stein war groß, und wir fürchten, man könnte uns sehen. Wenn wir nicht (in das Grab) eintreten können, so lasst uns wenigstens an der Tür niederlegen, was wir zu seinem Gedächtnis bringen! Lasst uns weinen und uns

an die Brust schlagen, bis wir in unser Haus zurückgekehrt sind.«
Als sie hinkamen, fanden sie das Grab offen. Da traten sie heran und neigten sich, um hineinzuschauen. Inmitten des Grabes sahen sie einen schönen Jüngling in strahlendem Gewand sitzen, der zu ihnen sprach. »Warum seid ihr gekommen? Wen sucht ihr? Vielleicht den Gekreuzigten? Er ist auferstanden und nicht mehr hier. Wenn ihr es aber nicht glaubt, so neigt euch und seht die Stelle, wo er gelegen ist. Da ist er nicht mehr, denn er ist auferstanden und dorthin gegangen, von wo er gesandt war.« Da erschraken die Frauen und flohen. (1,28–57)

Nach Joh 20,6–7 lagen im leeren Grab nur »die Leinenbinden (...) und das Schweißtuch, das auf dem Kopf Jesu gelegen hatte«.

Begegnung des Auferstandenen mit seiner Mutter Maria

Die im Neuen Testament vielfältig vorliegende Ostergeschichte kennt keine Begegnung des auferstandenen Christus mit seiner Mutter Maria. Hat Maria dieses große Glück für sich behalten und selbst gegenüber den Aposteln und der Jerusalemer Urgemeinde (Apg 1,14) darüber nicht gesprochen, so dass in der apostolischen Verkündigung wie auch in den kanonischen (→ Glossar: Kanon) Schriften die Begegnung des Auferstandenen mit seiner Mutter nicht thematisiert geworden ist?

Andererseits erwähnt der Apostel Paulus summarisch eine Erscheinung Jesu vor »über 500 Brüdern auf einmal« (1 Kor 15,6), die ihm aus den urchristlichen Gemeinden in Palästina bekannt geworden war, doch ist in keinem der vier neutestamentlichen Evangelien ein entsprechender (ausführlicher) Bericht darüber zu finden. Von einer vollständigen Erfassung aller Erscheinungen des Auferstandenen kann daher im Neuen Testament nicht die Rede sein.

Die Begegnung des Auferstandenen mit seiner Mutter Maria – sie wurde zu den »sieben Freuden Marias« gezählt – ist seit dem 14. Jahrhundert ein Thema der Frömmigkeit wie der Kunst gewesen (vgl. dazu die künstlerischen Gestaltungen von Rogier van der Weyden, Hans Memling, Albrecht Dürer).

Erste Auferstehungszeugin

Im breiten Strom der mündlichen Überlieferung muss es jedoch einen Bericht über die Erscheinung des Auferstandenen vor seiner Mutter gegeben haben, den Ludolf von Sachsen (1300–1378) in der vierbändigen »Vita Christi« zwischen 1348 und 1360 in seiner Mainzer Klause niedergeschrieben hat. Sein Werk war das meistgelesene Buch des Spätmittelalters. Ludolf von Sachsen stellt die Erscheinung des auferstandenen Christus vor seiner Mutter an die Spitze aller Auferstehungserscheinungen. Er hat damit die Liste der Auferstehungszeugen gemäß 1 Kor 15,5–9 grundlegend korrigiert. Mit Sicherheit hat sich Ludolf von Sachsen an die »Legenda aurea« – von Jakobus a Voragine (1228–1298) 1264 in lateinischer Sprache verfasst und um 1350 erstmals ins Deutsche übersetzt – gehalten, in der die Erscheinung des auferstandenen Christus vor seiner Mutter Maria berichtet wird.

Spuren bei Ignatius von Loyola

Erinnert sei an das Gedicht »Stillung Mariae mit dem Auferstandenen« (in: »Das Marienleben«) von Rainer Maria Rilke: »Was sie damals empfanden... O zu ihr zuerst.«

Bemerkenswert ist, dass Ignatius von Loyola (1491–1556) in seinem Exerzitienbüchlein die »unbiblische« Begegnung des auferstandenen Jesus mit seiner Mutter als dessen erste Erscheinung zweimal erwähnt (Nr. 218–224 und Nr. 299–311). Es lässt sich nachweisen, dass Ignatius von Loyola die spanische Ausgabe der »Vita Christi« Ludolfs von Sachsen während seiner Genesungszeit (nach 1521) gelesen und von ihr einen nachhaltigen Eindruck empfangen hat. Von Ludolf hat er die Erhebung Marias an die Spitze der Auferstehungszeugen übernommen. Wer die Texte seines Exerzitienbüchleins liest, spürt die emotionale Ergriffenheit des Autors (angesichts einer apokryphen Überlieferung!) und die gewollte Hinführung seiner Leser zur österlichen Mitfreude mit Maria, der Mutter Jesu. Auch in seinen Lebenserinnerungen (1. Kapitel, Nr. 5) findet sich ein Nachhall seiner Lektüre der »Vita Christi«.

Textquelle: Vita Christi / Ludolf von Sachsen

Vita Christi
(um 1360)

Als die Herrin (Maria) betete und den Tränen der Liebe freien Lauf ließ, da kommt plötzlich der Herr Jesus in den strahlend weißen Gewändern seiner Glorie und seiner eben erst geschehenen Auferstehung. Ganz festlich erscheint er seiner verzweifelten und trauernden Mutter mit frohem Gesicht, voll Schönheit, Ruhm und Freude. In Anbetung erhebt sich diese unter Tränen und umarmt ihn vor Freude. Als sie später beisammensaßen, schaute sie ihm neugierig ins Gesicht und nach den Wunden an seinem Körper. Besorgt fragte sie ihn, ob jede Pein vorüber und aller Schmerz von ihm gewichen sei. O welch große Freude erfüllte die Mutter, als sie den, den sie gebar, frei von Leiden sieht!

Die Betastbarkeit des Auferstandenen

In einer 1895 entdeckten, vielleicht schon in der ersten Hälfte des 2. Jahrhunderts niedergeschriebenen apokryphen Schrift mit dem Titel »Epistula Apostolorum« (Brief der Apostel) wenden sich die elf Jünger an die Christen der vier Weltgegenden und berichten von ihren Erlebnissen mit dem auferstandenen Christus. Dieses fingierte Schreiben stellt in scharfer Abgrenzung von den leibfeindlichen Tendenzen der Gnosis (→ Glossar) die nachprüfbare Leiblichkeit und Betastbarkeit des auferstandenen Herrn deutlich heraus. ((71))

Textquelle: Epistula Apostolorum

Epistula Apostolorum
(2. Jahrhundert)

Darauf sprach der Herr zu Maria und zu ihren Schwestern: »Lasst uns zu ihnen (den Aposteln) gehen!« Er kam und fand uns drinnen verhüllt. Wir zweifelten und glaubten nicht. Denn er kam uns wie ein Gespenst vor. Wir glaubten nicht, dass er es wäre. Aber er war es.

So aber sprach er zu uns: »Kommt, fürchtet euch nicht! Ich bin euer Lehrer, den du, Petrus, dreimal verleugnet hast, und jetzt verleugnest du wiederum?«
Wir gingen zu ihm, indem wir dachten und zweifelten, ob er es wirklich wäre.
Er sprach zu uns: »Warum zweifelt ihr und seid ihr ungläubig? Ich bin es, der zu euch über mein Fleisch, meinen Tod und meine Auferstehung gesprochen. Damit ihr aber erkennt, dass ich es bin, so lege, Petrus, deine Hand in das Nägelmal meiner Hände und du, Thomas, in meine Seiten, und auch du, Andreas, sieh, ob mein Fuß auf die Erde tritt und eine Spur hinterlässt. Denn es steht beim Propheten geschrieben: ›Ein Gespenst, ein Dämon hat keine Spur auf der Erde.‹«

Nach der Epistula Apostolorum aus dem 2. Jahrhundert vergewissern sich die Apostel der Leiblichkeit des wahrhaft Auferstandenen. Mattia Pretis Gemälde »Ungläubiger Thomas« (1663/80) folgt der Version des Johannesevangeliums (Joh 20, 24–29), nach dem allein Thomas zweifelt.

Wir aber betasteten ihn, der wahrhaftig im Fleisch auferstanden war. Darauf fielen wir vor ihm auf unser Angesicht, baten ihn um Verzeihung und flehten ihn an, weil wir ihm nicht geglaubt hatten. Darauf sprach unser Herr und Heiland zu uns: »Steht auf! Ich werde euch offenbaren, was auf Erden und was oberhalb der Himmel ist, und eure Auferstehung, die im Himmelreich, um derentwillen mein Vater mich gesandt hat, um euch und die, welche an mich glauben, hinaufzuführen«. (Nr. 11–12)

(La Valletta, National Museum of Fine Arts).

Das Mysterium des Auferstandenen

Das materiell-immaterielle Rätsel des auferstandenen Jesus hat die frühe Christenheit nachhaltig beschäftigt. Was die vier Evangelien hierzu überliefern, sind Eckdaten der österlichen Erfahrungen, die den energisch nachfragenden Christen und Heiden jedoch nicht genügten. Argument für die Auferstehung Jesu war, wie schon erwähnt, nicht das leere Grab – es sind die Begegnungen mit dem Auferstandenen, die ebenso beglücken wie beunruhigen: Der Auferstandene geht auf die Menschen zu; er spricht mit ihnen; er hält Tischgemeinschaft mit ihnen (Lk 21,36–43; 24,28–32); er lässt sich berühren, er fordert dazu ausdrücklich auf (Joh 20,27–29); er überwindet Dichte und Schwerkraft der Materie, indem er durch verschlossene Türen (Joh 20,19.26) schreitet.

Der Auferstehungsleib im Zentrum der Kritik

Durch die Materie- und Leibfeindlichkeit der Gnosis (→ Glossar), der stärksten Rivalin des christlichen Glaubens, geriet mit der Menschheit Jesu auch sein Auferstehungsleib in das Sturmzentrum der Kritik. Um die Wende vom 2. zum 3. Jahrhundert hat Klemens von Alexandrien (140/150–211/215) in einer Anmerkung zu 1 Joh 1,1 geschrieben: »Es wird in den Überlieferungen berichtet, Johannes habe, als er seinen (Jesu) äußerlichen Leib berührte, seine Hand in die Tiefe geführt und die Festigkeit des Fleisches habe sich ihm nicht widersetzt, sondern der Hand des Jüngers Raum gegeben.« Aus dem gleichen Zeitraum ist eine ähnliche Beschreibung des Auferstehungsleibes Jesu in den apokryphen Johannesakten (siehe auch Seite 27 und 223ff.) überliefert, die im Folgenden zitiert wird.

Textquelle: Johannesakten

Johannesakten (2./3. Jahrhundert)

Manches Mal, wenn ich (Johannes) ihn (Jesus) anfassen wollte, stieß ich auf einen materiellen, festen Körper; ein anderes Mal dann wieder, wenn ich ihn berührte, war die Substanz immateriell und unkörperlich und so, als sei sie überhaupt nicht existent.
(Kapitel 93)

Maria von Magdala als Zeugin der Auferstehung

Magdala ist der Heimatort der im Neuen Testament oft auch Maria Magdalena (Mt 27,26.61) genannten Frau, ein Fischerdorf am Westufer des Sees Gennesaret.

Im Neuen Testament lässt sich eine Spannung nicht wegdiskutieren, die erstaunlicherweise stehen geblieben und nicht nachträglich beseitigt oder geglättet worden ist: Ist Maria von Magdala die erste Auferstehungszeugin (Joh 20,11–18) oder Petrus der erste Auferstehungszeuge (1 Kor 15,5)? Diese Frage greift auch das apokryphe Evangelium nach Maria (von Magdala) auf, das nur in wenigen Bruchstücken vorliegt (zum Beispiel Papyrus 8502/Berlin beziehungsweise Papyrus 463/Manchester).

Frauenfeindliche Untertöne

In diesem apokryphen Text, der seine gnostische (→ Glossar: Gnosis) Herkunft nicht verleugnen kann, wird der im Neuen Testament offensichtliche Widerspruch noch erheblich verschärft: als heftiger Streit mit frauenfeindlichen Untertönen. Über Maria von Magdala wird nämlich berichtet, sie sei intime Gesprächspartnerin des geschichtlichen wie des auferstandenen Jesus gewesen. Dieser habe ihr besondere Offenbarungen anvertraut. Als Maria auf Bitten der Apostel über solche privaten Offenbarungen und Traumerscheinungen Jesu berichtet, bringen ihr die Apostel, allen voran Petrus und sein Bruder Andreas, äußerste Skepsis, Misstrauen und Ablehnung entgegen.

Im Hintergrund steht die entscheidende Frage: »Wie sollen wir im Auftrag Jesu dessen Botschaft bis an die Grenzen der Erde verkünden, wenn wir selbst keinen Durchblick und Überblick über die Verkündigung Jesu haben?«

Keine Gestalt der Bibel ist in ihrer Verbindung mit Jesus von apokryphen Schriften wie von modernen Medien so »verschlissen« worden wie Maria von Magdala. Erinnert sei nur an die Mysterienoper »Jesu Hochzeit« (1979) von Lotte Ingrisch und Gottfried von Einem und an den Spielfilm »Die letzte Versuchung Jesu« (1988) nach dem Roman von Nikos Kazantzakis.

Textquelle: Evangelium nach Maria von Magdala

Die Jünger waren in großer Verwirrung. Sie waren betrübt, weinten heftig und sprachen: »Wie sollen wir zu den Heiden gehen und das Evangelium vom Reich des Menschensohnes predigen?« ...

Da stand Maria (von MAGDALA) auf, begrüßte sie alle und sprach zu ihren Brüdern (den Jüngern): »Weinet nicht, seid nicht traurig und auch nicht unentschlossen. Seine (Jesu) Gnade wird mit euch allen sein und wird euch beschützen. Lasst uns vielmehr seine Größe preisen, denn er hat uns bereitet und zu Menschen gemacht ...« Dann schwieg sie, so dass man annehmen konnte, bis hierher habe der Erlöser mit ihr gesprochen ...

Andreas aber entgegnete und sprach zu den Brüdern: »Ich glaube nicht, dass der Erlöser das (zu Maria von MAGDALA) gesagt hat. Denn diese Aussagen (Jesu) sind anders, als wir sie kennen ...«

Petrus aber fragte (die Jünger): »Sprach er (Jesus) mit einer Frau heimlich vor uns und nicht offen? Sollen wir umkehren und wir alle auf sie (Maria von MAGDALA) hören? Hat er (Jesus) sie uns gegenüber bevorzugt? ...«

Da weinte Maria (von MAGDALA) und sprach zu Petrus: »Mein Bruder Petrus, was glaubst du denn? Glaubst du, ich habe das selbst in meinem Herzen erdacht oder dass ich über den Erlöser lüge? ...«

Levi (Matthäus) sprach zu Petrus: »Petrus, du bist von jeher aufbrausend. Nun sehe ich dich, wie du dich gegen die Frau ereiferst. Wenn der Erlöser sie für würdig befunden hat, wer bist denn du, dass du sie zurückweist? Sicherlich kennt der Erlöser sie ganz genau. Deshalb hat er sie mehr geliebt als uns. Wir sollten uns schämen.«

Evangelium nach Maria von Magdala (3. Jahrhundert)

Einzig Levi (Matthäus) wagt es, Maria von Magdala in Schutz zu nehmen und den »aufbrausenden« Petrus zurechtzuweisen.

Der Auftrag des Auferstandenen an Maria von Magdala

Es erstaunt nicht, dass auch die moderne Esoterik, Musicals – zum Beispiel »Jesus Christ Superstar« – und Filme das Thema der Freundschaft Maria Magdalenas mit Jesus ausgeschlachtet und mit modernen Problemen angereichert haben. Kaum bekannt ist, dass die Gebeine der Maria von Magdala seit dem 11. Jahrhundert in der Basilika Sainte-Madeleine im französischen Vézelay (wie auch seit dem 13. Jahrhundert in der Basilika von Saint-Maximin-La Sainte-Baume) verehrt werden.

Die Freundschaft der Maria von Magdala mit Jesus und ihre Rolle in der palästinensischen Urgemeinde haben die frühe Christenheit, vor allem gnostisch-ketzerische (→ Glossar: Gnosis) Randgruppen, immer wieder beschäftigt. Diesem regen Interesse verdankt sich unter anderem das im 3. Jahrhundert entstandene Evangelium des Mani, das auf den babylonischen Autor und Prediger Mani (216–277) zurückgeht. Mani hat bei seiner Niederschrift, von der um 1900 in Turfan (an der Seidenstraße westlich der Mongolei am 90. Längengrad und südlich des 45. Breitengrades) einige Fragmente (zitiert als »Turfan-Fragmente«) gefunden wurden, neben kanonischen (→ Glossar: Kanon) Evangelien sicher auch mehrere apokryphe benützt.

Ermutigung zur Froh-Botschaft

Der nachfolgende Text entstammt einem Gespräch des auferstandenen Christus mit Maria von Magdala, die tieftraurig und tränenüberströmt ist. Jesus tröstet und ermuntert sie, ihre Traurigkeit abzuwerfen und eine dienstbereite, frohe Botin seiner Auferstehung zu sein. Vor allem soll sie Petrus ermutigen, die Botschaft Jesu mit Freude und Begeisterung bis an die Grenzen zu tragen.

Als »Apostolin der Apostel« hat auch Aurelius Augustinus (354–430) Maria von Magdala aufgewertet, da sie ihm zufolge die erste Zeugin, die Kronzeugin der Auferstehung Christi ist.

Textquelle: Evangelium des Mani

Evangelium des Mani (3. Jahrhundert)

(Jesus sprach:) »Maria, Maria, erkenne mich, aber berühre mich nicht. Kämpfe an gegen die Tränen deiner Augen und erkenne mich: Ich bin dein Meister. Nur berühre mich nicht, denn ich habe noch nicht das Gesicht meines Vaters gesehen. Dein Gott (der Leichnam des gekreuzigten Jesus) wurde nicht gestohlen, wie du im Kleinmut deiner Gedanken meinst. Dein Gott ist nicht gestorben, vielmehr hat er den Tod überwunden. Ich bin nicht der GÄRTNER ... Lege deine Traurigkeit ab und vollbringe deinen Dienst! Sei mein Bote zu den wandernden WAISEN! Beeile dich, fröhlich zu werden, und geh zu den Elfen (den Aposteln). Du wirst sie am Ufer des Jordans versammelt finden. Der Verräter (Judas Iskariot) hat sie nämlich überredet, wieder Fischer (am See Gennesaret) zu sein, wie sie es früher waren.

Bezüge zum Neuen Testament: Joh 20,15; 14,18; siehe auch das 2. koptische Psalmenbuch.

Sage ihnen: ›Erhebt euch, lasst uns gehen. Es ist euer Bruder (Jesus), der euch ruft.‹ Wenn sie aber mich als Bruder missachten, sage ihnen: ›Es ist euer Meister!‹ Wenn sie auch auf mich, den Meister, nicht hören, sage ihnen: ›Es ist euer Herr (kyrios)!‹ Gebrauche alle frauliche Geschicklichkeit und alle gute Rede ... ziehe vor allem Petrus auf deine Seite«. (Turfan-Fragment)

Der Auftrag des Auferstandenen an Maria von Magdala

Die besondere Stellung Marias von Magdala zu Jesus wird außer Joh 20, 11–18 im Evangelium des Mani hervorgehoben. Er zeigt sich ihr als Auferstandener und tröstet sie, doch sie darf ihn nicht berühren. (Tizian, um 1511/12, London, National Gallery).

des Credos wurde durch Papst Benedikt VIII. (1012–1024) für die Gesamtkirche 1014 angeordnet. Die Zwölfzahl der Glaubensartikel wies das Apostolische Glaubensbekenntnis allerdings schon vor dem 5. Jahrhundert auf, was ein Ansatzpunkt der Legendenbildung über seine Entstehung gewesen ist: Es gehe auf die zwölf Apostel zurück.

Eingebung an Pfingsten?

In apokryphen Apostelgeschichten des 2. Jahrhunderts wird von der Verteilung der Missionsgebiete an die zwölf Apostel berichtet. In diesem Zusammenhang hätten sie den Wunsch geäußert, ein verbindliches Grundkonzept der apostolisch-missionarischen Verkündigung zu erarbeiten, und ihn auch in die Tat umgesetzt.

Bei Rufinus von Aquileia (345–410), der einen »Commentarius in Symbolum Apostolorum« verfasst hat, findet sich, erstmals literarisch nachweisbar, der lateinische Text des Apostolischen Glaubensbekenntnisses, das die zwölf Apostel unter der charismatischen Führung des Heiligen Geistes (Joh 16,12–15) am ersten Pfingsttag durch Zusammenfügung der zwölf Einzelaussagen erarbeitet haben. Selbst im Katechismus des Konzils von Trient (1545–1563), der nach dessen Beschlüssen durch Papst Klemens XIII. am 14. Juni 1761 veröffentlicht wurde, heißt es, dass »die heiligen Apostel, aus Eingebung des Heiligen Geistes, (das Glaubensbekenntnis) in zwölf Glaubensartikel eingeteilt haben. Denn da sie vom Herrn den Auftrag erhalten hatten, als Gesandte an seiner Statt in die ganze Welt zu gehen und allen Geschöpfen das Evangelium zu predigen, so hielten sie es für nötig, eine Formel des christlichen Glaubens zu verfassen, damit ... sie vollkommen seien in einem und demselben Sinne und in einer und derselben Meinung« (Catechismus Romanus, 1. Hauptstück).

Hinführung zum Glaubensfundament

Die Entstehungslegende des Apostolischen Glaubensbekenntnisses will nicht historische Fakten vermitteln. »Die Legenden«, schreibt Walter Nigg, »durchbrechen die Oberflächenbetrachtung ... Sie sind ein Zeugnis dafür, dass ein Mensch ganz real dem Göttlichen begegnet ist ... Legenden sind ›um unseretwegen‹ erfunden und aufgeschrieben worden.« Sie wollen hinführen zum Glaubensfundament der Apostel und der Urkirche, aus dessen Mutterboden in schöpferischer Identität das »Apostolische« Glaubensbekenntnis der Kirche (→ Glossar: Ekklesiologie) sich entfaltet hat.

Die im folgenden zitierte Entstehungslegende findet sich im pseudo-augustinischen Sermo 241,1, der dem Aurelius Augustinus (354–430) im späten 5. Jahrhundert, und zwar in Gallien, untergeschoben wurde. ((73))

Es gibt zahlreiche Legenden darüber, wie der Text des apostolischen Glaubensbekenntnisses entstanden sein soll, das die zwölf Apostel am ersten Pfingsttag verkündet hatten.

Das Apostolische Glaubensbekenntnis

Textquelle: Pseudo-Augustinus

Petrus sprach:	»Credo in unum Deum patrem omnipotetem.« »Ich glaube an Gott, den allmächtigen Vater.«
Johannes sprach:	»Creatorem caeli et terrae.« »Den Schöpfer des Himmels und der Erde.«
Jakobus sprach:	»Credo in Jesum Christum, filium eius unicum, Dominum nostrum.« »Ich glaube an Jesus Christus, seinen einzigen Sohn, unsern Herrn.«
Andreas sprach:	»Qui conceptus est de Spiritu sancto, natus ex Maria virgine.« »Empfangen vom Heiligen Geist, geboren aus Maria, der Jungfrau.«

Pseudo-Augustinus
(5. Jahrhundert)

Am Schluss des Matthäusevangeliums (Mt 28, 16–20) sendet Jesus die elf verbliebenen Jünger – nach dem Ausscheiden des Verräters Judas – in die Welt, wie es Duccio zeigt. (Bildangaben siehe Seite 175). In einer Augustinus zugeschriebenen Schrift versammeln sich die durch Matthias wieder zur Zwölfzahl ergänzten Apostel, um ihre Grundaussagen zum die Völker unterweisenden Glaubensbekenntnis zu vereinigen.

Philippus sprach:	»Passus sub Pontio Pilato, crucifixus, mortuus et sepultus.« »Gelitten unter Pontius Pilatus, gekreuzigt, gestorben und begraben.«
Thomas sprach:	»Descendit ad infera, tertia die resurrexit a mortuis.« »Abgestiegen zu der Hölle, am dritten Tage auferstanden von den Toten.«
Bartholomäus sprach:	»Ascendit ad caelos, sedet ad dexteram dei patris omnipotentis.« »Aufgefahren in den Himmel, sitzet zur Rechten des allmächtigen Vaters.«

Matthäus sprach:	»Inde venturus judicare vivos et mortuos.«
	»Von dort wird er kommen, zu richten die Lebenden und die Toten.«
Jakobus Alphäus sprach:	»Credo et in Spiritum sanctum, sanctam ecclesiam catholicam.«
	»Ich glaube an den Heiligen Geist, die heilige, katholische Kirche.«
Simon der Zelot sprach:	»Sanctorum communionem, remissionem peccatorum.«
	»Gemeinschaft der Heiligen, Vergebung der Sünden.«
Judas Thaddäus sprach:	»Carnis resurrectionem.«
	»Auferstehung des Fleisches.«
Matthias vollendete:	»Vitam aeternam. Amen.«
	»Und das ewige Leben. Amen.«

(Sermo 241,1 = PL 39,2190)

Sendung der Apostel bis an die Grenzen der Erde

Der Missionsauftrag Jesu steht am Schluss des Matthäusevangeliums (= Mattäi am Letzten): »Ihr sollt meine Zeugen sein in Jerusalem. In ganz Judäa. In Samaria. Ja, bis an die Grenzen der Erde«

Diese Karte zeigt die Hauptrichtungen der Missionswege der Apostel. Sie umfassten im Wesentlichen das Gebiet des Römischen Reichs.

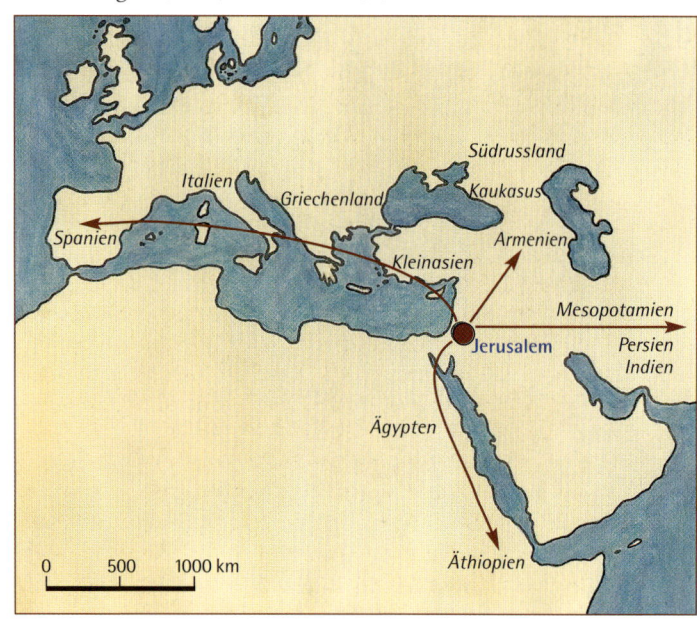

(Mt 28,19). Die »Grenzen der Erde« waren damals die des Römischen Reiches (wie die ersten Landkartenversuche aus der Antike zeigen).

Zu beachten ist in diesem Zusammenhang eine sehr starke Tradition, nach der die Apostel nach der Himmelfahrt Jesu und der pfingstlichen Geistsendung noch einige Jahre in der Urgemeinde von Jerusalem, der damaligen Glaubens- und Entscheidungszentrale, gelebt hätten. Unter dem Geleit des Heiligen Geistes (Joh 16, 12-15) hätten sie den einheitlichen Inhalt ihres Verkündigungsauftrages besprochen (Apostolisches Glaubensbekenntnis). Zur Aufteilung der Missionsbereiche und Planung der Missionswege sei der Auferstandene selbst den Aposteln erschienen.

Bis ins 20. Jahrhundert war im liturgischen Kalender das Fest des »Zwölfaposteltages« (am 15. Juli) eingetragen.

Wegweisung durch den Auferstandenen

Diese Missionsunterweisung des auferstandenen Christus hat sich in dem apokryphen Werk »Pistis Sophia« (»Gläubige Weisheit«) niedergeschlagen, aus dem im Folgenden zitiert wird. Es dürfte etwa im 3. Jahrhundert in Ägypten aufgezeichnet worden sein. Mehrere Textvarianten aus unterschiedlichen Epochen und Gruppierungen sind darin miteinander vernäht worden. ((74))

Die apokryphe Handschrift wurde 1778 erstmals veröffentlicht. Heute wird sie als Ms. Add. 5114 im Britischen Museum in London aufbewahrt.

Textquelle: Pistis Sophia

Jesus stand mit seinen Jüngern am Wasser des Ozeans und rief laut dieses Gebet, indem er sprach: »Erhöre mich, mein Vater, du Vater aller Vaterschaft, du unendliches Licht!«

Während Jesus sprach, befanden sich THOMAS, ANDREAS, JAKOBUS *und* SIMON, *der Kanaiter, im* WESTEN, *mit ihren Gesichtern nach* OSTEN *gewendet;* PHILIPPUS *und* BARTHOLOMÄUS *befanden sich im* SÜDEN, *mit ihren Gesichtern nach* NORDEN *gewendet; die* ÜBRIGEN APOSTEL *und Jüngerinnen aber standen rückwärts von Jesus.*

Jesus aber stand bei dem Opferaltar. Jesus rief aus, indem er sich zu den vier Ecken der Welt wandte mit seinen Jüngern, die alle mit leinenen Gewändern bekleidet waren ...: »Dies ist seine Auslegung: JOTA, *weil das All hervorgegangen ist –* ALPHA, *weil es sich wieder zurückwenden wird –* OMEGA, *weil die Vollendung aller Vollendungen stattfinden wird.«*

Als Jesus dies gesprochen hatte, sagte er: »Du Vater aller Vaterschaft der Unendlichkeiten, erhöre mich um meiner Jünger willen, die ich vor dich geführt habe, damit sie an alle Worte deiner Wahrheit glauben. Gewähre alles, worum ich dich anrufen werde, denn ich kenne den Namen des Vaters des Lichtschatzes«.

(Kapitel 136)

Pistis Sophia
(3. Jahrhundert)

Tod und Himmelfahrt Marias

Das apokryphe Buch »Transitus Mariae« weist auf ein Begräbnis Marias im Tal Josaphat hin; im heutigen Jerusalem ist das sanfte Hinübersterben Marias in der Kirche Dormitio Mariae auf dem Berg Zion festgehalten. Nach einer anderen Version ist Maria in Ephesus gestorben und auch bestattet worden, wohin Johannes mit ihr um 45 n. Chr. gezogen sein soll.

Das große, in tief greifenden christologischen (→ Glossar: Christologie, Doketismus) Auseinandersetzungen gereifte Thema der frühen Kirche war der Mensch gewordene Sohn Gottes: »Und das Wort ist Fleisch geworden und hat unter uns gewohnt« (Joh 1,14); »… er entäußerte sich und wurde den Menschen gleich« (Phil 2,7).

Mit der wahren Menschheit Jesu wurde der Blick hingelenkt auf seine Mutter Maria: Ist sie nur »Menschengebärerin« oder, wie es das Konzil von Chalkedon 451 verkündete, »Gottesmutter«?

Narrative Glaubensverkündigung

Der Wellenschlag dieser dogmatischen Glaubensverkündigung hat im 4./5. Jahrhundert das apokryphe Werk »Transitus Mariae« (»Buch vom Heimgang der allerseligsten Jungfrau, der Mutter Gottes«) entstehen lassen, in dessen Titel bereits die zentrale Aussage des Konzils von Chalkedon wortwörtlich aufscheint. Das marianische Interesse hat in diesem Apokryphon liebevoll und gemütsbetont das Alter wie den Tod Marias umkreist. Als Todeszeitpunkt wird das Jahr 52 erwähnt (Tod Jesu im Jahr 30, dem 22 Jahre hinzugerechnet werden), als Sterbe- und Begräbnisort wird Jerusalem genannt.

Nach der apokryphen Schrift »Transitus Mariae« verkündet ein Engel Maria ihren bevorstehenden Tod. Da sie sich alle Apostel an ihr Sterbelager wünscht, werden sie durch ein Wunder zu ihr gebracht. Duccio zeigt auf der Maestà, wie die Apostel Maria zu Grab tragen, doch sie wird auferweckt und leibhaftig in den Himmel aufgenommen. (Bildangaben Seite 175).

Leibliche Aufnahme in den Himmel

In Ephesus gibt es bis zum heutigen Tag eine starke Erinnerung an den Heimgang Marias. Die genaue Art ihres Sterbens (wie ihrer Krankheit) ist unbekannt. Auch die Glaubensverkündigung des Jahres 1950 sagt lediglich: »... Maria ist nach Vollendung ihres irdischen Lebenslaufes mit Leib und Seele zur himmlischen Herrlichkeit aufgenommen worden.« Im liturgischen (→ Glossar: Liturgie) Kalender wird am 15. August das Fest der Aufnahme Marias in den Himmel begangen. ((75))

Textquelle: Transitus Mariae (Buch vom Heimgang der allerseligsten Jungfrau, der Mutter Gottes)
Todesankündigung durch den Engel

Im zweiundzwanzigsten Jahre, nachdem Jesus Christus den Tod besiegt und in den Himmel aufgefahren war, hielt sich Maria eines Tages, von dem Wunsche erfüllt, den Erlöser wiederzusehen, an einem entlegenen Orte ihres Hauses auf und weinte.

Da erschien ihr ein Engel in strahlendem Lichte, begrüßte sie und sprach: »Ich grüße dich, vom Herrn Gebenedeite! Empfange den Gruß dessen, der Jakob durch die Propheten grüßte. Siehe, ich bringe dir einen Palmzweig aus dem Paradies Gottes. Du sollst ihn vor deinem Sarg hertragen lassen, wenn du in drei Tagen mit deinem Leibe in den Himmel entrückt wirst. Dein Sohn erwartet dich mit den Thronen, mit den Engeln und mit allen Mächten des Himmels.« Da sprach Maria zum Engel: »Ich bitte dich, dass sich alle Apostel meines Herrn Jesus Christus (bei meinem Sterben) um mich versammeln.«

Der Engel antwortete ihr: »Alle Apostel werden durch die Macht Jesu Christi heute noch hierher gebracht werden.«

Maria sprach: »Ich bitte dich, spende mir deinen Segen, damit keine Macht der Hölle mir schade in der Stunde, in der meine Seele den Leib verlässt, und damit ich den Fürsten der Finsternis nicht erblicke.« Der Engel erwiderte: »Die Macht der Hölle wird dir nichts anhaben. Vielmehr wird dir der Herr, dessen Diener und Abgesandter ich bin, den ewigen Segen erteilen ...«

Transitus Mariae
(4./5. Jahrhundert)

Marias Gebet

Nachdem der Engel diese Worte gesprochen hatte, zog er sich, von einem großen Lichte umgeben, zurück. Der Palmzweig, den er gebracht hatte, erstrahlte in wunderbarem Glanz.

Da zog Maria neue Kleider an und ergriff den Palmzweig, den sie aus der Hand des Engels empfangen hatte. Sodann ging sie zum Ölberg, um dort zu beten. Sie sprach: »Ich war nicht würdig, o Herr, dich zu empfangen, aber du hast dich meiner erbarmt. Ich habe den Schatz verwahrt, den du mir anvertrautest. Daher bitte ich dich, König der Herrlichkeit, dass mir die Macht der Hölle keinen Schaden zufügt ...« Als sie diese Worte gesprochen hatte, kehrte sie in ihr Haus zurück. (Kapitel 3)

Anweisungen zum Begräbnis

Der Erlöser der Welt sprach: »Erhebe dich, Petrus, mit den übrigen Aposteln. Nehmt den Leib meiner viel geliebten Maria und tragt ihn zur rechten Seite der Stadt (Jerusalem) in östlicher Richtung! Dort werdet ihr ein neues Grab finden; legt ihn dort nieder und wartet, bis ich zu euch komme.« Nach diesen Worten übergab der Herr die Seele seiner hochheiligen Mutter dem Erzengel Michael, der der Hüter des Paradieses und Fürst des hebräischen Volkes ist, und mit ihm auch dem Erzengel Gabriel. Dann kehrte der Herr mit den anderen Engeln in den Himmel zurück. (Kapitel 9)

Johannes' Vorrecht

Die Bitte des sterbenden Jesus an Johannes, sich seiner Mutter anzunehmen: »Siehe, deine Mutter!« (Joh 19,27), kann nur (neben den Erkenntnissen der Archäologie) in apokryphen Texten verfolgt werden.

Die Apostel legten den heiligen Leib in den Sarg und sprachen zueinander: »Wer soll den Palmzweig dem Sarge vorantragen?«
Johannes sprach zu Petrus: »Weil du als Apostel über uns stehst, kommt es dir zu, diesen Palmzweig zu tragen.«
Petrus erwiderte: »Du bist der Einzige unter uns, der unberührt geblieben ist. Du hast so große Gnade beim Herrn gefunden, dass du an seiner Brust ruhen durftest. Außerdem hat er dir, als er am Kreuze hing, SEINE MUTTER ANVERTRAUT. *Du allein bist würdig, den Palmzweig zu halten. Ich selbst werde den heiligen und ehrwürdigen Leib bis zum Grabe tragen.«*
Paulus sprach: »Ich bin von euch allen der Jüngste, ich werde ihn mit dir tragen.« Als sie sich geeinigt hatten, hob Petrus den Sarg auf sein Haupt und begann die Worte zu singen: »Als Israel auszog aus Ägypten.« Paulus half Petrus, den heiligen Leib zu tragen. Johannes ging voraus mit dem leuchtenden Palmzweig. Die anderen Apostel sangen mit wohlklingender Stimme ... (Kapitel 11)

Begräbnis Marias

Das Tal Josaphat liegt im Kidrontal, östlich von Jerusalem gelegen. Siehe auch Erklärung auf Seite 204.

Die Apostel trugen den Leichnam Marias und kamen in das TAL JOSAPHAT, *das der Herr ihnen angegeben hatte. Sie legten ihn in eine neue Grabstätte und verschlossen sie. Dann setzten sie sich davor, wie Gott ihnen geheißen hatte. Plötzlich erschien der Herr Jesus mit einem zahllosen Heer von Engeln, die in hellem Glanz leuchteten. Er sprach zu den Aposteln: »Der Herr sei mit euch.« Sie antworteten: »Herr, deine Barmherzigkeit senke sich über uns herab, die wir auf dich gehofft haben.« Da sprach der Herr zu ihnen: »Vor der Auffahrt zu meinem Vater habe ich euch, die ihr mir gefolgt seid, verheißen, dass ihr auf den zwölf Thronen sitzen und über die zwölf Stämme Israels richten werdet, sobald der*

Menschensohn den Thron seiner Herrlichkeit eingenommen hat. Meines Vaters Wille hat Maria auserwählt unter den Stämmen Israels, dass ich in ihr wohne. Was wollt ihr, dass mit ihr geschehen soll?« Petrus und die übrigen Apostel sprachen: »Herr, deine unbefleckte Magd hast du als deine Wohnung auserwählt. Uns, deine Diener, hast du auserwählt, dein Wort zu verkünden ... Deine Diener halten es für richtig, dass du, wie du nach Besiegung des Todes im Himmel herrschst, auch den Leib Marias auferweckst und sie, die Freudenvolle, in den Himmel führst.«

Auferweckung Marias
Da sprach der Erlöser: »Es geschehe nach euren Worten«, gebot dem Erzengel Michael, die heilige Seele Marias zu bringen. Sogleich entfernte der Erzengel Gabriel den Stein, der das Grab verschloss. Der Herr sprach: »Erhebe dich, meine Freundin! Du hast nicht den Mann berührt und so die Verderbnis gekostet. Daher wird auch die Verwesung des Leibes im Grabe nicht über dich kommen.« Da erhob sich Maria und pries den Herrn. Sie fiel ihm zu Füßen, betete ihn an und sprach: »Ich kann dir nicht den gebührenden Dank sagen, o Herr, wie es die Wohltaten verlangen, die du deiner Magd zu erweisen geruhst. Erlöser der Welt, Gott Israels, gepriesen sei dein Name in Ewigkeit.«

Aufnahme Marias in den Himmel
Da küsste sie der Herr, der sie den Händen der Engel übergab, um Maria ins Paradies zu tragen. Er sprach zu den Aposteln: »Kommt zu mir!« Als sie herangekommen waren, küsste er sie und sprach: »Der Friede sei mit euch! Ich werde immer bei euch bleiben bis an das Ende der Welt.« Nach diesen Worten fuhr der Herr in einer Wolke wieder zurück in den Himmel. Die Engel aber begleiteten ihn und trugen die hochselige Maria, die Mutter Gottes, in das Paradies Gottes.
Die Apostel wurden durch Wolken zurückgebracht, ein jeder an den Ort, wo er das Evangelium gepredigt hatte. (Kapitel 16–18)

Marias Erdenjahre
Die Zahl der Jahre, die (Maria), die Jungfrau, die Mutter Gottes, auf Erden gelebt hatte, betrug neunundfünfzig Jahre:
Von ihrer Geburt bis zu ihrem Eintritt in den Tempel waren drei Jahre vergangen. Elf Jahre und drei Monate blieb sie im Tempel. Den Herrn Jesus hat sie neun Monate in ihrem Schoße getragen. Dreiunddreißig Jahre hatte sie mit dem Herrn Jesus verbracht, als er auf Erden lebte, und nach seiner Himmelfahrt waren elf Jahre vergangen: insgesamt neunundfünfzig Jahre. (Arabische Apokryphe vom Hinscheiden der hochseligen Jungfrau Maria; VI. Kapitel)

In seinem 1912 auf Schloss Duino verfassten Werk »Das Marienleben« hat Rainer Maria Rilke (1875–1926) dem Tod Marias drei Stücke gewidmet.

Die Aufnahme Marias in den Himmel bewegte die Christenheit bis in die Neuzeit sehr stark. Bereits im Spätmittelalter wurden in den »glorreichen Rosenkranz« die beiden Gesätzchen »Der dich, o Jungfrau, in den Himmel aufgenommen hat« und »Der dich, o Jungfrau, im Himmel gekrönt hat« aufgenommen. Nicht wenige Kirchen hatten das Patrozinium »Mariä Himmelfahrt«.

Die Abwesenheit des Apostels Thomas beim Begräbnis Marias

In der neutestamentlichen Ostergeschichte nimmt der Apostel Thomas eine Sonderrolle ein. Er war nicht zugegen, als der auferstandene Jesus den versammelten zehn Aposteln in Jerusalem erschien (Joh 20,24–29). Skeptisch zeigte er sich gegenüber den Mitaposteln, als diese ihm berichteten, sie hätten den Herrn gesehen. Deshalb spricht einiges für die Vermutung, dass vom neutestamentlichen Text der Impuls ausging, die Erzählung einer weiteren Abwesenheit des Thomas zu erfinden, und zwar beim Begräbnis Marias in einer Höhle im Tal Josaphat, im Kidrontal östlich von Jerusalem gelegen (vgl. Joel 4,2). Schon sehr früh kam es zu einer narrativen Weiterbildung dieses Apokryphons, das von der Volksfrömmigkeit außerordentlich dankbar aufgegriffen wurde.

Das leere Grab Marias wurde bereits von den ersten Christen mit Blumen liebevoll geschmückt. Vom 9. Jahrhundert an verband man das Fest Mariä Himmelfahrt (am 15. August) mit der Blumen- und Kräuterweihe: Nach altem Brauch wurden 77 gesammelte Kräuter in den Kräuterbuschen eingebunden, in dessen Mitte eine Königskerze herausragt.

Geheimnisvolle Ereignisse

Dionysius Pseudoareopagita, Pseudonym eines Ende des 5., Anfang des 6. Jahrhunderts lebenden Verfassers von mystischen (→ Glossar: Mystik) Schriften, dürfte das von Melitto von Sardes († vor 190) verfasste Werk über das Hinscheiden der allerseligsten Jungfrau Maria gekannt haben. In einem Brief an einen nicht näher bekannten Titus berichtet er über geheimnisvolle Ereignisse im Zusammenhang mit dem Sterben Marias und bei ihrer Bestattung. Später hat Johannes von Damaskus (um 650–750) dieses Thema in mehreren Homilien (Predigten) behandelt. Der im Folgenden zitierte Text ist dem im 4./5. Jahrhundert abgefassten arabischen Apokryphon »Buch vom Heimgang der allerseligsten Jungfrau, der Mutter Gottes« entnommen.

Textquelle: Transitus Mariae (Buch vom Heimgang der allerseligsten Jungfrau, der Mutter Gottes)

Transitus Mariae (4./5. Jahrhundert)

(Nach ihrem Tod und ihrer Bestattung wurde) die makellose Jungfrau auf einem Feuerwagen in großem Triumph ins Paradies getragen. Da hob eine Wolke alle empor, die dabei zugegen waren. Jeder gelangte wieder an den Ort, aus dem er gekommen war. So blieben nur die Jünger zurück, die drei Tage im Gebete zubrachten und stets den himmlischen Lobgesang hörten.
Während sie noch beisammen waren, erschien Thomas, einer der Jünger, auf einer Wolke, als eben die Engel den Leib der hochseligen Jungfrau Maria auf ihren Schultern trugen. Da rief er ihnen zu, sie möchten anhalten, damit er Marias Segen erlange.
Als er bei seinen Gefährten angelangt war, die im Gebete verharrten, sprach Petrus zu ihm: »Thomas, unser Bruder, was hat dich davon abgehalten, beim Heimgange der Mutter des Herrn Jesus zugegen zu sein und die vielen Wunder zu schauen, die sich ihret-

Die Abwesenheit des Apostels Thomas beim Begräbnis Marias

wegen ereignet haben? So wurde dir nicht ihr Segen zuteil.«
Thomas erwiderte: »Der Dienst an Gott hat mich abgehalten, bei euch zu sein, denn der Heilige Geist offenbarte mir, was sich zutrug, während ich die Gnade Christi verkündete und Colodius, den Sohn der Schwester des Königs, taufte. Sagt mir: Wo befindet sich jetzt ihr Leib?«
Sie antworteten: »In dieser Höhle.«
Da sprach er: »Auch ich möchte ihn sehen und ihren Segen empfangen, damit ich die Wahrheit eurer Worte bezeugen kann.«
Die Jünger entgegneten: »Stets misstraust du unseren Worten, so wie du bei der Auferstehung des Herrn Argwohn hegtest, bis der Herr dir Gewissheit gegeben und dir die Spuren der Nägel in seinen Händen und der Lanze in seiner Seite gewiesen hatte; da riefest du: ›Mein Herr und mein Gott!‹«
(Vgl. Joh. 20, 28!)
Thomas sprach: »Ihr wisst, ich bin Thomas, und ich werde keine Ruhe finden, bis ich nicht die Stätte gesehen habe, in der der Leib Marias bestattet wurde; sonst kann ich nicht glauben.«
Da erhob sich Petrus voller Zorn, und die Jünger halfen ihm, den Stein fortzuwälzen. So betraten sie die Höhle und fanden sie leer. Darüber erstaunten sie sehr und sprachen: »Wir hatten uns entfernt, und so meinen wir, dass die Juden den Leib geraubt haben, um mit ihm ihren Mutwillen zu treiben.«
Thomas erwiderte: »Seid unbesorgt, meine Brüder, denn als ich aus Indien auf einer Wolke anlangte, sah ich den heiligen Leib, den eine große Zahl von Engeln begleitete. Mit ihnen fuhr er im Triumph zum Himmel. Da bat ich die hochselige Maria mit lauten Rufen um ihren Segen. Und sie schenkte mir diesen Gürtel.« (Arabische Apokryphe 4./5. Jahrhundert)

Als die Apostel das Grab Marias leer finden, erschrecken sie. Der beim Begräbnis abwesende Thomas tröstet sie: In einer Vision hatte er die Himmelfahrt der Gottesmutter geschaut.

(Tizian, »Aufnahme Mariens in den Himmel«, 1516/18, Venedig, S. Maria gloriosa dei Frari).

209

Brief des Petrus an Jakobus

Historisch nicht nachweisbar ist ein Brief des Apostel Petrus an den Apostel Jakobus. Er gibt wertvolle Hinweise darauf, wie sich die frühen Christengemeinden organisiert hatten.

Das Neue Testament kennt Apostelbriefe, die für christliche Gemeinden oder mitverantwortliche Einzelpersonen (wie Titus, Timotheus, Philemon) verfasst worden sind, nicht aber finden sich Briefe, die ein Apostel an einen anderen aus dem von Jesus berufenen Zwölferkreis geschrieben hat. Im außerbiblisch-apokryphen Bereich gibt es jedoch Schreiben, deren Absender wie Adressat jeweils ein Apostel gewesen sein soll. Diese fiktiven Apostelbriefe vermitteln ein Material, das traditionsgeschichtlich nicht unwichtig ist und Anhaltspunkte für die Rangstellung eines Apostels beziehungsweise der von ihm gegründeten und geleiteten Ortsgemeinde bietet.

Spannungen in der Urgemeinde

Der Apostel Paulus hat in seinem 1. Korintherbrief (1 Kor 15,5–8) zwei Überlieferungsstränge zu verknüpfen versucht, von denen der eine Petrus, der andere Jakobus als Auferstehungszeugen favorisieren wollte, während man die erste Auferstehungszeugin, Maria von Magdala (Mk 16,1; Joh 20,11–18), als Frau überging. Sehr früh schon muss über die Rangstellung des Jakobus gesprochen worden sein, der nach dem Weggang des Petrus aus Jerusalem als Vorsitzender (Bischof) der Urgemeinde wirkte. Jakobus der Ältere war der erste Märtyrer unter den zwölf Aposteln: Im Jahr 42 wurde er unter Herodes Agrippa I. (37–44) in Jerusalem hingerichtet (Apg 12,2).

Paulus selbst hat in seiner Liste der Auferstehungszeugen durch die Erstnennung stärker die Bedeutung des Petrus hervorgehoben. Einen ähnlichen Akzent setzt der in der frühkatholischen Phase um 150/200 vielleicht in Syrien entstandene apokryphe Petrusbrief an Jakobus (Epistula Petri). Hauptthema sind Einheit und Glaubwürdigkeit der apostolischen Verkündigung, »sei es gelegen oder ungelegen« (2 Tim 4,2; vgl. dazu auch die apokryphe Apokalypse [→ Glossar: Apokalyptik] des Petrus, die im 2. Jahrhundert verfasst wurde). ((76))

Textquelle: Epistula Petri (Petrusbrief)

Epistula Petri (um 150/200 n. Chr.)

Die Herabkunft des Geistes auf die 70 Ältesten, die daraufhin in »prophetische Verzückung« gerieten, ist in Num 11,25 festgehalten.

Petrus an Jakobus, den Herrn und Bischof der heiligen Gemeinde (von Jerusalem): Friede sei mit dir allzeit von dem Vater des Alls durch Jesus Christus!

Da ich wohl weiß, dass du, mein Bruder, dich mit Eifer um das mühst, was uns allen gemeinsam von Nutzen ist, bitte ich dich inständig, die Bücher meiner Predigten, dich ich dir übersende, niemandem von den Heiden zu überlassen, auch nicht einem Stammesgenossen vor einer Probezeit. Wenn aber jemand geprüft und als würdig erfunden wurde, dann magst du sie ihm in der Weise übergeben, wie Mose den SIEBZIG sein Lehramt übergeben hat. Daher ist auch die Frucht der Vorsicht bis auf den heutigen Tag zu sehen ...

Wenn wir nicht auf diese Weise vorgehen, wird unser Wort der Wahrheit in vielen Meinungen zerspalten werden ...
Was mir notwendig erschien, habe ich dir hiermit angezeigt. Was aber du, mein Herr, für richtig befindest, das führe aus, wie es angemessen ist. Lebe wohl! (I,1; II,2; III,3)

Brief des Jakobus an einen Unbekannten

Hinter diesem Apostelbrief werden Unruhe im Apostelkreis und Verunsicherung der christlichen Gemeinden erkennbar. Haben alle die gleiche Botschaft von Jesus Christus erhalten? Ist es unkollegiale Geheimnis- und Wichtigtuerei, wenn einzelne Apostel behaupten, sie hätten von Jesus persönliche Sonderbotschaften empfangen?

Briefe, die sich die Apostel untereinander schrieben, gibt es nur aus apokryphen Quellen. So wendet sich Petrus (links, von El Greco gemalt, um 1610/12, El Escorial) mit einer »Epistula« an Jakobus (rechts, von Tizian um 1565 gemalt, Venedig, S. Lio) und sendet ihm Predigten zu.

Eine vertrauliche Botschaft

Diese Frage scheint im Licht des um 150/200 entstandenen Apokryphons des Jakobus, aus dem im Folgenden zitiert wird, bejaht werden zu müssen. Es handelt sich um ein Schreiben des Apostels Jakobus des Älteren, des Bischofs der Jerusalemer Urgemeinde, das er an einen befreundeten und interessierten Christen gerichtet hat. Diesem lässt Jakobus eine vertrauliche Botschaft zukommen, die nur ihm und Petrus vom auferstandenen Jesus am Vorabend der

Himmelfahrt mitgeteilt worden sei. Es geht, wie Jakobus ausdrücklich und mit spürbarer Sorge vermerkt, um eine überaus wichtige, aber geheim zu haltende Botschaft: »Ich ... sende es (das Geheimbuch) dir – nur dir ganz allein.« Er erwartet von seinem Adressaten strengste Verschwiegenheit. Derartige Geheimniskrämerei macht den Vorwurf der Unkollegialität von den Mitaposteln, »den ursprünglichen Augenzeugen und Dienern des Wortes« (Lk 1,2), nur allzu verständlich.

Textquelle: Apokryphon des Jakobus

Apokryphon des Jakobus (um 150/200 n. Chr.)

Du hast mich gebeten, dir ein Geheimbuch zu übersenden, dessen Offenbarung nur mir und dem Petrus durch den Herrn zuteil geworden ist. Ich hatte nicht die Kraft, dir eine Absage zu erteilen noch zu schweigen mit Rücksicht auf dich.

Ich habe es (dieses Buch) dir in hebräischer Sprache geschrieben und sende es dir – nur dir ganz allein. Da du Knecht des Heiles bist, bezwinge dich und hüte dich, den Inhalt dieses Buches vielen Menschen mitzuteilen.

Der Erlöser (Jesus Christus) hat es nämlich nicht allen zwölf Jüngern unterschiedslos zur Kenntnis bringen wollen. Selig werden die sein, die durch den Glauben an diese Botschaft gerettet werden.

Deutet sich in diesen Worten die Auflösung des Gottesvolkes in die Gruppierung der Einfachen und in die Gruppierung der Esoteriker, der Gnostiker an?

Ich habe dir bereits vor zehn Monaten EINE ANDERE GEHEIMSCHRIFT GESCHICKT, DIE MIR ALLEIN DER ERLÖSER OFFENBART HAT. *Doch was diese Geheimschrift betrifft, denke über sie und den Inhalt seiner Offenbarung nach, die mir, Jakobus, mitgeteilt worden ist.*

Offenbarungen an Paulus im dritten Himmel

Im Kreis der Apostel, die den geschichtlichen Jesus, »angefangen von der Taufe des Johannes bis zu dem Tage, da er von uns weggenommen war« (Apg 1,22), persönlich gekannt und seine Botschaft und seinen Verkündigungsauftrag »aus erster Hand« erhalten hatten, war der etwa drei Jahre nach der Himmelfahrt Jesu bekehrte Saulus-Paulus ein Nobody.

Paulus selbst räumt ein, dass er dem Jesus von Nazaret etwa in Jerusalem durchaus begegnet sein konnte, aber in religiöser Unruhe und Offenheit sei er dem Jesus, dem »Christus dem Fleische nach« (2 Kor 5,16), nicht begegnet. War also der Apostel Paulus in seiner Verkündigung ausschließlich auf die Überlieferungen der Zwölf angewiesen, wie es in seinen Worten »... ich habe vom Herrn (vom Christus in seiner Kirche) empfangen, was ich euch überliefert habe« (1 Kor 11,23) zum Ausdruck kommt?

Fehlte ihm jenes große Repertoire, das den übrigen Aposteln zur Verfügung stand?

Die drei Himmel

In seinem 2. Brief an die Christengemeinde von Korinth schreibt Paulus von »Erscheinungen und Offenbarungen, die mir (allein) der Herr geschenkt hat« (2 Kor 12,1), als er »bis in den dritten Himmel entrückt wurde« (2 Kor 12,2) und dabei »unsagbare Worte, die ein Mensch nicht aussprechen kann« (2 Kor 12,4), hörte. Also beruft sich Paulus doch auch auf Sonderoffenbarungen!

Der jüdischen Jenseitslehre zufolge, die hier zum Verständnis der zitierten Bibelstelle herangezogen werden soll, wölbt sich über dem Sternenhimmel (= erster Himmel) der zweite Himmel (auch »Schoß Abrams« genannt; vgl. Lk 16,22), in dem die Seligen wohnen. Der dritte Himmel ist Wohnung Gottes, der »in unnahbarem Lichte« (1 Tim 6,16; Joh 1,18) wohnt.

Nach alten Vorstellungen führte der Weg ins Jenseits durch drei himmlische Sphären – den Sternenhimmel, den »Schoß Abrahams« (die Wohnstatt der Seligen) bis zum dritten Himmel, dem Sitz Gottes.

Berichte aus dem Jenseits

Was der Apostel Paulus in knappen Andeutungen über diese »einzigartigen Offenbarungen« (2 Kor 12,7) verlauten lässt, haben andere nach seinem Martyrium (um 67) in der breit angelegten Apokalypse (→ Glossar: Apokalyptik) des Paulus Ende des 4., Anfang des 5. Jahrhunderts als Apokryphon festgehalten, weitererzählt und ausgeschmückt. Darin tritt Paulus als Berichterstatter über die verschiedenen Dimensionen des Jenseits auf. Den Hauptpersonen des Alten Testaments begegnet er in den himmlischen Sphären. Frühchristliche Kirchenordnungen (→ Glossar: Ekklesiologie) werden sichtbar, wenn in Kapitel 35 von der Bestrafung eines Bischofs, eines Diakons und eines Lektors die Rede ist. Die Apokalypse des Paulus könnte ein Vorentwurf jener Jenseitsreise gewesen sein, wie sie von Dante Alighieri (1265-1321) in seiner »Göttlichen Komödie«, geführt und gekrönt von seiner Beatrice, beschrieben worden ist. ((77))

Textquelle: Apokalypse des Paulus
Rechenschaft vor Gott

Die Offenbarung des heiligen Apostels Paulus, die ihm geoffenbart wurde, als er bis zum DRITTEN HIMMEL *aufstieg und ins Paradies entrückt wurde und unsagbare Worte hörte ...*
Das Wort des Herrn erging an mich (als ich entrückt wurde): »... Ihr Menschenkinder, preiset den Herrn und Gott unaufhörlich zu allen Stunden und an allen Tagen, vor allem bei Sonnenuntergang. Denn zu dieser Stunde gehen alle Engel zum Herrn, um ihn anzubeten und ihm die Werke der Menschen vorzulegen, die jeder Mensch von der Frühe bis zum Abend getan hat – seien es gute oder böse. Da ist ein Engel, der froh von dem Menschen fortgeht, ein anderer Engel aber geht mit traurigem Gesicht. An jedem Tag und in jeder Nacht legen die Engel vor Gott Rechenschaft ab über alle Taten (und Untaten) des Menschengeschlechts«. (Kapitel 7)

Apokalypse des Paulus (4./5. Jahrhundert)

Die lateinische Übersetzung des griechischen Urtextes wird als Codex 317 in der Sankt Gallener Stadtbibliothek aufbewahrt.

Geheime und allgemeine Offenbarungen
Der Engel antwortete auf meine Frage und sprach zu mir: »Was ich dir hier zeige und was du hören wirst, sollst du niemandem auf Erden mitteilen.« Er (der Engel) führte mich weiter, und ich hörte Worte, die ein Mensch nicht sagen darf. Dann sprach er: »Folge mir, denn ich werde dir zeigen, was du öffentlich erzählen und berichten darfst«. (Kapitel 21)

Davids Psalmengesang

Bezüge zum Alten Testament: Ps 57,9; 97,5.

Ich sah mitten in der Stadt einen großen, sehr hohen Altar. Neben dem Altar stand einer, dessen Gesicht leuchtete wie die Sonne. Er hielt in seinen Händen ein Psalmenbuch und eine Zither. Er psalmodierte: »Halleluja.« Seine Stimme erfüllte die ganze Stadt ..., und alle antworteten: »Halleluja.« Ich fragte den Engel und sprach: »Wer ist der Mensch, der hier so große Gewalt hat?« Der Engel sprach zu mir: »Dies ist DAVID ... Alle Gerechten singen mit ihm ... Dieser David wird auch vor Gott im siebten Himmel psalmodieren ... in der Stunde der Darbringung des Leibes und des Blutes Christi«. (Kapitel 29)

Bestrafung des Bischofs
Nicht weit entfernt sah ich einen anderen Greis, den vier böse Engel in Eile herbeibrachten. Bis an die Knie ließen sie ihn in den

In der Apokalypse des Paulus wird der Apostel in einer Vision durch Himmel und Hölle geführt. Er sieht die Bestrafung von Sündern und trifft Gerechte des Alten Tesatments. Paulus wurde um 67 in Rom enthauptet, wie Stefan Lochners Altarbild von 1435/40 zeigt. (Frankfurt, Städelsches Kunstinstitut).

feurigen Fluss hinab, bewarfen ihn mit Steinen, verwundeten sein Gesicht und erlaubten ihm nicht zu sagen: »Erbarme dich meiner!« Auf meine Frage antwortete der Engel: »Der, den du hier siehst, ist BISCHOF gewesen, aber er hat sein Bischofsamt nicht gut ausgeführt. Er hat zwar einen großen Namen bei den Menschen gehabt, aber er ist nicht in die Heiligkeit Gottes eingetreten«. (Kapitel 35)

Bestrafung des Diakons und des Lektors
Einen anderen Menschen sah ich bis an die Knie im feurigen Fluss. Weinend sprach er: »Erbarme dich meiner!« Ich fragte: »Herr, wer ist dieser?« Er sprach zu mir: »Dieser, den du siehst, ist DIAKON *gewesen, der sich an den Opfergaben vergriff. Deshalb bezahlt er unaufhörlich seine Strafe.« ...*
Ich erblickte an seiner Seite einen anderen Menschen, der bis an die Knie im feurigen Fluss stand. Es kam der Engel, der diese Strafen auszuführen hatte. Er hatte ein großes, feuriges Schermesser. Damit zerfleischte er die Lippen jenes Mannes wie auch seine Zunge. Ich fragte weinend: »Wer ist jener, Herr?« Er sprach zu mir: »Dieser ist VORLESER (LEKTOR) *gewesen. Er hat zwar dem Gottesvolk vorgelesen, selbst aber hat er die Gebote Gottes nicht gehalten«.* (Kapitel 36)

Bei seiner Höllenvision erhielt Paulus Einblick in die Bestrafung von Bischöfen, Diakonen und Lektoren. In schmerzlicher Offenheit wurde von schweren Vergehen gesprochen, deren sich kirchliche Amtsträger schuldig gemacht hatten. Sind dies jene »Sünden wider den Heiligen Geist, die weder in dieser, noch in der anderen Welt verziehen werden«? (Mt 12,31)

Begegnung mit Zacharias, Johannes, Abel und Adam
Während der Engel zu mir sprach, kamen zwei Menschen zusammen. Ein anderer schritt hinter ihnen her und rief ihnen zu: »Wartet auf mich, damit ich Paulus, den Geliebten Gottes, auch sehe. Er wird Befreiung für uns sein.«
Ich (Paulus) sprach zum Engel: »Mein Herr, wer sind diese?«
Der Engel sprach zu mir: »Dieser ist ZACHARIAS *und sein Sohn* JOHANNES *(der Täufer). Der andere, der ihnen nachläuft, ist* ABEL, *den (sein Bruder) Kain getötet hat.« ...*
Ich blickte umher und sah einen, der alle an Größe übertraf. Ich fragte den Engel: »Wer ist dieser, Herr?« Er sagte mir: »Dieser ist ADAM, *der Vater von euch allen.« Als er (Adam) an mir vorbeiging, grüßte er mich mit Freude.* (Kapitel 51)

Bezüge zur Bibel: Lk 1,5ff.; Gen 4,8; 2,7; 5,1–5; Weish 10,1–2; Sir 49,16.

Rückkehr auf die Erde
Der Engel des Herrn hob mich (Paulus) empor und brachte mich auf den Ölberg (bei Jerusalem). Dort fand ich, Paulus, die Apostel versammelt. Ich begrüßte sie und verkündete ihnen ganz genau, was mir begegnet war, was ich gesehen habe ...
Da freuten sich die Apostel, und sie ordneten an, diese heilige Apokalypse (Entrückung des Paulus in den dritten Himmel) zu Nutz und Frommen aller aufzuschreiben, die sie hören werden.
(Abschluss des Kapitels 51)

Apostolische Unterweisung

Die Didache der Apostel, erstmals im 2. Jahrhundert erwähnt, stellt die älteste Kirchenordnung dar. Viele der darin enthaltenen Texte sind noch heute Bestandteil der Liturgie.

Nach einem Bericht des Eusebius von Cäsarea (um 260–338) wurde die Didache der Apostel (Zwölfapostellehre) im Palästina des 2. Jahrhunderts wie die Heilige Schrift anerkannt und zitiert. Im Leben der Christen wie in der Liturgie (→ Glossar) der Gemeinden fand sie Beachtung. Sie bietet die älteste Kirchen- (→ Glossar: Ekklesiologie) und Liturgieordnung überhaupt. Der Text der 1873 entdeckten und 1883 veröffentlichten Handschrift ist aus mehreren Traditionen gestaltet. Der erste Teil (Kapitel 1–6) greift das Thema der zwei Wege auf, das bereits im qumranischen Sektenkanon (1 Q S) anklingt. Überaus wertvoll für die Liturgiegeschichte wie auch für die ökumenischen Bemühungen und Klärungen hinsichtlich des frühchristlichen Eucharistieverständnisses sind die Kapitel 9 und 10.

Textquelle: Didache
Die Lehre von den zwei Wegen

Didache
(Ende des 1. Jahrhunderts)

Zwei Wege gibt es, der eine ist der Weg des Lebens, der andere ist der Weg des Todes. Es ist aber ein großer Unterschied zwischen den beiden Wegen.
Dies ist der Weg des Lebens: Erstens, du sollst Gott lieben, der dich erschaffen hat. Zweitens, deinen Nächsten wie dich selbst. Alles, was du nicht willst, das man dir tut, das füge auch keinem andern zu. Segnet, die euch fluchen, betet für eure Feinde und fastet ... Jedem, der dich bittet, gib und fordere es nicht wieder zurück. Denn der Vater will, dass allen von den freien Gaben, die man selbst erhalten hat, gegeben werde. (Kapitel 1)

Die Feier der Eucharistie

Bei der Feier der Eucharistie danket also.
Zuerst über dem Kelch:
»Wir danken dir, unser Vater, für den heiligen Weinstock deines Knechtes David, den du uns kundgetan hast durch Jesus, deinen Knecht. Ehre sei dir in Ewigkeit.«
Dann über das Brot:
»Wir danken dir, unser Vater, für das Leben und die Erkenntnis, die du uns geoffenbart hast durch Jesus, deinen Knecht.
Ehre sei dir in Ewigkeit.
Wie dieses Brot zerstreut war auf den Bergen und zusammengebracht eins wurde, so lass auch deine Kirche von den Enden der Erde in dein Reich zusammengebracht werden.
Denn dein ist die Herrlichkeit und die Kraft durch Jesus Christus in Ewigkeit.«
Niemand soll von eurer Eucharistie essen oder trinken außer denen, die getauft sind. Auch hier gilt das Wort des Herrn (Mt 7,6):
»Ihr sollt das Heilige nicht den Hunden geben«. (Kapitel 9)

Dankgebet nach dem Empfang der Eucharistie
Nachdem ihr euch gesättigt habt, danket also:
»Wir danken dir, heiliger Vater, für deinen heiligen Namen, dem du in unseren Herzen eine Wohnung bereitet hast, und für die Erkenntnis und den Glauben und die Unsterblichkeit, die du uns geoffenbart hast durch Jesus, deinen Knecht.
Ehre sei dir in Ewigkeit.
Du hast, allmächtiger Herr, das All geschaffen um deines Namens willen.
Du hast den Menschen Speise und Trank gegeben zur Stärkung, dass sie dir danken. Uns aber hast du geistliche Speise und geistlichen Trank gegeben und ewiges Leben durch Jesus, deinen Knecht.
Wir danken dir vor allem, weil du mächtig bist.
Ehre sei dir in Ewigkeit.
Gedenke, Herr, deiner Kirche, dass du sie rettest von allem Bösen und sie vollendest in deiner Liebe und sie vereinigst von den vier Winden als Geheiligte in dein Reich, das du ihr bereitet hast. Denn dein ist die Kraft und die Herrlichkeit in Ewigkeit«. (Kapitel 10)

Zur Lektüre der Didache steht eine zweisprachige Werkausgabe als Band 1 der »Fontes Christiani« (Verlag Herder) zur Verfügung.

Der fiktive Laodicenerbrief

Anhand des außerbiblischen Laodicenerbriefes lässt sich beispielhaft zeigen, wie Apokryphen entstehen. Im Kolosserbrief des Neuen Testaments wird tatsächlich von einem Brief an die Laodicener (Kol 4, 12-16) gesprochen, der in der Christengemeinde von Kolossä ebenfalls vorgelesen werden soll. Weil aber in den christlichen Gemeinden kein Laodicenerbrief bekannt war und daher bei der Bildung des neutestamentlichen Kanons (→ Glossar) auch nicht einbezogen werden konnte, hatten spätere Epochen leichtes Spiel, einen fiktiven Brief beizubringen. Um dessen Autorität zu erhöhen, hat man den Apostel Paulus zum Absender und die kleinasiatische Christengemeinde von Laodicea (Offb 3,14-22) zum Adressaten dieses Briefes gemacht.

Um einem (fiktiven) Brief an die Christengemeinde von Laodicea mehr Nachdruck zu verleihen, wurde der Apostel Paulus als Absender genannt. Ein Beispiel dafür, auf welche Weise manche der apokryphen Texte entstanden sind.

Sammlung paulinischer Zitate
Es ist erstaunlich, dass sich dieser Brief, der bis in unsere Zeit heftige Diskussionen auslöste, überhaupt bis heute erhalten hat. Er besteht aus einer Zusammenstellung paulinischer Briefstellen (vor allem aus dem Philipperbrief), lässt aber eine inhaltliche Intention vermissen. Seine Abfassungszeit dürfte zwischen dem 2. und dem 4. Jahrhundert liegen.
Eine Sympathie des Laodicenerbriefes für die Lehre des Marcion (85-160), der als famoser Textkritiker und exzellenter Bibelkenner den kühnen Erstversuch einer sehr eingeengten, schmalen Schrif-

tensammlung des Neuen Testaments vorlegte, konnte nicht nachgewiesen werden. Dieser apokryphe Brief ist ein Musterbeispiel, wie angesichts des Fehlens eines »echten« Laodicenerbriefes mit Hinweisen auf Bibelzitate in einem Geheimverfahren ein Laodicenerbrief Marke Paulus »gemacht« worden ist. ((78))

Textquelle: Laodicenerbrief

Laodicenerbrief
(2. bis 4. Jahrhundert)

Paulus, Apostel nicht von Menschen und nicht durch einen Menschen, sondern durch Jesus Christus, an die Brüder, die in Laodizea sind: Gnade sei euch und Friede von Gott, dem Vater und dem Herrn Jesus Christus.
Ich danke Christus durch all mein Gebet, dass ihr in ihm standhaft seid und in seinen Werken beharrt, in Erwartung für den Tag des Gerichts ...
Gott ist es, der in euch handelt. Und tut ohne Bedenklichkeit, was ihr tut. Und im Übrigen, Geliebte: Freut euch in Christus und hütet euch vor denen, die auf schmutzigen Gewinn aus sind. Alle eure Bitten seien offen vor Gott und seid fest im Sinne Christi ...
Und sorgt dafür, dass dieser Brief den Kolossern verlesen werde und der Brief an die Kolosser bei euch. (1,1–3.11.14.20)

Abgrenzung vom Alten Bund

Nach der Zerstörung Jerusalems 70 n. Chr. gab es in der ersten Hälfte des 2. Jahrhunderts von seiten der frühen Christen scharfe Attacken gegen das Judentum. Vor diesem Hintergrund ist der apokryphe Barnabasbrief zu verstehen, aus dem der folgende Textabschnitt zitiert wird.

Zur Erhöhung der Autorität seines Schreibens hat der anonyme Verfasser den im Neuen Testament Apg 4,36 genannten Barnabas (= Sohn des Trostes) als Urheber missbraucht. Mit diesem verbindet ihn die Auseinandersetzung mit dem Judentum, gipfelnd in der Frage, wie sie Paulus in seinem Römerbrief stellt: Gesetz oder Evangelium? Gerade wegen der Bezeichnung »Barnabasbrief« hat der sonst kritische Origenes (um 185–253) dieses Schreiben für inspiriert gehalten, während der Bibelfachmann Hieronymus (um 347–419/420) diesen Text zu den nichtkanonischen (→ Glossar: Kanon) Apokryphen zählte.

Radikaler Antijudaismus

Im Barnabasbrief wird den Fragen »Was bedeutet für Christen der Alte Bund, das Alte Testament?«, »Deutet der Riss des Tempelvorhangs beim Kreuzestod Jesu (Mk 15,38) den Riss zwischen dem Bundesgott und dem alttestamentlichen Bundesvolk an?« nachgegangen. Jetzt nämlich betritt das neutestamentliche Bundesvolk die

Abgrenzung vom Alten Bund

Bühne der Heilsgeschichte. Trotz dieser Abgrenzung kennzeichnet den Barnabasbrief nicht ein allgemeiner Antisemitismus; aus ihm spricht ein radikaler Antijudaismus, jedoch ausschließlich auf religiös-heilsgeschichtlicher Ebene und nicht mit politisch-rassistischen Argumenten. ((79))

Man spürt die nach der Zerstörung des Tempels von Jerusalem und nach der jüdischen Synode von Jamnia um 90 n. Chr. einsetzende Absetzbewegung der christlichen Kirche von der jüdischen Synagoge (→ Glossar).

Der Barnabasbrief wendet sich mit religiösen Argumenten gegen das Judentum.

Textquelle: Barnabasbrief

Im Namen des Herrn, der uns seine Liebe gezeigt hat, meine Söhne und Töchter, seid gegrüßt im Frieden! ... Ich möchte euch einiges übersenden, damit ihr zu eurem Glauben auch vollkommene, geistliche Erkenntnis (Gnosis) gewinnt ...

Gott hat uns durch alle Propheten kundgetan, dass er weder Schlachtopfer, noch Brandopfer, noch Gaben braucht. Das hat er abgeschafft. Das neue Gesetz unseres Herrn Jesus Christus, das kein Joch des Zwanges ist, soll keine von Menschen gemachten Opfer haben. (Vers 1)

... Dann weiter: Saget nicht, der Bund gelte ihnen (den Juden) und uns! Uns, ja, aber sie (die Juden) haben ihn für immer verscherzt, obwohl ihn einst Mose empfangen hatte. Weil sie sich Götzen

Für den Alten Bund und den Abfall vom Bundesgott steht Nicolas Poussins »Die Anbetung des Goldenen Kalbes«, um 1635/40. (London, National Gallery).

Barnabasbrief
(um 150 n. Chr.)

zuwendeten, gingen sie seiner verlustig ... Der Bunde des Geliebten, Jesus, wurde in unser Herz geprägt in der Glaubenshoffnung auf ihn. (Vers 4)
... Ein heiliger Tempel für den Herrn ist, meine Brüder, die Wohnung unserer Herzen ... So sind es also wir (die Christen), die er eingeführt hat in das gute Land von Milch und Honig ... Durch den Glauben an die Verheißung und durch das Wort werden wir lebendig gemacht und leben als Herren über die Erde. (Vers 5)

»Neumonde« und »Sabbate« spielt auf Jes 1,13 an: Gott verschmäht den Opferdienst seines »Gomoravolkes«, der hohl ist, wenn es nicht nach dem Recht trachtet und das Gute tut.

... Die wahre Heiligung des Sabbats kommt zustande, wenn wir (durch Gnade) gerechtfertigt sind. Wir werden ihn heiligen können, wenn wir zuerst selbst geheiligt sind. Es hat doch der Herr zu ihnen (den Juden) gesagt: »Eure NEUMONDE *und* SABBATE *kann ich nicht ausstehen.« Seht, wie es gemeint ist: »Nicht die Sabbate, die ihr macht, gefallen mir, sondern der Sabbat, den ich gemacht habe: der Anfang einer neuen Welt.« Deshalb feiern wir auch den folgenden Tag (nach dem jüdischen Sabbat »den ersten Tag der Woche«) zu unserer Freude, weil an ihm Jesus von den Toten auferstanden ist und, nachdem er sich (seinen Jüngern) geoffenbart hatte, in den Himmel aufgefahren ist.* (Vers 15)
... Immer wieder bitte ich euch, seid euch selbst gute Gesetzgeber! Bleibt euch selbst treue Berater und schafft weg von euch alle Unwahrhaftigkeit! Gott aber, der über allem ist, gebe euch Weisheit und Einsicht, Verstand und Erkenntnis (Gnosis) seines Willens und seiner Geduld. Lasst euch von Gott belehren. Suchet, was der Herr von euch will. Schafft (und lebt so), damit ihr am Tag des Gerichtes bestehen könnt ... Der Herr der Herrlichkeit und aller Gnade sei mit eurem Geiste. (Vers 21)

Die geheimen Worte Jesu an Thomas

Thomas (der aus dem Aramäischen kommende Name bedeutet »Zwilling«) wurde durch seine Begegnung mit dem auferstandenen Christus (Joh 20,24–29) in Frömmigkeit und Kunst zu einer Lieblingsfigur. Seinen Zweifel haben Theologen immer wieder umkreist.

Das Thomasevangelium (siehe Seite 27 und 157ff.) bietet keine Episoden aus dem Leben Jesu, sondern, wie erwähnt, eine Sammlung von 114 Logien (Herrenworten), jeweils eingeleitet mit dem Satz »Jesus sagt« oder »Jesus hat gesagt«. Im Logion 13 befragt Jesus drei Apostel, die in dieser Dreierformation in keinem neutestamentlichen Text gemeinsam auftreten: Simon Petrus, Matthäus, Thomas. Man spürt deutlich, dass Thomas favorisiert ist; er gibt auf die Frage Jesu die klügste und mysteriöseste Anwort. Es muss deshalb ur- und frühchristliche Gruppierungen gegeben haben, die die Verkündigungsautorität des Apostels Thomas außerordentlich hoch schätzten. Dem Text ist zu entnehmen: Thomas allein hat Jesusworte gehört, die keinem anderen Apostel bekannt waren. Das in Logion 13 überlieferte Herrenwort ist unverkennbar der Widerhall eines im Johannesevangelium aufgezeichneten: »Wer an mich glaubt, aus dessen Herzen werden Ströme vom lebendigen Wasser fließen« (Joh 7,38).

Textquelle: Thomasevangelium

Dies sind die geheimen Worte, die Jesus, der Lebendige, gesprochen hat und die aufgeschrieben hat Didymus Judas Thomas, und er hat gesagt: »Wer findet das Verständnis dieser Worte, der wird den Tod nicht schmecken«. (Logion 1)

Jesus hat zu seinen Schülern gesagt: »Vergleicht mich und sagt, wem ich gleiche.« Simon Petrus sagte ihm: »Du gleichst einem gerechten Engel (oder: Gesandten).« Matthäus sagte ihm: »Du gleichst einem Menschen, der ein weiser Philosoph ist.« Thomas sagte ihm: »Meister, mein Mund wird es absolut nicht zulassen, dass ich sage, wem du gleichst.« Jesus sagte ihm: »Ich bin nicht dein Meister; da du getrunken hast, hast du dich berauscht an der sprudelnden Quelle, die ich gespendet habe.« Und er nahm ihn, zog sich zurück und sagte ihm drei Worte. Als Thomas zu seinen Genossen zurückkam, fragten sie ihn: »Was hat Jesus dir gesagt?« Thomas antwortete ihnen: »Wenn ich euch eines der Worte sage, die er mir gesagt hat, werdet ihr Steine nehmen und sie gegen mich werfen, und ein Feuer wird aus den Steinen entstehen und euch verbrennen«. (Logion 13)

Thomasevangelium
(um 150 n. Chr.)

Der Apostel Thomas in Indien

Die Thomasakten, die im 3./4. Jahrhundert in syrischer Sprache abgefasst worden sein dürften und von denen heute nur ein einziges Zeugnis in griechischer Sprache zur Verfügung steht, enthalten unter anderem einen abenteuerlichen Bericht über die Reise des Apostels Thomas nach Indien (II,2,1–2: »Der seltsame Weg des Thomas nach Indien«). Dieser Text ist merkwürdig, weil Jesus selbst auftritt, um den widerspenstigen Thomas nach Indien zu bringen. Jesus tritt dabei als Sklavenbesitzer auf, der Thomas, von Beruf Zimmermann, als Sklaven nach Indien verkauft. Der zweite Text (II,2,29) berichtet über das missionarische Wirken des Apostels Thomas in Indien: bei der Erteilung des Segens wie beim Brotbrechen der Eucharistie. ((80))

Marco Polo berichtete 1295, an der Ostküste Südindiens gebe es »Thomas-Christen«, die ihren Gründerapostel an seinem Grab in Kalamina verehrten.

Textquelle: Thomasakten
Thomas' seltsamer Weg nach Indien

Zu jener Zeit waren wir Apostel alle in Jerusalem, Simon, genannt Petrus, und Andreas, sein Bruder, Jakobus, des Zebedäus Sohn, und Johannes, sein Bruder, Philippus und Bartholomäus, Thomas und Matthäus, der Zöllner, Jakobus, (des Alphäus Sohn), und Simon, der Kananäer, und Judas, (des Jakobus Bruder); und wir verteilten die Gegenden der Erde, dass ein jeder von uns in die Gegend, die durchs Los auf ihn käme, und zu dem Volke, zu welchem der Herr ihn schickte, reisen solle.

Thomasakten
(3./4. Jahrhundert)

Die Legende will wissen, dass der Apostel Thomas auf abenteuerlichem Weg nach Indien gelangte, um dort das Evangelium zu verbreiten. Jesus selbst soll dabei in der Rolle eines Sklavenhändlers in Erscheinung getreten sein.

Nach dem Lose kam nun Indien an Judas Thomas, der auch Zwilling heißt. Er wollte aber nicht hingehen und sagte, er könne wegen der Schwachheit des Fleisches nicht reisen und: »Wie kann ich, der ich ein Hebräer bin, reisen und den Indern die Wahrheit predigen?«

Als er dies erwog und sagte, erschien ihm der Heiland während der Nacht und sprach zu ihm: »Fürchte dich nicht, Thomas, geh nach Indien und predige dort das Wort, denn meine Gnade ist mit dir.« Er aber gehorchte nicht und sprach: »Wohin du mich senden willst, sende mich, (aber) anderswohin! Denn zu den Indern gehe ich nicht.«

Als er dies sagte und erwog, traf es sich, dass ein Kaufmann, der von Indien gekommen war, namens Abban, dort anwesend war, der vom König Gundafor abgesandt war und von ihm den Befehl erhalten hatte, einen Zimmermann zu kaufen und ihm zuzuführen. Der Herr (Jesus) aber sah ihn sich um die Mittagszeit auf dem Markte ergehen und sprach zu ihm: »Du willst einen Zimmermann kaufen?« Er sprach zu ihm: »Ja.« Der Herr sprach zu ihm: »Ich habe einen Sklaven, der Zimmermann ist, und will ihn verkaufen.«

Als er dies gesagt hatte, zeigte er ihm von ferne Thomas, verabredete mit ihm ein Kaufgeld von drei Pfunden ungeprägten (Silbers) und schrieb einen Kauf(brief) folgenden Inhalts: »Ich, Jesus, der Sohn des Zimmermanns Josef, bestätige, einen Sklaven von mir, namens Judas, an dich, Abban, einen Kaufmann Gundafors, des Königs der Inder, verkauft zu haben.«

Als aber der Kauf(brief) fertig gestellt worden war, nahm der Heiland Judas, der auch Thomas heißt, und führte ihn zum Kaufmann Abban. Als Abban ihn sah, sprach er zu ihm: »Ist dieser dein Meister?« Der Apostel antwortete und sprach: »Ja, er ist mein Herr.« Er aber sprach: »Ich habe dich von ihm gekauft.« Und der Apostel schwieg. (II,2,1–2)

Thomas bricht das Brot der Eucharistie

Als er (Thomas) in der folgenden Nacht schlief, kam der Herr, trat zu seinen Häuptern und sprach: »Thomas, steh früh auf, segne alle und nach dem Gebet und Dienst geh auf dem Wege nach Osten zwei Meilen, und dort werde ich durch dich meine Herrlichkeit zeigen. Denn um des Werkes willen, dessentwegen du auszieht, werden viele zu mir Zuflucht nehmen, und du sollst die Natur und Macht des Feindes überführen.«

Er stand vom Schlafe auf und sprach zu den Brüdern, die bei ihm waren: »Kinder und Brüder, der Herr will heute etwas durch mich ausführen. Lasst uns aber beten und ihn bitten, dass es für uns ihm gegenüber kein Hindernis gebe, sondern dass, wie zu jeder Zeit, so auch jetzt nach seiner Absicht und nach seinem Willen durch uns geschehe.« Als er dies gesagt hatte, legte er seine Hände auf sie und segnete sie. Er brach Brot der Eucharistie, gab es ihnen und sprach: »Gereiche euch diese Eucharistie zu Barmherzigkeit und Mitleid und nicht zum Gericht und zur Vergeltung!« Sie sprachen: »Amen«. (II,2,29)

Hymnus auf den dreifaltigen Gott

Neben der neutestamentlichen Apostelgeschichte, in der in Umrissen nur das Wirken der beiden Apostel Petrus und Paulus vorgestellt wird, gab es auch einen breiten literarischen Strom apokrypher Apostelgeschichten. Bereits im 2. und vor allem im 3. Jahrhundert erfreuten sie sich großer Beliebtheit.

In einer Vielzahl von Übersetzungen – in syrischer, armenischer, georgischer, koptischer (→ Glossar: Kopten), äthiopischer, arabischer Sprache – waren sie vor allem im Vorderen Orient weit verbreitet. Gerade diese Verbreitung bot die Chance ihres Überlebens, denn die amtliche Kirche (→ Glossar: Ekklesiologie) hatte sie auf die Vernichtungsliste der ketzerischen Schriften gesetzt.

Einen Hymnus an den Dreifaltigen Gott enthalten die Johannesakten. Er dürfte im 3. Jahrhundert entstanden sein. Sandro Botticelli hat einen künstlerischen Ausdruck dem Mysterium der Dreifaltigkeit in seinem Bild der »Heiligen Trinität« gegeben. (Um 1491–93, London Courtauld Institute Galleries).

Eine eindrucksvolle Quvertüre

Unter den apokryphen Apostelgeschichten nehmen die so genannten Johannesakten eine herausragende Bedeutung ein. Hier finden wir u.a. die wesentlichen Grundstrukturen für die Lehre von der heiligen Dreifaltigkeit.

Trotz der Verbote sind etwa zwei Drittel der Johannesakten (siehe auch Seite 162f.), denen unter den apokryphen Apostelgeschichten eine klare Priorität zukommt, erhalten geblieben. Einen deutlich johanneischen Widerhall, eine vertiefende Fortsetzung hat hier gefunden, was an Grundstrukturen der Dreifaltigkeitslehre im Neuen Testament (vor allem Mt 28,19; 1 Kor 12,4–6; 2 Kor 13,13), besonders im Johannesevangelium (die Abschiedsrede Jesu: Joh 14,1–16,33; das hohepriesterliche Gebet: Joh 17,1–26), vorliegt.

Der folgende Hymnus auf den dreifaltigen Gott, der wohl im 3. Jahrhundert im syrisch-kleinasiatischen Raum entstanden ist, stellt eine eindrucksvolle Ouvertüre dar, in der jene theologischen Leitmotive gewaltig anklingen, die auf den ökumenischen Konzilien des 4. und 5. Jahrhunderts ihre dogmatisch-begriffliche Formulierung erhalten haben. ((81))

Textquelle: Johannesakten

Johannesakten
(3. Jahrhundert)

Vorsänger:	»Ehre sei dir, Vater!«
Volk:	»Amen.«
Vorsänger:	»Ehre sei dir, Logos! Ehre sei dir, Gnade!«
Volk:	»Amen.«
Vorsänger:	»Ehre sei dir, Geist! Ehre sei dir, Heiliger!«
Volk:	»Amen.«
Vorsänger:	»Wir preisen dich, Vater! Wir danken dir, Licht, in dem Finsternis nicht wohnt.«
Volk:	»Amen.«
Vorsänger:	»Wofür wir aber danken, sage ich: Gerettet werden will ich, und retten will ich.«
Volk:	»Amen«. (94,1–3; 95,4)

Der Tod des Apostels Johannes

Schon Ende des 1. Jahrhunderts haben sich Christen Gedanken über das Leben des Apostels und Evangelisten Johannes gemacht. Er war der Einzige der von Jesus berufenen Apostel, der noch lebte.

Im neutestamentlichen Johannesevangelium ist die damals verbreitete Meinung festgehalten, »jener Jünger (= Johannes) werde nicht sterben« (Joh 20,13).

Für die Darstellungen der christlichen Kunst wurde allerdings eine andere Überlieferung bedeutsam, nach der der Apostel Johannes verhaftet und nach Rom gebracht wurde.

Unter Kaiser Domitian (81–96) habe man ihn mit einem Giftbecher töten wollen, aber aus diesem Giftbecher züngelte eine Schlange, die Johannes warnte und vor dem Tod rettete.

Ein friedvolles Ableben

Dem sicherlich breiten urchristlichen Interesse sind die apokryphen Johannesakten (siehe auch Seite 27 und 162f.) entsprungen. Vom Genre her lassen sie sich auch als Apostelromane charakterisieren. Über den (die) Verfasser und die Abfassungszeit präzise Angaben zu machen, ist äußerst schwierig. Möglicherweise verdichteten sich im kleinasiatisch-ephesinischen Raum schon um 100 n. Chr. erste mündliche Traditionen und wurden weitergegeben.

Eine schriftliche Fassung dürften die außerbiblischen Johannesakten im 3. Jahrhundert erhalten haben. Der folgende Bericht ist den Kapiteln 106 bis 115 entnommen, in denen die letzte Eucharistiefeier und das Sterben des Apostels Johannes aufgezeichnet sind: Als Einziger unter den zwölf Aposteln stirbt er eines natürlichen Todes.

Die apokryphen Johannesakten, die etwa im 3. Jahrhundert entstanden, sind von außerordentlicher literarischer Qualität, weshalb sie nicht selten auch als Apostelromane bezeichnet werden.

Textquelle: Johannesakten

Es war Johannes mit seinen Brüdern (in Ephesus) zusammen und freute sich im Herrn ...
Nachdem er Brot erbeten hatte, sprach er mit erhobenen Händen folgendes Dankgebet: »Welches Lob, welches Opfer, welchen Dank sollen wir sprechen, da wir dieses Brot brechen, als dir allein, Herr Jesus? ... Du allein, Herr, bist die Wurzel der Unsterblichkeit und die Quelle der Unvergänglichkeit und der Sitz der Äonen.« ...
Und er brach das Brot und gab es uns allen, indem er für jeden der Brüder betete, er möge der Gnade des Herrn und der heiligsten Eucharistie würdig sein. Er reichte sich selbst (den Leib Christi) und sprach: »Auch mir sei mein Teil mit euch« und »Friede sei mit euch, Geliebte!« ...
Und er betete: »O Gott, der du mich zum Apostelamt unter den Heiden auserwählt hast ... da ich das Verwalteramt, mit dem ich von dir betraut worden bin, erfüllt habe, würdige mich deiner Ruhe und verleihe mir das Ende in dir, das unsagbares und unaussprechliches Heil ist.« ...
Dann legte er sich in das offene Grab nieder, wo er vorher seine Kleider ausgebreitet hatte, und sagte zu uns: »Friede sei mit euch, Brüder!« und gab mit Freuden seinen Geist auf.
Wir breiteten ein Grabtuch aus Linnen über ihn und kehrten in die Stadt (Ephesus) zurück. Als wir am nächsten Tag zurückkehrten, fanden wir seinen Leichnam nicht mehr vor, denn er war durch die Macht unseres Herrn Jesus Christus entrückt worden. (Auszüge aus den Kapiteln 106–115)

Johannesakten
(3. Jahrhundert)

Endzeit

Licht und Finsternis, Engel und Teufel, Paradies und Hölle – das sind die Gegensätze, die in den apokryphen Texten zur Apokalypse den immerwährenden Kampf des Guten gegen das Böse symbolisieren.

Wer das Neue Testament wortwörtlich auslegt, steht vor unlösbaren Problemen, die nicht zuletzt von Widersprüchen der dort aufgezeichneten Worte Jesu herrühren. Einerseits sagt Jesus: »Ich bin bei euch alle Tage bis zum Ende der Welt« (Mt 28,20). Andererseits spricht er: »Ich gehe zu dem, der mich gesandt hat« (Joh 16,4). Und auch das rätselhafte Jesuswort ist überliefert: »Noch kurze Zeit, dann seht ihr mich nicht mehr, und wieder eine kurze Zeit, dann werdet ihr mich (wieder) sehen« (Joh 16,16). Immer wieder sind daher Christen von der adventlichen Erwartung fasziniert gewesen, die Wiederkunft Jesu erfolge »bald«, in kurzer Zeit. Heute ist diese Vision der Naherwartung nahezu verblasst. Nach 2000 Jahren christlicher Anfechtungsgeschichte ist »die kleine Weile« zerdehnt und zu einer müden Späterwartung verkommen.

Bemerkenswert breit und pastoral aufregend ist in den neutestamentlichen Apokryphen von der Entscheidungsschlacht zwischen den »Söhnen des Lichtes« und den »Söhnen der Finsternis« am Ende der Geschichte die Rede. Dabei werden auch die gegensätzlichen Endstationen – das ewige Paradies und die ewige Hölle – bildgewaltig beschworen.

Der Satan – ein Feind

Im Koran wird der Teufel »Iblis« beziehungsweise »Saitan« genannt. Weil er von den Engeln mit Steinwürfen aus dem Himmel vertrieben wurde, hat er den Beinamen »der Gesteinigte« (3,34) erhalten.

Textquelle: Koran

Koran
(um 650 n. Chr.)

... der Satan ist euer Feind,
darum betrachtet ihn auch als Feind;
denn er lädt seine Anhänger nur dazu ein,
dass sie in die Hölle fahren.
Für die Ungläubigen ist schwere Strafe bestimmt.
Die aber glauben und rechtschaffen handeln,
erlangen Gnade und großen Lohn. (35,7–8)

Die Macht Belials in der Endzeit

Vor dem Hintergrund eines dualistischen Weltbildes taucht in fast allen Qumranschriften der Teufel auf, vor allem als Belial. Als Quelle dieser Dämonenlehre gelten die alttestamentlichen Verse Gen 6,1–4. Diese Texte wissen nichts von einem Fall der Engel, nichts von einem Engelsturz (vgl. Offb 12,7–12). Der Teufel tritt als Beauftragter und Bote Gottes auf, der »Engel der Finsternis« er-

Die Macht Belials in der Endzeit

scheint als Werkzeug Gottes, der dessen Recht durchsetzt und dessen Strafe ausführt. Am Ende der Geschichte wird die große Entscheidungsschlacht zwischen den »Söhnen des Lichtes« und den »Söhnen der Finsternis« ausgetragen (1 Q M Spalte 1, Zeile 11–12). Dank der alles überwindenden Macht Gottes wird schließlich Belial mit seinem Anhang endgültig besiegt und für immer vernichtet (1 Q H Spalte 3, Zeile 29–36). ((82))

In essenischen Schriften kommt es am Ende der Zeit zum Kampf der Söhne des Lichtes gegen die Söhne der Finsternis. Jesus tritt selbst gegen den Teufel an.

Textquelle: 1 Q H (Hymnenrolle)

Wenn sich öffnen alle Fallen der Unterwelt und ausgespannt sind alle Jagdnetze des Frevels ..., dann ergießen sich die Ströme Belials über alle Wasserläufe, fressendes Feuer über alle ihre Quellen ... Aufschrei die Erde vor Weh, das am Erdkreis geschieht. Alle ihre Tiefen schreien, und irrsinnig werden alle, die auf ihr leben, und beben wegen des großen Wehs.
Denn donnern wird Gott im Toben seiner Kraft und in Aufruhr geraten seine heilige Wohnung wegen der wahren Erscheinung seiner Herrlichkeit. Die Heerschar des Himmels wird ihre Stimme erschallen lassen, erzittern und erbeben werden die Fundamente der Welt. (Spalte 3, Zeile 26–35)

Die byzantinische »Anastasis« zeigt seinen Sieg über den Satan. (11. Jahrhundert, Berg Athos, Dionysiuskloster, Codex 587).

1 Q H
(um 100 v. Chr.)

Der Zeitpunkt des Weltgerichts

Das jüngste Gericht und damit das Ende dieser Welt kündigen die apokryphen Texte zur Apokalypse an. Besondere Aufmerksamkeit erhielt das 4. Buch Esra, das in zahlreichen Übersetzungen sehr weit verbreitet war.

Die apokryphe Apokalypse (→ Glossar: Apokalyptik) »4. Buch Esra« gibt zur Erhöhung ihrer Autorität den nachexilischen (ab 538 v. Chr.) Verwaltungs- und Wiederaufbaufachmann Esra als Verfasser an. Sie dürfte erst um 100 n. Chr. in der heutigen Buchform zusammengesetzt worden sein und blickt auf die Zerstörung der Stadt und des Tempels von Jerusalem 70 n. Chr. zurück. ((83))

Ein Trostbuch

Neben dem kanonischen (→ Glossar: Kanon) alttestamentlichen Buch Esra will das in griechischer Sprache verfasste apokryphe 4. Buch Esra ein jüdisches Trostbuch sein. Auch in der alten Kirche wurde es sehr geschätzt, wie die vielen lateinischen, syrischen, äthiopischen, armenischen und arabischen Übersetzungen bezeugen. Heute noch werden daraus in der Liturgie (→ Glossar) der kirchlichen Totenfeier die bekannten Worte gesprochen: »O Herr, gib ihnen die ewige Ruhe, und das ewige Licht leuchte ihnen« (4 Esr 2,34–35).

Textquelle: 4. Buch Esra

4. Buch Esra
(um 100 n. Chr.)

*Die Welt hat ihre Jugend verloren;
die Zeiten nähern sich dem Alter.
Die Weltgeschichte ist in zwölf Teile eingeteilt,
gekommen ist sie bis zum zehnten
und bis zur Hälfte dieses zehnten.
Es bleiben nur noch zwei
nach dieses zehnten Teiles Hälfte.* (4 Esr 14,10–12)

Höllenstrafen für Abtreibungen

Zu den Schriften der urchristlichen Apokalyptik (→ Glossar) zählt die um 140 verfasste und erst seit Ende des 19. Jahrhunderts dank eines Funds aus einem Grab in Oberägypten bekannte Offenbarung des Petrus, die nicht in den Kanon (→ Glossar) des Neuen Testaments aufgenommen worden ist. Klemens von Alexandrien (140–210), der wiederholt aus ihr zitiert, sah in dieser Offenbarung eine originale Schrift des Apostels Petrus, der um 64 n. Chr. in Rom gemartert worden war. Der Name und vor allem die Autorität dieses Apostels wurden offensichtlich verwendet, um dem nachpetrinischen Text eine lehramtliche Bedeutung zu geben.

Verdammung der ungetauften Kinder?

Thematisch ist die apokryphe Offenbarung des Petrus aus zwei Gründen beachtenswert. Einerseits müssen die Christen des beginnenden 2. Jahrhunderts die Strafen und vor allem die Ewigkeit der Hölle außerordentlich beunruhigt haben. Kulturgeschichtlich ist andererseits aufschlussreich, dass Abtreibungen in der damaligen Zeit keine Seltenheit waren. So sahen sich auch Christen mit den Fragen konfrontiert: Wie steht es um das Seelenheil der abtreibenden Mütter, um das Seelenheil der abgetriebenen Kinder? Kommen diese, weil ungetauft, in die Hölle? Oder werden sie, wie Klemens von Alexandrien schrieb, von Schutzengeln empfangen, und wird ihnen eine persönliche Entscheidung ermöglicht, wenn sie zu Vollmenschen nachgereift sind? Apokryphe Texte gewinnen hier überraschende Aktualität.

Textquelle: Offenbarung des Petrus

Und es wird geschehen am Tag des Gerichtes über alle, die vom Glauben an Gott abgefallen sind: Katarakte von Feuer werden losgelassen. Dunkel und Finsternis werden eintreten und die ganze Welt einhüllen. Die Wasser werden sich in feurige Kohlen verwandeln. Alles wird brennen. Das Meer wird zu Feuer werden. Unter dem Himmel wird ein bitteres, nie verlöschendes Feuer zum Gericht des Zornes fließen ... (Kapitel 5)

Bei dieser großen Flamme wird eine große und sehr tiefe Grube sein ... Frauen werden mit großem Schmerz bestraft werden, die ihre Kinder abgetrieben haben und das Werk Gottes, das er geschaffen hat, verderben ... (Kapitel 8)

Die abgetriebenen Kinder werden das bessere Los empfangen. Sie werden einem Schutzengel (= temeluchos) übergeben, damit sie, wenn sie mit ihrem Alter zugenommen haben an Erkenntnis, den besseren Aufenthalt erlangen, wie wenn sie (durch Sühne) gelitten hätten. Die anderen aber werden nur das Heil erlangen, weil sie Unrecht erfahren und Erbarmen erhalten haben. Sie werden ohne Strafe sein, weil sie (ihre Rettung) als Geschenk empfangen ... (nach Klemens von Alexandrien, Ecclog. 48)

Männer und Frauen brennen in der Flamme des Gerichtes. Für ewig ist ihre Pein. Das sind die, die den Weg Gottes verlassen haben. (Kapitel 10)

Offenbarung des Petrus (um 140 n. Chr.)

In der christlichen Theologie wurde unter dem Stichwort »limbus puerorum« das Los der ohne Taufe verstorbenen (abgetriebenen) Kinder erörtert.

Die letzte Station: Ewiges Paradies – ewige Hölle?

Das Gericht, ein wichtiger Bestandteil des jüdischen wie des christlichen Glaubensbekenntnisses, hat im Islam eine nur scheinbar gleiche Bedeutung. Der fundamentale Unterschied des islamischen Gerichtsverständnisses ist darin begründet, dass der Koran keinen Sündenfall, keine Ursünde und daher auch keine Erbschuld aller Menschen kennt (vgl. Röm 5,12–21). Daher ist für den Muslim auch keine Erlösung durch Allah, kein stellvertretendes Sühneleiden durch einen Mensch gewordenen und gekreuzigten Sohn Gottes notwendig. Sünde ist nie und nimmer (auch) Beleidigung Gottes,

Anders als das Christentum kennt der Koran weder Erbsünde noch einen stellvertretend für die Sünden der Menschen gestorbenen Gottessohn. Beiden Religionen gemeinsam ist die Vorstellung von Himmel und Hölle, in die die Menschen nach dem Jüngsten Gericht gelangen.

vielmehr Selbstgefährdung, Selbstzerstörung des Menschen, Vergiftung und Belastung der Familie, der Gemeinschaft, der sozialen Ordnung und Gerechtigkeit. Im Koran heißt es: »Sie (die Menschen) freveln gegen sich selbst« (17,7). Jeder Mensch ist seiner Zukunft, seiner Ewigkeit Schmied. Nur in den übergroßen Anfechtungen des Teufels (Iblis) erhält der Mensch Beistand durch Allah.

Menschenwürde und Ehrfurcht vor Allah

Die menschlichen Entscheidungen stehen für den Muslim unter der Devise seiner Menschenwürde, an der er sich nicht vergehen soll (95,1–5), wie ergänzend unter dem ehrfürchtigen Respekt vor Allah, der sich im demütigen Gehorsam äußert – oder im umgekehrten Fall in Ärgernis erregendem Ungehorsam (12,53). Im Gericht kommt jeder Mensch zur Erkenntnis: als treuer und gehorsamer Muslim in die ewigen Freuden des Paradieses oder als ungläubiger und ungehorsamer Muslim (oder als Jude beziehungsweise Christ) in die ewigen Strafen der Hölle einzugehen. Vom Jüngsten Gericht berichtet der Koran in den Suren 17,39; 74,48; 75,22–23; 89,17–24; 99,7–8; 107,1–3; 109,1–2. ((**84**))

Die Miniatur im »Buch der guten Sitten« zeigt den geöffneten Himmel mit Gottvater und Engeln, während die Erde aufgerissen ist und Satan hervorkommt. (Jacques Le Grand, um 1455–60, südliche Niederlande).

Textquelle: Koran
Der Allmächtige und Allbarmherzige
Gelobt sei, in dessen Händen das Reich ist und der aller Dinge mächtig ist. Er schuf den Tod und das Leben, um zu prüfen, wer von euch am rechtschaffendsten handelt. Er ist der Allmächtige, DER GERN VERZEIHENDE. Er ist es auch, der die sieben Himmel erschuf, einen über dem anderen. In der Schöpfung des Allbarmherzigen wirst du kein Missverhältnis sehen... (67,2–4)

Die Drohung des Gerichts
Er ist es, der euch auf der Erde ausgesät hat und der euch einst zu ihm wieder versammeln wird. Sie sagen zwar: »Wann wird denn diese Drohung eintreffen? ...« ... »Die Kenntnis (von diesem Endereignis) hat nur Allah. Ich (Mohammed) bin nur ein öffentlicher Prediger.«
Wenn sie aber die (von Allah) angedrohte Hölle in der Nähe sehen, wird sich das Gesicht der Ungläubigen verzerren.
Es wird ihnen gesagt werden: »Da habt ihr nun, was ihr herbeiwünscht.« ... »Mag Allah mich (Mohammed) und meine Getreuen vertilgen (in der Hölle) oder sich unser (im Paradies) erbarmen! Wer aber kann die Ungläubigen von peinvoller Strafe retten?« ... »... Ihr werdet es einst (im Gericht) erfahren, wer in offenem Irrtum sich befindet«. (67,25–30)

Ewiges Höllenfeuer und ewiger Garten Eden
Die Ungläubigen unter den Schriftbesitzern und die Götzendiener schwanken nicht eher, bis der deutliche Beweis (des eingetroffenen Gerichts) über sie gekommen ist ...
Nicht eher spalten sich auch die Schriftbesitzer (Juden und Christen) untereinander, bis sie den deutlichen Beweis (des versprochenen und eingetroffenen Gerichts) erfahren haben ...
Die Ungläubigen unter den Schriftbesitzern und die Götzendiener kommen in das Höllenfeuer und bleiben ewig dort; denn sie sind die schlechtesten Geschöpfe.
Die Gläubigen (Muslims) und die das Gute tun, sind die besten Geschöpfe. Ihr Lohn bei ihrem Herrn (Allah) besteht in EDENS GARTEN, das von Wassern durchströmt ist. Ewig bleiben sie darin (im Paradies) ... (98,2.5.7–9)

Offenbarung der Menschenwerke
Wenn Erdbeben die Erde erschüttern ... an diesem Tag und zu jener Stunde ... werden die Menschen in Gruppen und einzeln hervorkommen, um ihre Werke (durch Allah) vorgezeigt zu bekommen. Wer auch nur ein Stäubchen Gewicht Gutes getan hat, wird es (das Paradies) schauen. (99,2.5–8)

Koran
(um 650 n. Chr.)

»Der Verzeihende« als Name Allahs kommt im Koran 122-mal vor; nur Allah kann von Sünden freisprechen (vgl. 7,156; Ex 34,6).

Die einzige wirkliche und große Sünde ist aus islamischer Sicht Vielgötterei und Götzendienst (ischrâk).

Zu »Eden« vgl. Gen 2,10–14: Der Garten wird von den vier Hauptflüssen Pischon, Gichon, Tigris und Euphrat durchströmt.

Die Apokryphen in Zitaten

»*Gerechterweise muss man feststellen, dass in den Apokryphen nicht alles schlecht, kindlich oder plump ist. Manches ist sogar von unbestreitbarer Schönheit. Sind sie nicht die Jugendbücher des Christentums, haben nicht die ersten Gläubigen aus diesem Jungbrunnen geschöpft?*«

Henri Daniel-Rops

Den Wert der Apokryphen kann man nicht hoch genug einschätzen. Sie haben über Jahrtausende hinweg unzähligen Menschen den Weg zum tiefen Verständnis der biblischen Schriften und damit zum christlichen Glauben aufgezeigt.

»*Legenden sind vor allem Symbole und erst in zweiter Linie Geschichtsdokumente. Legenden durchbrechen die Oberflächenbetrachtung, sie dringen zur Metahistorie.*
Legenden enthüllen nicht nur, sie verhüllen auch.
Sie deuten auf noch tiefere Geheimnisse hin – in ihrem Wesen sind sie unauslotbar.«

Walter Nigg

»*Die apokryphen Schriften erweitern den Horizont und sind für jeden eine Herausforderung. Wir lernen das Fremde der Bibel besser verstehen.*«

Klaus Berger

»*Die beiden Testamente sind Erzählungen, die permanent neue Erzählungen auslösen ... Die Apokryphen füllen mit Details aus, wo die Schrift sich auf wenige Angaben beschränkt, sie liefern Gründe, wo die Schrift Handlungen referiert, sie nennen Namen, wo die Schrift mit anonymen Akteuren auskommt, sie vermehren und spezifizieren das Personal, wo die Schrift wenige gegen unbestimmte Kollektive setzt, sie schaffen ein sicheres Umfeld ... Eine perfekte Pflege des narrativen Inventars; es will alles bedacht und versorgt sein: was war, was ist, was sein wird.*«

Wolfgang Kemp

»*Die apokryphe Literatur ist nicht in einem luftleeren Raum entstanden, sondern muss auf dem Hintergrund der Gesamtentwicklung in der Kirche der ersten Jahrhunderte gesehen werden.*«

Wilhelm Schneemelcher

»*Der Satz: ›Und Gott sprach‹ umschließt das gewaltigste und kühnste Sprach- und Verständigungsproblem. Gott bringt auf dem Instrument der irdisch-diesseitigen Sprache die Melodie des Jenseits zum Erklingen, die stets ›unvollendete Symphonie‹ bleibt.*«

Alfred Läpple

Glossar

Apokalyptik
Das aus dem Griechischen (apokalýptein = enthüllen) stammende Wort bezeichnet eine spätjüdische wie auch christliche Geisteshaltung und Literatur, die zwischen 200 v. Chr. und 600 n. Chr. mahnend auf das Bald-Kommende (Weltende, Gottes Gericht und Sieg über den/die Bösen) hinweisen. Häufig stützen sich apokalyptische Verkündigungen auf Visionen, in denen Mose, Elija, Henoch und auch Engel als Ankünder des »Tages des Herrn« auftreten. Geheimnisvolle Symbolik und Zahlenspekulationen gehören zu ihrem literarischen Inventar. Apokalyptische Texte finden sich bereits im Alten Testament. Vor einer nur Angst machenden Apokalyptik warnt Paulus: »Wer euch ein anderes Evangelium verkündet, als wir euch verkündet haben, der sei verflucht, auch wenn es ein Engel wäre« (Gal 1,8).

Christologie
Theologische Lehre über Jesus, den Christus, über seine trinitarische Herkunft, seine Menschwerdung, sein Gottmenschentum (hypostatische Union), über die Mysterien seines Lebens und Wirkens, seiner Kreuzigung, Auferstehung und Himmelfahrt, über die Gegenwärtigsetzung seines Erlösungswerkes in der geistgewirkten Kirche (→ Ekklesiologie). Die Lehre von Christus ist mehr als Begriffschristologie. Sie ist Nachfolge als Leben in und mit Christus bis hin zur Christusmystik (→ Mystik) – »Nicht mehr ich lebe, Christus lebt in mir« (Gal 2,20) – im trinitarischen Lebens- und Gebetsrhythmus: »In und mit und durch Christus ist dir, ewiger Vater, in der Einheit des Heiligen Geistes, alle Herrlichkeit und Ehre.«

Doketismus
Das griechische Wort »dokéin« (= scheinen, vorgeben) charakterisiert den Doketismus als breites Spektrum des dualistisch-platonisch infizierten Denkens in der ausgehenden Antike: Materie und Leib sind böse. In der → Christologie lautet die doketische Deutung: Jesus hatte als Mensch nur einen Scheinleib, einen himmlisch-ätherischen Leib; er war nicht wahrer Mensch mit materiellem Leib und unsterblicher Seele (→ Gnosis, → Neuplatonismus, → Manichäismus).

Ekklesiologie
Theologische Lehre von der einen, heiligen, katholischen und apostolischen Kirche als dem pilgernden Volk Gottes. Sie umfasst deren Stiftung, Struktur und Aufgabe sowie deren immerwährende Quelle in der Feier der Eucharistie. Ihr sind unter dem Heiligen Geist, dem Weggeleiter in alle Wahrheit (Joh 16,13), überantwortet die unfehlbare Lehrautorität, die Sorge für die Einheit und den Missionsauftrag »bis an die Grenzen der Erde«. Kirche lebt und verwirklicht sich in den drei Aufträgen: Verkündigung – Sakrament – Diakonie.
In umfassender Akzentuierung wird Kirche heute »Ikone des Heiligen Geistes« (Bruno Forte) genannt. Kirche ist die Gemeinschaft der »Herausgerufenen«, die gestufte Gemeinschaft der Verantwortlichen, die Organisation braucht, aber den institutionellen Rahmen weit überschreitet. Der Heilige Geist ist von Gott versprochene Begleitung, aber auch ein großer »Aufstörer« aus Selbstsicherheit und Selbstgenügsamkeit.

Essener
Durch die Handschriftenfunde von Qumran (seit 1947, am nordwestlichen Ufer des Toten Meeres) sind die Essener – der Name ist vom aramäischen Wort »chasaja« (= die Frommen) abzuleiten – als spätjüdische Gruppierung innerhalb Palästinas greifbarer geworden. Es handelt sich um eine Gemeinschaft, die sich im 2. Jahrhundert v. Chr. vom Priestertum (»Frevelpriester«) und Tempelkult in Jerusalem trennte. Durch Bibelstudium, Selbsttaufen, Fasten, Ehelosigkeit und Gesetzestreue bereiteten sie sich gewissenhaft auf das baldige Kommen des Messias, das Endgericht und die neue Schöpfung vor. Jesus war kein Essenermönch. Er kann aber durchaus von der Existenz und Theologie der Qumranessener gewusst haben.

Gnosis
Das griechische Wort »gnósis« bedeutet »Erkenntnis«, im christlichen Sinn »gottgeschenkte Erkenntnis«, die nicht durch Bemühen des menschlichen Intellekts errungen, sondern als »Geheimnis« in der (an)betenden, knienden, schweigenden und meditierenden Theologie empfangen wird. Es ist Spüren und Schmecken Gottes, Begegnung mit Gott, Ereignis Gottes – Einbruch der Transzendenz (Jenseits) in die Immanenz (Diesseits): »Gott, der in unzugänglichem Lichte wohnt, hat noch kein Mensch gesehen, noch vermag er ihn zu sehen« (1 Tim 6,16). Philosophische und theologische Gruppen haben sich in ihren Hauptvertretern Basilides in Alexandrien sowie Valentinus und Marcion in Rom zu den stärksten Rivalen des Christentums entwickelt. Sie versuchten, ein Lösungsangebot zu vermitteln, erlebte und unbewältigte Widersprüchlichkeiten zu beseitigen: Es gibt von Ewigkeit her zwei Grundprinzipien, das gute Prinzip (Gott, Geist) und das böse Prinzip (Teufel, Materie); ohne die Heilslehre der »Erkenntnis« kann sich niemand von der Verstrickung und Befleckung der bösen Materie befreien und entsühnen; durch die »Erkenntnis«, nicht durch Menschwerdung und Kreuzestod des Mensch gewordenen Gottessohnes erlangen Menschen Erlösung und Heil (→ Doketismus, → Manichäismus, → Neuplatonismus).

Gottesbild, anthropomorphes
Während im Alten Testament ein Bild- und Darstellungsverbot Jahwes (Dt 27,15) beachtet wurde, ist im Neuen Testament die Menschwerdung des Gottessohnes – »Und das Wort ist Fleisch geworden und hat unter uns gewohnt« (Joh 1,14) – als Gotteszeichen für bildliche Darstellungen Gottes verstanden worden, wenngleich in unzulänglicher »Knechtsgestalt« (Phil 2,6-7). Christliche Kunst und Theologie sind der nie vollständig geglückte und daher überholbare Versuch, Gott in menschlicher, in anthropomorpher (das aus dem Griechischen stammende Wort »Anthropomorphismus« bedeutet »Darstellung nach Gestalt des Menschen«) Weise abzubilden. Das Gottes-»Bild« will Orientierungs- und Richtungszeichen hin zum unsichtbaren Gott sein, »den kein Auge gesehen, kein Ohr gehört hat« (1 Kor 2,9), den wir aber in Ewigkeit »von Angesicht zu Angesicht schauen werden« (1 Kor 13,12).

Heidenchristen
Das Neue Testament kennt die Bezeichnung »Heidenchristen« nicht, obwohl man sehr genau (und da und dort mit Spannungen) Christen hinsichtlich ihrer religiösen Herkunft unterschied: Gläubige, die aus dem Heidentum (= Heidenchristen oder »Hellenisten«; 1 Kor 1, 24) oder aus dem Judentum (Judenchristen) in die christliche Gemeinschaft aufgenommen wurden. Für

Heidenchristen, die einem ganz anderen Sprach- und Kulturkreis angehörten, erhielt die apostolische Christusbotschaft eine eigene Sprachform und Ausdeutung. Gewiss gab es anfänglich eine Trennung der urchristlichen Missionsbereiche (Gal 2,9: Petrus und Paulus). Erstaunlich bleibt, dass die christliche Kirche nicht in eine judenchristliche und in eine heidenchristliche Gemeinde zerfiel. Sie war trotz nicht weniger Reibungen eine »Kirche aus Juden und Heiden«, in der heute der heidenchristlich-nichtjüdische Teil die Mehrheit stellt.

Hohepriester
An der Spitze des gesamten Tempeldienstes in Jerusalem stand der Hohepriester (Lev 21,10). Er war der wichtige Gesprächspartner mit den politischen Mächten und der noch wichtigere Mittler und Vermittler zwischen dem Volk Israel und dem Bundesgott Jahwe (Ex 30,22-25); täglich hatte er in dieser Funktion verschiedene Gebete vorzunehmen und Opfer auszuführen. Aus den neutestamentlichen Evangelien sind im Prozess Jesu der Hohepriester Hannas (6-15) und dessen Schwiegersohn, der Hohepriester Kajaphas (18-36), bekannt. König Herodes der Große (37-4) wie auch die Römer der Besatzungstruppe haben das Recht der Ernennung des Hohenpriesters an sich gerissen. Mit der Zerstörung des Tempels von Jerusalem (70 n. Chr.) erloschen auch Würde und Amtsfunktion des jüdischen Hohenpriesters.

Hoher Rat
Der »Rat der Alten« war die höchste Verwaltungsinstanz des jüdischen Volkes, die wie ein Erbrecht von führenden Clans und Familien aristokratisch besetzt wurde. Im letzten vorchristlichen Jahrhundert erhielt er den Namen »Synedrium« (Spr 31,23). Die Zahl der Mitglieder betrug, einschließlich des Vorsitzenden, des → Hohenpriesters, 71. Zur Zeit Jesu umfasste der Hohe Rat → Pharisäer, → Sadduzäer und Schriftgelehrte. Während der römischen Besatzungszeit seit 63 v. Chr. waren die Rechte des Synedriums stark eingeschränkt. So konnte der Hohe Rat zwar ein Todesurteil (Jus Gladii) fällen, aber die Bestätigung und Durchführung waren dem römischen Statthalter (zum Beispiel Pontius Pilatus) vorbehalten (Joh 18,31). Nach der Zerstörung der Stadt und des Tempels von Jerusalem durch Titus (70 n. Chr.) konstituierte sich in der rabbinischen Synode von Jamnia eine Nachfolgeorganisation, die wichtige religiöse Fragen zu entscheiden hatte.

Judenchristen
→ Heidenchristen

Kabbala
Das aus dem Hebräischen (kibbel = empfangen) stammende Wort bedeutet »Überlieferung« der mystischen (→ Mystik) Lehre und Bewegung im Judentum. Bereits im vorchristlichen Judentum hatte die Kabbala eine lange Geschichte als religiös-mystische und lebenspraktische Bewegung, und zwar als Geheimlehre für die auserwählte, esoterische Elite (Arkandisziplin). Sie erhielt eine Zusammenfassung in dem aramäisch verfassten Buch Zohar (= Glanz; nach Dan 12,3), welches das aus Südfrankreich und dem nordspanischen Raum stammende Traditionsgut enthält, niedergeschrieben von Mose di Leon (1240-1305), mit aufschlussreicher Buchstabenvertauschung und -interpretation. Bemerkenswert ist die Schöpfungsesoterik der Kabbala mit den zehn Sefirot (= Schöpfungsworten). Der Zohar wird von Juden als autoritati-

ve, heilige Schrift gewertet und gehört für jeden Meister zur täglichen Lektüre. Im modernen osteuropäischen Chassidismus (Martin Buber, Marc Chagall) hat die Kabbala immer noch eine lebendige Wirkungsgeschichte.

Kanon
Das aus dem Semitischen (qanu) und Griechischen (kanon) stammende Wort bedeutet »Maßstab«, »Richtschnur«, vor allem »Verzeichnis«, »Katalog«, in den durch eine religiöse Autorität Bücher nach bestimmten Grundsätzen endgültig aufgenommen werden. Der Kanon des Alten Testaments beziehungsweise des Neuen Testaments hat bis zu seiner endgültigen Fassung verschiedene Stufen und Klärungsprozesse durchlaufen (→ Kanongeschichte).

Kanongeschichte des Alten Testaments
Beginn der Kanonbildung: im 7. Jahrhundert v. Chr. (Reform des Königs Josia von Judäa, 641–609) – Abschluss des Gesetzeskanons, des → Pentateuchs, ergänzt und abgesichert nach der Pentateuchredaktion im 3. Jahrhundert v. Chr.
Zweite Kanonstufe: Sammlung der Prophetenschriften in der nachexilischen Zeit unter Esra und Nehemia (Mitte des 5. Jahrhunderts v. Chr. – zum Abschluss gekommen um 200 v. Chr.).
Dritte Kanonstufe: Sammlung der »Schriften« (Psalmen und chronistisches Geschichtswerk) in den letzten vorchristlichen Jahrhunderten.
Abschluss der Kanonbildung: durch die jüdisch-pharisäische Synode von Jamnia im Gazastreifen um 90 n. Chr. (gleichzeitiger Ausschluss der → Judenchristen aus → Synagogen und Jerusalemer Tempel).

Kanongeschichte des Neuen Testaments
Um 120/130   Papias, ein Schüler des Johannes und Bischof von Hierapolis, berichtet von den Evangelien des Markus und des Matthäus.
Um 150   Marcion aus Sinope stellt einen »gereinigten« Kanon auf, bestehend aus dem Lukasevangelium und zehn Paulusbriefen (die Pastoralbriefe fehlen).
Um 180   Umgrenzung des neutestamentlichen Kanons im Muratorischen Fragment.
Um 185   Irenäus von Lyon weist auf neutestamentliche Schriften hin.
Um 200   Bericht des Klemens von Alexandrien über Schriften des Neuen Testaments; Origenes († 254) zählt erstmals alle 27 zum Neuen Testament gehörenden Schriften auf.
367   Athanasius nennt in seinem 39. Osterbrief alle 27 neutestamentlichen Schriften »kanonisch«.
382   Festlegung des neutestamentlichen Kanons durch die römische Synode (vgl. dazu die drei afrikanischen Synoden von Hippo Regius 393 und von Karthago 397 und 419).

Kopten
Der aus dem Arabischen (kibt) kommende Name bezieht sich auf Christen der koptischen Kirche im Nildelta von Alexandrien. Mit Stolz nennen sie als ihren ersten Glaubensboten den Petrusschüler und Evangelisten Markus, der um 68 in Alexandrien gemartert wurde. Die christologische (→ Christologie) Entscheidung des Konzils von Chalkedon (451) lehnte der mächtige Patriarch Kyrill, der den → Monophysitismus vorschrieb, ab. Dadurch kam es zur ersten, bis

heute andauernden Kirchenspaltung zwischen Rom und den Christen Ägyptens. Bedeutsam für die gesamte Christenheit ist das koptische Schrifttum – meist Übersetzungsliteratur, vor allem des Neuen Testaments und außerbiblisch-apokrypher Werke mit gnostischen (→ Gnosis) und manichäischen (→ Manichäismus) Tendenzen. Die koptische Nationalkirche Ägyptens unter dem Patriarchen von Alexandrien ist heute vom Islam umschlossen. Die unierte, mit Rom verbundene koptische Kirche des alexandrinischen Ritus hat etwa 150 000 Mitglieder.

Leviten

Amtsname eines priesterlichen Kultpersonals am Tempel von Jerusalem, benannt nach Levi, dem dritten Sohn des Patriarchen Jakob (Gen 29,34ff.). Aufgabe der Leviten, die unter dem Segen des Mose (Dt 35,8–11) stehen und eine eigene Weihe erhalten, ist es, bei festlichen Prozessionen die Bundeslade zu tragen, Rauchopfer und Ganzopfer darzubringen. Leviten, die außerhalb Jerusalems in den 48 Levitenstädten wohnten, wurden zu niedrigen Diensten und Aufgaben degradiert (Num 35,1–8; Lk 10,32; Hebr 7,5).

Liturgie

Das aus dem Griechischen (laos ergon beziehungsweise leiturgia = Werk, Tun des Volkes) kommende Wort »Liturgie« bezeichnet die offiziellen Feiern, Kulte und Zeichen Christi mit seinem erlösten Volk Gottes. Liturgie ist daher dialogisch geprägt – als Mitglauben, Mitdanken, Mitfeiern, Mitleiden (Kol 1,24) der ganzen Kirche mit Christus, in der Kraft und Liebe des Heiligen Geistes hin zum Vatergott (trinitarischer Gebetsrhythmus). Liturgie ist die einzigartige und immer währende Danksagung der Erlösten, des »königlichen Priestertums« (1 Petr 2,9), und der »in persona Christi« wirkenden Priester in und mit und durch den einen und einzigen Priester und Mittler des neuen Bundes Jesus Christus.
Die sichtbare Opfergemeinde leiht Christus nur Gesten und Worte. Sie verbindet sich mit Jesus Christus, der allein in und mit dem Heiligen Geist das Geheimnis des Glaubens wirkt, gegenwärtig setzt. Jesus Christus ist Mitte und Quelle aller christlichen Liturgie, des »neuen Liedes« (Ps 98,1; Kol 3,16), der Feier der Eucharistie als Gegenwärtigsetzung (re-praesentatio) und Geschenk des Heils- und Erlösungswerkes des gekreuzigten und auferstandenen Herrn. Die Liturgie der Kirche steht unter dem Auftrag des Herrn: »Tut dies zu meinem Gedächtnis!« Liturgie gründet darauf, dass Gott selbst der Handelnde ist. Gottesdienst bedeutet nicht, dass Menschen über Gott verfügen, ihn vereinnahmen wollen. Im Zentrum jeder Liturgie steht nicht die menschliche Aktivität, sondern Gottes befreiende und froh machende Tat, die in und durch Jesus Christus gegenwärtig und erreichbar wird.

Makkabäer/Hasmonäer

Das Wort »Makkabäer« (vom hebräischen makkaba = der Hammer) ist zunächst Ehrentitel des Judas Makkabäus, eines Sohnes des Priesters Mattathias. Der Makkabäusclan setzte sich im 2. Jahrhundert v. Chr. für die Freiheit und Unabhängigkeit Israels sowie für die kompromisslose Erfüllung des mosaischen Gesetzes (Sabbat, Beschneidung, Opfer, jüdische Feste) unter den heidnischen seleukidischen (→ Seleukiden) Machthabern ein, die den Jerusalemer Tempel geschändet und das Essen des verbotenen Schweinefleisches gesetzlich befohlen hatten. (Erinnert sei an die makkabäische Mutter mit ihren sieben tapferen Söhnen: 2 Makk 7,1ff.) In diesen auch innerjüdischen Kämpfen wurde 152 v. Chr. Jonathan (161–142) »für immer« zum

Hohenpriester gewählt. 150 v. Chr. wurde das Priestertum mit der politischen Macht des Königtums verbunden, und damit war die politische Dynastie der Hasmonäer gegründet (benannt nach ihrem Ahnherrn Hasonai). Diese religiös-politische Machtergreifung des »Frevelpriesters« hat den Protest vieler Gerechten und Frommen ausgelöst und führte zur Gründung von Qumran am Toten Meer.

Manichäismus
Heilslehre des Babyloniers Mani (216–277), eine Mischreligion aus persischen, buddhistischen, babylonisch-chaldäischen, jüdischen und christlichen Elementen. Sie ist fundamental und entscheidend geprägt durch die dualistische Lehre des Urguten (Geist) und des Urbösen (Materie). Diese Prinzipien liegen im Leib-Seele-Wesen Mensch in einem ständigen Kampf. Heil und Erlösung, Reinigung von Schuld werden erreicht durch Bekämpfung und Kasteiung des bösen Leibes, durch Distanz von den Dingen dieser Welt und durch Fasten. Der Leib ist das Gefängnis der Seele (→ Gnosis, → Doketismus, → Neuplatonismus).

Midrasch
Das vom hebräischen darásch (= suchen, forschen, studieren, erklären) abgeleitete Wort »Midrasch« bedeutet »erklärende Lehre«, »erbaulicher Kommentar«. Es handelt sich dabei um Sammelwerke von Ansprachen und Predigten, die in den Lehrhäusern beziehungsweise → Synagogen (in Form von Wortgottesdiensten) anlässlich wichtiger Lebensstationen (Beschneidung, Hochzeit, Beerdigung), oft auch bei politisch und militärisch wichtigen Ereignissen des ganzen jüdischen Volkes gehalten worden sind. Die Forschung hat aufzeigen können, dass auch in der Qumrangemeinde diese Form der Bibelkommentierung gepflegt worden ist (1 Q S Spalte 6, Zeile 6; Spalte 8, Zeile 15; 1 Q H Spalte 2, Zeile 15 und 32). Der älteste Grundbestand der Midraschim geht zurück auf die pharisäisch-rabbinische Praxis (nach der berühmten jüdischen Synode von Jamnia um 90 n. Chr.) der fortlaufenden Bibelkommentare aus dem 2. Jahrhundert n. Chr. Der religiöse Impuls der Midraschliteratur war die Hochachtung der Heiligen Schrift, in der kein noch so kleines Wort überflüssig ist. Zu den Midraschkommentaren zählen unter anderem: Mekilta, Sifra, Sifre, Pesikta des Rab Kahana, Midrasch rabba (Rabboth), Tanchuma, das Sammelwerk Jalkut Schimeoni.

Mischna
Das aus dem Hebräischen (mischna = wiederholen, lehren, einprägen) stammende Wort bedeutet ursprünglich eine rabbinische Lehrmethode zur Einprägung der mündlichen Überlieferung neben der Lesung der schriftlichen Bibel. Das mosaische Gesetz, »die Überlieferung der Alten« (Mt 15,2), sollte durch Erläuterungen aktualisiert und den veränderten Situationen ohne Substanzverlust angepasst werden. Die in hebräischer Sprache abgefasste Mischna ist eine Textsammlung jüdischer Schriftgelehrter aus dem 1. und 2. Jahrhundert nach Christus

Monophysitismus
Das aus dem Griechischen kommende Wort meint die theologisch-begriffliche Lehre von »einer einzigen Natur« (moné physis). In den frühchristlichen Auseinandersetzungen um die dogmatische Ausformulierung der Menschwerdung des Gottessohnes (Joh 1,14) wurde nicht selten die These vertreten, die menschliche Natur Jesu sei von der göttlichen Natur des ewigen

Gottessohnes so aufgenommen und verschmolzen worden, dass nur noch eine Natur, und zwar die göttliche, vorhanden war. Diese These wurde jedoch als falsch verworfen. Deutlich sprach das allgemeine Konzil von Chalkedon (451) von der »unio hypostática«, von der unvermischten menschlichen Natur und göttlichen Natur in der einen Person des ewigen Wortes, des ewigen Gottessohnes (→ Christologie, → Doketismus).

Mystik

Das auf das griechische Verb »mýein« (= Augen und Mund schließen, sich verschließen, sich abschließen gegenüber der Welt) zurückgehende Wort »Mystik« bedeutet im biblisch-christlichen Sinn »innere Schau«, »inneres Hören und Sehen«, »einigende Begegnung als Geschenk Gottes«. Christliche Mystik ist geprägt durch das christliche Gottesbild: als Dreifaltigkeitsbeziehungsweise Dreieinigkeitsmystik, als Christusmystik (Herz-Jesu-Mystik), als Heilig-Geist-Mystik. Der Mystiker ist ein von Gott – in Ekstasen und Stigmatisationen beglückt wie leidend – Getroffener, Betroffener, mit ihm Vereinter. Er ist gleichsam ein Entrückter (»meschúgge«) und doch in seiner Personalität Eigenständiger und in der sichtbaren Welt Anwesender. Als menschliches Phänomen erfasst Mystik in ihren Schwingungen Dimensionen des Unbewussten, des Unterbewussten, bis hinein in Leiblichkeit und Geschlechtlichkeit (Mystik und Eros). Mystische Erfahrungen als Impulse Gottes ziehen Konsequenzen für den Alltag, für die Christusnachfolge, für Entscheidungen im geschichtlichen Leben (Mystik und Politik) nach sich.

Neuplatonismus

Von Plotin (204–270) begründete philosophische Richtung der ausgehenden Antike, die dem christlichen Denken und Leben nicht nur positive Impulse vermittelt (zum Beispiel: Je weniger materiell, je mehr spirituell und frei von Leiblichkeit, umso christlicher beziehungsweise im Sinne Christi) und die Begegnung antiker Akademiker und Intellektueller mit dem Christentum gefördert hat. Für die Vertiefung zentraler Glaubenswahrheiten – Schöpfungsglaube, Einmaligkeit der Heilsgeschichte, Menschwerdung des Gottessohnes, Wertung des Diesseits, der Leiblichkeit des Menschen, der Auferstehung und der endzeitlichen Realität des neuen Himmels und der neuen Erde – war der Neuplatonismus jedoch ein gefährliches Gift, eine starke Bedrohung.

Pentateuch

Das griechische Wort »pentateuchos« bedeutet zunächst »fünf Behälter«, zielt aber hin auf den Inhalt dieser fünf Behälter, nämlich auf die fünf beschriebenen Schriftrollen des jüdisch-mosaischen Gesetzes (Genesis, Exodus, Leviticus, Numeri, Deuteronomium). Die fünf Bücher des Mose sind keineswegs das Werk eines einzigen Schriftstellers beziehungsweise Schriftstellerteams. Die alttestamentliche Forschung hat aufgezeigt, dass der Pentateuch einen langen Sammlungs- und Reifungsprozess (etwa 1000 v. Chr. bis etwa 350 v. Chr.) durchlaufen hat, in dem unterschiedliche Überlieferungen – elohistische, jahwistische, priesterschriftliche (→ Priesterschrift) Quellenschrift und Urdeuteronomium – verarbeitet wurden.

Pharisäer

Das aus dem Aramäischen stammende Wort bedeutet »Abgesonderte«. Diese religiöse jüdische Gruppierung war konservativ-demokratisch gesinnt, bestimmt von Hochachtung und penibel genauer Erfüllung des mosaischen Gesetzes, das sie durch die Kasuistik von 348 Geboten und 365 Verboten im Sinne einer Lohn- und Vergeltungsethik zu schützen suchte. Sie lebte in einer hoch gespannten Messiaserwartung. Ihre Frömmigkeit prägte ein starker Heilsegoismus. Weil sie sich nicht vom Tempel in Jerusalem trennten, wurden sie von den in Qumran lebenden → Essenern »perischim« (= Verräter) genannt.

Platonismus

Die spätgriechische Geistesrichtung hatte als Fundament und Kriterium den Materie-Geist-Dualismus Platons und Plotins (→ Neuplatonismus): Materie ist das Böse, so dass der Mensch als Leib-Seele-Wesen Schlachtfeld zwischen Gut und Böse ist.

Das Erscheinungsbild des Platonismus ist äußerst breit gefächert. Die dualistische Richtung des Platonismus wie die ihn »spiritualistisch« beeinflussende → Gnosis war das stärkste Hemmnis gegen das Christentum, vor allem gegen die Menschwerdung des Gottessohnes: »Und das Wort ist Fleisch geworden und hat unter uns gewohnt« (Joh 1,14).

Priesterschrift

Sie ist die äußerst wichtige, theologisch motivierende und auch prägende Quellenschrift des → Pentateuch, wahrscheinlich entstanden während der Babylonischen Gefangenschaft (586–538) in priesterlichen Kreisen der Exilanten. Deren religiös-kultisches Anliegen war es, das niedergeschleppte verschleppte Volk der Juden trotz seiner Heimsuchung auf die Treue zum Bundesgott Jahwe einzuschwören (Sabbat, Beschneidung, Bundeslade, Tempel, Opfer und Dienst der Priester), immer die Hoffnung wach haltend, dass der Tag kommen werde, da Gott ihre Treue belohnt, sie befreit und in das Land ihrer Väter zurückführt.

Die Priesterschrift enthält »ein Kultprogramm ... für die nachexilische Restauration der Kultgemeinde« (Rudolf Kilian). Sie bildet das motivierende Grundkonzept der Pentateuchredaktion um 350 v. Chr.

Ptolemäer

Nach dem Tod des mazedonischen Königs Alexander des Großen (323 v. Chr.) zerfiel sein Großreich in die so genannten Diadochenreiche (→ Seleukiden). Die Herrschaft in Ägypten, Nordafrika und Palästina übernahm 305 v. Chr. Ptolemäus I. (305–285). Die nach ihm benannte Dynastie der Ptolemäer war durch Thronstreitigkeiten immer wieder gefährdet. Die letzte Ptolemäerin war die berühmt-berüchtigte Kleopatra VII. (51–30). Unter dem römischen Kaiser Oktavius Augustus (31 v. Chr.–14 n. Chr.) wurde das ägyptische Ptolemäerreich römische Provinz.

Sadduzäer

Im Gegensatz zu den → Pharisäern war diese religiös-politische Gruppierung des Judentums wohnhaft in Jerusalem und dessen näherer Umgebung. Ihr Name sowie ihre priesterliche Funktion gehen auf die Priesterfamilie des Zadok zurück. Als mächtige Standespartei hatten sie im → Hohen Rat die Mehrheit.

Mit den Römern verstanden sie sich geschickt zu arrangieren: Fast alle von den Besatzern ernannten → Hohenpriester (während der Zeit Jesu und der Urkirche bis 70 n. Chr) waren Sadduzäer. Ihre theologisch liberale Einstellung basierte ausschließlich auf dem → Pentateuch; alle anderen alttestamentlichen Schriften lehnten sie ab.

Seleukiden

Ähnlich wie die → Ptolemäer in Ägypten kam nach dem Tod Alexanders des Großen (323 v. Chr.) die Dynastie der Seleukiden, benannt nach dem ersten Regenten Seleukos I. (305–283), in Syrien an die Macht. Von dort aus konnte Antiochus III. (223–187) um 200 v. Chr. die Vorherrschaft über Palästina gewinnen. Unter dem späteren König Antiochus IV. Epiphanes (175–164) wurden die freiheitsliebenden Juden so massiv unterdrückt, dass es zum Aufstand und Krieg der → Makkabäer (168–142) gegen die seleukidischen Peiniger kam. 142 v. Chr. gelang es den Makkabäern schließlich, Freiheit sowie religiöse und politische Unabhängigkeit (142–63) zu erringen.

Septuaginta

Das Siegel LXX (für lateinisch septuagínta = siebzig) weist hin auf eine welthistorische literarische Meisterleistung des außerpalästinensisch-hellenistischen Judentums. Nach einer allzu schönen Legende (erhalten im Aristeasbrief) hätten um 250 v. Chr. in Alexandrien 70 Gelehrte, jeder getrennt und abgeschirmt von den anderen, in 70 Tagen aus der hebräischen Masora (»Überlieferung«) eine griechische Übersetzung des kompletten Alten Testaments angefertigt. Zur allgemeinen Überraschung stimmten sämtliche Übersetzungen wortwörtlich überein: ein Hinweis auf ihre Autorität durch das geheimnisvolle Mitwirken Gottes! Die Übersetzung war notwendig geworden, weil viele Griechisch sprechende Juden im Römischen Reich verstreut lebten. Die griechische LXX ist weithin die Übersetzung des Alten Testaments, aus der die in griechischer Sprache schreibenden Schriftsteller des Neuen Testaments zitierten.

Synagoge

Das aus dem Griechischen kommende Wort bedeutet »versammelte Gemeinde«, aber auch »Gebäude, Raum der meist am Sabbat zum Gottesdienst versammelten jüdischen Gemeinde« (Ex 16,1; Apg 13, 43). Einmalig und einzigartig als sakraler Versammlungsort der jüdischen Gemeinde ist der Tempel von Jerusalem. In den größeren jüdischen Ortschaften gab es zur Zeit Jesu eine Synagoge als »Lehrhaus« der Gemeinde (Lk 4,16–30; Apg 15,21), in Jerusalem sogar mehrere, oft verbunden mit einer Synagogenschule zum Erlernen des Lesens und Schreibens wie auch der jüdischen Gesänge, vor allem der Psalmen. Das wichtigste Heiligtum in der Synagoge sind die Schriftrollen, die gewöhnlich in kostbaren Umhüllungen in tabelnakelähnlichen Gehäusen aufbewahrt werden. Die Synagoge war und ist bestimmt für den jüdischen Wortgottesdienst, während der Opfergottesdienst nur im Tempel von Jerusalem stattfinden darf. Doch auch die Armenpflege und die Rechtsprechung hatten in Synagogen ihre Zentrale.

Talmud

Das vom hebräischen lamad (= studieren, einüben, lehren) abgeleitete Wort »Talmud« bedeutet zunächst »Studium der Heiligen Schrift«, dann »erklärender Unterricht« und umfasst schließlich den Text des Alten Testaments sowie das ganze Glaubens- und Lehrgebäude behandelnde Erklärungen und Kommentare.

Der Talmud liegt in zweifacher Gestalt vor: als Talmud Jeruschalmi und als Talmud Babli. Der palästinensische Talmud wurde begründet von Rabbi Jochanan († 270) Mitte des 3. Jahrhunderts, redigiert im galiläischen Tiberias und zum Abschluss gebracht Ende des 4. Jahrhunderts. Das Interesse des schmalen Werkes gilt der Erhaltung und Bewahrung der Vätertradition, gibt jedoch auf aktuelle Fragen kaum Antwort.

Der babylonische Talmud wurde durch Rabbi Aschi († 430) zu Beginn des 5. Jahrhunderts begonnen, im babylonischen Sura redigiert und Anfang des 6. Jahrhunderts vollendet. Er versucht, im Wandel der Zeit auf neu auftauchende Probleme situationsgerechte Antworten aus dem Fundus der großen Meister zu geben.

Targum
Das aus dem Hebräischen kommende Wort »targum« bedeutet »Übersetzung«. Da viele Juden, die nicht in Palästina lebten, die hebräische Sprache nicht mehr sprachen und auch den originalen hebräischen Maroratext nicht mehr lesen konnten, entstanden im 3. Jahrhundert n. Chr. aramäische Übersetzungen, so genannte Targume, in die viele ältere Überlieferungen aufgenommen wurden. Dabei handelt es sich nicht immer um wörtliche Übersetzungen, sondern oft um Paraphrasen und Bearbeitungen.
Die wichtigsten Targume sind Targum des Onkelos, Targum des Jonathan ben Usiel, Targum Jeruschalmi I und II, Targume zu den Psalmen, zum Buch der Sprichwörter und zum Buch Ijob.

Thora (Tora)
Das aus dem Hebräischen stammende Wort »tora« bedeutet zunächst »Belehrung«, »Unterricht«, »Anweisung«, und zwar in der ursprünglichen Bedeutung »Anweisungen des Bundesgottes Jahwe an die Priester, Propheten und Führer des israelitischen Volkes«. Später verstand man darunter das literarische Konzentrat des mosaischen Gesetzes im → Pentateuch, schließlich den gesamten Pentateuch.
Im Spätjudentum und in den Schriften des Neuen Testaments ist mit Thora das ganze Alte Testament gemeint (1 Kor 14,21; Joh 10,3; 12,34; 15,25; Röm 3,10-18).

Tritojesaja
Die Erforschung der alttestamentlichen Texte unter dem Namen des Propheten Jesaja (etwa 740-701) hat einen langen Entstehungs- und Sammlungsprozess erkennen lassen.
Die Droh-, aber auch die Trostbotschaften verweisen auf unterschiedliche Ursprünge, in deren Zentrum das babylonische Exil (586-538) steht. Daher werden mehrere Autoren angenommen: Einem vorexilischen Protojesaja werden die Kapitel 1 bis 39, einem exilischen Deuterojesaja die Kapitel 40 bis 55 (mit den wichtigen »Knecht-Jahwe-Liedern« in Jes 42,1-7; 49,1-6; 50,4-9; 52,13-53,12), einem Tritojesaja die Kapitel 56 bis 66 zugeordnet.
In verschiedenen Epochen hat der gleiche Bundesgott seinem Volk situationsgerechte Botschaften vermittelt.

Zeloten
Der Name ist vom griechischen zelos (= Eifer; vgl. Mk 3,18; Lk 6,15; Apg 5,37) abgeleitet und bedeutet »Eiferer«. Sie bildeten eine priesterlich-nationalistische Widerstandsgruppe gegen die römische Besatzungsmacht und maßten sich an, den → Hohenpriester zu ernennen und über die Tempelkasse zu verfügen. Zwischen Zeloten und → Essenern gab es manche Berührungspunkte; zu unterscheiden sind sie von den Sikariern (sica = Dolch), einer antirömischen, sozialrevolutionären Gruppe, die sich vornehmlich aus Galiläern rekrutierte (66-73 jüdischer Aufstand gegen die Römer; 132-135 letzter jüdischer Aufstand unter Simon Bar Kochba).

Zeichenerklärung

Literaturhinweise stehen als Zahl in einer Doppelklammer ((1)).

Die Quellentexte wurden in Orthografie und Interpunktion der neuen deutschen Rechtschreibung angepasst.

Wörtliche Reden erscheinen in ›halben‹ Anführungszeichen.

Auf vom Autor hervorgehobene einzelne Wörter (KAPITÄLCHEN) wird im Kommentar oder in der Marginalspalte eingegangen.

Der besseren Überschaubarkeit und Orientierung des Lesers dienen in längeren Textabschnitten eigens eingeführte Zwischenüberschriften; aus dem gleichen Grund wurde auf die Bezifferung der einzelnen Verse verzichtet.

Die in Quellentexten verwendeten Sonderzeichen verstehen sich wie folgt:

… Text wurde vom Autor aus inhaltlichen oder technischen Gründen weggelassen

(Text) Erklärender Zusatz des Autors

[…] Im Text fehlen Buchstaben oder Wörter

[Text] Im Text fehlende Buchstaben oder Wörter wurden vom Herausgeber oder Autor rekonstruiert

Die zitierten Quellen im Überblick

Altes Testament

Urgeschichte

Das Schöpfungsalphabet
Kabbala

Die Erschaffung
der Engel am ersten
Schöpfungstag
Jubiläenbuch

Die Erschaffung
des Menschen
Koran

Die Zwei-Geister-Lehre
1 Q S (Gemeinderegel)

Der Sündenfall
im Paradies
Koran

Verheißung
der Auferstehung
an Adam und Eva
Apokalypse des Mose

Henoch:
Gestalt, Botschaft,
Himmelfahrt
*Henochbuch
(griech. Fassung)*

Der Mythos
von den Riesen
*4 Q 530 und 531
(Buch der Riesen)*

Noach
und der Opferkult
Jubiläenbuch

Patriarchen

DerLebensraum
des Abra(ha)m
*1 Q apGen
(Genesisapokryphon)*

Ibrahim,
der erste Muslim
Koran

Ein frivoles Gebet
Abrams
*1 Q apGen
(Genesisapokryphon)*

Melchisedek –
Wegbereiter des Messias
11 Q 13

Isaaks Tod
Jubiläenbuch

Die Tempelvision Jakobs
4 Q 537 (Loblieder)

Die Hochzeit
Josefs mit Asenat
Josef und Asenat

Mose und Josua

Der brennende
Dornbusch
*Targum
des Ephraem*

Gottes Gebote
und Mose
*4 Q 158
(Überarbeitung
von Exodus)*

Das Gebet des Josua
*4 Q 378 und 379
(Damaskus-Schrift)*

Könige

Psalmen Davids
*11 Q 5 und 6
(Apokryphe Psalmen
Davids)*

1. Psalm Salomos
Psalmen Salomos

Der Tempel der Ewigkeit
11 Q T (Tempelrolle)

Engel und Volk Gottes
in gemeinsamer Liturgie
*4 Q 403
(Lieder zum Sabbatopfer)*

Psalmen der Essener
1 Q H 35 (Hymnenrolle)

Lehrweisheit

Unterweisung
über die zwei Wege
4 Q 473 (Loblieder)

Seligpreisung der Armen
*1 Q S (Gemeinderegel);
4 Q 416 (Geheimnis
des Ursprungs aller Dinge)*

Propheten

Ijobs Tod
Testament des Ijob

Jesajas Verheißung:
Der Messiasspross Davids
4 Q 161 (Jesajakommentare)

Quellenübersicht Neues Testament

Himmelvision und
Martyrium des Jesaja
Himmelfahrt des Jesaja

**Erwartung
des Messias**

Lebensweisheit
für unterwegs
Sprüche der Väter

Der Lehrer
der Gerechtigkeit
*4 Q 171
(Psalmenkommentare)*

Loblied auf Jerusalem
(Jonathan?)
*4 Q 448
(Apokrypher Psalm Davids)*

Die Heiligung des Sabbats
Damaskus-Schrift

Die vier Engel
*Henochbuch
(aram. Qumrantext)*

Die Asche einer roten Kuh
4 Q 276 und 277

Die Gemeinschaftsregel
der Essener
1 Q S (Gemeinderegel)

Schmerzhafte Geburt
des Erstgeborenen
1 Q H (Hymnenrolle)

Politischer Messianismus
Psalmen Salomos

Das messianische Festmahl
1 Q S (Gemeinderegel)

Auferstehung der Toten
*4 Q 521 (Erlösung
und Auferstehung)*

Neues Testament

Die Vorgeschichte Jesu

Die Geburt Marias
Jakobusevangelium

Maria als Tempeljungfrau
Jakobusevangelium

Maria und Josef unter
dem Zeichen Gottes
Jakobusevangelium

Gesegnet
unter den Frauen
Jakobusevangelium

Das Wort Gottes
ging durch Marias Ohr
*Armenisches
Kindheitsevangelium*

Maria,
die Mutter Jesu
Bartholomäusevangelium

**Geburt und
Kindheit Jesu**

Dann kommt
der Gesandte des Herrn
3. Sibyllenbuch

Eine gewaltige Kraft
kam vom Himmel
Hebräerevangelium

Die Geburt Jesu
Jakobusevangelium

Jesus, Ibn Maryam
Koran

Jesus (Isa),
der Sohn der Maria
Koran

Ochs und Esel
an der Krippe
*Pseudo-
Matthäusevangelium*

Das Wunderkind
in der Krippe
Koran

Eine verleumderische
Klatschgeschichte
*Kelsos (nach Origines
»contra Celsum«)*

Hymnus auf den
Mensch gewordenen
Sohn Gottes
*Adventhymnus/
Ambrosius von Mailand*

Magier aus Persien,
Indien und Arabien
*Pseudo-
Matthäusevangelium*

Ein Geschenk
an die drei Könige
*Arabisches
Kindheitsevangelium*

Auf der Flucht
nach Ägypten –
Begegnung mit den
späteren Schächern
*Arabisches
Kindheitsevangelium*

245

Quellenübersicht Neues Testament

Geheimnisvolle
Erlebnisse in Ägypten
*Pseudo-
Matthäusevangelium*

Jesus und sein
Verwandter Johannes
*Leben
Johannes' des Täufers*

Der jugendliche Jesus
als Wundertäter
*Kindheitserzählung
des Thomas*

Der Jesusknabe –
Seltsames und Komisches
*Arabisches
Kindheitsevangelium*

Der Tod Josefs
*Geschichte Josefs
des Zimmermanns*

Der Mensch Jesus –
Liebe und Sexualität
*Panarion/
Epiphanius von Salamis*

Das öffentliche Wirken Jesu

Das Kommen
der zwei Messiasse
1 Q S (Gemeinderegel)

Die Herrschaft
des Gesalbten
1. Henochbuch

Ein Heilungswunder
durch Maria
*Arabisches
Kindheitsevangelium*

Versprengte Herrenworte
*Agraphon von
Fathpur-Sikri/Indien*

Herrenworte des
Thomasevangeliums
Thomasevangelium

Gesegnet und
selig bist du
*4 Q 525
(Weisheitslehre der
Segnungen)*

Herrenworte der
Johannesakten
Johannesakten

Gottes Fügung:
Ein Mann – eine Frau
Rabbi Juda ben Bathyra

Ehebruch
mit den Augen
*Altrabbinischer
Kommentar*

Was dem Cäsar gebührt,
gebührt dem Cäsar
Thomasevangelium

Das Leben der Seele
und der Schöpfung
*Evangelium
der zwölf Apostel*

Jesus, Wegbereiter
des Mohammed
Koran

Die letzten Tage Jesu

Um Einheit zu werden
Didache

Rätselhafte
erste Begegnung
*Arabisches
Kindheitsevangelium*

Die Ketzer
sollen untergehen
Damaskus-Schrift

Angeklagt wegen Zauberei
und Verführung Israels
Babylonischer Talmud

Die Rolle
des Pontius Pilatus
*Brief des Pilatus
an Kaiser Claudius;
Paradosis Pilati*

Sie haben ihn nicht getötet
Koran

Tod und Grablegung Jesu
Petrusevangelium

Totenerweckungen
in Jerusalem
Nikodemusevangelium

Die Höllenfahrt Jesu
Nikodemusevangelium

Abgestiegen
in das Reich der Toten
Petrusevangelium

Jesus in der Unterwelt
Bartholomäusevangelium

Die Auferstehung Jesu

Die Auferstehungsbotschaft
an die Frauen
Petrusevangelium

Begegnung des
Auferstandenen
mit seiner Mutter Maria
*Vita Christi/
Ludolf von Sachsen*

Die Betastbarkeit
des Auferstandenen
Epistula Apostolorum

Das Mysterium
des Auferstandenen
Johannesakten

Maria von Magdala als
Zeugin der Auferstehung
*Evangelium nach
Maria von Magdala*

Der Auftrag des
Auferstandenen an
Maria von Magdala
Evangelium des Mani

Die Apostel:
Missionsreisen
und Martyrien

Das große Staunen
Evangelium nach Matthias

Das Apostolische
Glaubensbekenntnis
Pseudo-Augustinus

Sendung der Apostel
bis an die Grenzen der Erde
Pistis Sophia

Tod und
Himmelfahrt Marias
*Transitus Mariae
(Buch vom Heimgang
der allerseligsten Jungfrau,
der Mutter Gottes)*

Die Abwesenheit
des Apostels Thomas
beim Begräbnis Marias
*Transitus Mariae
(Buch vom Heimgang
der allerseligsten Jungfrau,
der Mutter Gottes)*

Brief des Petrus
an Jakobus
Epistula Petri (Petrusbrief)

Brief des Jakobus
an einen Unbekannten
Apokryphon des Jakobus

Offenbarungen
an Paulus
im dritten Himmel
Apokalypse des Paulus

Apostolische
Unterweisung
Didache

Der fiktive
Laodicenerbrief
Laodicenerbrief

Abgrenzung
vom Alten Bund
Barnabasbrief

Die geheimen Worte
Jesu an Thomas
Thomasevangelium

Der Apostel Thomas
in Indien
Thomasakten

Hymnus auf den
dreifaltigen Gott
Johannesakten

Der Tod des
Apostels Johannes
Johannesakten

Endzeit

Der Satan – ein Feind
Koran

Die Macht Belials
in der Endzeit
1 Q H (Hymnenrolle)

Der Zeitpunkt
des Weltgerichts
4. Buch Esra

Höllenstrafen
für Abtreibungen
Offenbarung des Petrus

Die letzte Station:
Ewiges Paradies –
ewige Hölle?
Koran

Die biblischen Schriften und ihre Abkürzungen

Altes Testament

Genesis (1 Mose)	Gen
Exodus (2 Mose)	Ex
Leviticus (3 Mose)	Lev
Numeri (4 Mose)	Num
Deuteronomium (5 Mose)	Dt
Josua	Jos
Richter	Ri
Rut	Rut
1 Samuel	1 Sam
2 Samuel	2 Sam
1 Könige	1 Kön
2 Könige	2 Kön
1 Chronik	1 Chr
2 Chronik	2 Chr
Esra	Esr
Nehemia	Neh
Tobias	Tob
Judit	Jdt
Ester	Est
1. Makkabäerbuch	1 Makk
2. Makkabäerbuch	2 Makk
Ijob	Ijob
Psalmen	Ps
Buch der Sprichwörter	Spr
Kohelet	Koh
Hoheslied	Hld
Buch der Weisheit	Weish
Jesus Sirach	Sir
Jesaja	Jes
Jeremia	Jer
Klagelieder	Klgl
Baruch	Bar
Ezechiel	Ez
Daniel	Dan
Hosea	Hos
Joel	Joel
Amos	Am
Obadja	Obd
Jonas	Jon
Micha	Mich
Nahum	Nah
Habakuk	Hab
Zefanja	Zef
Haggaj	Hag
Sacharia	Sach
Maleachi	Mal

Neues Testament

Matthäusevangelium	Mt
Markusevangelium	Mk
Lukasevangelium	Lk
Johannesevangelium	Joh
Apostelgeschichte	Apg
Römerbrief	Röm
1. Korintherbrief	1 Kor
2. Korintherbrief	2 Kor
Galaterbrief	Gal
Epheserbrief	Eph
Philipperbrief	Phil
Kolosserbrief	Kol
1. Thessalonicherbrief	1 Thess
2. Thessalonicherbrief	2 Thess
1. Timotheusbrief	1 Tim
2. Timotheusbrief	2 Tim
Titusbrief	Tit
Philemonbrief	Phm
Hebräerbrief	Hebr
1. Petrusbrief	1 Petr
2. Petrusbrief	2 Petr
1. Johannesbrief	1 Joh
2. Johannesbrief	2 Joh
3. Johannesbrief	3 Joh
Jakobusbrief	Jak
Judasbrief	Jud
Offenbarung des Johannes (Apokalypse)	Offb

Geschichtstafel

Profangeschichte

285–246 v. Chr.	Ptolemäus II. in Ägypten
175–164 v. Chr.	Antiochus IV. Epiphanes
63 v. Chr.	Palästina unter römischer Oberhoheit
44 v. Chr.	Ermordung Julius Cäsars
27 v. Chr.–14 n. Chr.	Kaiser Oktavian Augustus
14–37	Kaiser Tiberius
37–41	Kaiser Caligula
37–100	Flavius Josephus
41–54	Kaiser Claudius
54–68	Kaiser Nero
55–120	Tacitus
64	Brand Roms
81–96	Kaiser Domitian
96	Tod des Apollonius von Tyana
204–270	Plotin (Neuplatonismus)
216–277	Mani (Manichäismus)
306–337	Kaiser Konstantin
313	Mailänder Edikt
347–419/420	Hieronymus
354–430	Aurelius Augustinus
375	Beginn der Völkerwanderung
410	Eroberung Roms durch den Westgoten Alarich

Zeitraum (Mitte)

- Um 250 v. Chr.
- 170–130 v. Chr.
- 130–100 v. Chr.
- 100–30 v. Chr.
- um Chr. Geb.
- 30–50
- 50–80
- 80–100
- 100–300
- 300–380
- 380–450

Biblische und Kirchengeschichte

Um 250 v. Chr.	Griechische Übersetzung der Bibel (Septuaginta)
167 v. Chr.	Aufstand der Makkabäer
161–143 v. Chr.	Jonathan (seit 152 Hoherpriester)
142–135 v. Chr.	Vereinigung der religiösen und politischen Führung unter Simon (Dynastie der Makkabäer-Hasmonäer)
134–104 v. Chr.	Johannes Hyrkan I.
103–76 v. Chr.	Alexander Jannäus
40–37 v. Chr.	Mattathias Antigonus II. (letzter König der Makkabäerdynastie)
37–4 v. Chr.	Herodes I., der Große
13 v. Chr.–45/50 n. Chr.	Philo von Alexandrien
7 v. Chr.	Geburt Jesu
30	Kreuzigung Jesu
33	Martyrium des Stephanus
42	Martyrium Jakobus' d. Ä.
um 49	Apostelkonzil in Jerusalem
62	Ermordung des Hohenpriesters Jonathan
64/67	Martyrien des Petrus und Paulus in Rom
66–73	1. Jüdischer Krieg
68	Zerstörung Qumrans am Toten Meer
70	Zerstörung des Tempels und der Stadt Jerusalem
um 90	Jüdische Synode in Jamnia (Kanon des AT)
132–135	2. Jüdischer Krieg unter Simon Bar Kochba
150	Kanon des Marcion
325	Konzil von Nizäa
367	Osterbrief Athanasius' von Alexandrien (27 Bücher im Kanon des NT)
381	Konzil von Konstantinopel
382	Römische Synode (Festlegung des NT)
431	Konzil von Ephesus
451	Konzil von Chalkedon

Literaturhinweise

((1))
A. *Läpple (Hg.)*, M. *Wise*, M. *Abegg jr.*, E. *Cook*, Die Schriftrollen von Qumran. Augsburg 1997 (Übersetzung der Tempelrolle a. a. O., S. 474–507).
Y. *Yadin*, Die Tempelrolle. München–Hamburg 1985.

((2))
Eine kurze, aber sachkundige Information gerade über diese Vorgänge, die seit der Entdeckung der Qumran-Handschriften im Jahr 1947 eine ganz neue, ungeschützte Situation geschaffen haben, stammt von B. *Schwank*, Dramatischer Qumran-Kongreß zu Löwen, vom 25.–27. August 1976. In: erbe und auftrag 52 (1976), S. 478–481. Zu welch unglaublichen, jüdisch-jüdischen Eskalationen zwischen amerikanischen Juden und den offiziellen Behörden in Jerusalem der Textbesitz der Qumranhandschriften führte, hat in dankenswerter Klarheit und gewiss auch mit journalistischem Mut festgehalten:
B. *Schwank*, Die »Verschlusssache Jesus«. Die Qumranrollen und ihr »Geheimnis«. In: erbe und auftrag 68 (1992) S. 481–493 (vor allem S. 484).

((3))
M. *Baigent*, R. *Leigh*, Verschlusssache Jesus. Die Qumranrollen und die Wahrheit über das frühe Christentum. München 1991.
O. *Betz*, R. *Riesner*, Jesus, Qumran und der Vatikan. Klarstellungen. Gießen–Basel–Wien 5. Aufl. 1994.
H. *Stegemann*, Die Essener, Qumran, Johannes der Täufer und Jesus. Ein Sachbuch (Herder Spektrum Bd. 4128) Freiburg–Basel– Wien 5. Aufl. 1996.

((4))
E. *Hennecke*, W. *Schneemelcher*, Neutestamentliche Apokryphen in deutscher Übersetzung. I. Band: Evangelien. Tübingen 4. Aufl. 1968, S. 22–24.

((5))
P. Y. *Saki*, The Nestorian Documents and Relics in China. Tokyo 2. Aufl. 1951.
E. *Stauffer*, Jesus. Gestalt und Geschichte. Bern 1957, S. 16.
Ders., Novum Testamentum I. Leiden 1956, S. 96ff.

((6))
P. E. *Kahle*, Die Kairoer Genisa. Untersuchungen zur Geschichte des hebräischen Bibeltextes und seiner Übersetzungen. Berlin 1962.

((7))
A. *Schenker*, Die vergessenen Karäer – Eine kaum bekannte biblische Religion. In: Orientierung 45 (1981), S. 18–20.

((8))
R. *Paret*, Der Koran. Stuttgart 1979.
G. *Riß*, »Gott ist Christus, der Sohn der Maria«. Eine Studie zum Christusbild im Koran. Bonn 1989.
C. *Schedel*, Muhammed und Jesus. Die christologisch relevanten Texte des Koran. Neu übersetzt und erklärt. Wien–Freiburg– Basel 1978.
A. J. *Wensinck*, Enzyklopädie des Islam. Leiden–Leipzig 1913/38.
L. *Winter*, Der Koran. Das Heilige Buch des Islam (Goldmann-Taschenbücher 521–522). München 1959.
H. *Zirker*, Der Koran. Zugänge und Lesarten. Darmstadt 1999.
Um nicht in späteren Anmerkungen das heute und in Zukunft so wichtige Thema »islamisches Menschenbild, westlich-säkulares Menschenbild, vor allem Menschenrechte« aufgreifen zu müssen, sei hier bereits auf den Koran verwiesen. Für eine islamische Menschenrechtserklärung sind heranzuziehen: Sure 4,1.135; 4,48; 5,8; 49,13; 60,1.8-9. Vgl. dazu P. *Heine*, Menschenrechte in der islamischen Diskussion: In: Orientierung 57 (1993), S. 5–6.

((9))
P. K. Kurz, Psalmen vom Expressionismus bis zur Gegenwart. Frankfurt/M. 1978.
A. Läpple, Jesusbücher – Stationen einer seltsamen Geschichte. In: Klerusblatt 81 (2001), S. 281–285.
Ders., Außerbiblische Jesusgeschichten. Ein Plädoyer für die Apokryphen. München 1983.
Ders., Kindheitsgeschichte Jesu. Kanonische und außerkanonische Überlieferungen. Schwerte 1993.
M. Bieler, Mein kleines Evangelium. Freiburg i. Br. 1974 (dessen Gedichtlein zwischen Parodie und Infantilismus liegen).

((10))
I. Moshe, Kabbalah. New York 1988.
G. Scholem, Zur Kabbala und ihrer Symbolik. Frankfurt 1977.
C. Thoma, Das Messiasprojekt. Theologie der jüdisch-christlichen Begegnung. Augsburg 1994, S. 364–381. Ein hilfreiches Werk ist gewesen und geblieben: *H. Renkens,* Urgeschichte und Heilsgeschichte. Israels Schau in die Vergangenheit. Mainz 1959; *M. Buber,* Baal-Schem-Tow. Heidelberg 1981.

((11))
M. Albani, Der eine Gott und die himmlischen Heerscharen. Leipzig 2000.
A. Läpple, Engel & Teufel. Augsburg 1993.

((12))
M. de Jonge, J. Tromp, The Life of Adam and Eve and Related Literature. Sheffield 1997.
A. T. Khoury, Der Koran. Übersetzung und wissenschaftlicher Kommentar. Bd. 1. Gütersloh 1990.
Ph. Schmitz (Hg.), Macht euch die Erde untertan! Schöpfungsglaube und Umweltkrise. Würzburg 1981.
H. Stieglecker, Die Glaubenslehren des Islam. Paderborn 2. Aufl. 1983.
M. Leisch-Kiesl, Eva als Andere. Eine exegetische Untersuchung zum Frühchristentum und Mittelalter. Köln–Wien 1992.

((13))
P. Lippert, Der Mensch Job redet mit Gott. München 1934, S. 146.

((14))
P. Giovetti, Engel. Die unsichtbaren Helfer der Menschen. Genf–München 1991.
A. Läpple, Engel & Teufel. Augsburg 1993.
M. Mach, Entwicklungsstadien des jüdischen Engelglaubens in vorrabbinischer Zeit. Göttingen 1960.
P. Schäfer, Rivalität zwischen Engeln und Menschen. Untersuchungen zur rabbinischen Engelvorstellung. Berlin 1975.
P. Brown, Die Keuschheit der Engel. München–Wien 1991.

((15))
M. Martinek, Wie die Schlange zum Teufel wurde. Die Symbolik in der Paradiesgeschichte von der hebräischen Bibel bis zum Koran. Wiesbaden 1996.
H. Zirker, Der Koran. Zugänge und Lesarten. Darmstadt 1999, S. 185.

((16))
F. Dexinger, Henochs Zehn-Wochen-Apokalypse und offene Probleme der Apokalypseforschung. Leiden 1977.
J. Fleming, L. Rademacher, Das Buch Henoch. Äthiopischer und griechischer Text. Leipzig 1901.

((17))
H. Stegemann, Die Essener, Qumran, Johannes der Täufer und Jesus. Ein Sachbuch. Freiburg–Basel–Wien 5. Aufl. 1996, S. 132.

((18))
K. Berger, Das Buch der Jubiläen. Gütersloh 1981.
G. Oberhänsli-Widmer, Biblische Figuren in der rabbinischen Literatur. Gleichnisse und Bilder zu Adam, Noah und Abraham im Midrasch Bereschit Rabba. Bern–Berlin–Frankfurt/M.–New York–Paris–Wien 1998.

((19))
Es bleibt das Verdienst von *Roland de Vaux*, aus den modernen Ausgrabungen und Entdeckungen die geschichtliche und kulturelle Stellung der Patriarchen gesichert zu haben, wie er dies in dem folgenden Satz getan hat: »Die Patriarchen in Kanaan sind keine Nomaden mehr, sie sind noch keine Bauern, sie sind Halbnomaden auf dem Weg des Sesshaftwerdens«. Vgl. dazu *R. de Vaux,* Die hebräischen Patriarchen und die modernen Entdeckungen. Düsseldorf 1961.
Ders., Das Alte Testament und seine Lebensordnungen. 2 Bde. Freiburg–Basel–Wien 2. Aufl. 1964;
F. van Trigt, Die Geschichte der Patriarchen. Mainz 1963; *G. Weiler,* Das Matriarchat im Alten Israel. Stuttgart 1989.

((20))
C. Paap, Die Josefsgeschichte: Genesis 37–50. Bestimmungen ihrer literarischen Gattung in der zweiten Hälfte des 20. Jahrhunderts. Frankfurt/M.–Berlin–Bern–New York–Paris–Wien 1995.
H. Schweizer, Die Josefsgeschichte. Konstituierung des Textes. Bd. I: Argumentation; Bd. II: Textband. Tübingen 1991

((21))
J. Assmann, Moses der Ägypter. Entzifferung einer Gedächtnisspur. München 2001.
E. Haag (Hg.), Gott, der Einzige. Zur Entstehung des Monotheismus in Israel. Freiburg 1985.
E. Otto (Hg.), Mose. Ägypten und das Alte Testament. Stuttgart 2000.

((22))
E. Zenger, Israel am Sinai. Analysen und Interpretationen zu Ex 17–34. Altenberge 1982.

((23))
Mit der Entzifferung der Handschriften von Qumran hat eine neue Phase der Psalmenforschung begonnen. Alle, bis heute bekannten 39 Psalmenhandschriften aus Qumran und Umgebung (Wüste Juda) sind veröffentlicht in: *P. W. Flint,* The Dead Sea Psalms Scrolls and the Book of Psalms. Leiden–New York–Köln 1997. Dadurch kann die Psalterkonstellation zur Zeit des Bestehens von Qumran geklärt werden. Keine Erforschung und Deutung der Psalmen kann an diesem Material vorbeigehen. Damit liegt auch ein festes Fundament der aktuellen Diskussion um die kanonische Form des biblischen Psalters vor. Vgl. *Y. Yadin,* Die Tempelrolle. Die verborgene Thora vom Toten Meer. München–Hamburg 1985.

((24))
G. Molin, Das Geheimnis von Qumran. Wiederentdeckte Lieder und Gebete. Hg. von *O. Betz, R. Riesner.* Freiburg–Basel–Wien 1994.

((25))
Vgl. *H. Stegemann,* Die Essener, Qumran, Johannes der Täufer und Jesus. Ein Sachbuch. Freiburg–Basel–Wien 5. Aufl. 1996.

((26))
J. Schreiner, Sion–Jerusalem Jahwes Königssitz. Theologie der Heiligen Stadt im Alten Testament. München 1963.

((27))
H. Burgmann, Vorgeschichte und Frühgeschichte der essenischen Gemeinden von Qumran und Damaskus. Frankfurt/M. 1987.
H. W. Kuhn, Enderwartung und gegenwärtiges Heil. Untersuchungen zu den Gemeindeliedern von Qumran. Göttingen 1966.

((28))
Über Ursachen der Verunreinigungen und Formen der Reinigung siehe *Y. Yadin,* Die Tempelrolle. München–Hamburg 1985, S. 186–213.

((29))
K. Beyer, Die aramäischen Texte vom Toten Meer. Göttingen 1984.
Ders., Die aramäischen Texte vom Toten Meer. Ergänzungsband. Göttingen 1994.

E. Lohse, Die Texte von Qumran. Hebräisch und Deutsch. Darmstadt 2. Aufl. 1971.
J. Maier, Die Qumran-Essener: Die Texte vom Toten Meer. Bde I–III. München–Basel 1995/96.

((30))
A. Th. Kassing, Die Kirche und Maria. Ihr Verhältnis im 12. Kapitel der Apokalypse. Düsseldorf 1958.
A. Läpple, Die Apokalypse nach Johannes. Ein Lebensbuch der Christenheit. München 2. Aufl. 1968.

((31))
K. Baltzer, Biographie der Propheten. Neukirchen–Vluyn 1975.
F. Schnider, Jesus der Prophet. Freiburg–Göttingen 1973.
A. Suhl, Die Funktion der alttestamentlichen Zitate und Anspielungen im Markusevangelium. Gütersloh 1965.

((32))
H. Braun, Spätjüdischer häretischer und frühchristlicher Radikalismus. 2 Bde. Tübingen 1957.
R. Mayer, J. Reuss, Die Qumranfunde und die Bibel. Regensburg 1959.
A. Vögtle, Das öffentliche Wirken Jesu auf dem Hintergrund der Qumranbewegung. Freiburg 1958.
M. Zobel, Gottes Gesalbter. Der Messias und die Messianische Zeit in Talmud und Midrasch. Berlin 1938
A. S. van der Woude, Die messianischen Vorstellungen der Gemeinde von Qumran. Van Gorcum-Assen 1957.
F. Hahn, Die Verwurzelung des Christentums im Judentum. Exegetische Beiträge zum christlich-jüdischen Dialog. Neukirchen–Vluyn 1996.

((33))
H. W. Kuhn, Enderwartung und gegenwärtiges Heil. Untersuchungen zu den Gemeindeliedern von Qumran. Göttingen 1966.

((34))
A. Dörfler-Dierken, Die Verehrung der heiligen Anna in Spätmittelalter und früher Neuzeit. Göttingen 1992, S. 13.

((35))
H. Daniel-Rops, Die apokryphen Evangelien des Neuen Testamentes. Zürich 1956.
Im Kirchenjahr ist dem Fest der Geburt Marias am 8. September neun Monate vorher das Fest des Lebensbeginns (Empfängnis) Marias am 8. Dezember vorgeschaltet.

((36))
S. Ben-Chorin, Mutter Mirjam. Maria in jüdischer Sicht. (dtv 1784) München 1982.
E. Hennecke, W. Schneemelcher (Hg.), Neutestamentliche Apokryphen in deutscher Übersetzung. I. Bd: Evangelien. Tübingen 5. Aufl. 1987; II. Bd: Apostolisches, Apokalypsen und Verwandtes. Tübingen 5. Aufl. 1989.
G. Schlichting, Ein jüdisches Leben Jesu. Die verschollene Toledot-Jeschu-Fassung. Tübingen 1982.
C. P. Thiede, Die älteste Evangelien-Handschrift? Das Markus-Fragment von Qumran. Wuppertal 1986.
M. Thurian, Maria. Mainz–Kassel 1965.
P. Vielhauer, Geschichte der urchristlichen Literatur. Berlin–New York 1978 (durchgesehener Nachdruck).

((37))
P. L. Berger, Auf den Spuren der Engel. Frankfurt/M. 1970.
K. S. Frank, Geboren aus der Jungfrau Maria: Zum Thema Jungfrauengeburt. Stuttgart 1970.
D. Klein, St. Lukas als Maler der Maria. Ikonographie der Lukasmadonnen. Berlin 1933.
H. Schlier, Mächte und Gewalten. Freiburg 1957.

((38))
R. Guardini, Die Mutter des Herrn. Würzburg 2. Aufl. 1956.
F. Mußner, Maria, die Mutter Jesu im Neuen Testament. St. Ottilien 1993.

((39))
P. Rießler, Altjüdisches Schrifttum außerhalb der Bibel. Übersetzt und erläutert. Augsburg 1928, S. 1015.

((40))
O. Karrer (Hg.), Maria in Dichtung und Deutung. Berlin-Frankfurt/M. 1962.
K.-J. Kuschel, Geboren vor aller Zeit? Der Streit um Christi Ursprung. München 1990.
A. Läpple, Maria in der Glaubensverkündigung. St. Ottilien 1988.

((41))
J.-M. Abd-el-Jalil, Maria im Islam. Werl 1954.
A. Bsteh, Der Islam als Anfrage an die christliche Theologie und Philosophie. Mödling 1994.
G. Schimanowski, Weisheit und Messias. Die jüdischen Voraussetzungen der urchristlichen Präexistenzchristologie. Tübingen 1985.
A. Schimmel, Jesus und Maria in der islamischen Mystik. München 1997.

((42))
Übersetzung von J.-M. Abd-el-Jalil, Maria im Islam. Werl 1954, S. 50f. (Sure III,43-49), 34f. (Sure XIX,15-21).
Vgl. dazu G. Riße, »Gott ist Christus, der Sohn der Maria.« Eine Studie zum Christusbild im Koran. Bonn 1989.
Vgl. C. Schedl, Muhammed und Jesus. Die christologisch relevanten Texte des Koran. Neu übersetzt und erklärt. Wien-Freiburg-Basel 1978.
Eine einzigartige Fundgrube zum weihnachtlichen Festkreis ist die Festschrift von F. Trenner, B. Wendel (Hg.), Schon leuchtet deine Krippe auf. Die Feier der Geburt Jesu Christi und der weihnachtliche Festkreis in Liturgie und Brauchtum (FS Theodor Maas-Ewerd). St. Ottilien 2000.
Vgl. auch E. Neubauer, Die Magier, die Tiere und der Mantel Mariens. Über die Bedeutungsgeschichte weihnachtlicher Motive. Freiburg-Basel-Wien 1995.

((43))
T. Klein, Celsus gegen die Christen. München 1984.
K. Pichler, Streit um das Christentum. Der Angriff des Kelsos und die Antwort des Origenes. Frankfurt 1980.
Zum Toledoth vgl. das Stichwort »Toledoth« von R. Schnackenburg im Lexikon für Theologie und Kirche 2. Aufl. Bd. X, Sp. 239.
Heranzuziehen ist auch S. Krauß, Das Leben Jesu nach jüdischen Quellen. Berlin 1902, sowie vor allem G. Schlichtig, Ein jüdisches Leben Jesu: Die verschollene Toledot-Jeschu-Fassung, Tübingen 1982.

((44))
H. S. Chamberlain, Die Grundlagen des neunzehnten Jahrhunderts. München 1899, Bd. 1, S. 256.

((45))
E. Abegg, Der Messiasglaube in Indien und Iran. Berlin 1928.

((46))
Lucas Cranach d. Ä., Das gesamte graphische Werk. Herrsching o. J.
An dieser Stelle sei eine nicht unwichtige Information über den Wandel der Apokryphen eingefügt.
Apokryphen waren Dokumente für Menschen, die lesen und schreiben konnten. Für Millionen von Menschen, die im Mittelalter und bis in die beginnende Neuzeit nicht lesen, nicht schreiben konnten, war die Botschaft der Apokryphen hörbar und erreichbar in der Form von Bildern und Statuen in Kirchen und Kapellen, besonders attraktiv in der Üppigkeit und Vielfalt mittelalterlicher und barocker Reliquienpräsentation.
Ein einzigartiges Beispiel hierfür ist das »Wittenberger Heiligthumsbuch«, 1509 herausgegeben als Katalog der Reliquiensammlung der Schlosskirche von Wittenberg, illustriert mit 117 Holzschnitten von Lucas Cranach d. Ä. (1472-1552).
Vgl. A. Läpple, Martin Luther. Leben-Bilder-Dokumente. München-Zürich 1982, S. 136f.
Vgl. Ders., Der Schatz vom Heiligen Berg Andechs. Andechs 1967.

((47))
R. H. Fuller, Die Wunder Jesu in Exegese und Verkündigung. Düsseldorf 1967.
F. Mussner, Die Wunder Jesu. Eine Hinführung. München 1967.
W. Vogler, Jüdische Jesusinterpretationen in christlicher Sicht. Weimar 1988.

((48))
J. Blinzler, Die Brüder und Schwestern Jesu. Stuttgart 1967.
E. Plümacher, Lukas als hellenistischer Schriftsteller. Göttingen 1972.

((49))
W. C. van Unnik, Evangelien aus dem Nilsand. Frankfurt/M. 1960.

((50))
J. Seitz, Die Verehrung des hl. Josef in ihrer geschichtlichen Entwicklung bis zum Konzil von Trient dargestellt. Freiburg i. Br. 1908.

((51))
J. Dirnbeck, Die Jesusfälscher. Augsburg 1994.
R. Guardini, Die menschliche Wirklichkeit des Herrn. Würzburg 1958.
H. Kraft, Kirchenväter-Lexikon. München 1966.
A. Läpple, Jesus von Nazaret. Kritische Reflexionen. München 1972.
H. Leisegang, Die Gnosis, Stuttgart 4. Aufl. 1955.
N. Scholl, Jesus – nur ein Mensch? München 1971.
B. de Solages (Hg.), Mystique et Continence (Etudes Carmelitaines). Paris 1952.

((52))
O. Betz, Jesus, der Messias Israels. Tübingen 1987.
Ders., Was wissen wir von Jesus. Der Messias im Licht von Qumran. Wuppertal 3. Aufl. 1999.
L. Dürr, Ursprung und Ausbau der israelitisch-jüdischen Heilserwartung. Berlin 1925.
J. Finger, Jesus–Essener, Guro, Esoteriker? Mainz-Stuttgart 1993.

((53))
Zur Damaskusrolle vgl. H. Strack-Billerbeck, Kommentar zum Neuen Testament aus Talmud und Midrasch. München 1924, Bd. II, S. 292ff.
Zur Messiasdeutung siehe R. Mayer, War Jesus der Messias? Geschichte der Mesiasse Israels in drei Jahrhunderten. Tübingen 1998.

((54))
J. H. Charlesworth, H. Lichtenberger, G. S. Oegema (Hg.), Qumran-Messianism. Studies on the Messianic Expectations in the Dead Sea Scrolle. Tübingen 1998.
Zum Henoch-Buch vgl. P. Rießler, Altjüdisches Schrifttum außerhalb der Bibel. Augsburg 1928, S. 384–385.
Fragmente des apokryphen Henoch-Buches sind in Qumran gefunden worden (4 Q 180/ Frag. 1,7–10). Vgl. M. Wise, M. Abegg, E. Cook, The Dead Sea Scrolls. A New Translation. San Francisco 1996, S. 288.
J. Zimmermann, Messianische Texte aus Qumran. Tübingen 1998.

((55))
Ein präziser Einblick in die Fundgeschichte findet sich bei W. C. van Unnik, Evangelien aus dem Nilsand. Frankfurt/M. 1960 (mit guten geographischen Skizzen und instruktiven Schwarz-Weiß-Fotos).

((56))
O. Betz, T. Schramm, Perlenlied und Thomasevangelium. Texte aus der Frühzeit des Christentums. Zürich-Einsiedeln-Köln 1985.
A. Buchwald (Hg.), Alle Jesusworte von A bis Z. Stuttgart 1997.
K. Dietzfelbinger, Apokryphe Evangelien aus Nag Hammadi. Vollständige Texte neu formuliert und kommentiert. Andechs 2. Aufl. 1989.
R. Faber, Der Selbsteinsatz Gottes. Würzburg 1996.

((57))
G. Lohfink, Wem gilt die Bergpredigt? Freiburg i. Br. 1992.

((58))
J. Godwin, Musik und Spiritualität.
Bern–München–Wien 1989
N. Harnoncourt, Musik als Klangrede.
Stuttgart 1982
A. v. Lange, Mensch, Musik und Kosmos.
Freiburg 1960.
G. Voss, Musik des Weltalls wiederentdecken.
Regensburg 1967
Heranzuziehen sind auch die Werke des irischen Mönchs J. S. Eriugena (810–877) und des Franzosen M. Proust (1871–1922), vor allem sein Roman in 7 Bänden »Auf der Suche nach der verlorenen Zeit«.

((59))
E. Hennecke, W. Schneemelcher, Neutestamentliche Apokryphen in deutscher Übersetzung. I. Band: Evangelien. Tübingen 1968, S. 199ff.
G. Kittel, Christus und Imperator. Geschichte des Cäsaropapismus. Düsseldorf 1947.
E. Stauffer, Jerusalem und Rom im Zeitalter Jesu Christi. Bern 1957.
Vgl. W. C. van Unnik, Evangelien aus dem Nilsand. Frankfurt/M. 1960.

((60))
Vgl. H. Zander, Die Geschichte der Seelenwanderung in Europa. Darmstadt 1999.

((61))
A. T. Khoury, Toleranz im Islam. Altenberge 2. Aufl. 1986.
G. Mandel, Gott hat neunundneunzig Namen. Die spirituelle Botschaft des Korans. Augsburg 1997.

((62))
H. Gese, Zur biblischen Theologie. München 1977.
P. Gräbe, Der neue Bund in der frühchristlichen Literatur. Unter Berücksichtigung der alttestamentlich-jüdischen Voraussetzungen. Würzburg 2000.
J. Ratzinger, Das Fest des Glaubens, Einsiedeln 2. Aufl. 1982, S. 49f.

((63))
W. Fricke, Standrechtlich gekreuzigt. Person und Prozess des Jesus aus Galiläa. Frankfurt/M. 3. Aufl. 1987.
M. Hengel, War Jesus Revolutionär? Stuttgart 1970.
P. Lapide, Jesus – ein gekreuzigter Pharisäer. Gütersloh 1990.
G. Niekamp, Christologie »nach Auschwitz«. Freiburg–Basel–Wien 1964.
E. Schürer, Geschichte des jüdischen Volkes im Zeitalter Jesu Christi. 3 Bde. Hildesheim 1964 (Nachdruck).
Die Gestalt des Verräters Judas Iskariot (siehe die Erstbegegnung Jesu mit Judas Iskariot Seite 169f.) hat nicht nur die Apostel, die Urgemeinde von Jerusalem und die Judenchristen Palästinas als Zeitzeugen, sondern über die Jahrhunderte hinweg bis in unsere Zeit die Menschen zum Nachdenken herausgefordert und sichtlich beunruhigt. Dass auch frühere Jahrhunderte das Judas-Thema aufwühlte und zu seltsamen Deutungen führte, belegt eine Darstellung am Bronzeportal der Kathedrale von Benevent (aus dem 13. Jh., dessen Fragmente sich heute in der Biblioteca Capitolare befinden): Dem toten, an einer Palme hängenden Judas nähert sich ein Engel, der ihn umarmt und küsst. Die Akten der Welt bleiben mit den kontroversen Anliegen der Judasdeutung (auch im Heilsplan der göttlichen Vorsehung) – wie die laufende Buchproduktion bestätigt – durchaus offen.
G. Buchheit, Judas Iskarioth. Legende, Geschichte, Deutung. Gütersloh 1954.
W. Jens, Der Fall Judas. Stuttgart–Berlin 2. Aufl. 1975.
H. L. Goldtschmidt, M. Limbeck, Heilvoller Verrat? Judas im Neuen Testament. Stuttgart 1976.
W. Vogler, Judas Iskarioth. Untersuchungen zu Tradition und Redaktion von Texten des Neuen Testaments und außerkanonischen Schriften. Berlin 1983.
H. Wagner (Hg.), Judas Iskarioth. Menschliches oder heilsgeschichtliches Drama? Frankfurt 1985.

H.-J. Klauck, Judas – ein Jünger des Herrn (Quaestiones Disputatae 111). Freiburg–Basel–Wien 1987.
G. Schwarz, Jesus und Judas. Stuttgart 1987.

((64))
G. Bachl, Der schwierige Jesus. Innsbruck 1994.
J. Blinzler, Der Prozess Jesu. Regensburg 4. Aufl. 1969.
P. Rießler, Altjüdisches Schrifttum außerhalb der Bibel. Freiburg 4. Aufl. 1975.
G. Stemberger, Einleitung in Talmud und Midrasch. München 8. Aufl. 1992.
A. Strobel, Die Stunde der Wahrheit. Untersuchungen zum Strafverfahren gegen Jesus. Tübingen 1980.

((65))
A. Grillmeier, Der Logos am Kreuz. München 1956.
K. Kertelge (Hg.), Der Tod Jesu. Deutungen im Neuen Testament. Freiburg–Basel–Wien 1976.
A. Läpple, Jesus von Nazaret. Kritische Reflexionen. München 1972.
G. Mainberger, Jesus starb – umsonst. Freiburg 1970.
J. Moltmann, Der gekreuzigte Gott. Das Kreuz Christi als Grund und Kritik christlicher Theologie. München 5. Aufl. 1987.
H. Schürmann, Jesu ureigener Tod. Freiburg–Basel–Wien 1975.
D. Sölle, Stellvertretung. Stuttgart 1982.

((66))
Die neutestamentliche Stelle: Mt 27,52–53. Vgl. dazu *J. Kremer*, Resurrectio mortuorum. Darmstadt 1986.
W. Schamoni, Auferweckungen vom Tode. Paderborn 1967.
L. Scheffczyk, Auferstehung. Einsiedeln 1976.

((67))
M. Görg, Ein Haus im Totenreich. Jenseitsvorstellungen in Israel und Ägypten. Düsseldorf 1998.

((68))
Vgl. *H. Haag*, Biblische Schöpfungslehre und kirchliche Erbsündenlehre. Stuttgart 1966; *K. Schmitz-Moormann*, Die Erbsünde. Olten– Freiburg i. Br. 1969.

((69))
A. Rosenberg, Die Seelenreise. Olten–Freiburg i. Br. 1952.

((70))
M. Biddle, Das Grab Christi. Gießen–Basel 1998.
J. Kremer, Die Osterbotschaft der vier Evangelien. Stuttgart 1968.
K. Lehmann, Auferweckt im dritten Tag nach der Schrift. Freiburg 1968.
L. Schenke, Auferstehungsverkündigung und Leeres Grab. Stuttgart 1968.
H. Schlier, Über die Auferstehung Jesu Christi. Einsiedeln 2. Aufl. 1968.

((71))
H. Leisegang, Die Gnosis. Stuttgart 5. Aufl. 1985.
K. Rudolph, Die Gnosis. Wesen und Geschichte einer spätantiken Religion. Leipzig 1977.

((72))
J. B. Brantschen, Gott ist größer als unser Herz. Freiburg 3. Aufl. 1987.
U. Schaffer, Ich staune. München 1987.

((73))
C. Eichenseer, Das Symbolum Apostolorum beim heiligen Augustinus. Mit Berücksichtigung des dogmengeschichtlichen Zusammenhangs. St. Ottilien 1960, S. 50–51.
W. Kasper, Der Gott Jesu Christi. Das Glaubensbekenntnis der Kirche. Mainz 1982.
J. Klausner, Von Jesus zu Paulus. Königstein/T. 1980.
G. Lohfink, Braucht Gott die Kirche? Freiburg–Basel–Wien 1998.
W. Nigg, Glanz der Legende. Zürich-Stuttgart 1964.
J. Wehnert, Die Wir-Passagen der Apostelgeschichte. Göttingen 1989.

((74))
Der schwarze Christus. Wege afrikanischer Christologie. Freiburg 1989.

((75))
W. Delius, Geschichte der Marienverehrung. München-Basel 1963.
Ch. Schaffer, Koimesis. Der Heimgang Mariens. Das Entschlafungsbild in seiner Abhängigkeit von Legende und Theologie. Regensburg 1985.
R. Schimmelpfennig, Die Geschichte der Marienverehrung im deutschen Protestantismus. Paderborn 1952.
S. Beissel, Geschichte der Verehrung Marias in Deutschland während des Mittelalters. Darmstadt 1972.
O. Karrer, Maria in Dichtung und Deutung. Zürich 1962.

((76))
R. Eisenmann, Jakobus, der Bruder von Jesus. Der Schlüssel zum Geheimnis des Frühchristentums und der Qumran-Rollen. München 2000.
J. Herzer, Petrus oder Paulus? Tübingen 1998.
C. P. Thiede, Geheimakte Petrus. Auf den Spuren des Apostels. Stuttgart 2000.

((77))
S. Ben-Chorin, Paulus. Der Völkerapostel in jüdischer Sicht. München 1970.
J. Cnilka, Paulus von Tarsus. Zeuge und Apostel. Freiburg 1996.
E. Dassmann, Der Stachel im Fleisch. Paulus in der frühchristlichen Literatur bis Irenäus. Münster 1983.
O. Kuß, Paulus. Die Rolle des Apostels in der theologischen Entwicklung der Urkirche. Regensburg 1971.
W. Zager, Begriff und Wertung der Apokalyptik in der neutestamentlichen Forschung. Frankfurt/M.-Berlin-Bern-New York-Paris-Wien 1989.
H. Zirker, Paulus als »apóstolos«, Mohammed als »rasul« – der Gesandte in Bibel und Koran. In: A. Th. Koury (Hg.), FS. Andreas Bsteh. Würzburg-Altenberge 1998, S. 550-573.

((78))
F. Wilk, Die Bedeutung des Jesajabuches für Paulus. Göttingen 1998.

((79))
F. R. Prostmeier, Der Barnabasbrief. Göttingen 1999.

((80))
R. Panikkar, Der unbekannte Christus im Hinduismus. Mainz 1986.

((81))
O. Betz, Der Paraklet. Fürsprecher im häretischen Spätjudentum, im Johannesevangelium und in neu aufgefundenen gnostischen Schriften. Leiden 1963.
B. Forte, Trinität als Geschichte. Mainz 1989.
K.-H. Ohlig, Ein Gott in drei Personen? Vom Vater Jesu zum »Mysterium« der Trinität. Mainz 1999.

((82))
J. Dvorak, Satanismus. Frankfurt/M. 1989.
P. Osten-Sacken, Gott und Belial. Traditionsgeschichtliche Untersuchungen zum Dualismus in den Texten aus Qumran. Göttingen 1969.
K. G. Kuhn (Hg.), Konkordanz zu den Qumrantexten. Göttingen 1960

((83))
F. Hahn, Frühjüdische und urchristliche Apokalyptik. Neukirchen–Vluyn 1998.

((84))
O. Böcher, Die Johannesapokalypse. Darmstadt 1998.
S. Riedel, Sünde und Versöhnung in Koran und Bibel. Erlangen 1987.
D. Thynen, Bibel und Koran im Vergleich und kleine Koran-Konkordanz. Altenberge 1984.
Enzyklopädie des Islam. 4 Bde. Leiden 1913-34 (1938).
P. Paret, Kommentar und Konkordanz zum Koran. Stuttgart 1971.
Ders., Der Koran – Übersetzung. Stuttgart 2. Aufl. 1980.

Literaturverzeichnis

Abd-el-Jalil, J.-M.: Maria im Islam. Werl 1954.

Abegg, E.: Der Messiasglaube in Indien und Iran. Berlin 1928.

Albani, M.: Der eine Gott und die himmlischen Heerscharen. Leipzig 2000.

Assmann, J.: Moses der Ägypter. Entzifferung einer Gedächtnisspur. München 2001.

Bachl, G.: Der schwierige Jesus. Innsbruck 1994.

Baigent, M., Leigh, R.: Verschlusssache Jesus. Die Qumranrollen und die Wahrheit über das frühe Christentum. München 1991.

Baltzer, K.: Biographie der Propheten. Neukirchen–Vluyn 1975.

Beissel, S.: Geschichte der Verehrung Marias in Deutschland während des Mittelalters. Darmstadt 1972.

Ben-Chorin, S.: Mutter Mirjam. Maria in jüdischer Sicht. (dtv 1784) München 1982.

Ders.: Paulus. Der Völkerapostel in jüdischer Sicht. München 1970.

Benz, E.: Der gekreuzigte Gerechte bei Plato, im Neuen Testament und in der alten Kirche. Wiesbaden 1950.

Berger, K.: Das Buch der Jubiläen. Gütersloh 1981.

Berger, P. L.: Auf den Spuren der Engel. Frankfurt/M. 1970.

Betz, O.: Der Paraklet. Fürsprecher im häretischen Spätjudentum, im Johannesevangelium und in neu aufgefundenen gnostischen Schriften. Leiden 1963.

Ders.: Jesus, der Messias Israels. Tübingen 1987.

Ders.: Was wissen wir von Jesus? Der Messias im Licht von Qumran. Wuppertal 3. Aufl. 1999.

Betz, O., Riesner, R.: Jesus, Qumran und der Vatikan. Klarstellungen. Gießen–Basel–Wien 5. Aufl. 1994.

Betz, O., Schramm, T.: Perlenlied und Thomasevangelium. Texte aus der Frühzeit des Christentums. Zürich–Einsiedeln–Köln 1985.

Beyer, K.: Die aramäischen Texte vom Toten Meer. Göttingen 1984. Ergänzungsband. Göttingen 1994.

Biddle, M.: Das Grab Christi. Gießen–Basel 1998.

Bieler, M.: Mein kleines Evangelium. Freiburg 1974.

Blinzler, J.: Der Prozess Jesu. Regensburg 4. Aufl. 1969.

Ders.: Die Brüder und Schwestern Jesu. Stuttgart 1967.

Böcher, O.: Die Johannesapokalypse. Darmstadt 1998.

Brantschen, J. B.: Gott ist größer als unser Herz. Freiburg 3. Aufl. 1987.

Braun, H.: Spätjüdischer häretischer und frühchristlicher Radikalismus. 2 Bde. Tübingen 1957.

Brown, P.: Die Keuschheit der Engel. München–Wien 1991.

Bsteh, A.: Der Islam als Anfrage an die christliche Theologie und Philosophie. Mödling 1994.

Buber, M.: Baal-Schem-Tow. Heidelberg 1981.

Buchheit, G.: Judas Iskarioth. Legende, Geschichte, Deutung. Gütersloh 1954.

Buchwald, A. (Hg.): Alle Jesusworte von A bis Z. Stuttgart 1997.

Burgmann, H.: Vorgeschichte und Frühgeschichte der essenischen Gemeinden von Qumran und Damaskus. Frankfurt/M. 1987.

Chamberlain, H. S.: Die Grundlagen des neunzehnten Jahrhunderts. München 1899.

Charlesworth, J. H./Lichtenberger, H./Oegema, G. S. (Hg.): Qumran-Messianism. Studies on the Messianic Expectations in the Dead Sea Scrolle. Tübingen 1998.

Cnilka, J.: Paulus von Tarsus. Zeuge und Apostel. Freiburg 1996.

Daniel-Rops, H.: Die apokryphen Evangelien des Neuen Testamentes. Zürich 1956.

Dassmann, E.: Der Stachel im Fleisch. Paulus in der frühchristlichen Literatur bis Irenäus. Münster 1983.

Delius, W.: Geschichte der Marienverehrung. München–Basel 1963.

Der Schatz vom Heiligen Berg Andechs. Erschienen zur Ausstellung. Andechs 1967.

Der schwarze Christus. Wege afrikanischer Christologie. Freiburg 1989.

Dexinger, F.: Henochs Zehn-Wochen-Apokalypse und offene Probleme der Apokalypseforschung. Leiden 1977.

Dietzfelbinger, K.: Apokryphe Evangelien aus Nag Hammadi. Vollständige Texte neu formuliert und kommentiert. Andechs 2. Aufl. 1989.

Dirnbeck, J.: Die Jesusfälscher. Augsburg 1994.

Dörfler-Dierken, A.: Die Verehrung der heiligen Anna in Spätmittelalter und früher Neuzeit. Göttingen 1992.

Dürr, L.: Ursprung und Ausbau der israelitisch-jüdischen Heilserwartung. Berlin 1925.

Dvorak, J.: Satanismus. Frankfurt/M. 1989.

Eichenseer, C.: Das Symbolum Apostolorum beim heiligen Augustinus. Mit Berücksichtigung des dogmengeschichtlichen Zusammenhangs. St. Ottilien 1960.

Eisenmann, R.: Jakobus, der Bruder von Jesus. Der Schlüssel zum Geheimnis des Frühchristentums und der Qumran-Rollen. München 2000.

Eriugena, J. S.: De Divisione naturae. (Nachdruck der Ausgabe Oxford 1684) Frankfurt/M. 1964.

Faber, R.: Der Selbsteinsatz Gottes. Würzburg 1996.

Finger, J.: Jesus – Essener, Guro, Esoteriker? Mainz–Stuttgart 1993.

Fleming, J., Rademacher, L.: Das Buch Henoch. Äthiopischer und griechischer Text. Leipzig 1901.

Flint, P. W.: The Dead Sea Psalms Scrolls and the Book of Psalms. Leiden–New York–Köln 1997.

Forte, B.: Trinität als Geschichte. Mainz 1989.

Frank, K. S.: Geboren aus der Jungfrau Maria: Zum Thema Jungfrauengeburt. Stuttgart 1970.

Fricke, W.: Standrechtlich gekreuzigt. Person und Prozess des Jesus aus Galiläa. Frankfurt/M. 3. Aufl. 1987.

Fuller, R. H.: Die Wunder Jesu in Exegese und Verkündigung. Düsseldorf 1967.

Gese, H.: Zur biblischen Theologie. München 1977.

Giovetti, P.: Engel. Die unsichtbaren Helfer der Menschen. Genf–München 1991.

Godwin, J.: Musik und Spiritualität. Bern–München–Wien 1989.

Görg, M.: Ein Haus im Totenreich. Jenseitsvorstellungen in Israel und Ägypten. Düsseldorf 1998.

Gräbe, P.: Der neue Bund in der frühchristlichen Literatur. Unter Berücksichtigung der alttestamentlich-jüdischen Voraussetzungen. Würzburg 2000.

Grillmeier, A.: Der Logos am Kreuz. München 1956.

Goldtschmidt, H. L., Limbeck, M.: Heilvoller Verrat? Judas im Neuen Testament. Stuttgart 1976.

Guardini, R.: Die menschliche Wirklichkeit des Herrn. Würzburg 1958.

Ders.: Die Mutter des Herrn. Würzburg 2. Aufl. 1956.

Haag, E. (Hg.): Gott, der Einzige. Zur Entstehung des Monotheismus in Israel. Freiburg 1985.

Haag, H.: Biblische Schöpfungslehre und kirchliche Erbsündenlehre. Stuttgart 1966

Hahn, F.: Die Verwurzelung des Christentums im Judentum. Exegetische Beiträge zum christlich-jüdischen Dialog. Neukirchen–Vluyn 1996.

Ders.: Frühjüdische und urchristliche Apokalyptik. Neukirchen-Vluyn 1998.

Harnoncourt, N.: Musik als Klangrede. Stuttgart 1982.

Heine, P.: Menschenrechte in der islamischen Diskussion. In: Orientierung 57 (1993), S. 5–6.

Hengel, M.: War Jesus Revolutionär? Stuttgart 1970.

Hennecke, E., Schneemelcher, W. (Hg.): Neutestamentliche Apokryphen in deutscher Übersetzung. I. Band: Evangelien. Tübingen 4. Aufl. 1968, 5. Aufl. 1987; II. Band: Apostolisches, Apokalypsen und Verwandtes. Tübingen 5. Aufl. 1989.

Herzer, J.: Petrus oder Paulus? Tübingen 1998.

Jens, W.: Der Fall Judas. Stuttgart–Berlin 2. Aufl. 1975.

Jonge, M. de, Tromp, J.: The Life of Adam and Eve and Related Literature. Sheffield 1997.

Kahle, P. E.: Die Kairoer Genisa. Untersuchungen zur Geschichte des hebräischen Bibeltextes und seiner Übersetzungen. Berlin 1962.

Karrer, O. (Hg.): Maria in Dichtung und Deutung. Zürich–Berlin–Frankfurt/M. 1962.

Kasper, W.: Der Gott Jesu Christi. Das Glaubensbekenntnis der Kirche. Mainz 1982.

Kassing, A. T.: Die Kirche und Maria. Ihr Verhältnis im 12. Kapitel der Apokalypse. Düsseldorf 1958.

Kertelge, K. (Hg.): Der Tod Jesu. Deutungen im Neuen Testament. Freiburg-Basel-Wien 1976.

Khoury, A. T.: Der Koran. Übersetzung und wissenschaftlicher Kommentar. Bd. 1. Gütersloh 1990.

Ders.: Toleranz im Islam. Altenberge 2. Aufl. 1986.

Kittel, G.: Christus und Imperator. Geschichte des Cäsaropapismus. Düsseldorf 1947.

Klauck, H.-J.: Judas – ein Jünger des Herrn (Quaestiones Disputatae 111). Freiburg–Basel–Wien 1987.

Klausner, J.: Von Jesus zu Paulus. Königstein/T. 1980.

Klein, D.: St. Lukas als Maler der Maria. Ikonographie der Lukasmadonnen. Berlin 1933.

Klein, T.: Celsus gegen die Christen. München 1984.

Koschorke, K.: Die Polemik der Gnostiker gegen das kirchliche Christentum. Leiden 1978.

Kraft, H.: Kirchenväter-Lexikon. München 1966.

Krauß, S.: Das Leben Jesu nach jüdischen Quellen. Berlin 1902.

Kremer, J.: Die Osterbotschaft der vier Evangelien. Stuttgart 1968.

Ders.: Resurrectio mortuorum. Darmstadt 1986.

Kuhn, H. W.: Enderwartung und gegenwärtiges Heil. Untersuchungen zu den Gemeindeliedern von Qumran. Göttingen 1966.

Kuhn, K. G. (Hg.): Konkordanz zu den Qumrantexten. Göttingen 1960.

Kurz, P. K.: Psalmen vom Expressionismus bis zur Gegenwart. Frankfurt/M. 1978.

Kuschel, K.-J.: Geboren vor aller Zeit? Der Streit um Christi Ursprung. München 1990.

Kuß, O.: Paulus. Die Rolle des Apostels in der theologischen Entwicklung der Urkirche. Regensburg 1971.

Lange, A. von: Mensch, Musik und Kosmos. Freiburg 1960.
Lapide, P.: Jesus – ein gekreuzigter Pharisäer. Gütersloh 1990.
Läpple, A.: Außerbiblische Jesusgeschichten. Ein Plädoyer für die Apokryphen. München 1983.
Ders.: Die Apokalypse nach Johannes. Ein Lebensbuch der Christenheit. München 1968.
Ders.: Engel & Teufel. Augsburg 1993.
Ders.: Jesus von Nazaret. Kritische Reflexionen. München 1972.
Ders.: Jesusbücher – Stationen einer seltsamen Geschichte. In: Klerusblatt 81 (2001), S. 281-285.
Ders.: Kindheitsgeschichte Jesu. Kanonische und außerkanonische Überlieferungen. Schwerte 1993.
Ders.: Maria in der Glaubensverkündigung. St. Ottilien 1988.
Ders.: Martin Luther. Leben – Bilder – Dokumente. München-Zürich 1982.
Läpple, A. (Hg.), Wise, M., Abegg jr., M., Cook, E.: Die Schriftrollen von Qumran. Augsburg 1997.
Lehmann, K.: Auferweckt im dritten Tag nach der Schrift. Freiburg 1968.
Leisch-Kiesl, M.: Eva als Andere. Eine exegetische Untersuchung zum Frühchristentum und Mittelalter. Köln-Wien 1992.
Leisegang, H.: Die Gnosis, Stuttgart 4. Auflage 1955 sowie 5. Auflage 1985.
Lippert, P.: Der Mensch Job redet mit Gott. München 1934.
Lohfink, G.: Braucht Gott die Kirche? Freiburg-Basel-Wien 1998.
Ders.: Wem gilt die Bergpredigt? Freiburg 1992.
Lohse, E.: Die Texte von Qumran. Hebräisch und Deutsch. Darmstadt 2. Aufl. 1971.
Lucas Cranach d. Ä.: Das gesamte graphische Werk. Herrsching o. J.

Mach, M.: Entwicklungsstadien des jüdischen Engelglaubens in vorrabbinischer Zeit. Göttingen 1960.
Maier, J.: Die Qumran-Essener: Die Texte vom Toten Meer. Bde. I-III. München-Basel 1995/96.
Mainberger, G.: Jesus starb – umsonst. Freiburg 1970.
Maisch, I.: Maria Magdalena. Zwischen Verachtung und Verehrung. Das Bild einer Frau im Spiegel der Jahrhunderte. Freiburg-Basel-Wien 1996.
Mandel, G.: Gott hat neunundneunzig Namen. Die spirituelle Botschaft des Korans. Augsburg 1997.
Martinek, M.: Wie die Schlange zum Teufel wurde. Die Symbolik in der Paradiesgeschichte von der hebräischen Bibel bis zum Koran. Wiesbaden 1996.
Mayer, R.: War Jesus der Messias? Geschichte der Messiasse Israels in drei Jahrhunderten. Tübingen 1998.
Mayer, R., Reuss, J.: Die Qumranfunde und die Bibel. Regensburg 1959.
Messori, V.: Gelitten unter Pontius Pilatus? Eine Untersuchung über das Leiden und Sterben Jesu. Köln 1997.
Molin, G.: Das Geheimnis von Qumran. Wiederentdeckte Lieder und Gebete. Hg. von Betz, O., R. Riesner. Freiburg-Basel-Wien 1994.
Moltmann, J.: Der gekreuzigte Gott. Das Kreuz Christi als Grund und Kritik christlicher Theologie. München 5. Aufl. 1987.
Moshe, I.: Kabbalah. New York 1988.
Mußner, F.: Die Wunder Jesu. Eine Hinführung. München 1967.
Ders.: Maria, die Mutter Jesu im Neuen Testament. St. Ottilien 1993.
Neubauer, E.: Die Magier, die Tiere und der Mantel Mariens. Über die Bedeutungsgeschichte weihnachtlicher Motive. Freiburg-Basel-Wien 1995.

Niekamp, G.: Christologie »nach Auschwitz«. Freiburg-Basel-Wien 1964.

Nigg, W.: Glanz der Legende. Zürich-Stuttgart 1964.

Oberhänsli-Widmer, G.: Biblische Figuren in der rabbinischen Literatur. Gleichnisse und Bilder zu Adam, Noah und Abraham im Midrasch Bereschit Rabba. Bern-Berlin- Frankfurt/M.-New York-Paris-Wien 1998.

Ohlig, K.-H.: Ein Gott in drei Personen? Vom Vater Jesu zum »Mysterium« der Trinität. Mainz 1999.

Osten-Sacken, P.: Gott und Belial. Traditionsgeschichtliche Untersuchungen zum Dualismus in den Texten aus Qumran. Göttingen 1969.

Otto, E. (Hg.): Mose. Ägypten und das Alte Testament. Stuttgart 2000.

Paap, C.: Die Josefsgeschichte: Genesis 37-50. Bestimmungen ihrer literarischen Gattung in der zweiten Hälfte des 20. Jahrhunderts. Frankfurt/M.-Berlin-Bern-New York-Paris-Wien 1995.

Panikkar, R.: Der unbekannte Christus im Hinduismus. Mainz 1986.

Paret, R.: Der Koran. Übersetzung. Stuttgart 2. Auflage 1980.

Ders.: Kommentar und Konkordanz zum Koran. Stuttgart 1971.

Pichler, K.: Streit um das Christentum. Der Angriff des Kelsos und die Antwort des Origenes. Frankfurt/M. 1980.

Plümacher, E.: Lukas als hellenistischer Schriftsteller. Göttingen 1972.

Prostmeier, F. R.: Der Barnabasbrief. Göttingen 1999.

Proust, M.: Auf der Suche nach der verlorenen Zeit. Frankfurt/M. 1976.

Ratzinger, J.: Das Fest des Glaubens. Einsiedeln 2. Aufl. 1982.

Renkens, H.: Urgeschichte und Heilsgeschichte. Israels Schau in die Vergangenheit. Mainz 1959.

Riedel, S.: Sünde und Versöhnung in Koran und Bibel. Erlangen 1987.

Rießler, P.: Altjüdisches Schrifttum außerhalb der Bibel. Übersetzt und erläutert. Augsburg 1928 sowie Freiburg 4. Aufl. 1975.

Riße, G.: Gott ist Christus, der Sohn der Maria. Eine Studie zum Christusbild im Koran. Bonn 1989.

Rosenberg, A.: Die Seelenreise. Olten-Freiburg 1952.

Rudolph, K.: Die Gnosis. Wesen und Geschichte einer spätantiken Religion. Leipzig 1977.

Saeki, P. Y.: The Nestorian Documents and Relics in China. Tokyo 2. Aufl. 1951.

Schäfer, P.: Rivalität zwischen Engeln und Menschen. Untersuchungen zur rabbinischen Engelvorstellung. Berlin 1975.

Schaffer, C.: Koimesis. Der Heimgang Mariens. Das Entschlafungsbild in seiner Abhängigkeit von Legende und Theologie. Regensburg 1985.

Schaffer, U.: Ich staune. München 1987.

Schamoni, W.: Auferweckungen vom Tode. Paderborn 1967.

Schedl, C.: Muhammed und Jesus. Die christologisch relevanten Texte des Koran. Neu übersetzt und erklärt. Wien-Freiburg-Basel 1978.

Scheffczyk, L.: Auferstehung. Einsiedeln 1976.

Schenke, L.: Auferstehungsverkündigung und Leeres Grab. Stuttgart 1968.

Schenker, A.: Die vergessenen Karäer. Eine kaum bekannte biblische Religion. In: Orientierung 45 (1981), S. 18-20.

Schick, A.: Faszination Qumran. Wissenschaftskrimi, Forscherstreit und wahre Bedeutung der Schriftrollen vom Toten Meer. Bielefeld/Berneck 1998.

Schick, A., Gleßmer, U.: Auf der Suche nach der Urbibel. Die Schriftrollen vom Toten Meer, das Alte Testament und der geheime Bibelcode. Wuppertal 2000.

Schimanowski, G.: Weisheit und Messias. Die jüdischen Voraussetzungen der urchristlichen Präexistenzchristologie. Tübingen 1985.

Schimmel, A.: Jesus und Maria in der islamischen Mystik. München 1997.

Schimmelpfennig, R.: Die Geschichte der Marienverehrung im deutschen Protestantismus. Paderborn 1952.

Schlichting, G.: Ein jüdisches Leben Jesu. Die verschollene Toledot-Jeschu-Fassung. Tübingen 1982.

Schlier, H.: Mächte und Gewalten. Freiburg 1957.

Ders.: Über die Auferstehung Jesu Christi. Einsiedeln 2. Aufl. 1968.

Schmidthals, W.: Die Gnosis in Korinth. Göttingen 1969.

Schmitz, P. (Hg.): Macht euch die Erde untertan! Schöpfungsglaube und Umweltkrise. Würzburg 1981.

Schmitz-Moormann, K.: Die Erbsünde. Olten–Freiburg 1969.

Schnider, F.: Jesus der Prophet. Freiburg–Göttingen 1973.

Scholem, G.: Zur Kabbala und ihrer Symbolik. Frankfurt/M. 1977.

Scholl, N.: Jesus – nur ein Mensch? München 1971.

Schreiner, J.: Sion – Jerusalem Jahwes Königssitz. Theologie der Heiligen Stadt im Alten Testament. München 1963.

Schürer, E.: Geschichte des jüdischen Volkes im Zeitalter Jesu Christi. 3 Bde. Hildesheim 1964 (Nachdruck).

Schürmann, H.: Jesu ureigener Tod. Freiburg–Basel–Wien 1975.

Schwank, B.: Dramatischer Qumran-Kongreß zu Löwen, vom 25.–27. August 1976. In: erbe und auftrag 52 (1976), S. 478–481.

Ders.: Die »Verschlusssache Jesus«. Die Qumranrollen und ihr »Geheimnis«. In: erbe und auftrag 68 (1992), S. 481–493.

Schwarz, G.: Jesus und Judas. Stuttgart 1987.

Schweizer, H.: Die Josefsgeschichte. Konstituierung des Textes. Bd. I: Argumentation; Bd. II: Textband. Tübingen 1991.

Seitz, J.: Die Verehrung des hl. Josef in ihrer geschichtlichen Entwicklung bis zum Konzil von Trient dargestellt. Freiburg 1908.

Simon, M.: Die jüdischen Sekten zur Zeit Jesu. Einsiedeln – Zürich 1964.

Solages, B. de (Hg.): Mystique et Continence (Etudes Carmelitaines). Paris 1952.

Sölle, D.: Stellvertretung. Stuttgart 1982.

Stauffer, E.: Jerusalem und Rom im Zeitalter Jesu Christi. Bern 1957.

Ders.: Jesus. Gestalt und Geschichte. Bern 1957.

Ders.: Novum Testamentum I. Leiden 1956.

Stegemann, H.: Die Essener, Qumran, Johannes der Täufer und Jesus. Ein Sachbuch (Herder Spektrum Bd. 4128). Freiburg–Basel–Wien 5. Auflage 1996.

Stemberger, G.: Einleitung in Talmud und Midrasch. München 8. Aufl. 1992.

Stieglecker, H.: Die Glaubenslehren des Islam. Paderborn 2. Aufl. 1983.

Strack-Billerbeck, H.: Kommentar zum Neuen Testament aus Talmud und Midrasch. Bd. 2. München 1924.

Strobel, A.: Die Stunde der Wahrheit. Untersuchungen zum Strafverfahren gegen Jesus. Tübingen 1980.

Suhl, A.: Die Funktion der alttestamentlichen Zitate und Anspielungen im Markusevangelium. Gütersloh 1965.

Thiede, C. P.: Die älteste Evangelien-Handschrift? Das Markus-Fragment von Qumran. Wuppertal 1986.

Ders.: Geheimakte Petrus. Auf den Spuren des Apostels. Stuttgart 2000.

Thoma, C.: Das Messiasprojekt. Theologie der jüdisch-christlichen Begegnung. Augsburg 1994.

Thurian, M.: Maria. Mainz–Kassel 1965.

Thynen, D.: Bibel und Koran im Vergleich und kleine Koran-Konkordanz. Altenberge 1984.

Trenner, F., Wendel B. (Hg.): Schon leuchtet deine Krippe auf. Die Feier der Geburt Jesu Christi und der weihnachtliche Festkreis in Liturgie und Brauchtum (FS Theodor Maas-Ewerd). St. Ottilien 2000.

Trigt, F. van: Die Geschichte der Patriarchen. Mainz 1963.

Unnik, W. C. van: Evangelien aus dem Nilsand. Frankfurt/M. 1960.

Vaux, R. de: Die hebräischen Patriarchen und die modernen Entdeckungen. Düsseldorf 1961.

Ders.: Das Alte Testament und seine Lebensordnungen. 2 Bde. Freiburg–Basel–Wien 2. Auflage 1964.

Vielhauer, P.: Geschichte der urchristlichen Literatur. Berlin–New York 1978.

Vogler, W.: Judas Iskarioth. Untersuchungen zu Tradition und Redaktion von Texten des Neuen Testaments und außerkanonischen Schriften. Berlin 1983.

Ders.: Jüdische Jesusinterpretationen in christlicher Sicht. Weimar 1988.

Vögtle, A.: Das öffentliche Wirken Jesu auf dem Hintergrund der Qumranbewegung. Freiburg 1958.

Voss, G.: Musik des Weltalls wiederentdecken. Regensburg 1967.

Wagner, H. (Hg.): Judas Iskarioth. Menschliches oder heilsgeschichtliches Drama? Frankfurt/M. 1985.

Wehnert, J.: Die Wir-Passagen der Apostelgeschichte. Göttingen 1989.

Weiler, G.: Das Matriarchat im Alten Israel. Stuttgart 1989.

Wensinck, A. J.: Enzyklopädie des Islam. Leiden–Leipzig 1913-1938.

Wilk, F.: Die Bedeutung des Jesajabuches für Paulus. Göttingen 1998.

Winter, L.: Der Koran. Das Heilige Buch des Islam (Goldmann-Taschenbücher 521–522). München 1959.

Wise, M., Abeggm M., Cook, E.: The Dead Sea Scrolls. A New Translation. San Francisco 1996.

Woude, A. S. van der: Die messianischen Vorstellungen der Gemeinde von Qumran. Gorcum–Assen 1957.

Yadin, Y.: Die Tempelrolle. Die verborgene Thora vom Toten Meer. München–Hamburg 1985.

Zager, W.: Begriff und Wertung der Apokalyptik in der neutestamentlichen Forschung. Frankfurt/M.-Berlin-Bern-New York–Paris–Wien 1989.

Zander, H.: Die Geschichte der Seelenwanderung in Europa. Darmstadt 1999.

Zenger, E.: Israel am Sinai. Analysen und Interpretationen zu Ex 17–34. Altenberge 1982.

Zimmermann, J.: Messianische Texte aus Qumran. Tübingen 1998.

Zirker, H.: Der Koran. Zugänge und Lesarten. Darmstadt 1999.

Ders.: Paulus als »apóstolos«, Mohammed als »rasul« – der Gesandte in Bibel und Koran. In: *A. Th. Khoury, Vanoni, G. (Hg.):* »Geglaubt habe ich, deshalb habe ich geredet«. Festschrift für A. Bsteh zum 65. Geburtstag (Religionswissenschaftliche Studien, Bd.47). Würzburg-Altenberge 1998,S. 550–573.

Zobel, M.: Gottes Gesalbter. Der Messias. Der Messias und die Messianische Zeit in Talmud und Midrasch. Berlin 1938.

Personen- und Sachregister

Abel 44, 110, 215
Abegg, Martin 19
Abram/Abraham/Ibrahim 29, 50f., 54ff., 60f., 107, 110
 – Apokalypse 24
 – Söhne 54, 60f.
 – Stammbaum 54
 – Testament 24
Abtreibung 228f.
Acheron 44
Adam 24, 38, 44f., 184, 187, 215
 – Testament des 24, 43
Adam und Eva 24, 29, 32f., 44
adh-Dhib, Muhammad 17,
Adventhymnus (Ambrosius von Mailand) 133
Ägypten 14, 50, 52, 54, 124, 139ff., 158, 203
 – Auszug aus 66
Agrapha 24, 156
Agraphon von Fathpur-Sikri/Indien 157
Ain Karim 141f.
Allah 38, 43, 54, 128f., 167
Allegro, John M. 19
Alphabet 30f., 35
Altrabbinischer Kommentar 163f.
Ambrosius, Bischof von Mailand 67, 132
Amoriterbrüder 52f.
Andreas 122f., 193, 195
Aner 52f.
Anna (Hanna) 116
Apokalypse 28, 43
 – apokryphe 28, 228
 – des Johannes 107, 112

 – des Paulus 28, 213ff.
 – des Petrus 28
 – des Thomas 28
 – Der Hirte des Hermas 28
 – Didache 28, 168, 216f.
 – Die Oden Salomos 28
Apokalyptik 228, 233
Apokryphen 11, 13, 21ff., 26ff., 33, 116f., 124
 – Altes Testament 24
 – Apostelgeschichten 26f.
 – Briefliteratur 27f.
 – Evangelien 27
 – Klassifikation 24
 – Übersichten 24f., 27ff.
Apokryphon des Jakobus 211f.
Apostel 23, 122f., 198, 200, 203, 215, 220
 – s. auch Johannes, Jakobus, Matthäus, Paulus, Petrus, Simon, Thomas
Apostelbriefe 26, 210f.
Apostelgeschichten 26f., 157, 162, 223f.
 – Andreasakten 27
 – Johannesakten 27
 – neutestamentliche 26
 – Paulusakten 27
 – Petrusakten 27
 – Thomasakten 27
Apostelromane 225
Apostolisches Glaubensbekenntnis 199f., 203
Arabien 54
Ararat 48
Arche Noah 47ff.
Arabisches Kindheitsevangelium 27, 135ff., 145f., 156, 169f.
Armenisches Kindheitsevangelium 27, 121

Aristeasbrief 24
Armut 83ff.
Asche einer roten Kuh 101f.
Asenat 63ff.
Athanasius 21
Auferstehung 44, 113
Avigad, Nahman 18

Babylonischer Talmud 172
Barnabasbrief 218ff.
Bartholomäusevangelium 121ff., 186f.
Baruch 24
Beduinen 17, 34, 75, 166f.
Belial 39, 43, 59, 71, 91, 112, 181-184, 187, 226f.
Berg des Stiers 52f.
Bergpredigt 161
Bet-El 52
Betlehem 19
Biran, Avraham 18
Brief des Pilatus an Kaiser Claudius 174f.
Briefliteratur, apokryphe 27f.
Buch
 – der Jubiläen 24
 – Esra 228
 – Ijob 39
 – der Sprichwörter 82
 – vom Heimgang der allerseligsten Jungfrau, der Mutter Gottes s. Transitus Mariae
Buddhismus 67
Bundesgott 16, 49, 61, 68, 72, 94, 218
Bundesvolk 61, 94, 218

Cäsar 164
Cäsarea 172f.
China 23
Chirbet Qumran 14f.

Personen- und Sachregister

Christen 17, 22
 – Heidenchristen 22, 27, 234
 – Judenchristen 22, 27, 235
Christentum 15, 42, 54
Christologie 233
Credo 199ff.

Damaskus-Schrift (Damaskusrolle) 71, 95–99, 153, 170
Damaskus (Syrien) 94, 97
David 62, 69, 72f., 87, 108f., 138, 182f., 214
Decretum Gelasiani 13, 21
Didache 82, 168, 216f.
Doketismus 233
Dornbusch 66f.

Ekklesiologie 233
Elija 24, 45
Elisabeth 141f.
Endzeit 28, 226–231
Engel 36ff., 47, 63, 66, 68, 77f., 86f., 91, 99, 112, 119f., 121, 128, 140, 209, 213f.,
 – der Finsternis 40
 – Gabriel 54, 100, 124, 142, 150, 206f.
 – Michael 44, 100, 124, 142, 150, 187, 206
 – Schutzengel 37, 136, 229
Epiphanius von Salamis 151
Epistula Apostolorum 192
Erbsünde 184
Erzengel 100
 – Gabriel 54, 100, 124, 142, 150, 206f.
 – Michael 44, 100, 124, 142, 150, 187, 206
Esau 61
Eschatologie 98, 112
Eschkol 52f.
Esra 24, 228
Essener 17, 23, 44, 50, 58, 61f., 102f., 110, 153f., 234

Essenergemeinde 14, 16, 20
Eucharistie 115, 199, 216, 222f.
Euphrat (Eufrat) 50, 52f.
Eusebius von Cäsarea 17
Eva 43, 44
Evangelien 20, 134, 152
 – apokryphe 26, 27
 – Bartholomäusevangelium 121
 – Johannesevangelium 135, 224
 – Lukasevangelium 74, 108, 119, 125, 135f., 141
 – Markusevangelium 28, 108, 135
 – Matthäusevangelium 108, 125, 129, 135, 177f., 202
 – Petrusevangelium 177f.
 – Übersicht (apokryphe) 27
Evangelium
 – der zwölf Apostel 164, 166
 – des Jakobus 27, 119f.
 – des Mani 196
 – nach Maria von Magdala 195
 – nach Matthias 199
Exil, babylonisches 30
Exodus 68
Ezechiel 86

Faksimileausgabe 20
Frevelpriester 70, 94f.
Frühchristentum 20, 120, 198

Gebal 52
Gefangenschaft
 – Babylonische 46, 62, 86, 96f.
Geist
 – der Lüge 39ff.
 – der Wahrheit 39f.
Genesis 68

Genesisapokryphon (1 Q apGen) 50–53
Geniza von Kairo 96, 170
Geschichte Josefs des Zimmermanns 27, 148ff.
Geschichtstafel 249
Gihon 52f.
Gilgamesch 47
Gnosis 89, 150, 192, 198, 234
Gottesauftrag 62
Gottesbild 67
 – anthropomorphes 49, 234
Gottesbund 49, 70
Gottesherrschaft 72
Gottesworte 23
Gurion, David ben 14
Gottesmann, Samuel 18

Hagar 54
Handschriftenentzifferung 15
Handschriftenfunde 14f.
Handschriftenrollen 10, 12
Hannas 179f.
Hauran 52
Hawa 38
Hebräerbrief 45, 57f., 101
Hebräerevangelium 124f.
Heidenchristen 22, 65, 135, 234
Heiliger Geist 200
Henoch 45
 – Henochbuch 24, 39, 45ff., 100, 155
 – Stammbaum 45
Herrenmahl 168
Hieropolis 65
Himmel 213
Himmelfahrt des Jesaja 91
Himmelstreppe 62
Hinduismus 67
Hölle 181–184, 205f., 226, 229
Höllenfahrt Christi 173
Hoherpriester 16, 119, 179, 235

267

Personen- und Sachregister

Hoher Rat 61, 168, 235
Huntington Library (Los Angeles) 19
Hymnen 69, 72, 77, 132, 163, 224
Hymnenrolle 79ff.

Ibrahim s. Abram/Abraham
Ignatius von Loyola 192
Ijob 86f.
Indien 209, 221f.
Irenäus von Lyon 21
Isaak 50, 54, 60f.
Isai (= Jesse) 73, 87f.
Islam 29, 42, 54
Ismael 54f.
Israel 14, 18, 21, 46, 66, 68ff., 72, 75, 86, 109, 153

Jahad 103ff., 110f., 152 ff.
Jahwe 66, 163
Jakob 50, 61f., 109
Jakobus 188, 210f.
Jakobusevangelium 27, 116–120, 125, 127
Jehowa 67
Jeremia 86
Jerusalem 15, 18, 28, 71, 96, 113, 124, 171 (Karte), 203f., 218
 – Israel-Museum 18ff., 75
 – Rockefeller-Museum (Ost-Jerusalem) 18f.
 – Schrein des Buches 20
 – Tempel von 16f., 58, 61f., 70, 72, 74f.,163, 178, 219, 228
Jesaja 24, 70, 86ff., 87–91, 130, 181ff.
Jesus (Christus/von Nazaret) 15, 20f., 23, 27, 29, 57, 84, 87, 92, 107f., 115f., 153f., 157, 162f.

 – Anklage 170
 – Auferstehung 188–197
 – Geburt 33, 119f., 124f.
 – Höllenfahrt 181–184
 – in der Unterwelt 186f.
 – Kindheit 22, 124, 134
 – Leben 22
 – letzte Tage 168–187
 – Kreuzigung 168, 170, 177
 – Liebe und Sexualität 150f.
 – öffentliches Wirken 152–167
 – Prozess gegen 173ff.
 – und Mohammed 166f.
Jesusworte 11, 23, 152, 156ff., 163f., 220f., 226
Jesuswunder 11, 152
Joachim 116
Johannes der Täufer 15, 29, 141f.,166, 182, 206, 215
Johannes 28, 122f., 224f.
Johannesakten 162f., 194, 224f.
Jonathan 94, 96f.
Jordan 15, 17, 71, 182
Jordanien 17f., 21
Josaphat 204, 206, 208
Josef 23, 116ff., 127, 136–140, 144ff.
 – ägyptischer 63
 – Geschichte Josefs des Zimmermanns 147–150
 – Tod 148ff.
 – und Asenat 64f.
 – von Arimatäa 178f.
Josua 66, 69ff.
Jubiläenbuch 37, 39, 48, 49, 61
Juda 72, 86, 109
Judas Iskariot 169f., 177, 256
Judasbrief 45
Judenchristen (s. Heidenchristen) 22, 124, 234

Judentum 28, 42, 54, 61
Jüngstes Gericht 113

Kaaba 54
Kabbala 34ff., 235f.
 – Schöpfungsalphabet der 36
Kadesch 52
Kain 34
Kajafas 168, 173, 175, 179f.
Kaiser
 – Claudius 168, 173
 – Domitian 225
 – Tai-Tsung 23
 – Tiberius 173, 176
 – Titus 28
Kaleb 70
Kanaan 69ff.
Kanon 68f., 72, 217, 236
 – Altes Testament 236
 – Neues Testament 21, 228, 236
Ketzer 23, 170
Ketzersegen 170
Kindheitserzählung des Thomas 143f.
Kindheitsevangelium
 – arabisches 27, 135ff., 144–147, 155f., 169f.
 – armenisches 27, 120f., 135
Kirche
 – syrisch-orthodox 18
 – Urkirche 21
Klemens von Alexandrien 21, 194, 228f.
König
 – Abgar V. von Edessa 27
 – David 62, 72
 – Herodes 72, 126
 – Jonathan 96f.
 – Salomo 72

– Saul 72
Koiné 31
Konkordanz 19
Konzil 132
 – von Chalkedon 136, 166, 199, 204
 – von Ephesus 166
 – von Konstantinopel 164, 166, 199
 – von Nizäa 166, 199
 – von Trient 200
Kopten 236f.
Koran 29, 38, 42f., 54f., 100f., 124, 127ff., 130, 144, 155, 166f., 177, 226, 229, 231
Krieg
 – 1. Jüdischer 17, 28
Kupferrolle 18, 24

Laodicenerbrief 217f.
Lea 61
Leben Johannes' des Täufers 141f.
Lehrer der Gerechtigkeit 74, 93ff.
Leviten 16, 61, 74, 79, 237
Lieder 72, 78
Liturgie 101, 109, 133, 216, 237
Loblieder 63, 83
Logien 143,
 s. auch Jesusworte
Lot 56
Ludolf von Sachsen 191f.
Lukas 26, 107

Machpela/Hebron 61
Makkabäer/Hasmonäer 24, 74, 94, 237f.
Mamre 52f.
Manichäer 164
Manichäismus 238

Maria (Maryam/Mirjam) 23, 29, 107, 116–124, 128–132, 134, 136f., 142, 148, 155f., 191f.
 – Tod und Himmelfahrt 204–209
 – von Magdala 151, 188, 190, 194–197, 210
Marienworte 23
Matthäus (Levi) 195, 220f.
Medina 54
Mekka 54
Melchisedek 57ff., 110, 112
 – Ordnung des 57f.
Mesopotamien 50
Messias (al Masih) 29, 74, 88, 109, 111ff., 153, 155
Midrasch 34, 238
Mirjam s. Maria
Mischna 238
Missionsauftrag 202f.
Missionsunterweisung 203
Moffett, William 19
Mohammed 29, 54, 127, 144, 155, 166f.
Monophysitismus 238f.
Monotheismus 57
Mose (Musa) 29, 43, 45, 66ff., 75, 106
 – Apokalypse des 24, 43f.
 – Himmelfahrt 24
Muhammad, Juma 17
Muratorisches Fragment 21
Musa, Khalil 17
Mystik 35, 239

Nag Hammadi 14f., 57f., 143, 164
Nazarener 170
Nazaret 119, 142f.
Nestorianische Mission 24

Neues Testament
 – Apokalypse 26
 – Apostelbriefe 26, 210f.
 – Apostelgeschichte 26
 – Evangelien 31
 – Literaturgattungen 31
 – Schrift 31
 – Sprache 31
Neuplatonismus 164, 239
Nikodemusevangelium 27, 173, 176, 178ff., 181ff.
Noach (Nuh) 29, 49, 110

Offenbarung des Petrus 229
Origines 218
Ostergeschichte 185, 188, 191, 208

Palästina 15, 17, 72, 74, 86, 103, 107, 126 (Karte)
Palästinenser 14, 51
Palmbaum 138ff.
Panarion (Epiphanius von Salamis) 151
Papst
 – Benedikt VIII. 200
 – Gelasius 21
 – Klemens XIII. 200
 – Leo I. 162
Paradies 32f., 44, 207, 226, 229
 – Vertreibung aus dem 34
Paradosis Pilati 174–177
Patriarchen 24, 50, 61, 187
Paulus 26ff., 42, 88, 92, 157, 191, 206, 210, 212–215, 217, 223
Pentateuch 68, 75, 239
Petrus 26, 122f., 188, 193, 195, 198, 206–211, 223, 228
Petrusbrief 185f., 210f.
Petrusevangelium 27, 177f., 185f., 188–191

Pharisäer 74, 239f.
Pilatus, Pontius 168, 172–177, 185, 189f., 201
Pilatusakten 172f., 176
Pistis Sophia 203
Platon 44, 92
Platonismus 164, 240
Plinius 28
Pompejus 74
Priester 58f., 61, 94, 110
Priesterschrift 240
Propheten 38, 86f., 138, 140
 – Testament der zwölf 24
Protoevangelium des Jakobus 125
Psalmen 72ff.,
 – Salomos 75, 107ff.
 – Davids 81
Pseudepigraphen 24
Pseudo-Augustinus 200ff.
Pseudo-Matthäusevangelium 27, 129f., 134, 137–141
Ptolemäer 240

Quadratschrift, hebräische 30
Quellenübersicht 244–247
Qumran 10, 12–17, 23f., 28, 39, 61f., 68, 96, 101, 103, 152
 – Bibliothek 70, 79
 – Forscher 15, 18f.
 – Fundort 24f.
 – Gemeinde 62, 69f., 77, 103, 109f., 113
 – Handschriften, Texte 20, 48, 68, 93, 101, 116
 – Höhle 1 (Bibliothekshöhle) 20, 26, 50, 55, 79, 81
 – Höhle 4 12, 17, 68, 90
 – Höhle 7 17, 26

 – Höhle 11 26, 75
 – Höhlen 16 (Karte)
Qumranrollen/-texte 19, 20, 24f., 106
 – 1 Q apGen (Genesisapokryphon) 50, 52f., 55ff.
 – 1 Q H 35 (Hymnenrolle) 80f., 107, 227
 – 1 Q M (Kriegsrolle) 112
 – 1 Q S (Gemeinderegel) 39ff., 84f., 102–106, 110f., 152ff.
 – 3 Q 15 = Verzeichnis der Schatzverstecke (Kupferrolle) 18, 24, 26
 – 4 Q pPs 37 = Kommentar zu Psalm 37 25
 – 4 Q 158 (Überarbeitung von Exodus) 68f.
 – 4 Q 161 (Jesajakommentare) 88f.
 – 4 Q 171 (Psalmenkommentare) 95
 – 4 Q 276–277 (Asche einer roten Kuh) 101f.
 – 4 Q 378 (Damaskus-Schrift) 69, 71
 – 4 Q 379 (Damaskus-Schrift) 69, 71
 – 4 Q 403 (Lieder zum Sabbatopfer) 78f.
 – 4 Q 416 (Geheimnis des Ursprungs aller Dinge) 85
 – 4 Q 448 (Lobrede auf König Jonathan) 97
 – 4 Q 473 (Loblieder) 83
 – 4 Q 521 (Erlösung und Auferstehung) 112f.
 – 4 Q 525 (Weisheitslehre der Segnungen, Makarismen) 161
 – 4 Q 537 (Loblieder) 63

 – 4 Q pNah (Nahumkommentar/Pescher Nahum) 26
 – 4 Q 530 (Buch der Riesen) 47f.
 – 4 Q 531 (Buch der Riesen) 48
 – 11 Q 5–6 (Apokryphe Psalmen Davids, Psalmenrolle = 11 Q P) 73
 – 11 Q 13 (Kommen des Melchisedek) 59
 – 11 Q 19–20 (Tempelrolle) 25
 – 11 Q H (Hymnenrolle) 26
 – 11 Q Ps (Psalmenrolle) 26
 – 11 Q T (Tempelrolle) 76f.
 – Aufbewahrung 23
 – Faksimileausgabe 20
 – Gemeinderegel (1 QS) 25, 39ff., 84f., 102–106, 109ff.
 – Hymnenrolle (1 Q H) 25f., 79ff., 106f.
 – Kupferrolle (Verzeichnis der Schatzverstecke) 18, 24, 26
 – Mikroficheausgabe 21
 – Rechtsstreit 20
 – Sektenkanon s. Gemeinderegel
 – Übersicht 25
 – Veröffentlichungsverbot 19

Rabbi
 – Juda ben Bathyra 92, 163
 – Schimon bar Jochai 34
Ramadan 54
Ramat-Hazor 52
Rebekka 61
Riesen 46
 – Buch der 47f.
Rilke, Rainer Maria 29, 192, 207

Rockefeller-Museum 18, 19
Römer 10, 16f., 72, 107, 168
Rollensaal 18
Rotes Meer 52f.

Sabbat 78, 97ff., 220
Sadduzäer 75, 240
Salomo 62, 72ff., 88, 108
 – Oden (Psalmen) 24, 72ff., 108f.
Samuel 73
Saraï 55ff., 61
Satan s. Belial
Saul 72
Schechter, Salomon 96, 153, 170
Scheol 80
Schöpfung 34
Schrifttafeln 30f.
Sechstagekrieg 18
Seelenwanderung 164, 166
Sektenkanon s. 1 Q S (Gemeinderegel)
Sektenrolle (1 QS) 76, 102f.
Seleukiden 74, 241
Seneca d. J., Lucius Annäus 27, 28
Senir 52
Septuaginta 72, 241
Shanus, Hershel 20
Sibyllinen
 – Orakel der 24
Sibyllenbuch 124
Simeon 182
Simon, der Eiferer 107
Simon Petrus 220f.
Sintflut 34, 47, 49, 110
Söhne
 – der Finsternis 226f.
 – des Lichts 40, 59, 226f.
 Spätjudentum 43, 89, 93, 100

Sprache
 – arabische 223
 – aramäische 47, 53, 55
 – armenische 173, 223
 – griechische 31
 – hebräische 30
 – koptische 124, 158, 173, 223
 – lateinische 173
 – phönizische 30
 – syrische 173, 223
Sprüche der Väter 93
Strugnell, John 19
Sündenfall 35, 42, 229
Sukenik, Elazar L. 18
Synagoge 82, 219, 241
Synode
 – römische 21
 – von Jamnia 16, 21, 219

Talmud 170, 241
Targum 242
 – des Ephraem 68
Tempel 61f.
Tempelrolle 12, 19, 23f., 76f.
Testament des Ijob 87
Teufel s. Belial
Theokratie 72
Thomas 193, 208f., 220f.
Thomasakten 221ff.
Thomasevangelium 14, 27, 157–160, 164, 220f.
Thora (Tora) 43, 68, 94, 109f., 242
Tigris 50
Tohuwabohu 35
Totenreich (Scheol) 80
Totes Meer 10, 14 (Karte), 17
Tov, Emanuel 19, 21
Transitus Mariae (Buch vom Heimgang der allerseligsten Jungfrau, der Mutter Gottes) 204–209
Tritojesaja 96, 242

Universum 33, 35
Unterweisung der zwölf Apostel (Didache) 82
Urchristen 28
Urchristentum 20, 89, 93, 100, 103, 153, 198
Urgeschichte 34
Urkirche 21, 200
Ursprache 35
Ursprung des Menschen 38
Ursünde 42, 184, 229
Urväter 46

Vatikan 21
Vaux, Roland de 19f.
Veröffentlichungsverbot 19
Versprengte Herrenworte 156f.
Vita Christi/ Ludolf von Sachsen 191f.
Volksliteratur 27, 162

Wacholder, Ben-Zion 19
Weisheitsbücher 82
Weltentstehung 33

Yadin, Yigael 15, 18, 23, 75f., 102

Zarathustra 134
Zehn Gebote 66
Zacharias 215
Zeichenerklärung 243
Zeloten 107, 242
Zohar 34
Zoharprolog 34
Zwei-Geister-Lehre 39
Zwei-Messias-Lehre 153f.

Der Autor

Prof. Dr. Alfred Läpple ist seit mehr als 50 Jahren als Priester und Religionswissenschaftler tätig – zuletzt an der Universität Salzburg. In zahlreichen Büchern und Publikationen hat er die Erkenntnisse seines Forschens und Glaubens einer breiten Öffentlichkeit vermittelt.

Autor und Verlag danken dem Pattloch Verlag für die Genehmigung, die Qumrantexte aus M. Wise/M. Abegg, Jr./E. Cook: Die Schriftrollen von Qumran, hrsg. von Prof. Dr. Alfred Läpple, zu zitieren.

Bildnachweis

Alle Bilder stammen aus dem Archiv des Ludwig Verlags mit Ausnahme von: AKG, Berlin: Titelbild, 12/13, 23 re., 26, 40; dpa, München: 15, 20; Archiv Alexander Schick/Qumran- & Bibelausstellung Sylt: 10 (Foto + © A. Schick), 17 o. (Rekonstruktion: Uwe Beer, © A. Schick), 17 re., 53, 88, 104 (Foto: Prof. John C. Trever, © A. Schick), 18 li., 18 re., 19 (Foto: Estate John Allegro, © A. Schick), 23 li. (Foto © Estate of Yigael Yadin/Archiv A. Schick), 81 (Foto: Prof. Randall Price, © A. Schick).

Wir danken den Rechteinhabern für die Abbildungserlaubnis. Der Verlag bemühte sich, alle Rechteinhaber zu ermitteln. Sollten trotz aller Bemühungen, die Rechteinhaber zu ermitteln, Abbildungsrechte verletzt worden sein, bitten wir die Rechteinhaber, sich mit dem Verlag in Verbindung zu setzen.

Ein Teil der historischen Qumranbilder wurden dem Dokumentationsband von Alexander Schick »Faszination Qumran« (Bielefeld 1998, ISBN 3-89397-382-6) mit freundlicher Genehmigung entnommen. Für Kirchen und Gemeinden gibt es dazu unter www.Bibelausstellung.de eine wandernde Qumranausstellung zum Ausleihen mit Kopien der Schriftrollen vom Toten Meer.

Hinweis

Das vorliegende Buch ist sorgfältig erarbeitet worden. Dennoch erfolgen alle Angaben ohne Gewähr. Weder Autor noch Verlag können für eventuelle Fehler oder Schäden, die aus den im Buch gegebenen praktischen Hinweisen resultieren, eine Haftung übernehmen.

Impressum

© 2007 by Bassermann Verlag, einem Unternehmen der Verlagsgruppe Random House GmbH, 81673 München
© der Originalausgabe by Ludwig Verlag, einem Unternehmen der Verlagsgruppe Random House GmbH, 81673 München

Die Verwertung der Texte und Bilder, auch auszugsweise, ist ohne Zustimmung des Verlags urheberrechtswidrig und strafbar. Dies gilt auch für Vervielfältigungen, Übersetzungen, Mikroverfilmung und für die Verarbeitung mit elektronischen Systemen.

Umschlaggestaltung
Atelier Versen, Bad Aibling

Redaktion
Margit Brand, Thomas May

Bildredaktion
Dr. Ulrich Reisser, Dr. Norbert Wolf

Projektkoordination dieser Ausgabe
Dr. Iris Hahner

Herstellung dieser Ausgabe
Sonja Storz

Druck
Těšínská Tiskárna a.s., Cěsky Těšín

Printed in the Czech Republic

ISBN 978-3-8094-2091-0

597/039260102X817 2635 4453 6271